westermann

Autoren: Andrea Köbberling, Manfred Eberhardt, Angelika Fresenborg, Jürgen Böker, Klaus Richter, Dr. Dirk Scharf, Horst Volke

Unter Mitarbeit von: Sandra Adams, Astrid Brose, Roland Lötzerich, Peter J. Schneider

Alles auf Lager

Fachkräfte für Lagerlogistik

Fachqualifikation. Informationsband

4. Auflage

Bestellnummer 4850

Vorwort

Aufbau der Reihe „Alles auf Lager“

Die Reihe „Alles auf Lager“ setzt sich aus den Angeboten der Grundqualifikation, der Fachqualifikation und der Informationstechnologie zusammen. Alle Themen des dritten Jahres der Ausbildung zur *Fachkraft für Lagerlogistik* sind in der Fachqualifikation enthalten. Es sind ein Informationsband und ein Trainingsbuch erhältlich.

Einsatz des Informationsbandes im Unterricht

Das Ihnen hier vorliegende Buch „Fachqualifikation. Informationsband“ ist im Unterricht parallel zum Titel „Fachqualifikation. Trainingsbuch“ (BN 4854) einsetzbar.

Der Informationsband ist

- **übersichtlich:** Zu Beginn jeden Lernfelds gibt eine *Mindmap* den Überblick über die zu erlernenden Inhalte. Um den Schülern die strukturelle Aufbereitung der Inhalte nicht abzunehmen, wurde jedoch auf Zusammenfassungen verzichtet.
- **gut lesbar:** Das Erfassen der Inhalte wird durch eine *schülerangepasste Sprache, hervorgehobene Merksätze* und eine *Vielzahl von Bildern und Grafiken* unterstützt.
- **praxisnah:** *Tipps für die Praxis* ergänzen die theoretischen Inhalte und machen das Buch zu einem wertvollen Ratgeber in Unterricht, Prüfungsvorbereitung und Berufsalltag.

Außerdem enthält der Informationsband einen **WiSo-Teil**, der den Stoff für die Abschlussprüfung der Fachkräfte enthält und damit bestens zur Vorbereitung auf diese Prüfungen verwendet werden kann.

Für Verbesserungsvorschläge und Anregungen sind Verlag und Autoren stets dankbar.

Frühjahr 2019

service@westermann.de
www.westermann.de

Bildungshaus Schulbuchverlage Westermann Schroedel Diesterweg Schöningh Winklers GmbH, Postfach 33 20, 38023 Braunschweig

ISBN 978-3-8045-**4850**-3

westermann GRUPPE

Inhaltsübersicht

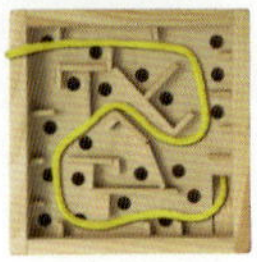

Lernfeld 10 Logistische Prozesse optimieren

48504

Lernfeld 11 Güter beschaffen

1 Incoterms® ist ein eingetragenes Markenzeichen der Internationalen Handelskammer ICC – International Chamber of Commerce; www.iccgermany.de.

WiSo-Inhalte

Lernfeld 10

Logistische Prozesse optimieren

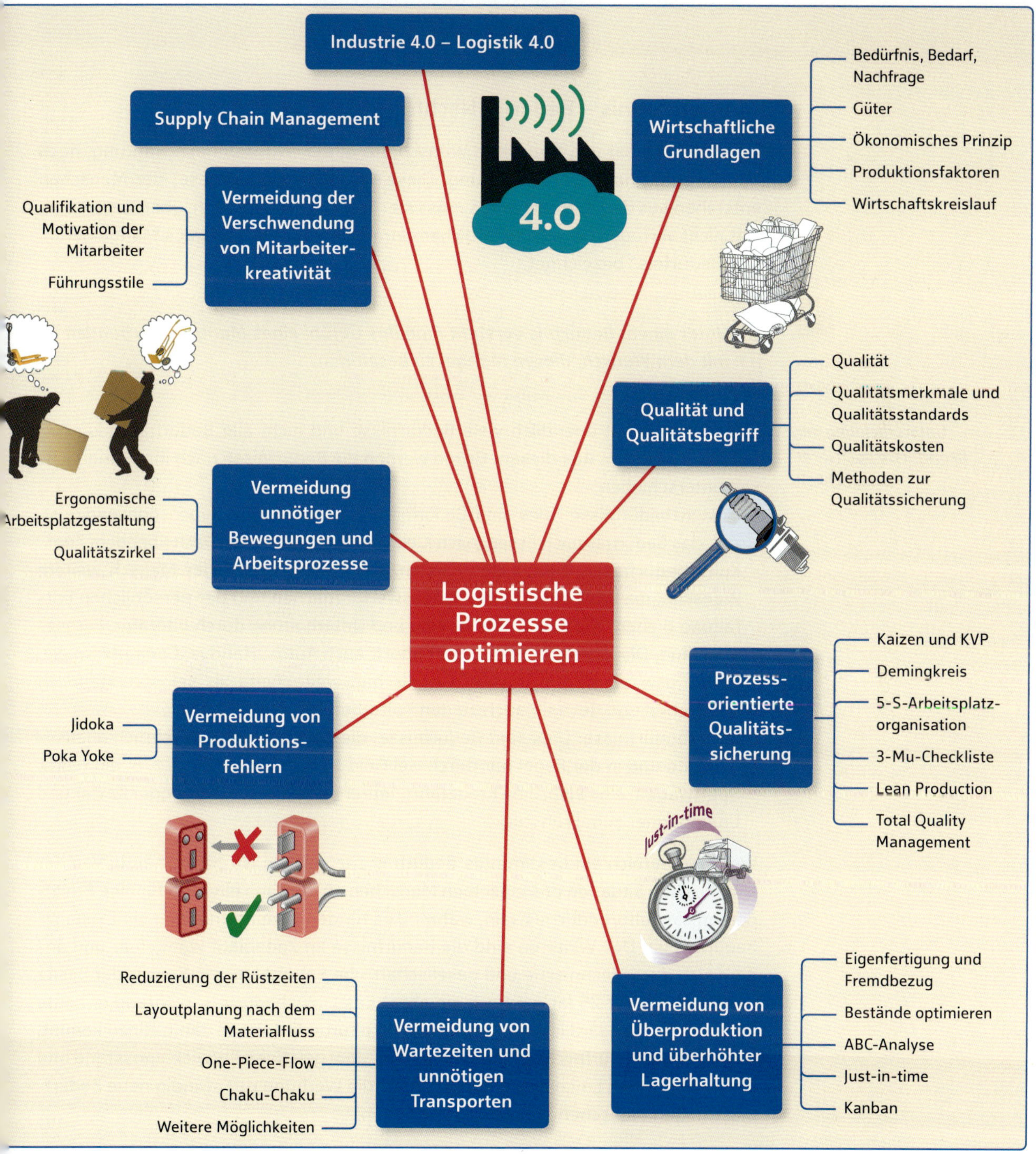

1 Wirtschaftliche Grundlagen

Das Ziel jeder wirtschaftlichen Tätigkeit ist die Befriedigung menschlicher Bedürfnisse nach Gütern. Die Bedürfnisse der Menschen sind unbegrenzt, die Güter stehen aber nur in begrenztem Umfang zur Verfügung. Die Knappheit der meisten Güter zwingt den Menschen zu wirtschaften.

1.1 Bedürfnis – Bedarf – Nachfrage

Jeder Mensch hat von Geburt an Wünsche, z. B. den Wunsch nach Nahrung, nach Kleidung und nach einer Wohnung. Diese Wünsche (Bedürfnisse) der Menschen entstehen aus dem Gefühl heraus, dass sie etwas haben möchten, über das sie zurzeit nicht verfügen. Im wirtschaftlichen Sprachgebrauch wird dieses Mangelgefühl als „Bedürfnis" bezeichnet.

[?!]

Bedürfnis
need, want

Unter einem Bedürfnis versteht man das Gefühl eines Mangels, verbunden mit dem Wunsch, diesen Mangel zu beseitigen.

Unterscheidung der Bedürfnisse nach ihrer Dringlichkeit

Jeder Mensch hat unendlich viele Bedürfnisse und nicht alle Bedürfnisse können befriedigt werden. Aus diesem Grund werden die Bedürfnisse nach ihrer Dringlichkeit unterschieden:

- **Existenzbedürfnisse:** Dies sind Bedürfnisse, deren Erfüllung lebensnotwendig ist, z. B. das Bedürfnis nach Essen, nach Kleidung und nach einem Dach über dem Kopf.
- **Kulturbedürfnisse:** Neben den Existenzbedürfnissen hat jeder Mensch weitere Wünsche, die das Leben für ihn lebenswerter machen und der persönlichen Entfaltung dienen, wie z. B. Entspannung und Unterhaltung durch Literatur, Fernsehen, Kino, Discobesuch, Musik oder Sport. Auch Autos, Handys, Computerspiele, Reisen usw. werden in unserer Gesellschaft weitgehend als selbstverständlich angesehen und deshalb auch zu den Kulturbedürfnissen gezählt.
- **Luxusbedürfnisse:** Dies sind Bedürfnisse, die prinzipiell als entbehrlich anzusehen sind und in der Regel nur durch viel Geld zu befriedigen sind, z. B. ein teurer Sportwagen, eine Villa, eine Kreuzfahrt, teurer und edler Schmuck oder Kaviar und Champagner zum Frühstück.

Welchem Bereich ein bestimmtes Bedürfnis zuzuordnen ist, hängt häufig von der spezifischen Situation des einzelnen Menschen ab. So kann ein Auto für eine Privatperson ein Kulturbedürfnis sein, während es für den Taxiunternehmer ein Existenzbedürfnis ist. Des Weiteren sind die Bedürfnisse im Zeitablauf wandelbar und ändern sich durch technische und gesellschaftliche Entwicklungen. So war der Besitz eines Handys vor 25 Jahren noch ein absolutes Luxusbedürfnis, während er heute allgemeiner Standard ist und somit zu den Kulturbedürfnissen zählt. Hinzu kommt, dass sich die Bedürfnisse z. B. mit dem Alter, dem geistigen Entwicklungsstand und dem verfügbaren Einkommen ändern. Auch die Werbung ruft ständig neue Bedürfnisse in den Menschen hervor.

Unterscheidung der Bedürfnisse nach der Art des Bedürfnisträgers

Bedürfnisse können auch danach unterschieden werden, wer das jeweilige Bedürfnis hat, d. h. nach der „Art des Bedürfnisträgers“:
- **Individualbedürfnisse:** Dies sind die Bedürfnisse eines einzelnen Menschen. Sie müssen in der Regel auch von der einzelnen Person individuell befriedigt werden (z. B. das Bedürfnis zu essen).
- **Kollektivbedürfnisse:** Dies sind die Bedürfnisse einer Gemeinschaft (z. B. der Familie) oder der Allgemeinheit. Sie werden meistens durch den Staat befriedigt (z. B. Schulen, Krankenhäuser, Straßen, innere und äußere Sicherheit).

Vom Bedürfnis zum Bedarf

Da jeder Mensch unendlich viele Bedürfnisse hat, aber die ihm zur Verfügung stehenden Mittel, also das zur Verfügung stehende Einkommen, normalerweise beschränkt sind, kann er nicht alle seine Bedürfnisse befriedigen. Er muss deshalb eine Rangfolge aufstellen, nach der seine Bedürfnisse befriedigt werden sollen. An erster Stelle stehen dabei üblicherweise die Existenzbedürfnisse.

Angenommen, der Mensch hat das Bedürfnis nach Essen und er entschließt sich aufgrund des ihm zur Verfügung stehenden Einkommens, eine Pizza zu essen, dann wird aus dem Bedürfnis ein Bedarf.

[?!]

Bedarf

Bedarf ist die mit einem Kaufwillen und damit auch mit Kaufkraft (Geld) abgedeckte Möglichkeit, ein Produkt zu erwerben, was nicht zwangsläufig bedeutet, dass dieses Produkt auch tatsächlich erworben wird.

Bedarf = Bedürfnis + Kaufwille und Kaufkraft

Vom Bedarf zur Nachfrage

Wenn der Bedarf zu einem Kaufentschluss führt, spricht man von „Nachfrage“. Bezogen auf das Beispiel bedeutet dies: In dem Moment, in dem der Mensch mit seinem Bedürfnis nach Essen sich entschließt, eine Pizza zu essen, und einen ausreichenden Geldbetrag einsteckt, ist aus dem Bedürfnis ein Bedarf geworden. Geht er nun in eine Pizzeria und bestellt eine Pizza, ist in diesem Moment der Schritt vom Bedarf zur Nachfrage vollzogen.

[?!]

Nachfrage
demand

Nachfrage ist der Teil des Bedarfs, der am Markt durch eine Kaufentscheidung wirksam wird.

Nachfrage = Bedarf + Kaufentscheidung

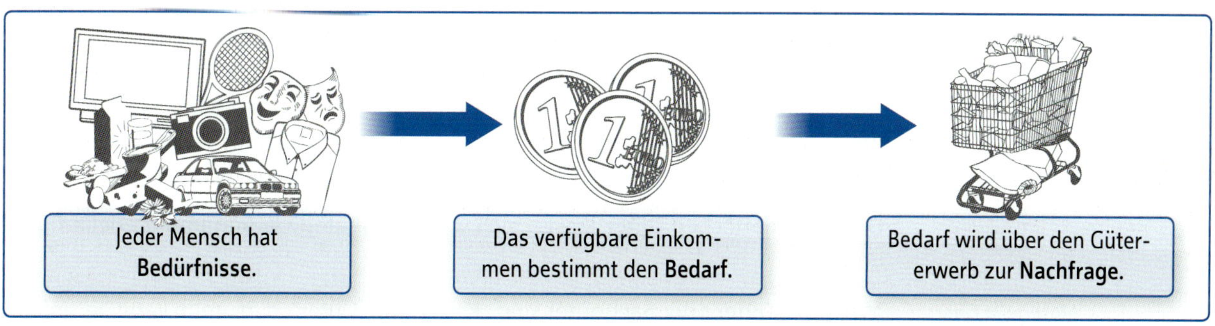

Vom Bedürfnis über den Bedarf zur Nachfrage

1.2 Güter

Güter
goods

Zur Befriedigung der Bedürfnisse benötigt der Mensch Güter. Die Güter lassen sich in vielfältiger Weise unterscheiden:

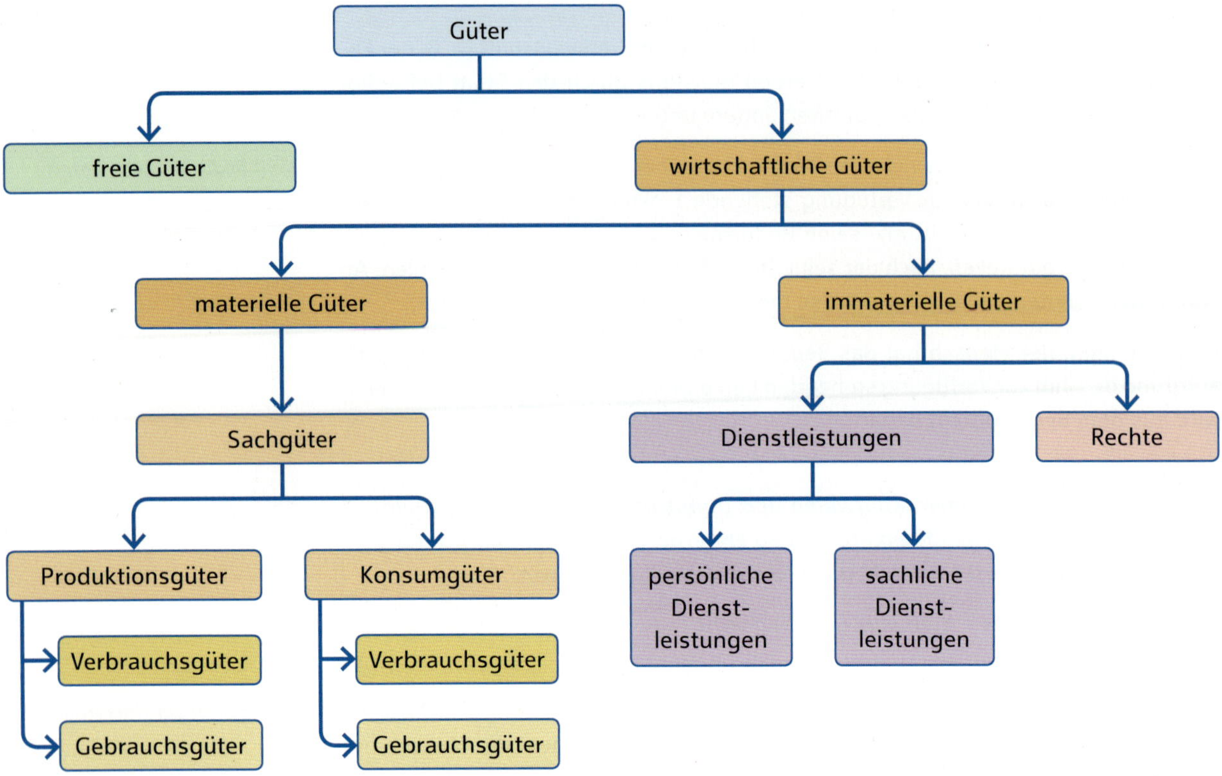

Grundsätzlich können die Güter in freie und wirtschaftliche Güter unterteilt werden.

Freie Güter

Freie Güter: Sie stehen den Menschen kostenlos und unbeschränkt zur Verfügung, z. B. Regenwasser, Wüstensand, Sonnenlicht und Meerwasser. Sie sind im Verhältnis zu den Bedürfnissen reichlich vorhanden und deshalb nicht Gegenstand des Wirtschaftens. Im Laufe der Jahre sind aus einigen freien Gütern allerdings wirtschaftliche Güter geworden, z. B. saubere Atemluft. Mittlerweile müssen wir für unsere saubere Atemluft indirekt bezahlen, beispielsweise über Filteranlagen in Industriebetrieben oder Katalysatoren in den Autos.

Wirtschaftliche Güter

Wirtschaftliche Güter: Die meisten Güter, die der Mensch zur Befriedigung seiner Bedürfnisse benötigt, müssen erst hergestellt werden, z. B. Brot, Maschinen, Autos und Kinofilme. Diese Herstellung verursacht Kosten, weshalb wirtschaftliche Güter einen Preis haben. Außerdem sind diese Güter nur in begrenztem Maße vorhanden, d. h., sie sind knapp. Je knapper ein Gut ist, desto höher steigt der Preis für dieses Gut.

Die wirtschaftlichen Güter lassen sich weiter in materielle und immaterielle Güter unterteilen.

Materielle Güter

Materielle Güter oder Sachgüter sind „körperliche Güter", d. h., man kann sie anfassen. Hierzu zählen die Produktionsgüter und die Konsumgüter.

- Produktionsgüter: Sie werden zur Herstellung anderer Güter eingesetzt, z. B. Holz, Bleche und Bohrmaschinen. *Produktionsgüter*

- Konsumgüter: Sie dienen der unmittelbaren Bedürfnisbefriedigung des Endverbrauchers, d. h., sie werden vom Endverbraucher für seine privaten Zwecke benutzt oder verbraucht, z. B. Nahrungsmittel, Kleidung, Kühlschrank und DVD-Player. *Konsumgüter*

Es gibt auch Güter, die je nach Verwendung sowohl Konsumgut als auch Produktionsgut sein können. So ist der Apfel ein Konsumgut, wenn er im privaten Haushalt zur Zubereitung eines Apfelkuchens verwendet wird. Wird der Apfel jedoch von einem Bäcker zur Zubereitung eines Apfelkuchens oder von einem Getränkehersteller zur Herstellung von Apfelsaft benötigt, ist er ein Produktionsgut.

Verbrauchs- und Gebrauchsgüter

Nach der Häufigkeit der Benutzung können die Produktions- und Konsumgüter weiter in Verbrauchs- und Gebrauchsgüter unterteilt werden. Verbrauchsgüter können nur einmal benutzt werden, z. B. Brot, Papiertaschentücher und Rohstoffe in der Produktion. Gebrauchsgüter hingegen können mehrmals über einen längeren Zeitraum hinweg verwendet werden, z. B. Maschinen, Möbel und Fahrzeuge.

Immaterielle Güter

Neben den materiellen Gütern gibt es auch die immateriellen Güter. Immaterielle Güter sind alle nicht greifbaren Leistungen. Sie lassen sich unterteilen in (persönliche und sachliche) Dienstleistungen und in Rechte.

- Dienstleistungen: Darunter versteht man Arbeiten oder Leistungen, mit denen für den Kunden Probleme gelöst oder Aufgaben übernommen werden. Sie dienen nicht direkt der Produktion von Waren. Produktion und Konsum der Leistung finden in der Regel gleichzeitig statt. Die Leistungen sind somit nicht lagerfähig. Die Dienstleistungen können in persönliche Dienstleistungen, z. B. ärztliche Untersuchung, Unterricht oder Rechtsberatung, und sachliche Dienstleistungen, z. B. Transport von Waren oder Kreditgewährung, unterschieden werden. *Dienstleistungen*

- Rechte: Hierzu zählen beispielsweise Patente, Urheberrechte, Software, Warenzeichen und Marken. Es handelt sich somit um geistiges Eigentum, das einen Wert darstellt. *Rechte*

Außer der oben dargestellten Unterteilung der Güter gibt es noch die Unterteilung der Güter in Substitutions- und Komplementärgüter.

- Substitutionsgüter: Hierbei handelt es sich um Güter, die sich ganz oder teilweise gegenseitig ersetzen und daher alternativ verwendet werden können. Beispiele hierfür sind: Butter – Margarine, Fisch – Fleisch, Reis – Nudeln, Öl – Kohle – Gas. *Substitutionsgüter*

- Komplementärgüter: Diese Güter ergänzen sich, sodass man sie zusammen einsetzen muss, wenn man ein bestimmtes Ergebnis erzielen will. Beispiele hierfür sind: Kaffeemaschine – Kaffee, Milch – Kakao, Füller – Tinte, Auto – Benzin, Kühlschrank – Strom. *Komplementärgüter*

Nutzen und Nutzenmaximierung

Werden die Bedürfnisse durch den Ge- bzw. Verbrauch von Gütern befriedigt, so bezeichnet man dies als „Nutzen". Erfolgt die Auswahl der Güter dazu noch mit dem Ziel der größtmöglichen Bedürfnisbefriedigung, so nennt man diesen Vorgang „Nutzenmaximierung".

1.3 Ökonomisches Prinzip

Die menschlichen Bedürfnisse sind unendlich groß, aber die Mittel (z. B. das Einkommen) zur Befriedigung dieser Bedürfnisse sind in der Regel eher knapp. Um mit den begrenzten Mitteln einen größtmöglichen Nutzen zu erzielen, muss man genau überlegen, für welche Güter man die zur Verfügung stehenden Mittel einsetzen will. Wirtschaften bedeutet demnach, planvoll und vernünftig zu handeln, um eine möglichst optimale Bedürfnisbefriedigung zu erzielen.

Als Grundsatz wirtschaftlichen Handelns gilt das ökonomische Prinzip (auch „Wirtschaftlichkeitsprinzip" genannt). Hierbei können zwei Formen unterschieden werden: das Maximal- und das Minimalprinzip.

Maximalprinzip

- Maximalprinzip: Das ökonomische Handeln ist dadurch bestimmt, dass mit einem bestimmten Einsatz von Mitteln der größtmögliche (maximale) Erfolg (Nutzen, Leistung) erzielt werden soll. Dies ist z. B. der Fall, wenn jemand mit 20 Liter Benzin so weit wie möglich fahren will. Gegeben sind die Mittel (20 Liter Benzin) und gesucht wird der maximale Erfolg (möglichst weit fahren).

Minimalprinzip

- Minimalprinzip: Das ökonomische Handeln ist dadurch bestimmt, dass ein bestimmter Erfolg mit dem geringsten (minimalen) Einsatz von Mitteln erreicht werden soll. Dies ist z. B. der Fall, wenn jemand mit einem möglichst geringen Benzinverbrauch eine Strecke von 100 km fahren will. Gegeben ist das Ziel (100 km fahren) und gesucht ist der möglichst geringe Mitteleinsatz (möglichst wenig Benzin verbrauchen).

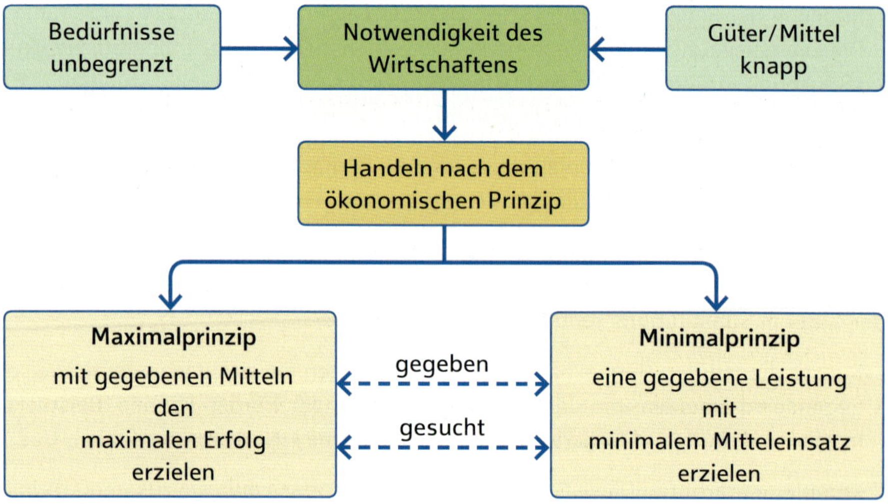

Das ökonomische Prinzip

1.4 Produktionsfaktoren

Fast alle Güter, die zur Befriedigung des menschlichen Bedarfs benötigt werden, müssen produziert und verteilt werden. Die materiellen und immateriellen Leistungen, die zur Gütererstellung und -verteilung erforderlich sind, bezeichnet man als „Produktionsfaktoren". Man unterscheidet zwischen volkswirtschaftlichen und betriebswirtschaftlichen Produktionsfaktoren.

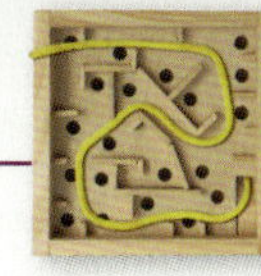

1.4.1 Volkswirtschaftliche Produktionsfaktoren

Zu den volkswirtschaftlichen Produktionsfaktoren zählen Boden/Natur, Arbeit und Kapital. Seit einigen Jahren wird auch der Faktor Bildung/Technisches Wissen in die Theorie der Produktionsfaktoren aufgenommen.

Produktionsfaktor Boden

Der Produktionsfaktor Boden wird vom Menschen in dreifacher Weise genutzt, nämlich als Anbauboden, Abbauboden und Standortboden.

- Anbauboden: Nutzung des Bodens für Anpflanzungen in der Land- und Forstwirtschaft und in der Tierzucht
- Abbauboden: Nutzung des Bodens für den Abbau von Rohstoffen wie Erdöl, Erdgas, Kohle und Steine
- Standortboden: Nutzung des Bodens als Standort für Gebäude, Straßen usw.

Der Produktionsfaktor Boden ist unbeweglich, d. h., er kann nicht von einem Gebiet in ein anderes Gebiet verbracht werden. Außerdem ist er nicht vermehrbar und damit ein knappes Gut. Der Boden ist von Natur aus vorhanden, er ist „einfach da“ und kann nicht in beliebiger Menge hergestellt bzw. vermehrt werden. Aus diesem Grund bezeichnet man den Boden auch als „originären“ (ursprünglichen) Produktionsfaktor.

Produktionsfaktor Arbeit

Träger des Produktionsfaktors Arbeit ist der Mensch. Der Boden bzw. die Natur bietet zwar die Rohstoffe für die Gütererstellung, doch müssen diese z. B. erst noch abgebaut, geerntet und bearbeitet werden. Hierfür ist menschliche Arbeit notwendig. Arbeit ist jede Art manueller und geistiger Beschäftigung, die darauf abzielt, ein Einkommen zu erwirtschaften.

Der Produktionsfaktor Arbeit hat eine quantitative und eine qualitative Seite:

- Quantität: Die Quantität, also die Menge an Arbeit, die in einer Volkswirtschaft zur Verfügung steht, ist abhängig von der Bevölkerungszahl, dem Alter der Bevölkerung und der Zahl der Erwerbstätigen.
- Qualität: Die Qualität der Arbeit ist vor allem abhängig von der Begabung, der Erziehung und der Ausbildung der Beschäftigten.

Beim Produktionsfaktor Arbeit kann außerdem zwischen geistiger und körperlicher Arbeit unterschieden werden. Zu den geistigen Tätigkeiten gehören z. B. Planungs-, Kontroll- und Leitungsaufgaben, während zu den körperlichen Tätigkeiten hauptsächlich handwerkliche Fähigkeiten zählen.

Der Produktionsfaktor Arbeit ist wie der Produktionsfaktor Boden von Natur aus gegeben und damit ein „originärer“ (ursprünglicher) Produktionsfaktor.

Produktionsfaktor Kapital

Aus den beiden Produktionsfaktoren Arbeit und Boden/Natur entsteht der Produktionsfaktor Kapital. Hierzu zählen alle in der Güterherstellung eingesetzten Mittel wie z. B. Werkzeuge, Maschinen und Gebäude. Die Größe des Kapitals hängt davon ab, wie stark in der Vergangenheit gespart und investiert wurde. Beim Kapital unterscheidet man zwischen Sachkapital und Geldkapital.

- Sachkapital: Hierzu zählen alle bereits produzierten Produktionsmittel wie z. B. Gebäude, Maschinen und Werkzeuge. Auch die produzierten Verbrauchsgüter wie Roh-, Hilfs- und Betriebsstoffe, die zur Produktion anderer Güter benötigt werden, zählen dazu.

- Geldkapital: Hierzu zählen alle finanziellen Mittel, die der Wirtschaft zum Erwerb von Sachkapital zur Verfügung stehen. Voraussetzung für den Erwerb von Sachkapital ist Sparen und Investieren.

Da das Kapital erst aus dem Zusammenwirken von Boden und Arbeit entsteht, bezeichnet man den Produktionsfaktor Kapital als „derivativen" (abgeleiteten) Produktionsfaktor.

Produktionsfaktor Bildung/ Technisches Wissen

Der Produktionsfaktor Bildung umfasst das Schulwesen, die Berufsausbildung, die Fortbildung und die Wissenschaft und Forschung. Es ist das erworbene Wissen und Können, das den Einzelnen befähigt, wirtschaftliche Aufgaben zu erfüllen und deren Ausführung zu optimieren.

Kombination der Produktionsfaktoren

Zur Herstellung von Gütern müssen alle vier Produktionsfaktoren miteinander kombiniert werden. Welche Faktorkombination nach dem ökonomischen Prinzip z. B. zur Gewinnmaximierung am kostengünstigsten ist, hängt von der Art der Güterproduktion ab. Allerdings sind die Produktionsfaktoren untereinander nur begrenzt austauschbar. Heutzutage wird am häufigsten der Produktionsfaktor Arbeit durch den Produktionsfaktor Kapital ersetzt, d. h., der Mensch wird durch die Maschine ersetzt.

Boden	Arbeit	Kapital	Bildung

originärer Produktionsfaktor	**originärer Produktionsfaktor**	**derivativer Produktionsfaktor**	**derivativer Produktionsfaktor**
• Anbauboden • Abbauboden • Standortboden	• körperliche Arbeit • geistige Arbeit	• alle produzierten Produktionsmittel • Voraussetzung: Sparen und Investieren	• Schulwesen • Berufsausbildung • Fortbildung • Wissenschaft • Forschung

Grundlage aller Wirtschaftsprozesse

Volkswirtschaftliche Produktionsfaktoren

1.4.2 Betriebswirtschaftliche Produktionsfaktoren

Aus betriebswirtschaftlicher Sicht wird bei den Produktionsfaktoren unterschieden zwischen Elementarfaktoren und dispositivem Faktor.

Elementarfaktoren

Zu den Elementarfaktoren zählen:
- Ausführende Arbeit: Die Betriebswirtschaftslehre versteht darunter hauptsächlich die körperliche Arbeit, also die objektbezogene Arbeit direkt am Produkt.
- Betriebsmittel: Hierzu zählen alle Anlagen und Einrichtungen, welche die technischen Voraussetzungen zur Produktion bilden, z. B. Grundstücke, Gebäude, Maschinen, Werkzeuge und Transporteinrichtungen.

- Werkstoffe: Hierzu zählen alle Roh-, Hilfs- und Betriebsstoffe sowie Halb- und Fertigerzeugnisse, die als Ausgangs- und Grundstoffe für die Herstellung von Produkten benötigt werden.
- Rechte: Hierzu zählen z. B. Lizenzen (Genehmigungen), Patente (Erfinderschutz), Warenzeichen (Schutzmarken), Miet- und Pachtverträge.

Dispositiver Faktor

Der dispositive Faktor stellt eine menschliche Arbeitsleistung dar. Diese Arbeitsleistung fließt jedoch nicht unmittelbar in die Produktion ein, sondern unterstützt die Leistungserstellung durch die Kombination der Elementarfaktoren. Es handelt sich somit hauptsächlich um geistige Arbeit, wie z. B. Zielbestimmung, Planung, Organisation, Leitung, Durchführung und Kontrolle.

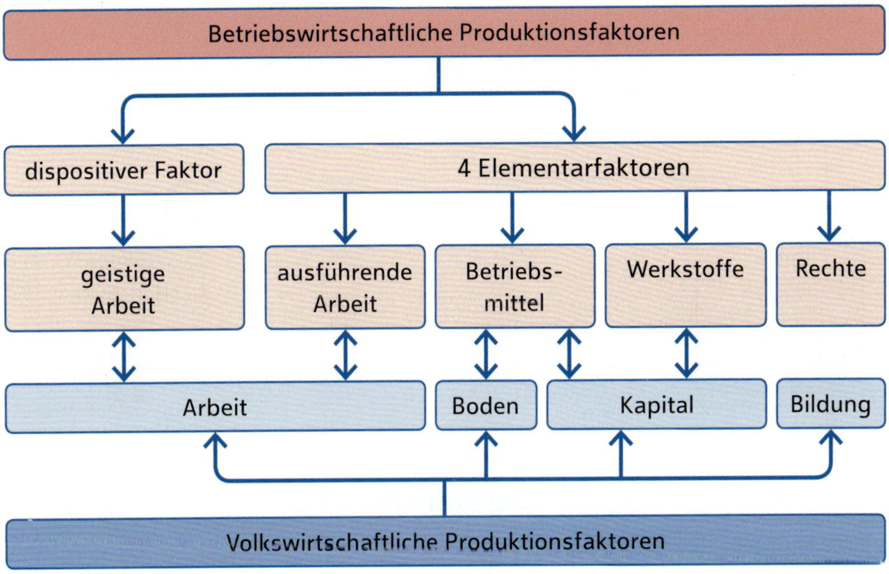

Vergleich der betriebswirtschaftlichen und der volkswirtschaftlichen Produktionsfaktoren

1.5 Wirtschaftskreislauf

Wirtschaftskreislauf
economic cycle

Wenn die Nachfrage nach Gütern auf dem Markt durch entsprechende Angebote befriedigt wird, kommt es zu volkswirtschaftlichen Tauschvorgängen, z. B. Gut gegen Geld. Der Wirtschaftskreislauf ist ein Modell zur Darstellung dieser volkswirtschaftlichen Tauschvorgänge in der Form eines Kreislaufs. In diesem Kreislaufschema gibt es zwei Wertströme: den Güterstrom und den Geldstrom.

Güter- und Geldstrom verlaufen in der Volkswirtschaft meist entgegengesetzt, da Güter mit Geld bezahlt werden. Die Zahl der teilnehmenden Sektoren („Wirtschaftssubjekte") ist je nach Art des Wirtschaftskreislaufs unterschiedlich. Zu den Wirtschaftssektoren gehören private Haushalte (Familien, Einzelpersonen), Unternehmen, Banken und der Staat. Bei einer offenen Volkswirtschaft kommt noch das Ausland hinzu.

1.5.1 Einfacher Wirtschaftskreislauf

Beim einfachen Wirtschaftskreislauf wird von der Modellvorstellung ausgegangen, dass die Austauschbeziehungen lediglich zwischen zwei Wirtschaftssubjekten stattfinden: den privaten Haushalten und den Unternehmen. Es bestehen keine außenwirtschaftlichen Beziehungen und auch der Staat greift nicht in das Wirtschaftsgeschehen ein.

Wirtschaftssektoren Unternehmen und private Haushalte

Die Unternehmen produzieren Konsumgüter, die von den privaten Haushalten gekauft werden. Die privaten Haushalte stellen umgekehrt den Unternehmen die Produktionsfaktoren, insbesondere den Faktor Arbeit, zur Verfügung und erhalten dafür von den Unternehmen Einkommen wie Löhne und Gehälter.

Geld- und Güterströme

Der einfache Wirtschaftskreislauf setzt sich somit aus folgenden Geld- und Güterströmen zusammen:
- Geldströme: Einkommen und Konsumausgaben
- Güterströme: Arbeit und Güter

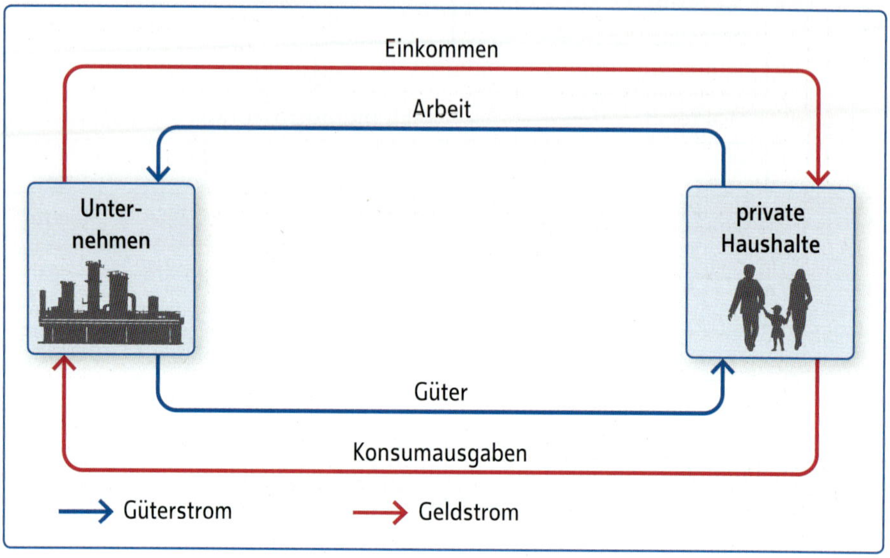

Einfacher Wirtschaftskreislauf

1.5.2 Erweiterter Wirtschaftskreislauf

Wirtschaftssektor Kapitalsammelstellen/Banken

Im erweiterten Wirtschaftskreislauf wird davon ausgegangen, dass die privaten Haushalte nicht ihr gesamtes Einkommen für Konsumgüter ausgeben, sondern Ersparnisse bilden. Diese Ersparnisse werden bei „Kapitalsammelstellen" (Banken) angelegt und die privaten Haushalte erhalten dafür Zinsen. Die Kapitalsammelstellen geben das Geld dann zur Finanzierung von Investitionen an die Unternehmen weiter, meist in Form von Krediten. Im Gegenzug zahlen die Unternehmen die aufgenommenen Kredite samt Zinsen zurück.

Wirtschaftssektor Staat

Eine zusätzliche Erweiterung des Wirtschaftskreislaufes erfolgt durch die Einbeziehung des Staates (Bund, Länder und Gemeinden). Der Staat nimmt beispielsweise Steuern, Gebühren und Sozialabgaben von den privaten Haushalten und Unternehmen ein. Andererseits zahlt er aber auch Subventionen an die Unternehmen sowie Sozialausgaben und Einkommen wie Löhne und Gehälter für Beamte und andere Arbeitnehmer des Staates oder Rente, Arbeitslosengeld, Kindergeld usw. an die privaten Haushalte. Der Staat steht auch in Beziehung zu den Banken: Bei ihnen legt der Staat Kapital an oder er erhält Kredite, wenn seine Einnahmen nicht ausreichen.

485018

Wirtschaftssektor Ausland

Auch das Ausland kann in die Betrachtung einbezogen werden. Beispielsweise verbringen private Haushalte ihren Urlaub im Ausland und erwerben dort Güter. Auch die Unternehmen können außenwirtschaftliche Beziehungen unterhalten, indem sie Waren exportieren und importieren.

Geschlossener Wirtschaftskreislauf

Um einen geschlossenen Wirtschaftskreislauf handelt es sich immer dann, wenn bei jedem Sektor die Summe aller zufließenden Ströme der Summe aller abfließenden Ströme entspricht, kurz: Summe der Einnahmen = Summe der Ausgaben.

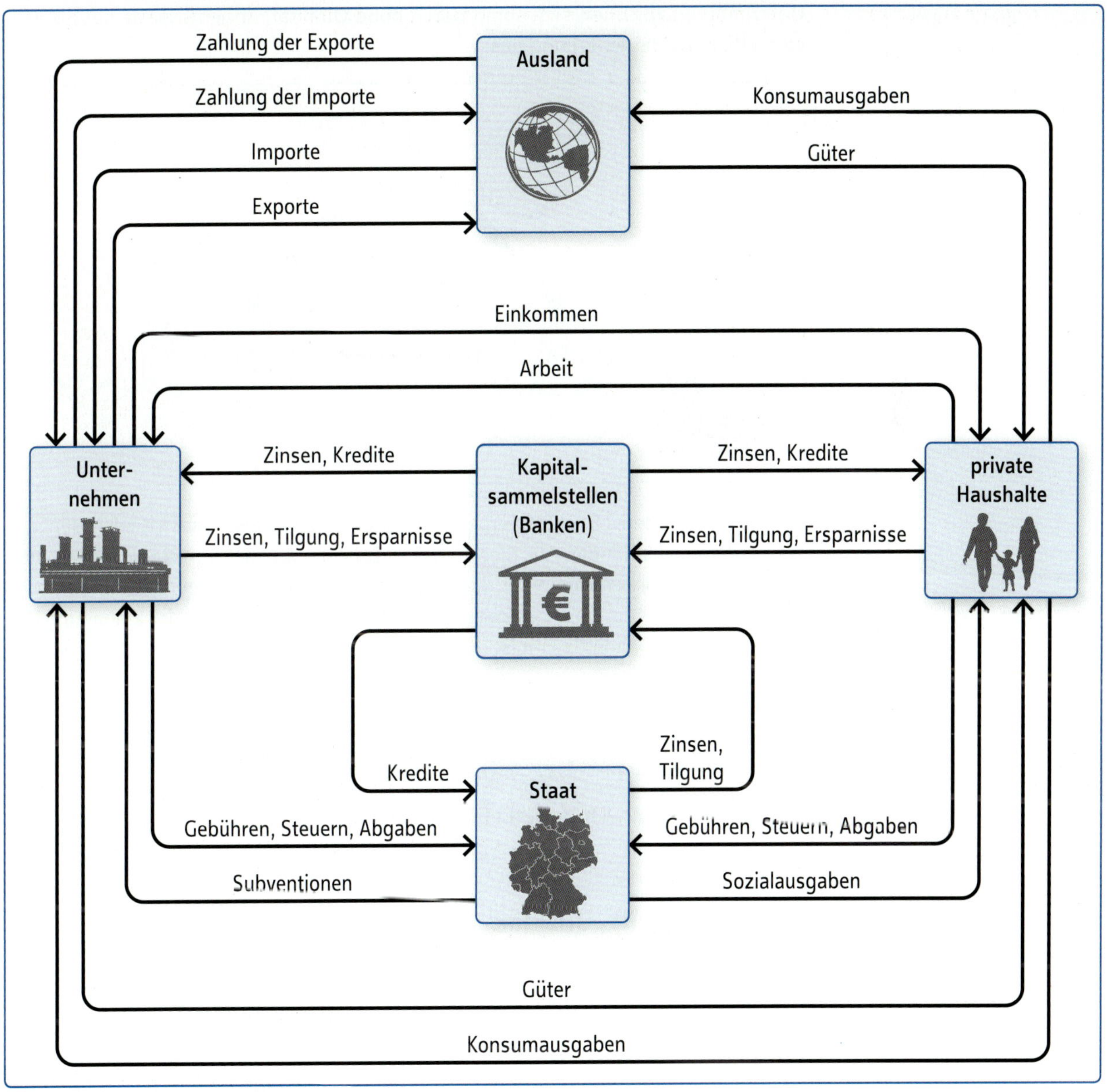

Erweiterter Wirtschaftskreislauf

2 Qualität und Qualitätsbegriff

Jedes Unternehmen, egal ob es Güter produziert oder Dienstleistungen anbietet, hat das Ziel, einen entsprechenden Absatz für sein Angebot zu finden und die Nachfrage des Marktes abzudecken. Um in Zeiten weltweit offener Märkte wettbewerbsfähig zu bleiben, ist es in vielen Branchen erforderlich, Produkte und Dienstleistungen anzubieten, die genau auf den richtigen Zeitpunkt, auf die speziellen Kundenbedürfnisse und auf die jeweils gewünschte Qualität abgestimmt sind. Wettbewerbsfähige Unternehmen zeichnen sich somit durch hohe Qualität, angemessene Kosten und eine effiziente Zeiteinteilung aus.

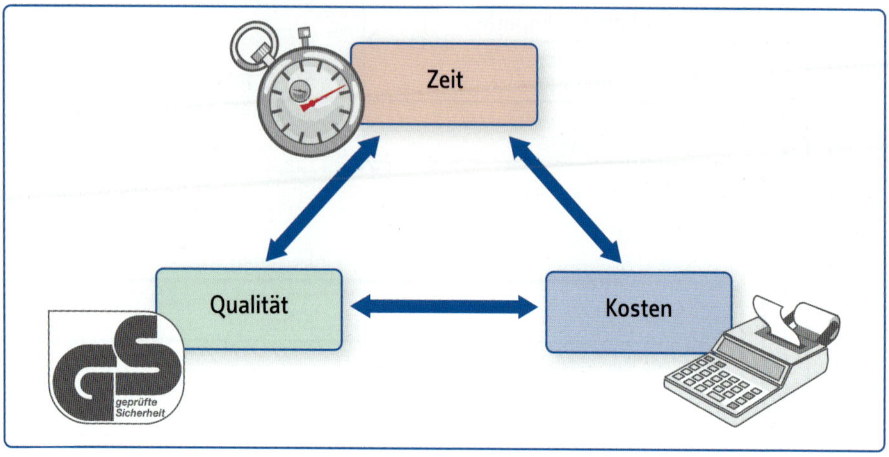

Magisches Dreieck Qualität – Zeit – Kosten

Die drei Zielgrößen „Qualität verbessern", „Zeiten verkürzen" und „Kosten senken" konkurrieren miteinander. Aus diesem Grund spricht man auch von einem „magischen Dreieck". Eine Konzentration auf das Qualitätsziel führt tendenziell zu einer Vernachlässigung des Kosten- und des Zeitziels. Stellt sich ein Problem bei der Einhaltung des Zeitplans heraus, kann das meist durch höheren Mittelaufwand beschleunigt werden, was dann jedoch das Kostenziel gefährdet. Die Unternehmensleitung muss daher stets abwägen, in welche Richtung sie sich bei Abweichungen und neuen Einflüssen bewegen will. Manchmal ist eine Zeitverlängerung unproblematisch. Manchmal sind bei allen Zielen kleinere Kompromisse gleichzeitig vertretbar.

Um auf dem Markt wettbewerbsfähig zu bleiben, ist Qualität eines der wichtigsten Instrumente.

2.1 Der Begriff „Qualität"

Qualität *quality*

Der Begriff „Qualität" wird unterschiedlich definiert. Für die meisten Menschen ist Qualität mit der Vorstellung eines gut gemachten Produktes oder einer gut durchgeführten Dienstleistung verbunden. Sieht etwas gut aus, erfüllt es seine Funktion optimal, ist es lange haltbar und nicht reparaturanfällig, dann sprechen viele Menschen von einem „Qualitätsprodukt". Der Qualitätsbegriff wird hierbei allerdings sehr ungenau und subjektiv verwendet, je nach Vorstellung des Käufers und Verbrauchers.

Qualitätsmerkmale ändern sich auch im Lauf der Zeit. Kaufte jemand vor einigen Jahren ein Handy, wollte er dies lediglich zum Telefonieren nutzen. In der heutigen

Zeit muss ein Handy aber noch mehr können, weil man damit beispielsweise auch fotografieren oder im Internet surfen möchte. Die Erwartungen des Kunden haben sich geändert. Bei Qualität geht es somit darum, die Erwartungen des Kunden zu erkennen und zu erfüllen.

„Qualität" nach DIN EN ISO 8402

Weitverbreitet ist es, die Qualität eines Produktes danach zu beurteilen, wie stark die Ansprüche bzw. Erwartungen an das Produkt (Soll) mit dessen tatsächlichen Eigenschaften (Ist) übereinstimmen. Im gleichen Sinne bezeichnet man „Qualität" nach DIN EN ISO 8402 als „die Gesamtheit von Merkmalen einer Einheit bezüglich ihrer Eignung, festgelegte und vorausgesetzte Erfordernisse zu erfüllen".

2.2 Qualitätsmerkmale und Qualitätsstandards

Es müssen Merkmale und Standards festgelegt werden, mit denen man Qualität messen kann. Die Festlegung einer Qualität muss sich immer auf bestimmte Anforderungen und Einsatzbedingungen beziehen. Diese legen zum einen die Kunden fest, die z. B. eine optimale Funktion, hohe Sicherheit und Zuverlässigkeit, eine gute Beratung und Betreuung, kurze Lieferzeiten und ein gutes Aussehen des Produktes wünschen und das alles zu einem möglichst niedrigen Preis. Auf der anderen Seite müssen die Qualitätsmerkmale und -standards auch den gesetzlichen Vorschriften und den Regeln der Technik entsprechen. Zum Zwecke der Qualitätssicherung müssen die Qualitätsmerkmale und -standards genau beschrieben und überprüfbar sein. Sie bieten eine gemeinsame Sprache und Bemessungsgrundlage, um die Qualitätseigenschaften von Produkten und Dienstleistungen zu beschreiben.

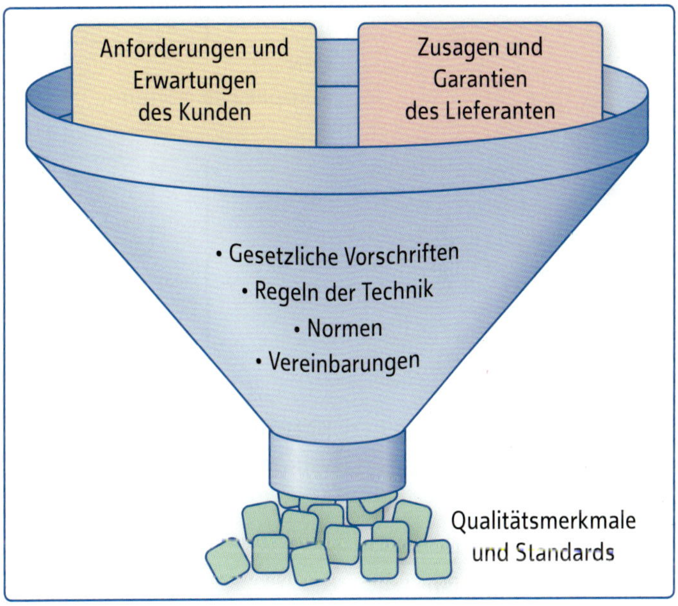

Entwicklung von Qualitätsmerkmalen und -standards

Normungsverfahren

Normen (DIN, BG und ISO)
norms, standards

Qualitätsstandards sind in der Regel freiwillige Normen, die von Organisationen aufgestellt werden, z. B. vom Deutschen Institut für Normung e. V. (kurz „DIN") mit Sitz in Berlin, oder von den Berufsgenossenschaften, die mit staatlicher Genehmigung verbindliche berufsgenossenschaftliche Vorschriften erlassen. Eine internationale Organisation ist die **ISO** (kurz für „International Organization for Standardization", dt. „Internationale Organisation für Normung"), die sich aus den nationalen Normungsorganisationen aus etwa 130 Ländern zusammensetzt. Diese entwickeln gemeinsam Normen, um den internationalen Handel zu erleichtern. Normen regeln in Deutschland zu über 80 % technische Details von Produkten oder Verfahren. Sie enthalten Muss- oder Soll-Vorschriften.

Normen werden erstellt, wenn ein Unternehmen ein neues Produkt, eine neue Dienstleistung oder ein neues Verfahren entwickelt und hierfür noch keine bestehenden

Normen anwendbar sind. In Anlehnung an die Kundenwünsche und -erwartungen sowie an die Marktbedürfnisse erstellt z. B. der Hersteller bzw. Anbieter des neuen Produktes einen Vorschlag, der vom Markt als Standard anerkannt wird. Diesen Vorschlag reicht er bei einem Normungsinstitut ein. Das Normungsinstitut überprüft diesen Vorschlag und erstellt einen Entwurf für eine Norm, veröffentlicht ihn und bittet um öffentliche Stellungnahmen. Die eingegangenen Stellungnahmen werden geprüft und anschließend wird die endgültige Norm veröffentlicht. In regelmäßigen Abständen überprüft das Normungsinstitut die Norm.

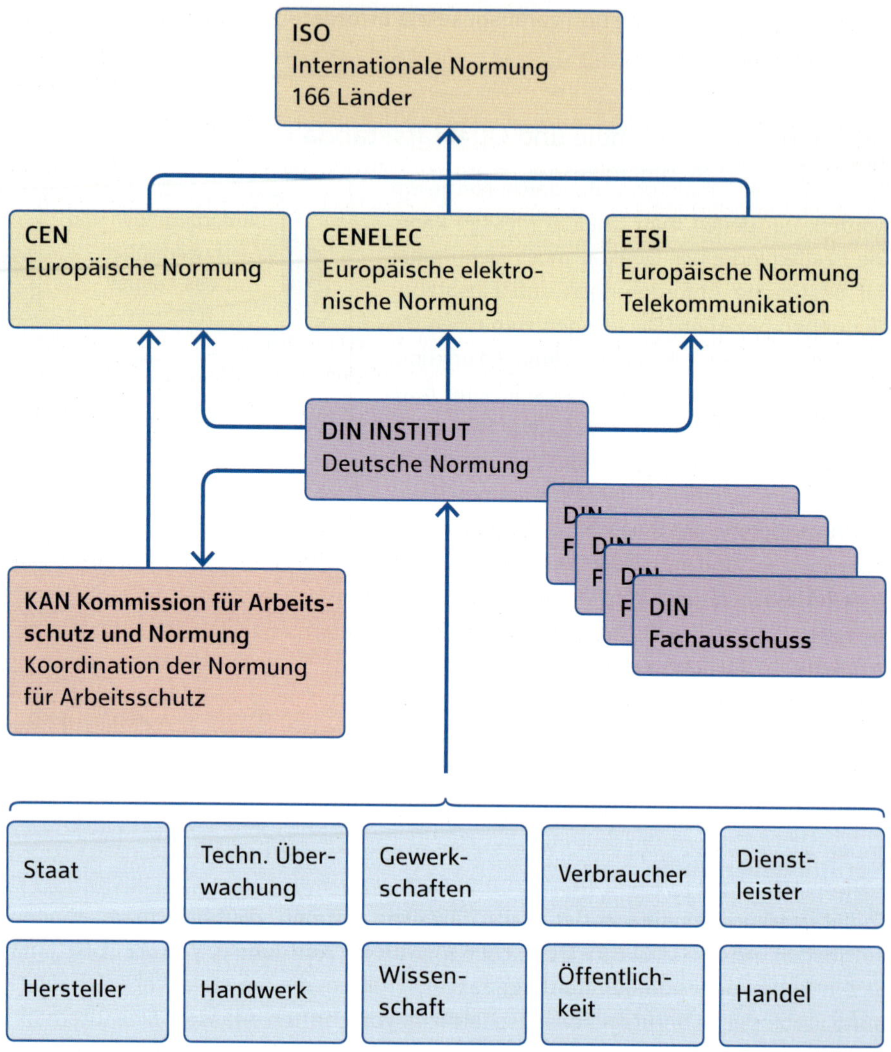

Überblick über die nationalen und internationalen Normungsgremien

Aufgaben von Normen bzw. Qualitätsstandards

Normen bzw. Qualitätsstandards spielen eine wichtige Rolle. Sie sollen Kundenbedürfnisse aufzeigen, Kosten reduzieren und für Sicherheit sorgen.

Abbildung von Kundenbedürfnissen durch Normen

Qualitätsstandards zeigen, was dem Kunden wichtig ist. Der Kunde will eine perfekte Leistung, schnelle Lieferung und preiswerte Ware. Wenn der Kunde zufrieden ist, kommt er auch wieder und nicht das Produkt. Hinzu kommt bei schlechter Quali-

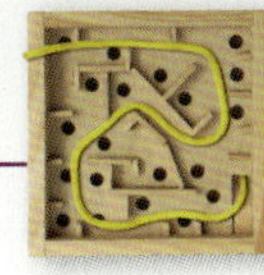

tät die Negativwerbung: Informationen über schlechte Qualität verbreiten sich im möglichen Kundenstamm über Mundpropaganda oder über Beschwerden im Internet sehr schnell und schaden dem Unternehmen. Das Unternehmen kann dadurch Aufträge an Konkurrenten verlieren, die bessere Qualität liefern.

Kostensenkungen durch Normen

Qualitätsstandards sollen außerdem Kosten reduzieren. Durch festgelegte Normen bzw. Qualitätsstandards können sich die Unternehmen z. B. mehr auf ihre Rolle im Produktionsprozess konzentrieren, da sie sich darauf verlassen können, dass die von Zulieferern benötigten Teile und Materialien die gewünschte Qualität besitzen. Im Wareneingang brauchen sie beispielsweise keine 100 %-Prüfung mehr durchzuführen und somit keine wertvolle Zeit und Geld mehr auf die Prüfung der eingehenden Teile und Materialien zu verschwenden. Dies wirkt sich auch positiv auf den Preis der Produkte und Dienstleistungen und damit auf die Kundenzufriedenheit aus.

Sicherheit durch Normen

Des Weiteren spielen Qualitätsstandards bzw. Normen eine große Rolle bei der Sicherheit. Viele Normen sind entstanden, um Produkte und Dienstleistungen entsprechend dem Stand der Technik und der gesetzlichen Vorgaben sicherer zu gestalten. Sie schützen z. B. den Verbraucher vor möglichen Gefahren oder gewährleisten sichere Arbeitsbedingungen für den Arbeitnehmer. So müssen Zurrgurte einer bestimmten DIN-Norm entsprechen, um eine bestimmte Sicherheit bei der Ladungssicherung gewährleisten zu können, die sowohl den zu verladenden Gütern, dem Frachtführer, dem Verlader und allen am Straßenverkehr Beteiligten zugutekommt.

Zertifizierung nach ISO

Ein Unternehmen, das zeigen will, dass es sich in Sachen Qualität kundig gemacht hat und über Verfahren verfügt, die zu einer bestmöglichen Qualität für Produkte und Dienstleistungen führen, lässt sich „zertifizieren“. Mit der Zertifizierung weist das Unternehmen nach, dass es seine betrieblichen Abläufe nach einer bestimmten Norm ausgerichtet hat. Hierzu werden die wichtigsten Prozesse des Unternehmens von einer externen, neutralen Stelle geprüft und mit einem Zertifikat bestätigt. Die bekanntesten Zertifizierer sind z. B. die DEKRA und der Technische Überwachungsverein (TÜV).

DIN EN ISO 9000

Die ISO-Normen der Reihe DIN EN ISO 9000 ff. sind als Soll-Vorgabe für das Qualitäts-management am weitesten verbreitet. Folgende Hauptforderungen dieser Normen müssen für eine Zertifizierung erfüllt sein:

- Die Qualitätserwartungen der Kunden werden erfüllt.
- Die Kundenzufriedenheit wird mit dem Produkt verbessert.
- Geltende Vorschriften werden befolgt.
- Das Produkt wird kontinuierlich verbessert.
- Die Ist-Abläufe werden durch sogenannte „interne Audits“ regelmäßig überprüft.

Der selbst auferlegte Zwang zum qualitätsbewussten und kundenorientierten Handeln, die Führung des Nachweises darüber und der Wille, die betrieblichen Prozesse ständig zu analysieren, zu verbessern und von einem externen Prüfer bewerten zu lassen, unterscheiden zertifizierte Unternehmen von nicht zertifizierten Unternehmen. Die Vorteile für das zertifizierte Unternehmen sind z. B.:

- gesteigerte Produktivität
- internationale Anerkennung der Qualität des Unternehmens und der Produkte

- verbesserte Mitarbeiterzufriedenheit
- Fähigkeit, mit größeren Unternehmen zu konkurrieren
- verbesserte Situation beim Lieferantenvergleich, da zertifizierte Unternehmen, wenn möglich, nur mit zertifizierten Lieferanten zusammenarbeiten, insbesondere in der Automobilbranche („Lizenz zum Mitspielen“)
- höhere Kundenzufriedenheit
- steigende Gewinne
- Möglichkeit, Produkte auf neuen Märkten abzusetzen

2.3 Qualitätskosten

Die Grundsäulen für den Markterfolg und die Wettbewerbsfähigkeit im weltweiten Handel sind Qualität, Zuverlässigkeit und Wirtschaftlichkeit. Hierbei gilt es, ein hohes und dauerhaftes Qualitätsniveau möglichst kostengünstig zu erreichen, damit ein Unternehmen am globalen Markt wirtschaftlich handeln und konkurrenzfähig bleiben kann.

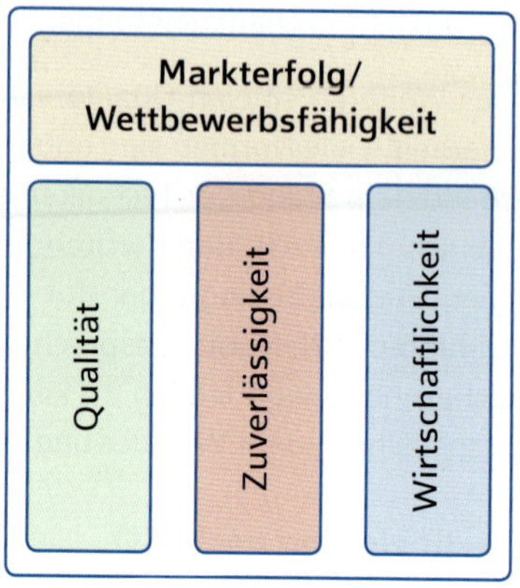

Säulen des Markterfolges und der Wettbewerbsfähigkeit

Qualitätskosten

Die Weiterverarbeitung sowie der Verkauf von fehlerhaften Produkten verursachen für jedes Unternehmen Kosten. Aus diesem Grund muss bei der Analyse der Kostensituation eines Unternehmens auch besonderes Augenmerk auf die Betrachtung und Analyse der Qualitätskosten gelegt werden. Zu den Qualitätskosten zählen alle Kosten, die durch Tätigkeiten der Fehlerverhütung, durch planmäßige Qualitätsprüfungen sowie durch intern oder extern festgestellte Fehler verursacht werden.

Qualitätskosten

Fehler entstehen häufig in einer frühen Phase der Entwicklung eines Produktes oder zu Beginn eines Produktionsprozesses. Werden sie hier bereits entdeckt, können sie meist relativ schnell und kostengünstig behoben werden. Werden Fehler erst später nach Fertigstellung des Produktes entdeckt (intern z. B. durch Qualitätsprüfung des fertigen Produktes oder extern durch Kunden), ist die Fehlerbehebung meist mit enormen Kosten verbunden. Hinzu kommt oft auch noch der Imageverlust für das Unternehmen. Bekanntestes Beispiel hierfür ist der Elchtest (Fahrdynamik-Test) bei der Mercedes-A-Klasse.

Elchtest

Der Begriff „Elchtest“ entstand im Jahre 1997, als Daimler-Benz die vieldiskutierte A-Klasse auf den Markt brachte. Es handelte sich hierbei um einen der ersten Pkws mit erhöhter Sitzposition. Kurz nach Erscheinen der A-Klasse wurde in Schweden der sogenannte Elchtest durchgeführt. Dabei geht es um die Überlegung, dass man mit dem Auto auf einer Geraden eine regelmäßige, zügige Geschwindigkeit fährt und plötzlich einem Hindernis ausweichen muss. Bei diesem Test kippte der Pkw auf die Seite und blieb schließlich auf dem Dach liegen. Als Konsequenz stoppte Daimler-Benz die Auslieferung für drei Monate und investierte 150 Millionen Euro in die Qualitätsverbesserung des Pkw, indem man das Modell mit einem ESP (kurz für „Electronic Stability Control“) ausstattete. Es handelt sich dabei um ein System, das für Stabilität sorgen soll und auf die verschiedenen Räder des Autos unterschiedlich zugreift, um das Ausbrechen und Umkippen zu vermeiden. Die Kosten für den Rückruf der bereits ausgelieferten Pkws und die Fehlerbehebung konnten erst Jahre später wieder ausgeglichen werden. Hinzu kam der Imageverlust für das Unternehmen.

Elchtest

Fehlerverhütungskosten

Zu den Fehlerverhütungskosten zählen alle Kosten für Maßnahmen, die das Entstehen von Fehlern vermeiden und das Beseitigen von Fehlerursachen zum Ziel haben. Sie fallen in der Regel vor der Produktfertigstellung an. Dazu zählen:

- Kosten der Qualitätsplanung und Qualitätsverbesserung (z. B. Festlegung von Qualitätsanforderungen in der Produktentwicklungsphase)
- Kosten der Lieferantenbeurteilung, -auswahl und -überwachung
- Kosten der Prozessoptimierung (z. B. Prüfung der Fertigungsverfahren) und der Werkstoffoptimierung (z. B. Prüfung der Rohstoffe oder der Fertigungsanlagen)
- Kosten für die Prüfung des Qualitätssicherungssystems
- Kosten für Personalschulung und Motivation der Mitarbeiter

Prüfkosten

Die Prüfkosten umfassen alle Personal- und Sachkosten für die Qualitätsprüfung. Hierzu zählen:

- Kosten für Prüfungen im Wareneingang
- Kosten für Zwischenprüfungen in der Fertigung
- Kosten für Endprüfungen vor Auslieferung der Produkte
- Kosten für Abnahme- und Zulassungsprüfungen (z. B. TÜV)
- Kosten für Laboruntersuchungen und Tests
- Kosten für bei Tests zerstörte Produkte
- Kosten der Dokumentation (Aufbewahrung und Verwaltung der Prüfdaten)
- Kosten für Prüfer und Prüfmittel
- Kosten für die Instandhaltung der Prüfmittel (z. B. Kalibrierung, Eichung)

Fehlerkosten

Die Fehlerkosten werden je nach dem Ort der Entstehung in interne und externe Fehlerkosten unterteilt.

Interne Fehlerkosten

Zu den internen Fehlerkosten zählen Kosten, die durch die Beseitigung fehlerhafter Produkte oder Verfahren innerhalb des Unternehmens entstehen. Dazu gehören:

- Kosten für das Aussortieren (fehlerhafte Produkte müssen aussortiert werden)
- Kosten für Ausschuss (fehlerhafte Produkte, die nicht mehr nachbearbeitet werden können)
- Kosten für Mehr- und Nacharbeit (fehlerhafte Produkte werden so nachgearbeitet, dass sie nachträglich noch die Qualitätsanforderungen erfüllen)
- Kosten für Wiederholungsprüfungen (nachgearbeitete Produkte müssen nochmals geprüft werden)
- Wertminderung (Mindererlöse aus dem Verkauf mangelhafter Produkte zu einem niedrigeren Preis)
- Kosten für Fehlersuche

Externe Fehlerkosten

Werden Fehler an Produkten oder Verfahren außerhalb des Unternehmens entdeckt, so entstehen nach der Auslieferung Kosten, die als „externe Fehlerkosten" bezeichnet werden. Dazu gehören:

- Gewährleistungskosten (Kosten aus Gewährleistungsansprüchen und Garantien)
- Kulanzkosten (der Hersteller erstattet fehlerhafte Produkte, obwohl der Kunde keine Gewährleistungsansprüche bzw. Garantieansprüche geltend machen kann)
- Produkthaftungskosten (Kosten, die entstehen, wenn fehlerhafte Produkte Sach-, Personen- oder Vermögensschäden verursachen)
- Kosten durch Nachbearbeitung fehlerhafter Produkte und durch Lieferung von Ersatzteilen
- Kosten für die Reklamationsbearbeitung

2.4 Ausgewählte Methoden zur Qualitätssicherung

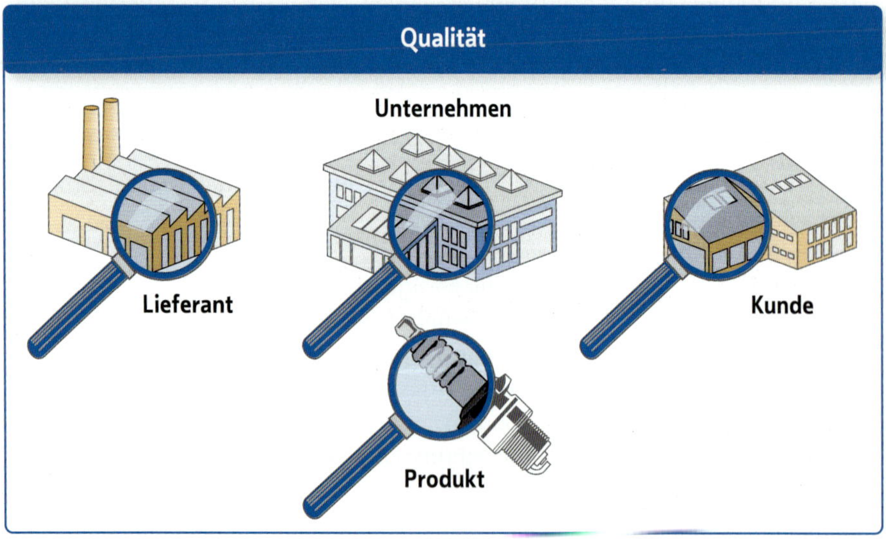

Qualitätssicherung: Lieferant, Produkt, Kunde und Unternehmen unter der Lupe

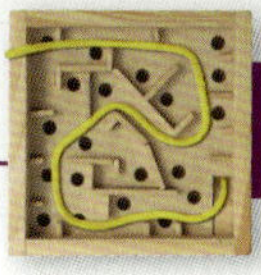

Damit sichergestellt ist, dass ein Unternehmen hochwertige Produkte oder Dienstleistungen herstellt bzw. liefert und die Qualitätskosten möglichst gering gehalten werden, kann ein Unternehmen verschiedene Methoden zur Qualitätssicherung einführen. Hierzu gehören die Kundenbefragung und das Beschwerdemanagement, die sorgfältige Auswahl der Lieferanten und die Qualitätsprüfung. Hinzu kommen die sogenannten „prozessorientierten Qualitätssicherungsmethoden", bei denen alle wesentlichen betrieblichen Prozesse durchleuchtet, überprüft und verbessert werden, um die Qualität und Produktivität im Unternehmen zu steigern.

Kundenbefragung und Beschwerdemanagement

Ohne Kunden kann ein Unternehmen nicht existieren. Wichtig für den Erfolg eines Unternehmens ist daher die Kundenzufriedenheit. Ziel eines jeden Unternehmens muss es sein, herauszufinden, welche Forderungen und Erwartungen der Kunde an das Produkt bzw. die Dienstleistung sowie an das Unternehmen hat. Für das Kunden-Feedback und die Informationserfassung bieten sich dem Unternehmen unterschiedliche Möglichkeiten:

Marktforschung und Kundenbefragung
market research and customer survey

Die Ermittlung der Kundenbedürfnisse kann durch verschiedene Methoden der Marktforschung wie z. B. eigene Umfragen erfolgen. Eine Umfrage kann auf die herkömmliche Weise mit Stift und Papier durchgeführt werden. Kunden können aber auch am Telefon oder über das Internet befragt werden.

Kundenreklamation und Beschwerdemanagement

Wichtig ist es, Kundenreklamationen aufzunehmen und umgehend darauf zu reagieren. Der Kunde muss erfahren, dass er ernst genommen wird und das Unternehmen alles versucht, um den Fehler nachhaltig zu beseitigen. Allerdings gibt die Anzahl der Beschwerden nur ein unvollständiges Bild über die Anzahl der unzufriedenen Kunden. Viele Kunden machen sich nämlich nicht die Mühe, sich zu beschweren, sondern wechseln lieber den Lieferanten bzw. den Verkäufer. Hinzu kommt in diesen Fällen häufig die Negativwerbung im sozialen Umfeld – in der Familie, im Freundes- oder im Bekanntenkreis.

Sorgfältige Lieferantenauswahl

Fast jedes Unternehmen hat heutzutage in irgendeiner Form mit Lieferanten zu tun, sei es für den Bezug von Roh-, Hilfs- und Betriebsstoffen oder für den Bezug von Zubehörteilen zur Produktion eines Endproduktes. Die Qualität dieser angelieferten Stoffe wirkt sich auch auf die Qualität des Endproduktes aus. Somit ist es für ein Unternehmen äußerst wichtig, einen zuverlässigen Lieferantenstamm aufzubauen. Einkaufsleiter und Qualitätsmanager müssen gemeinsam dafür sorgen, dass alle Lieferanten die Qualitätsanforderungen des Unternehmens erfüllen. Wenn ein Unternehmen sich auf seine Lieferanten verlassen kann, kann es beispielsweise auch die Kosten für Warenprüfungen im Wareneingang erheblich senken.

Qualitätsvereinbarungen

Aus diesen Gründen treffen viele Unternehmen mit ihren Lieferanten sogenannte Qualitätsvereinbarungen. Werden diese Vereinbarungen gebrochen, kann es sein, dass Konventionalstrafen zu zahlen sind.

Lieferantenfragebögen und Betriebsbesichtigungen

Möglichkeiten zur Überprüfung der Lieferanten bieten beispielsweise Lieferantenfragebögen, durch die das Unternehmen erfahren kann, ob der Lieferant die entsprechenden Qualitätsprozesse bei der Herstellung des Zulieferproduktes befolgt. Um sich selbst davon zu überzeugen, dass beim Lieferanten die entsprechenden Qualitätssicherungsmaßnahmen durchgeführt werden, können auch Betriebsbesichtigungen bei den möglichen oder bereits bestehenden Lieferanten durchgeführt werden.

Lieferantenaudit

Des Weiteren gibt es die Möglichkeit, dass ein Unternehmen einen nicht zertifizierten Lieferanten im Rahmen des eigenen Zertifizierungsprozesses mitzertifiziert, d.h., die Prozesse, die für das zu zertifizierende Unternehmen interessant sind, werden in einem Lieferantenaudit geprüft und teilzertifiziert.

Qualitätsprüfung

Prüfplanung und Prüfausführung

Bei der Qualitätsprüfung wird festgestellt, inwieweit ein Produkt die geforderten Qualitätsmerkmale erfüllt. Hierzu muss im Rahmen einer Prüfplanung zunächst festgelegt werden, was (z.B. Härte, Farbe, Längenmaß), wie (Sicht- oder Funktionsprüfung), wie viel (z.B. Stichprobenprüfung, 100 %-Prüfung), wann (Eingangs-, Zwischen- oder Endprüfung) und von wem (z.B. Mitarbeiter oder Fachmann für Qualitätsprüfung) geprüft werden soll. In der darauf folgenden Prüfausführung wird festgestellt, inwieweit die Produkte die an sie gestellten Qualitätsanforderungen erfüllen. Dabei werden die Ist-Werte mit den Soll-Werten verglichen. Kommt es zu Abweichungen, müssen möglichst schnell die Ursachen dafür gefunden und entsprechende Korrekturmaßnahmen eingeleitet werden. Dadurch kann es kurzfristig zu einer Nacharbeit der fehlerhaften Produkte kommen, mittel- und langfristig muss jedoch eine Prozess-anpassung bzw. Prozessoptimierung erfolgen.

Prozessorientierung bei der Qualitätssicherung

Neben den oben beschriebenen eher funktionsorientierten Qualitätssicherungsmethoden gibt es noch eine Vielzahl prozessorientierter Qualitätssicherungsmethoden, z.B. Kaizen, Lean Management und Total Quality Management. Prozessorientierung bedeutet dabei, dass nicht die Ergebnisse, sondern die Prozesse im Vordergrund stehen, d.h. die unternehmensinternen und unternehmensübergreifenden Waren- und Informationsflüsse.

Unter „Prozess“ versteht man hierbei die Folge logisch zusammenhängender Aktivitäten zur Erstellung einer Leistung oder zur Veränderung eines Objektes. Der Anfang (z.B. Kundenauftrag, Materialien, Ressourcen) und das Ende (fertiges Produkt, Ergebnis) sind dabei genau definiert. Wesentliches Ziel des Transformationsprozesses ist das Erreichen eines Wertzuwachses bzw. die Wertschöpfung.

Die innerbetrieblichen Abläufe werden im Sinne der Qualitätssicherung von der Forderung nach ständiger Verbesserung geprägt, um folgende Ziele zu erreichen:
- reibungslose Abläufe
- Mitarbeiterzufriedenheit
- Kosten- und Wertschöpfungseffizienz
- gesicherte Qualität
- Kundenzufriedenheit

Ziel eines prozessorientierten **Qualitätsmanagementsystems** ist die kontinuierliche Verbesserung der Prozesse und Produkte in Verbindung mit der frühzeitigen Fehlererkennung und -verhütung. Dies bedeutet gemäß der Norm DIN EN ISO 9001, dass unter der Verantwortung der Geschäftsleitung durch die Bereitstellung notwendiger Ressourcen und deren effizienten Einsatz (Ressourcenmanagement) ein Produkt entstehen soll, das den Anforderungen des Kunden genügt, seine Erwartungen erfüllt und ihn zufriedenstellt. Durch ständige Messungen, Analysen, regelmäßige Kundenkommunikation und daraus abgeleitete Verbesserungen kann die Qualität der Herstellungs- und Managementprozesse sowie der Produkte kontinuierlich verbessertwerden. Dies steigert die Kundenzufriedenheit und sorgt für ein gutes Kunden-Lieferanten-Verhältnis.

Der Informationsaustausch mit den Kunden, gezielte Analysen und die daraus abgeleiteten Maßnahmen wirken sich nicht nur auf die Verbesserung der Prozesse und Produkte aus, sondern ermöglichen auch eine kontinuierliche Verbesserung des Qualitätsmanagementsystems.

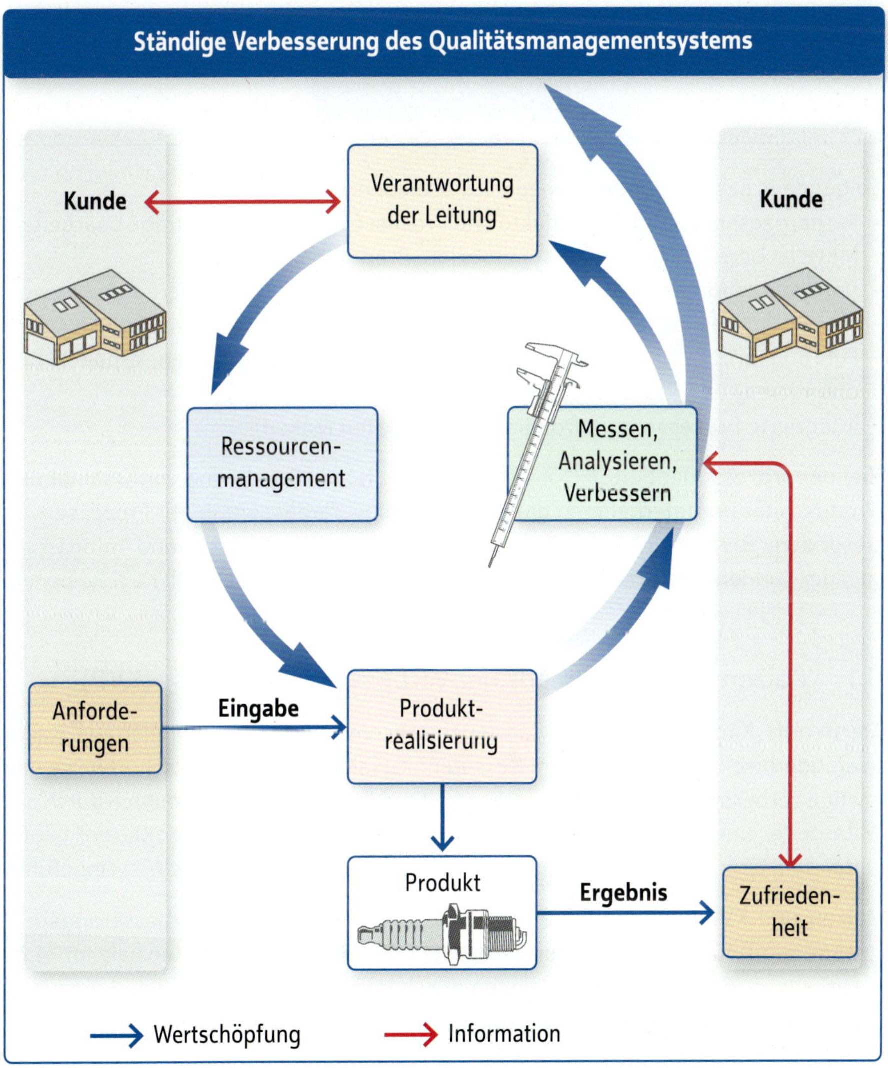

Modell eines prozessorientierten Qualitätsmanagementsystems

3 Prozessorientierte Qualitätssicherung

Ein Unternehmen besteht aus einem System von Prozessen. Ein Prozess ist die Zusammenfassung logisch zusammenhängender Arbeitsschritte („Aktivitäten"), die einen bestimmten Input in einen bestimmten Output umwandeln.

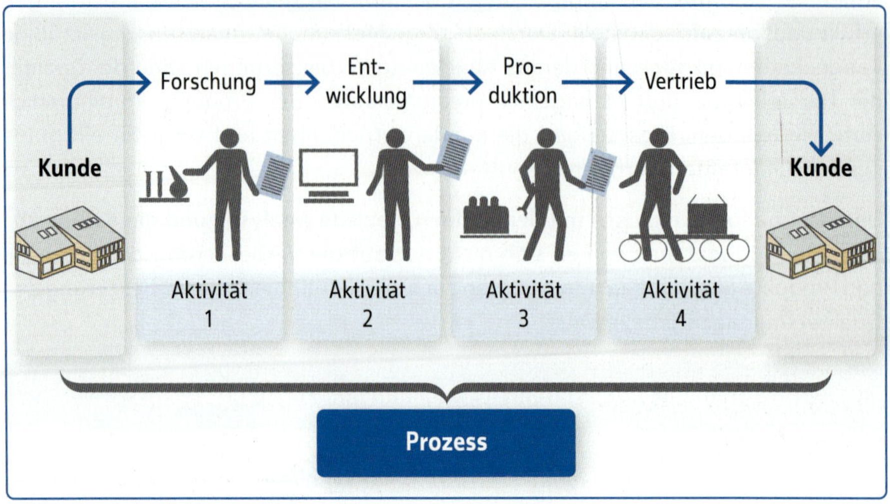

Prozess

Folgende Prozessgruppen können unterschieden werden:

- Kernprozesse (z. B. neue Produkte und Prozesse entwickeln, Aufträge bearbeiten, Material bereitstellen, Produkte erstellen, Produkte verkaufen)
- unterstützende Prozesse (z. B. Lieferanten auswählen, qualifizieren und bewerten, Prüfmittel überwachen)
- Führungsprozesse (z. B. Qualitätsmanagementsystem einführen, erhalten und optimieren)
- integrierte Prozesse (z. B. Dokumente und Daten lenken)

Ziel der prozessorientierten Qualitätssicherung

Ziel der prozessorientierten Qualitätssicherung ist die Steigerung von Qualität und Produktivität im Unternehmen durch die ständige Verbesserung der Prozesse. Von besonderer Bedeutung sind dabei die Ausrichtung auf die Wünsche und Anforderungen der Kunden sowie die Einbeziehung aller Mitarbeiter auf allen Hierarchieebenen.

3.1 Kaizen und Kontinuierlicher Verbesserungsprozess (KVP)

Der Begriff „Kaizen" stammt aus dem Japanischen. Er setzt sich zusammen aus „Kai" = „Veränderung" und „Zen" = „zum Besseren". Gemeint ist damit die schrittweise und stetige Verbesserung von Abläufen, Produktionsverfahren oder Produkten durch alle Mitarbeiter eines Unternehmens. In westlichen Unternehmen wurde „Kaizen" häufig unter dem Begriff „Kontinuierlicher Verbesserungsprozess" (kurz „KVP") eingeführt.

Kaizen und KVP liegt der Gedanke eines ständig währenden Verbesserungsprozesses zugrunde. Dies bedeutet, Probleme und Verbesserungspotenziale im Team zu erkennen, Problemlösungen systematisch im Team zu erarbeiten und umzusetzen, bewährte Lösungen zu Standards zu machen und Prozesse und Abläufe kontinuierlich zu überprüfen und zu verbessern.

Wichtig für Kaizen und KVP ist, dass jeder Mitarbeiter in den Verbesserungsprozess eingebunden wird und seine Meinung äußern und Verbesserungen anregen darf/soll. Dahinter steht zum einen der Gedanke, dass sich der einzelne Arbeitnehmer stärker mit dem Unternehmen identifiziert und somit die Mitarbeitermotivation erhöht wird. Zum anderen soll das nie endende Bemühen am eigenen Arbeitsplatz durch ständige Verbesserungen auch in kleinsten Schritten zum Erfolg des Unternehmens und damit zur Sicherung des eigenen Arbeitsplatzes beitragen.

Ziele von Kaizen und KVP

Hauptziele des Kaizen und KVP sind die Steigerung des Marktanteils und der Wettbewerbsfähigkeit des Unternehmens und damit die Sicherung der Arbeitsplätze.

Weitere Ziele sind:
- Schwachstellen erkennen und beseitigen
- Verschwendung vermeiden
- Fehler vermeiden
- Qualität verbessern
- Ausschuss verringern
- Kundenzufriedenheit erhöhen
- Arbeitsabläufe verbessern
- Kosten verringern

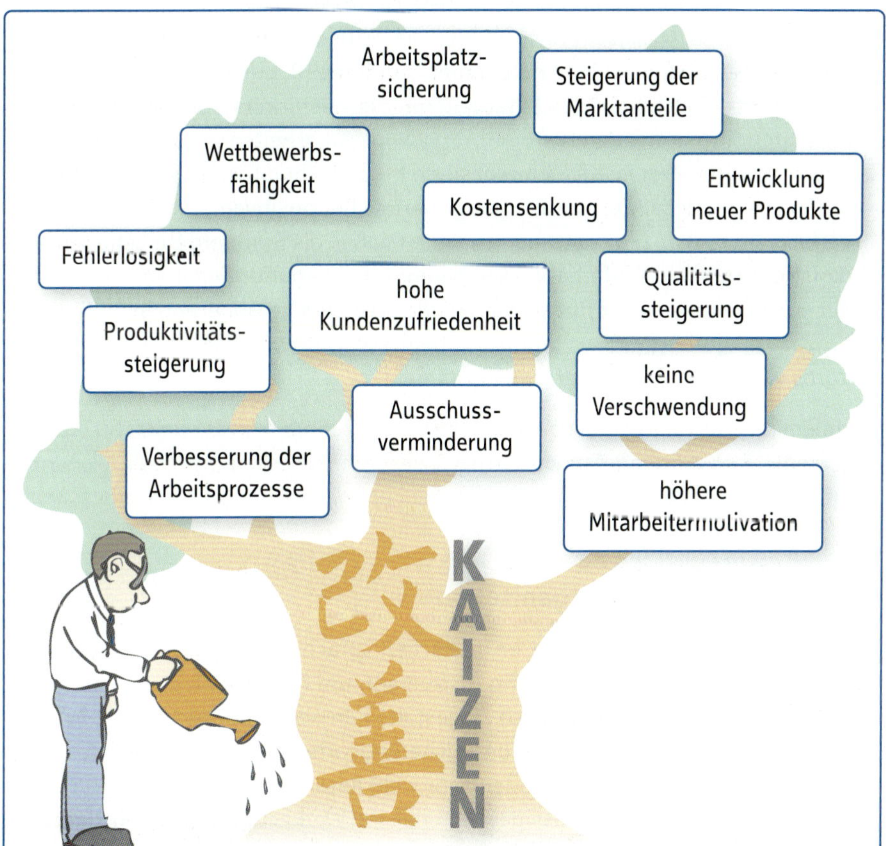

Ziele des Kaizen bzw. des Kontinuierlichen Verbesserungsprozesses

Hilfsmittel für Kaizen und KVP sind der Demingkreis (PDCA-Zyklus), die 5-S-Arbeitsplatzorganisation, die 3-Mu-Checkliste, Lean Production und TQM.

3.2 Demingkreis

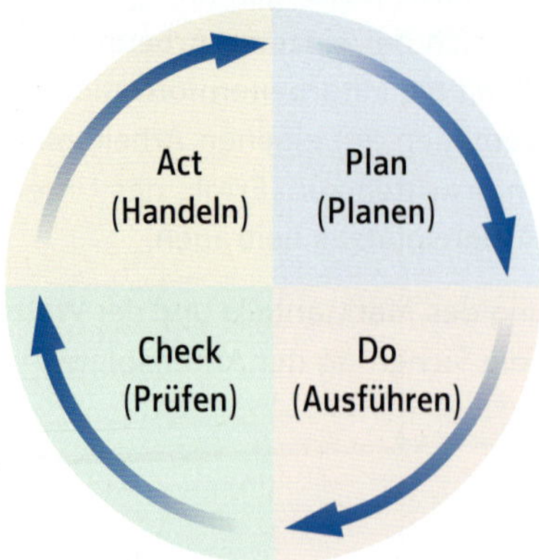

Demingkreis (PDCA-Zyklus)

William Edwards Deming (1900–1993) entwickelte den nach ihm benannten Demingkreis, auch „PDCA-Zyklus“ genannt. Der Grundgedanke hinter dem Demingkreis ist, dass Prozessverbesserung kein einmaliges lineares Ereignis ist, sondern ein kontinuierlicher Zyklus, der den Prozess von Mal zu Mal verbessert.

Der Demingkreis (PDCA-Zyklus) besteht aus vier Elementen:

Plan: Planen

1. *Plan – Planen:* Um den Prozess zu verbessern, muss festgestellt werden, was nicht richtig läuft. Der Ist-Zustand muss analysiert werden, anschließend müssen Ziele festgelegt und Verbesserungskonzepte gefunden und erstellt werden. Dies sollte vom Mitarbeiter oder Teamleiter vor Ort geschehen, da er die Arbeitsprozesse am besten kennt und weiß, wo Schwachstellen sind.

Do: Ausführen

2. *Do – Ausführen:* In dieser Phase werden die Verbesserungskonzepte ausprobiert und getestet, aber nicht auf breiter Front, sondern z. B. nur an einem Arbeitsplatz. Wichtig ist es auch hier, den Mitarbeiter in die Ausführungsphase einzubinden, da letztendlich er mit dem Verbesserungskonzept arbeiten muss.

Check: Prüfen

3. *Check – Prüfen:* Der im Kleinen realisierte Prozessablauf wird nun sorgfältig geprüft und die Resultate werden ausgewertet. Bei positivem Ergebnis kann das Verbesserungskonzept zur Umsetzung im Großen als Standard freigegeben werden. Bei negativen Prüfergebnissen beginnt die Planung wieder von vorne.

Act: Handeln

4. *Act – Handeln:* In dieser Phase werden die positiven Veränderungen im Gesamtprozess eingeführt und als Standards festgeschrieben. Die Einhaltung der Standards wird regelmäßig überprüft.

Nachdem das Ausgangsproblem gelöst und die neuen Standards eingeführt wurden, wird wieder von vorne angefangen und nach weiteren Verbesserungsmöglichkeiten gesucht. Der PDCA-Zyklus ist somit ein nie endender Prozess zur Qualitätsverbesserung.

3.3 5-S-Arbeitsplatzorganisation

5-S-Arbeitsplatzorganisation

Die 5-S-Arbeitsplatzorganisation, im deutschen Sprachraum oft auch „5 A“ genannt, wurde in Japan entwickelt und ist ein Instrument, um Arbeitsplätze und deren Umfeld sicher, sauber und übersichtlich zu gestalten. In einem übersichtlichen Arbeitsbereich kann effizienter, günstiger und sicherer gearbeitet werden. Unaufgeräumte Arbeitsplätze dagegen verschwenden sehr viele Ressourcen: Zeit, um nach Dingen zu suchen, Kosten für überschüssiges Material und Werkzeuge, kostbaren Platz usw.

Die 5-S-Methode kann in allen Bereichen des Unternehmens angewendet werden: Durch die direkte Einbindung der Mitarbeiter in der Produktion, im Lager und in der Verwaltung können Schwachstellen schneller erkannt und Verbesserungen einfacher und nachhaltiger umgesetzt werden. Entwickelte Standards und deren Visualisierungen am Arbeitsplatz (z. B. auch durch Vorher- und Nachher-Fotos) ermöglichen ein schnelles Erkennen von Abweichungen und stellen sicher, dass der erreichte Zustand aufrechterhalten wird.

Bei der 5-S-Arbeitsplatzorganisation handelt es sich um die fünfstufige Vorgehensweise *Seiri, Seiton, Seiso, Seiketsu* und *Shitsuke:*

Seiri:* *Sortiere aus

1. *Seiri – Sortiere aus:* Alle Arbeitsmittel und alle Materialien, die sich am Arbeitsplatz befinden, werden erfasst und unter die Lupe genommen. Nicht benötigte Arbeitsmittel und Materialien werden aussortiert und z. B. an das Lager zurückgegeben, weggeworfen oder entsorgt.

Seiton:* *Stelle ordentlich hin und räume auf

2. *Seiton – Stelle ordentlich hin und räume auf:* Aufräumen bedeutet, sich zu überlegen, wo Arbeitsmittel und Materialien aufbewahrt werden sollen. Alles, was zum Arbeiten benötigt wird, muss in Reichweite sein, die Wegzeiten der Mitarbeiter sollten möglichst kurz sein. Der Arbeitsplatz muss so organisiert werden, dass alle Arbeitsmittel und Materialien einfach zu finden sind. Hilfreich sind hier Farbmarkierungen, Kennzeichnungen mit Symbolen und Beschriftungen. Jedem Gegenstand wird ein fester Platz zugewiesen. Wichtig hierbei ist, die Gegenstände nach ihrer Einsatzhäufigkeit zu lagern. So sollten beispielsweise häufig benutzte Gegenstände auf Augenhöhe und seltener gebrauchte Dinge weiter unten oder oben positioniert werden.

Seiso:* *Säubere

3. *Seiso – Säubere:* Der Arbeitsbereich wird von Grund auf gereinigt. Dahinter steckt der Gedanke, dass ein sauberer Arbeitsbereich eine positive und motivierende Arbeitsatmosphäre schafft, während ein schmutziger, unordentlicher Arbeitsplatz eher demotivierend wirkt. Eine Grundregel der Säuberungsphase ist, dass sich alle Mitarbeiter an der Säuberung beteiligen. Alle Mitarbeiter sind für die Sauberkeit am Arbeitsplatz verantwortlich.

Seiketsu:* *Sauberkeit bewahren und standardisieren

4. *Seiketsu – Sauberkeit bewahren und standardisieren:* Regeln und Standards sind wichtig, damit Ordnung, Sauberkeit und Verbesserungen nachhaltig sind. Standardabläufe verringern die Zeit, die erforderlich ist, um Mitarbeiter einzuarbeiten, Vertretungskräfte anzulernen oder Teams zu vergrößern. Nachdem die bewährte Praxis zum Standard geworden ist, kennen sich alle aus und wissen, wie sie bestimmte Situationen am besten meistern können. Einheitliche Kennzeichnungen und Markierungen helfen beispielsweise, auch in anderen Abteilungen das gesuchte Arbeitsmittel schnell zu finden. Auch für die Arbeitssicherheit ist die konsequente Einhaltung von Arbeitsvorschriften (technische Anweisungen, Sicherheitsstandards) von großer Bedeutung, wie zum Beispiel das Tragen von Schutzkleidung.

Shitsuke:* *Selbstdisziplin wahren und das Erreichte aufrechterhalten bzw. verbessern

5. *Shitsuke – Selbstdisziplin wahren und das Erreichte aufrechterhalten:* Damit Ordnung und Sauberkeit aufrechterhalten werden, ist Disziplin erforderlich. Die 5-S-Maßnahmen müssen ständig wieder aufgenommen und überprüft werden. Um dies zu gewährleisten, können z. B. bestimmte Aufräumzeiten eingeführt und Stichprobenkontrollen durchgeführt werden. Sinnvoll ist es auch, die laufenden Ergebnisse zu auditieren, d. h. zu untersuchen. Je nach Bereich wird bei einem Audit der Ist-Zustand analysiert oder aber ein Vergleich der ursprünglichen Zielsetzung mit den tatsächlich erreichten Zielen durchgeführt. Ein Audit dient auch dazu, allgemeine Probleme oder einen Verbesserungsbedarf aufzuspüren, damit sie beseitigt werden können. Nachdem mögliche Abstellmaßnahmen oder Verbesserungen eingeleitet wurden, werden die Ergebnisse auch visuell dargestellt, z. B. durch Fotos, Zahlen, Daten und Fakten.

Wichtig für eine erfolgreiche Prozessoptimierung ist, dass die 5-S-Methode in den Arbeitsalltag integriert wird, denn 5 S ist kein einmaliges Projekt, sondern Teil der Kaizen-Philosophie, also der Philosophie der ständigen Verbesserung.

Vorteile der 5-S-Arbeitsplatzorganisation

Durch die Anwendung der 5-S-Arbeitsplatzorganisation kann für das Unternehmen eine Vielzahl von Vorteilen erzielt werden:

- Übersichtlichkeit und Zeitgewinn: Durch Ordnung, Kennzeichnung und Standardisierung wird der Arbeitsbereich übersichtlicher. Dies beinhaltet auch, dass der Zugriff auf die Arbeitsmittel und Materialien erheblich verbessert und Zeit für unnötiges langes Suchen eingespart wird.
- Platzgewinn: Durch das Aussortieren und die Schaffung einer dauerhaften Ordnung wird viel Platz gewonnen.
- Reduktion der Bestände: Werden nicht benötigte Materialien und Arbeitsmittel aussortiert und dorthin geräumt, wo sie benötigt werden, oder selten benötigte Arbeitsmittel an einen festen Platz gebracht, wo sie von mehreren Mitarbeitern genutzt werden, können die Bestände im Unternehmen teilweise erheblich gesenkt werden und somit auch Kosten reduziert werden.
- Vorbeugende Wartung durch Mängelerkennung und Werterhaltung: An einem übersichtlichen und sauberen Arbeitsplatz können Mängel (z. B. tropfende Rohrleitungen, undichte Fässer) schneller erkannt und behoben werden. Eine gute Pflege der Arbeitsmittel, z. B. der Stapler und Lagereinrichtungen, erhöht außerdem deren Lebensdauer.
- Bessere Bestandsplanung: Wenn alles seinen festen Platz hat, kann leichter festgestellt werden, ob Materialien ausgehen, und frühzeitig neues Material geordert werden. Befinden sich die Fertigprodukte immer an einem festgelegten Ort, so kann auch hier einfacher erkannt werden, ob alles planmäßig läuft.
- Weniger Fehler: Sind z. B. Stellplätze für Materialien und Arbeitsmittel ordentlich markiert und Ablagefächer und Kartons gut gekennzeichnet, kann Verwechslungen vorgebeugt werden und damit auch die Produktqualität verbessert werden.
- Erhöhung der Arbeitssicherheit: Die Arbeitssicherheit kann beispielsweise durch eine gute Kennzeichnung der Stellflächen und Transportwege und durch ein aufgeräumtes und sauberes Lager (keine herumliegenden Folien, Kartonagen usw.) deutlich erhöht werden.
- schnellere Einarbeitung neuer Mitarbeiter
- höhere Motivation der Mitarbeiter durch saubere und ordentliche Arbeitsplätze
- verbesserte Vorzeigbarkeit des Unternehmens gegenüber Außenstehenden wie Kunden, Lieferanten und Besucher

5-S-Arbeitsplatzorganisation im Lager

5-S-Checkliste

Wie kann die 5-S-Arbeitsplatzorganisation im Lager umgesetzt werden? Einen Anhaltspunkt hierfür gibt die folgende Checkliste:

1. Seiri – Sortieren
   - Gibt es im Lagerbereich nicht gekennzeichnete Materialien, z. B. Kartonagen?
   - Gibt es im Lagerbereich ungenutzt herumstehende Arbeitsmittel, z. B. Folienschweißgerät, Kartonverschlusshefter?
   - Gibt es im Lagerbereich ungenutzt herumstehende Lagereinrichtungen, z. B. Tische, Regale?

485034

- Gibt es im Lagerbereich ungenutzt herumstehende Transportmittel, z. B. Sackkarren, Leitern?

2. Seiton – Sichtbare Ordnung
   - Sind die Lagerplätze eindeutig gekennzeichnet?
   - Sind die Stellplätze z. B. für Stapler eindeutig gekennzeichnet?
   - Ist erkennbar, wo etwas abgestellt werden darf, damit die Transportwege nicht verstellt sind?
   - Sind Betriebsanweisungen sichtbar aufgehängt?
3. Seiso – Sauberkeit
   - Werden leere Verpackungen und nicht mehr benötigte Verpackungsmaterialien, z. B. Paletten, leere Kartons, Folien, sofort entfernt und gegebenenfalls entsorgt?
   - Wird auf Kollisionen durch Transportmittel sofort reagiert, wenn z. B. mit einem Stapler eine Palette angestoßen wird und dort Flüssigkeiten auslaufen?
   - Wird Bruchware beim Kommissionieren sofort beseitigt und der Arbeitsbereich gesäubert?
   - Sind unterschiedliche und ausreichend Abfallbehälter vorhanden, z. B. Restmülltonne, Papiercontainer, Gelber Sack?
4. Seiketsu – Standards
   - Ist die Kennzeichnung der Lagerplätze einheitlich?
   - Werden für die Kennzeichnung von Gefahren Standardsymbole verwendet?
   - Sind Betriebsanweisungen einheitlich gestaltet?
   - Sind Verantwortlichkeiten und Befugnisse für bestimmte Lagerbereiche definiert, z. B. Wareneingang, Verpackung, Gefahrstofflager?
5. Shitsuke – Ständige Verbesserung und Selbstdisziplin
   - Werden die Arbeitsergebnisse visuell dargestellt, z. B. durch Fotowände oder anhand von Unfallstatistiken?
   - Werden im Lager die aus der 5-S-Methode abgeleiteten Maßnahmen eingehalten?
   - Werden im Lager Verbesserungsvorschläge gehört, diskutiert und erprobt?

3.4 3-Mu-Checkliste

Die sogenannten 3 Mu – *Muda, Mura* und *Muri* – beschreiben im Japanischen die Verschwendungsarten, die in jedem Unternehmen die Wertschöpfung negativ beeinträchtigen.

Muda, Mura und Muri bedeuten Folgendes:

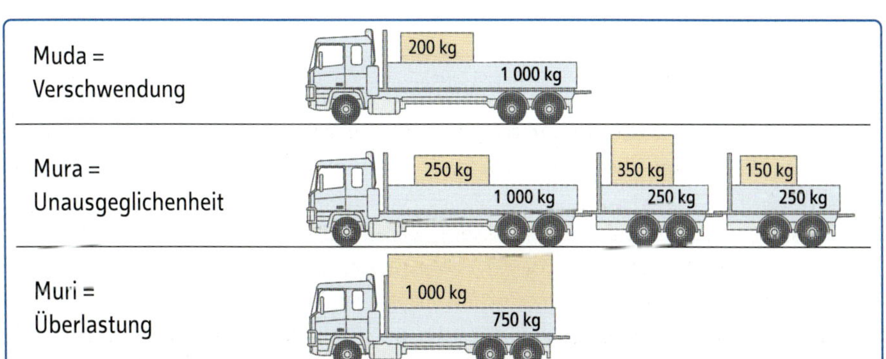

3 Mu: Muda, Mura und Muri

Muda: Verschwendung

Muda bezeichnet alle Vorgänge in einem Betrieb, die keinen unmittelbaren Wertzuwachs erzeugen. Diese Verschwendungen stellen für das Unternehmen eine der höchsten Verlustquellen dar. Es werden insgesamt sieben, teilweise auch acht, Verschwendungen definiert, auf die in den späteren Kapiteln noch genauer eingegangen wird:

1. Verschwendung durch Überproduktion
2. Verschwendung durch Wartezeiten
3. Verschwendung durch unnötige Transportwege und -zeiten
4. Verschwendung durch unzureichende Arbeitsprozesse
5. Verschwendung durch überhöhte Lagerhaltung
6. Verschwendung durch unnötige Bewegung
7. Verschwendung durch Produktionsfehler

(8. Verschwendung durch nicht genutzte Kreativität der Mitarbeiter)

Beispiel: Unnötiger Transportweg

Kommissioniert ein Mitarbeiter im Lager 30 Kartons auf eine Europalette, ist dies ein wichtiger Schritt in der Wertschöpfungskette. Muss er für diesen Kommissionierauftrag die benötigte Europalette aber aus einem 50 m entfernten Packmittellager holen, ist das Muda.

Mura: Unausgeglichenheit

Mura beschreibt die Unausgeglichenheit, d. h. die Verluste, die entstehen, wenn z. B. in der Fertigungssteuerung die Kapazitäten nicht aufeinander abgestimmt sind und es zu einer Über- oder Unterlastung der Mitarbeiter und Maschinen kommt. Diese Unausgeglichenheit kann beispielsweise bei der auftragsorientierten seriellen Kommissionierung mit Übergabestellen auftreten:

Beispiel: Unter- und Überbelastung bei Kommissionierung mit Übergabestellen

Kommissionierer 1 hat in seiner Lagerzone immer sehr viele kleine Teile zu kommissionieren, während Kommissionierer 2 in seiner Lagerzone häufig nur zwei oder drei Teile kommissionieren muss. Kommissionierer 2 wartet daher sehr lange an der Übergabestelle, bis der erste Kommissionierer ihm den Auftrag übergibt. Um hier Verluste durch Unter- bzw. Überlastung der Mitarbeiter einzusparen, ist es sinnvoll, die Kommissionierzonen anders, d. h. in Bezug auf die Arbeitsbelastung gleichmäßiger aufzuteilen.

Muri: Überlastung

Muri beschreibt die Überlastung von Mensch und Maschine. Sie ist häufig eine direkte Folge von Muda und Mura.

Beispiel: Übermüdung durch Überbeanspruchung

Nimmt man wieder das oben beschriebene Beispiel der Kommissionierung, so kommt es bei Kommissionierer 1 zu einer personellen Überbeanspruchung mit der Folge von Übermüdung, Stress und möglicherweise auch Fehlerzunahme.

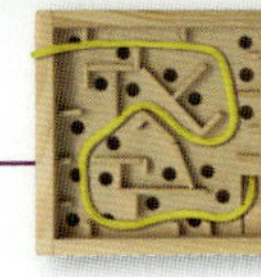

3.5 Lean Production

Lean Production, auch „schlanke Produktion" genannt, ist der sparsame und zeiteffiziente Einsatz der Produktionsfaktoren Personal (ausführende Arbeit), Betriebsmittel, Werkstoffe, Planung und Organisation (dispositiver Faktor) bei allen Unternehmensaktivitäten.

Ziele von Lean Production

Mit Lean Production werden folgende Ziele verfolgt:

- Optimierung der Produktivität der Produktionsfaktoren: Die Produktivität kann verbessert werden, wenn es gelingt, bei gleicher Ausbringungsmenge (Output) den Einsatz (Input) einzelner oder aller Produktionsfaktoren zu senken und Verschwendung zu vermeiden. Dies kann geschehen durch Abbau überflüssiger Lagerbestände, Abbau nicht ausgelasteter Kapazitäten inklusive Personal, Verkürzung der Durchlaufzeiten der Produkte, Einführung flexibler Arbeitszeiten, Konzentration auf das Wesentliche und in diesem Zusammenhang die Ausgliederung von Unternehmensleistungen, die bisher innerhalb des Unternehmens erbracht wurden, an Fremdfirmen, sogenannte Logistikdienstleister („Outsourcing").
- Verbesserung der Produktqualität: Dies kann geschehen durch eine Verbesserung der Produktionsprozesse. Nacharbeiten und Ausschuss bedeuten Verschwendung von Material und Arbeitszeit. Um dies zu vermeiden, setzt Lean Production z. B. auf Null-Fehler-Strategien. Zugleich ist die kontinuierliche Verbesserung der Prozesse (KVP) ein wichtiger Aspekt. Ein einmal erreichter Status wird nicht als endgültig akzeptiert, sondern stets auf weitere Optimierungsmaßnahmen überprüft.
- Höhere Verantwortung und Kompetenz für die Mitarbeiter: Lean Production soll ohne vielschichtige Hierarchien im Unternehmen die Kosten senken. Dies bedeutet, dass Verantwortung und Entscheidungsbefugnis in hohem Maße auf die unteren Hierarchieebenen in der Produktion verlagert werden und der planende Überbau reduziert wird.
- Stabilisierung der Produktion: Um eine Stabilisierung der Produktion ohne zeitraubende und kostenintensive Zwischenfälle zu erreichen, strebt Lean Production danach, möglichst viele Produkte unter Verwendung weitgehend identischer Baugruppen zu standardisieren. Dadurch sollen auch die Rüstzeiten, d. h. die Zeiten für die Umstellung der Maschinen, reduziert werden.

Probleme bei Lean Production

Die Umsetzung der oben genannten Ziele kann für das Unternehmen auch problematisch sein. So kann der Abbau überflüssiger Lagerbestände, nicht ausgelasteter Kapazitäten und des Personals dazu führen, dass das Unternehmen keinerlei Reserven für unvorhersehbare Störungen in der Beschaffung, der Produktion und der Distribution aufweist.

Der Abbau der Lagerbestände geht häufig auch einher mit einer Just-in-time-Produktion. Dies wiederum führt zu einer hohen Abhängigkeit von den Lieferanten. Kann ein Lieferant nicht rechtzeitig liefern oder haben die gelieferten Materialien nicht die gewünschte Qualität, kann es zu Produktionsstillständen kommen. Hinzu kommen die erhöhten Umweltbelastungen, wie z. B. Emissionen der Lkws, da von den Zulieferern häufiger kleine Mengen zum Produktionsunternehmen transportiert werden müssen.

3.6 Total Quality Management (TQM)

„Total Quality Management" (kurz „TQM") ist gemäß der DIN ISO 8402 eine auf der Mitwirkung aller ihrer Mitglieder beruhende Führungsmethode, die Qualität in den Mittelpunkt stellt und durch die Zufriedenheit der Kunden langfristigen Geschäftserfolg erzielen will.

- „Total" steht für bereichs- und funktionsübergreifend: Das gesamte Unternehmen, alle Unternehmensbereiche, alle Mitarbeiter und das gesamte Unternehmensumfeld werden in dieses Konzept mit einbezogen.
- „Quality" bedeutet nicht nur Produktqualität, sondern auch die Qualität des gesamten Unternehmens, seiner Prozesse und der Arbeit.
- „Management" steht für die Führungsaufgabe. Durch gezieltes Projektmanagement wird Qualität zur Managementaufgabe und liegt in dessen Verantwortung. Alle Unternehmensaktivitäten werden auf Qualität ausgerichtet. Dies wird vor allem durch eine Mitarbeiterorientierung erreicht. Das bei den Mitarbeitern vorhandene Potenzial an Leistungsbereitschaft soll freigesetzt werden und die Mitarbeiter sollen motiviert werden, für den Produktionsprozess und für die Qualität der Produkte Mitverantwortung zu übernehmen.

Total Quality Management vereinigt das Beste aus allen in diesem Kapitel vorgestellten Qualitätssicherungsmaßnahmen: Es ist ein prozessorientiertes System, das alle Mitarbeiter einbezieht und bei dem die ständige Verbesserung (Kaizen) eine wichtige Rolle spielt. Total Quality Management geht davon aus, dass der wirtschaftliche Erfolg (Umsatz- und Gewinnsteigerung) langfristig nur gesichert werden kann, wenn am Anfang eines jeden Prozesses die Verbesserung der Qualität steht.

Grundvoraussetzung für erfolgreiches TQM

Grundvoraussetzung für eine erfolgreiche Umsetzung von TQM ist, dass alle Mitarbeiter bemüht sind, an der Qualitätsverbesserung mitzuwirken und die Unternehmensleitung die internen Kommunikations- und Lenkungsschranken konsequent abbaut, um Probleme anzugehen.

Vorteile von TQM

Die Vorteile von Total Quality Management sind:

- Verbesserung der Produktqualität
- Förderung der Arbeitsmoral und der Zufriedenheit am Arbeitsplatz
- Förderung der Zufriedenheit bei Lieferanten, Mitarbeitern und Abnehmern, weil die Kundenbedürfnisse erkannt und erfüllt werden
- Kosteneinsparungen durch Prozessverbesserungen und Reduzierung von Fehlern
- Produktivitätssteigerungen durch weniger Verschwendung (z. B. weniger Zeitverluste aufgrund von Ausschuss oder Nacharbeit)
- ständige Verbesserung der Qualität von Produkten und Dienstleistungen

4 Vermeidung von Überproduktion und überhöhter Lagerhaltung

Zu den in Kapitel 3.4 unter „Muda" aufgelisteten sieben bzw. acht **Verschwendungsarten** zählen die **Verschwendung durch Überproduktion** und die **Verschwendung durch überhöhte Lagerhaltung**, die häufig in engem Bezug zueinander stehen.

Überproduktion

Überproduktion
overproduction

Überproduktion entsteht, wenn mehr Teile produziert werden, als der Kunde momentan tatsächlich benötigt. Es wird produziert, ohne zu wissen, ob und wann die Produkte in der nächsten Fertigungsstufe benötigt bzw. wann sie verkauft werden.

Verschwendung durch Überproduktion

Gründe für Überproduktion

Die Gründe für Überproduktion sind vielfältig:

- Lange Rüstzeiten führen häufig zu hohen Fertigungsmengen einer Produktart oder einer Baugruppe (= Losgrößen). Unter „Rüstzeit" versteht man die Zeit, die benötigt wird, um z. B. eine Maschine für einen neuen Arbeitsvorgang einzurichten. Da während des Rüstens die Maschine nicht produktiv genutzt werden kann, wird versucht, diese Zeit im Vergleich zur produktiven Arbeitszeit möglichst gering zu halten. Die Losgröße, die in einer Produktionsstufe ohne Unterbrechung, d. h. ohne Umrüsten der Maschinen, hergestellt werden kann, wird demzufolge möglichst hoch angesetzt. Es werden mehr Teile produziert, als eigentlich zu diesem Zeitpunkt benötigt werden.
- Häufig wird auch die Maschinenauslastung überbetont. Ein Leerlauf soll unter allen Umständen vermieden werden. Maschinen und Mitarbeiter, die die Maschinen bedienen, werden in „Bewegung gehalten", anstatt den Materialfluss zu optimieren.
- Eine ungenügende Maschinenzuverlässigkeit führt teilweise auch zu einer höheren Losgröße. Es werden Sicherheitsreserven produziert für den Fall, dass etwas Unvorhergesehenes passiert, z. B. dass eine Maschine ausfällt.
- Überproduktion entsteht teilweise auch aufgrund von mangelnder Qualität. Schlecht organisierte Prozesse und mangelnde Maschinenfähigkeiten führen dazu, dass mehr produziert wird, als eigentlich benötigt wird, um letztendlich eine ausreichende Anzahl an Produkten zu erhalten, die den Qualitätsansprüchen des Kunden bzw. des nachgelagerten Abnehmers (interner Kunde) genügen. Es entsteht eine hohe Ausschussquote. Mangelnde Maschinenfähigkeit liegt beispielsweise vor, wenn ein Bohrer von zehn Löchern nur acht Löcher exakt in die Mitte setzt. Um eine ausreichende Anzahl an fehlerfreien Produkten zu erhalten, werden vorsichtshalber fünf Teile mehr gebohrt, statt der eigentlichen Fehlerursache auf den Grund zu gehen.
- Eine schlecht organisierte Logistik kann auch zu Überproduktion führen. Werden Teile zur falschen Zeit oder an den falschen Ort geliefert, kann dies dazu führen,

dass ein Fertigungsbereich, der dringend auf die benötigten Teile wartet, sie noch einmal ordert und die benötigten Teile somit doppelt gefertigt werden.

- Ein schlechtes Layout, d. h. voneinander losgelöste Produktionsbereiche (isolierte Produktionsinseln), kann auch zu einer Überproduktion führen. Jeder Produktionsbereich führt dabei eigenständig einen bestimmten Arbeitsinhalt durch, ohne sich mit dem vor- und nachgelagerten Prozess abzustimmen, d. h. ohne zu wissen, was und wie viel eigentlich vom nachgelagerten Produktionsbereich benötigt wird. Eine prozessorientierte Arbeitsplatzanordnung fehlt.

Isolierte Produktionsinseln

Folgen der Verschwendung durch Überproduktion

Verschwendung durch Überproduktion ist die schlimmste Verschwendungsart, da sie weitere Verschwendungen nach sich zieht. Überproduktion erhöht die Bestände und damit auch die Lagerhaltung. Die Ausschuss- und Nacharbeitsquote erhöht sich bei minderwertiger Qualität ebenfalls. Hinzu kommt die erhöhte Anzahl der unnötigen Bewegungen und Transporte. Die Überproduktion muss z. B. irgendwo zwischengelagert werden und daher von A nach B transportiert, dort gestapelt und bei Bedarf dann wieder an den Ort der Fertigung zurücktransportiert werden. Außerdem besteht eine erhöhte Gefahr, dass die Teile veralten.

Ziel einer effizienten und qualitativ hochwertigen Produktion muss also sein, nur das zu produzieren, was auch gebraucht wird, und zwar genau zu dem Zeitpunkt, an dem es gebraucht wird, und zu vertretbaren Kosten („Sechs R der Logistik").

Überhöhte Lagerhaltung

Verschwendung durch überhöhte Lagerhaltung

Die Verschwendung durch überhöhte Lagerhaltung steht in engem Bezug zu der Verschwendung durch Überproduktion, da die gefertigten und nicht benötigten Bestände gelagert werden müssen. Die Bestände können dabei in drei Gruppen eingeteilt werden: Rohmaterialien, Bestände im Fertigungsprozess und fertige Produkte.

Gründe für überhöhte Lagerhaltung

Die Gründe für Verschwendung durch überhöhte Lagerhaltung sind auch hier sehr vielfältig:

- Eine höhere Lagerhaltung wird häufig mit dem Argument der Mengenrabatte oder der eingesparten Transportkosten gerechtfertigt. Werden große Mengen z. B. an Rohmaterialien bestellt, gewähren die Lieferanten häufig Mengenrabatte. Diese Einsparungen sollen ausgenutzt werden. Außerdem sinken die Transportkosten, wenn nicht häufig kleine Mengen angeliefert werden müssen. Grundsätzlich gilt aber, dass diese Einsparungen immer mit den echten Kosten der Lagerhaltung verglichen werden müssen, d. h. mit den Kosten für Lagerräume, Lagerpersonal, Warenpflege usw.
- Ein weiterer Grund für hohe Bestände sind nicht aufeinander abgestimmte Fertigungsstufen (isolierte Produktionsinseln) und damit einhergehende hohe Durchlaufzeiten. Weiß die Fertigungsstufe A nicht, wie viele vorgefertigte Teile in der Fertigungsstufe B wann benötigt werden, wird auf Vorrat gefertigt, damit der Fertigungsprozess nicht ins Stocken gerät. Diese Bestände müssen wiederum gelagert werden, was die Lagerhaltungskosten erhöht. Außerdem erhöht sich durch die Zeit der Lagerung die Gesamtdurchlaufzeit für die Fertigung des Endproduktes.
- Ein übertriebenes Sicherheitsdenken bzw. mangelndes Vertrauen in die Fertigung kann auch zu hohen Lagerbeständen führen. Gab es in der Vergangenheit Probleme mit der Qualität der benötigten Produkte, mit der Einhaltung von Lieferzusagen, wegen erhöhtem Krankenstand der Mitarbeiter oder auch wegen Anlagenausfall, wird ein entsprechend hoher Sicherheitsbestand eingeplant, statt den eigentlichen Ursachen der Probleme auf den Grund zu gehen.
- Saisonbedingte Schwankungen stellen einen weiteren Grund für eine erhöhte Lagerhaltung an Fertigprodukten dar. Um eine gleichmäßige Auslastung der Maschinen zu erreichen, werden Fertigteillager aufgebaut.

Folgen der Verschwendung durch überhöhte Lagerbestände

Hohe Bestände verdecken häufig die Sicht auf die eigentlichen Probleme eines Unternehmens, z. B. hohe Umrüstzeiten, Qualitätsprobleme, mangelnde Informations- und Kommunikationsprozesse, schlechte Planung, schlecht aufeinander abgestimmte Fertigungsstufen, Maschinenausfälle und unzuverlässige Lieferanten.

Man kann sich die Situation vorstellen wie einen randvoll mit Wasser gefüllten Stausee: Durch das Wasser (die Bestände) werden die Felsen am Untergrund (die Probleme im Unternehmen) verdeckt. Wird das Wasser abgelassen, werden die gefährlichen Felsen, die Probleme, sichtbar.

Bestände verbergen Probleme

Hohe Lagerbestände verdecken aber nicht nur die Sicht auf die eigentlichen Probleme des Unternehmens. Sie erhöhen auch die Kosten für das Unternehmen: Kapitalbindungskosten, Kosten für den benötigten Lagerraum, die Warenpflege, die Ein- und Auslagerung der Waren usw. Hinzu kommt, dass die nicht benötigten Teile wertvolle Lagerfläche in Anspruch nehmen, gegebenenfalls veralten und vorgelagerte Rohmaterialien verbrauchen, die somit nicht mehr für die Fertigung anderer wichtiger Produkte verwendet werden können.

Damit ein Unternehmen am Markt wettbewerbsfähig bleibt, muss es die überschüssigen Bestände abbauen, um die Probleme sichtbar zu machen, und es muss sicherstellen, dass kein Geld für die nicht benötigten Teile verschwendet wird.

Zur Vermeidung von Überproduktion und überhöhter Lagerhaltung bieten sich verschiedene Möglichkeiten, beispielsweise Eigenfertigung und Fremdbezug, Bestandsoptimierung oder Just-in-time-Bereitstellung; diese werden im Folgenden näher erläutert.

4.1 Eigenfertigung und Fremdbezug

Make-or-buy-Entscheidung

Die Entscheidung über Eigenfertigung oder Fremdbezug („Make-or-buy-Entscheidung“) legt fest, ob bestimmte Güter und Dienstleistungen im eigenen Unternehmen selbst erstellt werden oder vom Markt beschafft werden. Diese Entscheidung bezieht sich zwar primär auf den Produktionsbereich, kann aber beispielsweise auch für die folgenden Bereiche in Erwägung gezogen werden: Vertrieb durch das eigene Unternehmen oder über externe Groß- und Einzelhändler, Transporte mit eigenen Lkws oder Fremdtransporte (z. B. über Speditionen) oder auch Eigenlagerung oder Fremdlagerung.

Entscheidungskriterien für Eigenfertigung oder Fremdbezug

Bei der Entscheidung über Eigenfertigung oder Fremdbezug sind eine Vielzahl von Kriterien zu berücksichtigen:

- Kernkompetenz/Unternehmensstrategie: Im Zuge der schlanken Produktion ist feststellbar, dass sich immer mehr Unternehmen auf das Kerngeschäft konzentrieren, also auf Gebiete, auf denen das Unternehmen einen komparativen (vergleichbaren) Kostenvorteil gegenüber anderen Unternehmen hat. So kann das Unternehmen beispielsweise durch Spezialisierung einen solchen Kostenvorteil erlangen. Demzufolge werden Leistungen, die sich auf die Kernkompetenz beziehen, selbst erstellt und übrige Leistungen an Lieferanten vergeben. So wird ein Rollladenhersteller die Rollladenstäbe und -elemente selbst herstellen, aber z. B. die elektrischen Antriebe wie Motoren von einem Zulieferer beziehen.
- Kostenvergleich: Bevor eine Entscheidung über Eigenfertigung oder Fremdbezug getroffen werden kann, sind die Kosten der eigenen Produktion mit den Kosten des Zukaufs von Teilen zu vergleichen. Bei der Eigenfertigung fallen Investitionskosten für Anlagen und Maschinen, Kosten für Material, Löhne und Gehälter sowie für Abschreibungen auf Fertigungs-, Transport- und Lagereinrichtungen an. Im Vergleich dazu müssen die Kosten für den Fremdbezug festgestellt werden. Diese ergeben sich aus den Bezugspreisen, den Kosten des Wareneingangs und der Warenkontrolle sowie dem innerbetrieblichen Transport der Fremdteile.

- Kapazitätsauslastung und Beschäftigungssituation: Hier stellt sich die Frage, ob die Eigenfertigung mit den vorhandenen Betriebsmitteln möglich ist und ob ausreichend Personal zur Verfügung steht, ohne dass Kapazitätsengpässe auftreten. Andererseits muss überlegt werden, ob durch Fremdbezug eine bessere Anpassung an Auftrags- und Kapazitätsschwankungen möglich ist.
- Höhe und Regelmäßigkeit des Bedarfs: Je höher und regelmäßiger der Gesamtbedarf, desto eher rechnet sich eine Eigenproduktion. Ein geringer oder auch nur sporadisch auftretender Bedarf wird meist durch Fremdbezug gedeckt. Ein reiner Fremdbezug besteht meist auch für den Kauf von Produkten (Handelswaren), die lediglich der Sortimentserweiterung dienen.
- Qualitätsansprüche und technisches Know-how: Werden Produkte im eigenen Unternehmen gefertigt, lassen sich technische Probleme umgehend vor Ort lösen. Qualitätskontrollen im Fertigungsprozess können vom eigenen Personal durchgeführt werden. Bei Fremdbezug ist zu überlegen, ob Spezialisten im Zulieferbetrieb eventuell bessere Produktkenntnisse haben und somit auch Qualitätsvorteile durch Spezialisierung erzielt werden können. Viele Zulieferbetriebe geben auch eine Qualitätsgarantie durch Zertifizierung.
- Autonomie und Zuverlässigkeit: Fremdbezug beinhaltet häufig die Preisgabe von Know-how an die Lieferanten, z. B. durch die Bereitstellung von Konstruktionsunterlagen. Hierbei besteht die Gefahr, ungewollt einen potenziellen Konkurrenten „heranzuzüchten". Bei der Eigenfertigung können diese Betriebsgeheimnisse gewahrt werden. Hinzu kommen bei Fremdbezug die Unsicherheiten bei der Einhaltung von Lieferterminen und bei der Qualitätsgestaltung.
- Kapitalbedarf: Die Beschaffung und Unterhaltung von eigenen Maschinen und Anlagen bindet Kapital. Bei Fremdbezug entfällt dies.

Nutzwertanalyse und Kostenvergleich
cost comparison

Um zu einer Entscheidung in Bezug auf Eigenfertigung oder Fremdbezug zu gelangen, werden die aufgeführten Kriterien im Rahmen einer Nutzwertanalyse bewertet und gewichtet. Gegebenenfalls kann auch eine Mischform aus Eigenfertigung und Fremdbezug angewandt werden. Hier findet einerseits zwar Fremdbezug statt, andererseits wird ein Teil der benötigten Produkte in Eigenfertigung erstellt, um z. B. Lieferengpässe oder auch Kapazitätsengpässe überbrücken zu können. Die wichtigste Entscheidungshilfe bietet der Kostenvergleich.

Kostenvergleichsrechnung von Eigenfertigung oder Fremdbezug

Bei der Kostenvergleichsrechnung werden sowohl für den Fremdbezug als auch für die Eigenfertigung die Gesamtkosten bei bestimmten Bedarfsmengen dargestellt. Die Menge, bei der im Falle der Eigenfertigung dieselben Gesamtkosten wie für den Fremdbezug anfallen, bezeichnet man als die „kritische Menge".

[?!] *Kostenvergleich*

Kostenvergleich
- ***Liegt die geplante Bedarfsmenge unterhalb der kritischen Menge, ist der Fremdbezug günstiger als die Eigenfertigung.***
- ***Bei der kritischen Menge sind Eigenfertigung und Fremdbezug gleich teuer.***
- ***Liegt die geplante Bedarfsmenge oberhalb der kritischen Menge, ist die Eigenfertigung günstiger als der Fremdbezug.***

Musteraufgabe: Kostenvergleich von Eigenfertigung und Fremdbezug

Die Speedbike GmbH & Co. KG will Motorräder fertigen. Für die Fertigung der Motorräder benötigt sie pro Jahr 150000 Fußrasten. Für die Produktion ergeben sich folgende Kosten:

Für die Eigenfertigung: Fixkosten = 60000,00 € pro Jahr
variable Kosten = 0,40 € pro Stück

Für den Fremdbezug: variable Kosten = 0,70 € pro Stück

Was ist günstiger, die Eigenfertigung oder der Fremdbezug?

a) Tabellarische Lösung

Menge	Eigenfertigung				Fremdbezug Bezugspreis
	Fixkosten	Variable Kosten	Gesamtkosten	Gesamtkosten pro Stück	
0	60000,00 €	0,00 €	60000,00 €	–	0,00 €
50000	60000,00 €	20000,00 €	80000,00 €	1,60 €	35000,00 €
100000	60000,00 €	40000,00 €	100000,00 €	1,00 €	70000,00 €
150000	60000,00 €	60000,00 €	120000,00 €	0,80 €	105000,00 €
200000	60000,00 €	80000,00 €	140000,00 €	0,70 €	140000,00 €
250000	60000,00 €	100000,00 €	160000,00 €	0,64 €	175000,00 €

b) Grafische Darstellung

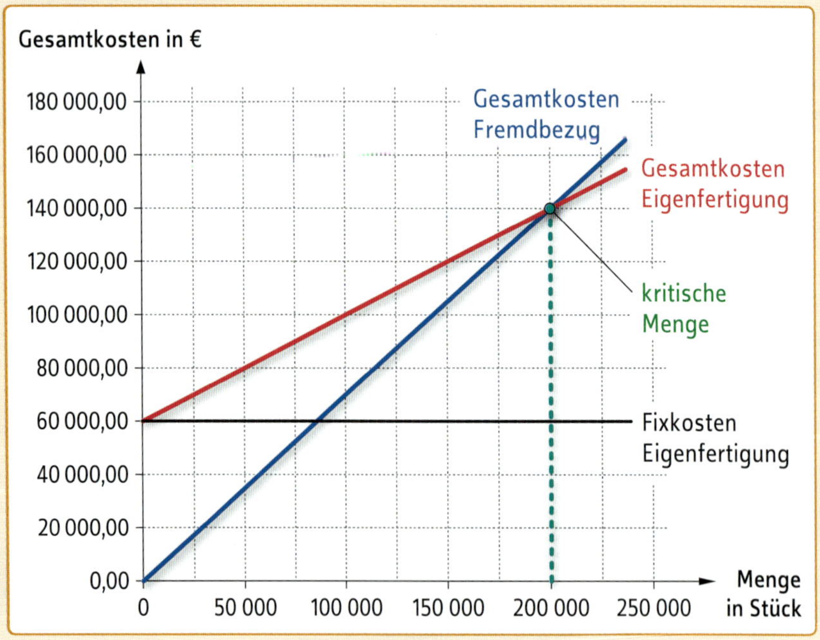

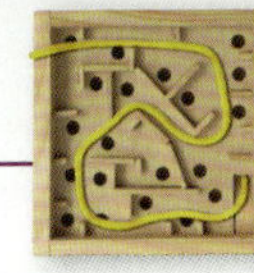

c) Rechnerische Lösung mittels der Kostenfunktion

Um die kritische Menge zu ermitteln, setzt man die Gesamtkosten des Fremdbezugs mit den Gesamtkosten der Eigenfertigung gleich. Der berechnete Wert gibt die kritische Menge an, bei der die Kosten des Fremdbezugs ebenso teuer sind wie die Kosten der Eigenfertigung.

$$\begin{aligned} \text{Kosten des Fremdbezugs} &= \text{Kosten der Eigenfertigung} \\ 0{,}70\,x &= 60\,000 + 0{,}40\,x \qquad \mid -0{,}40\,x \\ 0{,}30\,x &= 60\,000 \qquad \mid :0{,}30 \\ x &= 200\,000 \end{aligned}$$

Bei einer Bedarfsmenge bis zu 200 000 Stück ist der Fremdbezug günstiger als die Eigenfertigung. Bei 200 000 Stück sind die Kosten für Eigenfertigung und Fremdbezug gleich hoch. Bei einer Bedarfsmenge über 200 000 Stück sind die Kosten für den Fremdbezug höher als die Kosten für die Eigenfertigung.

Antwort

Wenn 150 000 Fußrasten gefertigt werden sollen, ist der Fremdbezug günstiger als die Eigenfertigung.

Entscheidet sich die Speedbike GmbH & Co. KG für einen Fremdbezug, kann sie hiermit auch eine mögliche Überproduktion vermeiden, da sie nun nicht mehr so große Stückzahlen produzieren muss, um die Maschinen auszulasten und die Stückkosten zu senken. Beschafft die Speedbike GmbH & Co. KG die benötigten Teile außerdem im Just-in-time-Verfahren [▸ Kapitel 4.4], kann sie außerdem wertvollen Lagerplatz einsparen.

4.2 Bestände optimieren

Ziele der Lagerhaltung: Liquiditätssicherung und Materialbereitstellung

Überproduktion und überhöhte Lagerhaltung führen zu erhöhten Kosten und beeinflussen die Liquidität und auch den Gewinn eines Unternehmens. Aus diesem Grund gilt es, die Bestände zu optimieren. Doch nicht nur aus Kostensicht sollte die Lagerhaltung optimiert werden. Ein optimales Lager dient auch dem reibungslosen Betriebsablauf. Es stellt zügig die für die Produktion benötigten Materialien bzw. die für den Absatz bestimmten Waren bereit und trägt so zu einem reibungslosen Betriebsablauf bei. Ziele der Lagerhaltung sind somit zum einen die Liquiditätssicherung (z. B. durch Senkung der Lagerbestände und damit der Kapitalbindungskosten) und zum anderen die wirtschaftliche Bereitstellung der richtigen Materialien in der richtigen Qualität und in der richtigen Menge zum richtigen Zeitpunkt am richtigen Ort zum richtigen Preis („Sechs R der Logistik“).

Bestandsplanung

Eine gute Bestandsplanung trägt dazu bei, das Vorhandensein der erforderlichen Waren nach Art, Menge und Zeit sicherzustellen. Dadurch soll zum einen vermieden werden, dass zu niedrige Bestände die Leistungserstellung und Lieferbereitschaft des Unternehmens gefährden, und zum anderen, dass zu hohe Bestände die Wirtschaftlichkeit des Unternehmens mindern. Im Rahmen der Bestandsplanung werden hierbei grundsätzlich die folgenden Bestandsarten unterschieden: Lagerbestand und, davon abgeleitet, Mindestbestand, Höchstbestand und Meldebestand.

[?!]
Lagerbestand
stock

Der Lagerbestand ist der Bestand an Waren, der sich zu einem bestimmten Überprüfungszeitpunkt – z. B. zum Zeitpunkt der Inventur – im Lager befindet. Die Höhe des Lagerbestandes ist abhängig von der Höhe der jeweiligen Lagerzugänge und -abgänge und somit ständigen Schwankungen unterworfen.

Um eine realitätsnahe Planungsgrundlage zu erhalten, muss der zeitpunktbezogene Ist-Bestand mit zeitraumbezogenen Größen in Beziehung gesetzt werden und der durchschnittliche Lagerbestand (kurz „Ø Lagerbestand") ermittelt werden.

[?!]
Durchschnittlicher Lagerbestand
average stock

Der durchschnittliche Lagerbestand gibt an, wie hoch die Vorräte durchschnittlich im Laufe eines Jahres sind.

Je nachdem, welche Endbestände zur Berechnung vorliegen, ergeben sich z. B. folgende Formeln:

Durchschnittlicher Lagerbestand

Jahresbetrachtung: $\text{Ø Lagerbestand} = \dfrac{AB + EB}{2}$

Quartalsbetrachtung: $\text{Ø Lagerbestand} = \dfrac{AB + 4\ \text{Quartalsendbestände}}{5}$

Monatsbetrachtung: $\text{Ø Lagerbestand} = \dfrac{AB + 12\ \text{Monatsendbestände}}{13}$

[?!]
Verfügbarer Lagerbestand
available stock

Der verfügbare Lagerbestand stellt eine Teilmenge des tatsächlichen Lagerbestandes dar. Seine Ermittlung muss vorgenommen werden, wenn Vormerkungen bestehen.

Verfügbarer Lagerbestand

tatsächlicher Lagerbestand
– *Vormerkungen (reservierte Bestände)*
– *Mindestbestand*
= *verfügbarer Lagerbestand*

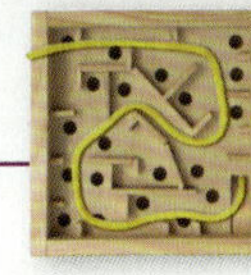

Der Mindestbestand, auch „Sicherheitsbestand", „eiserner Bestand" oder „eiserne Reserve" genannt, ist der Lagerbestand, der normalerweise nicht unterschritten werden darf. Er soll die Leistungsbereitschaft des Unternehmens auch in Notfällen gewährleisten.

[?!]
Mindestbestand
minimum stock level

Unsicherheiten, die durch den Mindestbestand abgedeckt werden sollen, sind z. B.:

- Bedarfsunsicherheit: Der ermittelte Bedarf stimmt nicht mit dem tatsächlichen Bedarf überein.
- Lieferzeitunsicherheit: Der geplante Liefertermin und der tatsächliche Liefertermin stimmen nicht überein (Lieferzeitüberschreitung).
- Bestandsunsicherheit: Der Buchbestand (Soll-Bestand) und der Lagerbestand (Ist-Bestand) stimmen nicht überein, z. B. aufgrund von Ausschuss, Schwund, Verderb oder Diebstahl.

Die Höhe des Mindestbestandes richtet sich im Allgemeinen nach der Beschaffungsdauer und dem durchschnittlichen Tagesverbrauch und wird unternehmensspezifisch festgelegt. In der Praxis wird meist mit drei Tagesumsätzen kalkuliert. Eine eigene Formel zur Berechnung des Mindestbestandes gibt es nicht.

Der Höchstbestand zeigt die Warenmenge an, die von einem Artikel maximal im Lager vorhanden sein darf, um hohe Kosten – z. B. hohe Lagerkosten oder Kosten wegen der Möglichkeit des Verderbens oder Veraltens der Ware – sowie eine hohe Kapitalbindung zu verhindern.

[?!]
Höchstbestand
maximum stock level

***Höchstbestand** = Mindestbestand + optimale Bestellmenge*

Höchstbestand

Der Meldebestand, auch „Bestellpunkt" genannt, ist der Bestand, bei dessen Erreichen bzw. Unterschreiten eine Bestellung ausgelöst wird.

[?!]
Meldebestand
reorder point

Der Meldebestand, also der Zeitpunkt für die Bestellung, muss so frühzeitig gewählt werden, dass er zur Überbrückung der Wiederbeschaffungszeit (Lieferzeit) ausreicht. [▸Lernfeld 11, ▸Kapitel 4.1]

***Meldebestand** = (Ø Tagesverbrauch · Lieferzeit in Tagen) + Mindestbestand*

Meldebestand

Die folgende Grafik zeigt die Zusammenhänge zwischen den einzelnen Bestandsarten:

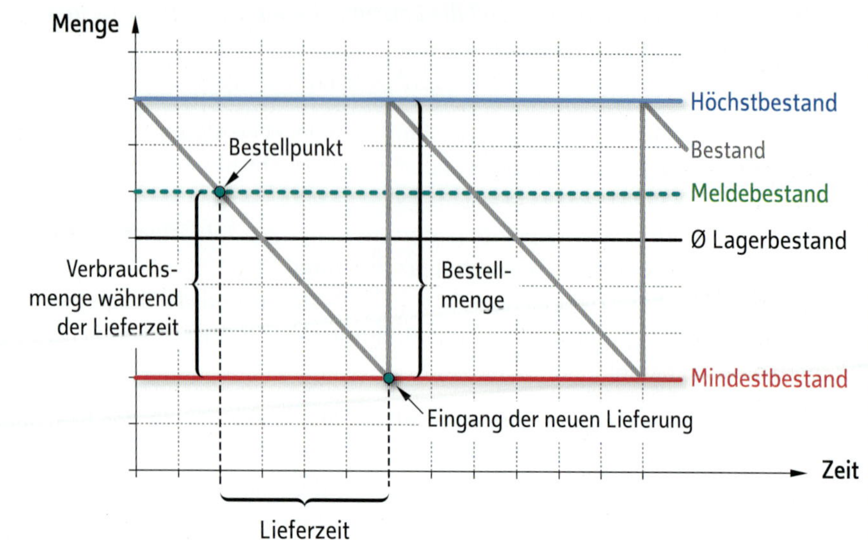

Bestandsarten

Der optimale Lagerbestand

Ziel einer guten Bestandsplanung ist die Erreichung des optimalen Lagerbestandes, d. h. des Lagerbestandes, der möglichst geringe Lagerhaltungskosten verursacht und dennoch eine ausreichende Lieferbereitschaft garantiert.

[?!]
Lagerhaltungskosten
warehousing costs

Zu den Lagerhaltungskosten zählen alle Kosten, die durch das Lagern der Waren verursacht sind.

Zu den Lagerhaltungskosten zählen:
- Kosten aus den Lagerbeständen, wie z. B. die Verzinsung des in den Lagerbeständen gebundenen Kapitals, Versicherungskosten für die Lagerbestände gegen Feuer, Diebstahl usw. und Kosten aus Verderb, Schwund und Qualitätsminderung
- Kosten der Güterlagerung, wie z. B. die Miete, Abschreibungen auf Lagereinrichtungen und Lagergebäude, Verzinsung des in den Lagereinrichtungen gebundenen Kapitals, Energiekosten, Instandhaltungskosten und Gebäudeversicherung
- Kosten der Güterbewegungen, wie z. B. Kosten für die Ein- und Auslagerung, Kosten für Warenpflege und Kosten für sonstige Tätigkeiten wie Auszeichnen, Verpacken und Wiegen der Waren
- Kosten der Lagerverwaltung, wie z. B. Personalkosten und Kosten der Lagerbuchführung

[?!]
Lieferbereitschaft
delivery readiness

Die Lieferbereitschaft gibt an, ob ein Auftrag ab Lager erfüllt werden kann, und wird durch den Lieferbereitschaftsgrad zum Ausdruck gebracht.

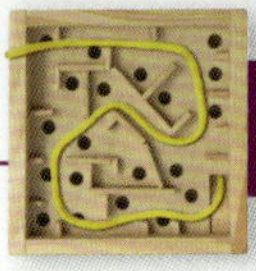

$$\textit{Lieferbereitschaftsgrad} = \frac{\textit{Anzahl der tatsächlich ausgeführten Bestellungen}}{\textit{Anzahl der gesamten Bestellungen}} \cdot 100\,\%$$

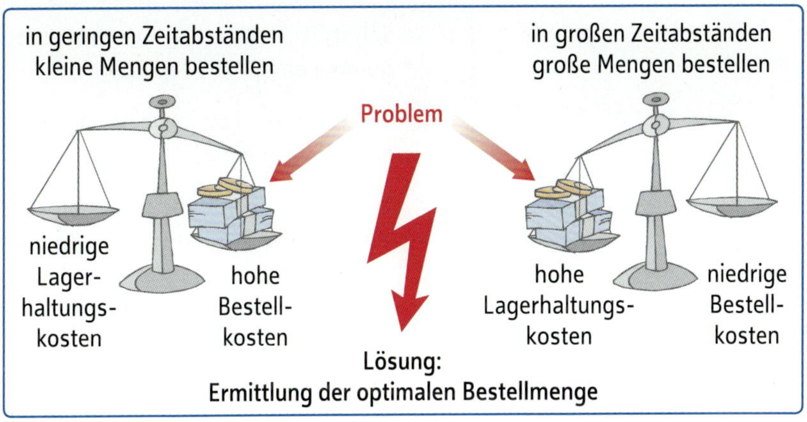

Probleme bei der Bestellmengenplanung

Der Lieferbereitschaftsgrad dient der Kontrolle der Lagerbestände und ist eine wichtige Kennzahl für die Bestandsplanung eines Unternehmens. Ein zu niedriger Lieferbereitschaftsgrad führt zu Fehlmengenkosten, hervorgerufen durch Produktionsausfall, den Verlust von Aufträgen, entgangene Gewinne, Konventionalstrafen oder höhere Einstandspreise für kurzfristige Bestellungen. Darüber hinaus ist mit einem Imageverlust zu rechnen. Ein sehr hoher Lieferbereitschaftsgrad verursacht hingegen hohe Kapitalbindungskosten und damit auch hohe Lagerhaltungskosten. Es gilt also in der Praxis einen „goldenen" Mittelweg zu finden. Ein Instrument hierfür ist die Berechnung der „optimalen Bestellmenge" [▸ Lernfeld 11, ▸ Kapitel 4.2].

4.3 ABC-Analyse

Im Lager sind Güter mit ganz unterschiedlichem Wert und in ganz unterschiedlichen Mengen gelagert. Da die gelagerten Güter immer Kapital binden, sollte der Lagerbestand nach Möglichkeit gering gehalten werden, ohne jedoch die Produktionsfähigkeit bzw. die Lieferfähigkeit zu gefährden. Häufig ist festzustellen, dass eine geringe Anzahl an Gütern das meiste Kapital bindet. Diesen Gütern sollte bei der Bestandsplanung und Bestandsoptimierung auch die größte Aufmerksamkeit gewidmet werden. Hilfreich ist hierbei die ABC-Analyse, die die Güter nach Wert und Menge in verschiedene Kategorien einteilt.

Klassische ABC-Kategorisierung

Die klassische ABC-Einteilung sieht folgendermaßen aus:

Güter	Wertanteil	Mengenanteil
A-Güter	ca. 60 %–80 % des Gesamtwertes	ca. 15 % der Gesamtmenge
B-Güter	ca. 10 %–20 % des Gesamtwertes	ca. 20 %–50 % der Gesamtmenge
C-Güter	< 10 % des Gesamtwertes	ca. 50 %–70 % der Gesamtmenge

Bei der Zuordnung der Mengen- und Wertanteile zu den drei Kategorien handelt es sich nur um Richtwerte. Präzisierungen müssen betriebsindividuell vorgenommen werden.

Beispiel: Durchführung der ABC-Analyse

Eine ABC-Analyse wird folgendermaßen durchgeführt:

1. Schritt: Die Mengen der einzelnen Güter werden mit ihrem Wert pro Stück multipliziert. Es ergibt sich der Gesamtwert pro Gut.
2. Schritt: Die einzelnen Gesamtwerte pro Gut in Euro werden addiert. Die Summe entspricht 100 %.
3. Schritt: Es wird der prozentuale Anteil eines jeden Gutes am Gesamtwert aller Güter ermittelt.
4. Schritt: Nach der Höhe des ermittelten Gesamtwertes werden Rangplätze vergeben, wobei der erste Rang für den höchsten Wertanteil steht.

Güter	Menge (Stück)	EK-Wert pro Stück in €	Gesamtwert pro Gut in €	Anteil am Gesamtwert in %	Rang
G1	9000	0,60	5400,00	11,42	4
G2	5000	1,90	9500,00	20,08	3
G3	3000	3,80	11400,00	24,10	2
G4	8000	0,50	4000,00	8,46	5
G5	3000	5,20	15600,00	32,98	1
G6	7000	0,20	1400,00	2,96	6
Summe	35000		47300,00	100,00	

5. Schritt: Die Güter werden nach der Höhe ihres Ranges neu sortiert (absteigende Sortierung).
6. Schritt: Die Mengenanteile eines jeden Gutes werden in die Tabelle übernommen.
7. Schritt: Die Gesamtmenge aller Güter wird berechnet (= 100 %).
8. Schritt: Es wird der prozentuale Anteil eines jeden Gutes an der Gesamtmenge aller Güter ermittelt.
9. Schritt: Die Anteile am Gesamtwert in Prozent werden in die Tabelle übernommen und es werden die kumulierten Wertanteile berechnet, d. h. zeilenweises Addieren der Prozentwerte und Eintragen der Zwischensummen.
10. Schritt: Es werden Kategorien gebildet und die Güter den einzelnen Klassen zugeordnet. Die Unternehmensvorgabe lautet beispielsweise:
    A-Güter bis ca. 75 % des Gesamtwertes
    B-Güter bis ca. 20 % des Gesamtwertes
    C-Güter bis ca. 5 % des Gesamtwertes

→

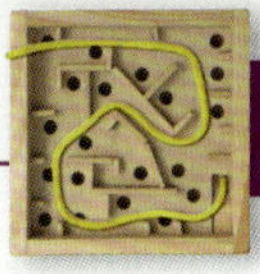

→

Güter nach Rang sortiert	Menge (Stück)	Anteil an Gesamtmenge in %	Anteil am Gesamtwert in %	Wertanteile kumuliert	Kategorie
G5	3000	8,57	32,98	32,98	A
G3	3000	8,57	24,10	57,08	A
G2	5000	14,29	20,08	77,16	A
G1	9000	25,71	11,42	88,58	B
G4	8000	22,86	8,46	97,04	B
G6	7000	20,00	2,96	100,00	C
Summe	35000	100,00	100,00		

11. Schritt: Grafische Darstellung

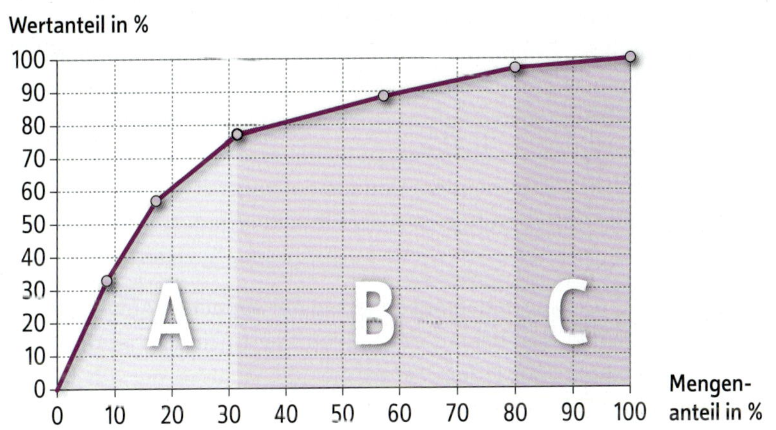

Ergebnis

Aus der ABC-Analyse wird deutlich, dass den Gütern G5, G3 und G2 bei der Bedarfsplanung und -optimierung aufgrund der hohen Kapitalbindung besondere Aufmerksamkeit zu widmen ist.

Ergebnisse der ABC-Analyse

Die ABC-Analyse liefert durch die Einteilung der Güter in verschiedene Kategorien eine wertvolle Entscheidungshilfe. Besonders sorgfältig und vorrangig sollten Güter der A-Gruppe behandelt werden, da sie das meiste Kapital binden. Je nach Zugehörigkeit zu den verschiedenen Kategorien sind z. B. die folgenden Maßnahmen denkbar:

Bei **A-Gütern**:

- exakte Bestellung und Bestandsführung, um überhöhte Bestände zu vermeiden
- möglichst auftragsbezogenes Bestellwesen (keine oder kaum Lagerung auf Vorrat)
- genaue Überwachung der Verweildauer im Lager
- exakte Festlegung von (niedrigen) Sicherheitsbeständen, Meldebeständen und optimaler Bestellmenge

- intensive Preisverhandlungen bei der Beschaffung
- EDV-gestützte Bestandsführung, um einen ständigen Überblick über die Lagerbestände zu haben

Bei **B-Gütern**:
Hier sollte fallweise ein Weg zwischen den Gruppen A und C eingeschlagen werden.

Bei **C-Gütern**:
- vorratsbezogenes statt bedarfsbezogenes Bestellwesen
- einfache Bestellverfahren, z. B. ohne Berücksichtigung von Bestell- und Reservierungsbeständen
- Bestellung in größeren Mengen, z. B. zur Ausnutzung von Mengenrabatten
- geringer Aufwand in der Bestandsführung
- exakte Überwachung der Verweildauer unnötig
- höhere Sicherheits- und Meldebestände sind erlaubt
- eventuell Stichprobeninventur unter Beachtung der rechtlichen Vorschriften

Weitere Anwendungsbereiche der ABC-Analyse in der Lagerhaltung

Die ABC-Analyse dient nicht nur der Klassifizierung der Güter nach ihrer Kapitalbindung. Möglich ist z. B. auch die Klassifizierung nach
- der Zugriffshäufigkeit. Ziel ist es, Güter mit hoher Zugriffshäufigkeit (A-Güter) so zu lagern, dass für die Kommissionierer möglichst kurze Wege entstehen, z. B. bei Anwendung der Stichgangstrategie möglichst vorne in der Regalreihe.
- dem Umsatz bzw. Verbrauch. Ziel ist es, Güter mit einem hohen Umsatz- bzw. Verbrauchsanteil auch in ausreichendem Umfang auf Lager zu haben, damit Kundenanforderungen oder Anforderungen aus der Produktion jederzeit befriedigt werden können.

Die Vorteile der ABC-Analyse liegen besonders in der einfachen Anwendbarkeit und der sehr übersichtlichen Darstellung der Ergebnisse. Nachteilig ist die meist sehr grobe Klasseneinteilung. Außerdem liefert die ABC-Analyse nur ein Bild auf der Basis von Vergangenheitswerten.

4.4 Just-in-time (JIT)

Beim Just-in-time-Prinzip werden Rohmaterialien, Halbfertigprodukte oder Fertigprodukte erst dann bereitgestellt, wenn sie tatsächlich benötigt werden, d. h., sie werden in der richtigen Menge und Qualität zum richtigen Zeitpunkt an der richtigen Stelle im Produktionsablauf angeliefert. Die Just-in-time-Bereitstellung ist somit ein Konzept zur Reduzierung der Lagerbestände und damit auch der Kapitalbindungskosten. Just-in-time (JIT) gibt es sowohl in der Industrie als fertigungssynchrone Beschaffung, vor allem bei der Großserienfertigung und der Massenfertigung, als auch im Handel.

Just-in-time-Verfahren

Da bei der Just-in-time-Bereitstellung die Güter oder Bauteile von den Zulieferbetrieben erst bei Bedarf direkt an das Montageband geliefert werden, muss mit einem gewissen zeitlichen Vorlauf die benötigte Menge gemeldet und bestellt werden. Der Zulieferer muss sich vertraglich verpflichten, innerhalb dieser Vorlaufzeit zu liefern, da am Fertigungsort nur noch so viel Material gelagert wird, wie unbedingt nötig ist, um die Fertigung gerade noch aufrechtzuerhalten.

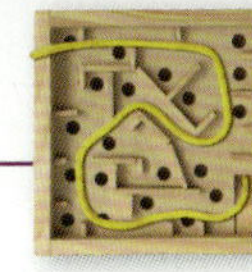

Geeignet ist das Just-in-time-Prinzip für Unternehmen, die einen hohen Lagerbestand an wertvollen Güter (A-Gütern) haben, die regelmäßig benötigt werden, da diese Bestände eine hohe Kapitalbindung verursachen und sehr umsatzstark sind. Des Weiteren eignet sich das Just-in-time-Prinzip für Unternehmen, die zur Produktion Bauteile in sehr vielen Varianten benötigen und diese Bauteile nicht alle direkt an der Montagelinie lagern können.

Ziele von JIT

Das Hauptziel von Just-in-time ist die Verringerung der Lagerkosten durch den Abbau der Lagerbestände. Dadurch verringern sich auch die Personalkosten und die Kosten für Lagergebäude und Lagereinrichtungen. Außerdem sinkt das Lagerrisiko durch Verderb, Schwund und Veralten der gelagerten Güter. Die Verringerung der Lagerbestände führt gleichzeitig auch zu einer Reduzierung der Kapitalbindung.

Voraussetzungen für JIT

Damit das Just-in-time-Verfahren erfolgreich funktionieren kann, müssen unter anderem folgende Voraussetzungen gegeben sein:

- Es muss ein kontinuierlicher, d. h. gleichmäßiger Bedarf vorliegen.
- Der Lagerbestand muss jederzeit korrekt angegeben werden können. Wichtig hierbei ist auch, die aktuellen Verbrauchsmengen korrekt zu erfassen, die z. B. durch Ausschuss oder Bruch von der geplanten Verbrauchsmenge abweichen können.
- Die Bereitstellfläche für die „just in time“ angelieferten Güter muss ausreichend dimensioniert sein.
- Es muss bei der Anlieferung eine 100 %-Qualität vorausgesetzt werden können, da keine Zeit für lange Qualitätsprüfungen bleibt.
- Die Zulieferer müssen absolut zuverlässig sein.

Vor- und Nachteile von JIT

Die Einführung des Just-in-time-Verfahrens bringt sowohl Vor- als auch Nachteile mit sich.

Vorteile	Nachteile
für den Auftraggeber	
• fast keine Lagerung nötig (nur noch ein kleines Pufferlager nötig) und somit enorme Kosteneinsparungen • Reduzierung der Durchlaufzeiten, da die einzelnen Teile nicht mehr längere Zeit auf Lager liegen, sondern direkt weiterverarbeitet oder verbraucht werden • Planungssicherheit durch langfristige Verträge mit Zulieferern • Einsparung von Prüfkosten, d. h. von Personal- und Sachkosten für die Qualitätsprüfung, da die Qualitätsprüfung bei der Anlieferung im Just-in-time-Konzept auf den Zulieferer übergeht	• Abhängigkeit vom Zulieferer • Produktionsausfall bei Versagen der Lieferkette z. B. durch Verkehrsbehinderungen oder Probleme beim Zulieferer • hoher Planungsaufwand • hoher Abstimmungsaufwand mit dem Zulieferer

→

→

Vorteile	Nachteile
für den Zulieferer	
• Planungssicherheit und Existenzsicherung durch langfristige Verträge mit dem Auftraggeber • Rationalisierung der Produktion durch Spezialisierung auf die Vertragsprodukte	• hohe Abhängigkeit vom Auftraggeber • Konventionalstrafen bei Nichteinhaltung des Liefertermins • Durchführung der Qualitätsprüfung und damit auch Übernahme der Kosten für die Qualitätsprüfung • Krisenanfälligkeit durch einseitige Spezialisierung auf das Vertragsprodukt • evtl. Zwang zur Ansiedlung in der Nähe des Auftraggebers • evtl. Kosten für die Errichtung eines weiteren Lagers (Lagerkosten werden vom Auftraggeber auf den Zulieferer abgewälzt)
für die Allgemeinheit	
• Schaffung von Arbeitsplätzen durch die Neuansiedlung von Zulieferbetrieben in der Nähe des Auftraggebers und dadurch auch mehr regionale Steuereinnahmen und ein höheres regionales Wirtschaftswachstum	• erhöhtes Verkehrsaufkommen, weil kleinere Gütermengen transportiert werden und dadurch auch mehr Lkws auf den Straßen unterwegs sind (hier spricht man auch vom „rollenden Lager“) • Das erhöhte Verkehrsaufkommen führt zu höheren Ausgaben für den Straßenbau, zu höheren Umweltbelastungen (Lärmbelästigungen, Emissionen, Energieverbrauch) und zu mehr Staus.

Wall-to-wall

Eine Sonderform von Just-in-time ist Wall-to-wall (dt. „Wand an Wand“). Aufgrund der Tatsache, dass bei Just-in-time häufiger kleinere Gütermengen transportiert werden müssen und sich dadurch das Verkehrsaufkommen, insbesondere die Zahl der Lkw-Transporte, erhöht, wird häufig dazu übergegangen, dass sich die Zulieferer in unmittelbarer Nähe zum Auftraggeber ansiedeln. Dies findet man z. B. in Industrie- und Gewerbeparks sowie bei großen Automobilherstellern.

Dadurch, dass die Unternehmen quasi Wand an Wand angesiedelt sind, können in den meisten Fällen die teuren Lkw-Transporte entfallen und die Güter bei Bedarf mit dem Gabelstapler von einer Halle in die andere transportiert werden. Die Transportkosten sinken dadurch deutlich. Außerdem besteht nicht mehr die Gefahr von Lieferverzögerungen aufgrund von Verkehrsbehinderungen.

Ein Nachteil dieser Sonderform von Just-in-time ist die hohe gegenseitige Abhängigkeit. Gerät der Auftraggeber in eine wirtschaftliche Krise, zieht er den Zulieferer meist mit in die Krise, da dieser sich in den meisten Fällen voll auf die Bedürfnisse des Auftraggebers spezialisiert hat. Außerdem entfällt für den Auftraggeber die Option, einen besseren bzw. günstigeren Lieferanten für die Bestellung auszuwählen, da er oft durch langfristige Verträge an den Zulieferer gebunden ist.

Just-in-sequence (JIS)

Just-in-sequence ist eine Weiterführung von Just-in-time. Hierbei werden die benötigten Materialien nicht nur zu einem festgelegten Zeitpunkt angeliefert. Sie werden auch noch sortiert, und zwar genau in der Reihenfolge, in der die Materialien in der Produktion benötigt werden. So werden die Sitze bei vielen Automobilherstellern vom Zulieferer in der Reihenfolge in einen Lkw verladen, wie der Automobilhersteller sie später einbaut (z. B. zuerst die schwarzen Ledersitze, dann die roten Sportsitze, dann die grauen Veloursledersitze). Die Sitze können dann direkt auf Gestellen zum Montageband transportiert und der Reihe nach entnommen und eingebaut werden.

Damit Just-in-sequence erfolgreich genutzt werden kann, bedarf es einer noch genaueren Planung und eines umfangreicheren Datenaustauschs mit dem Zulieferer als beim einfachen Just-in-time-Verfahren.

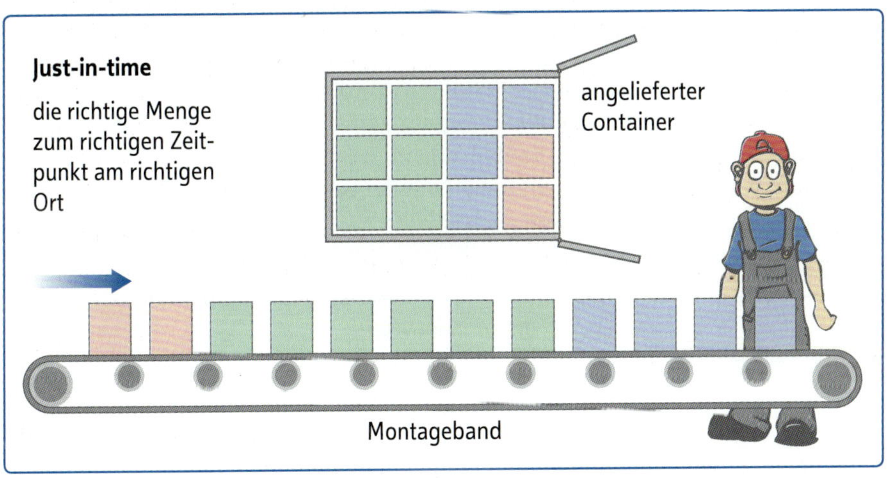

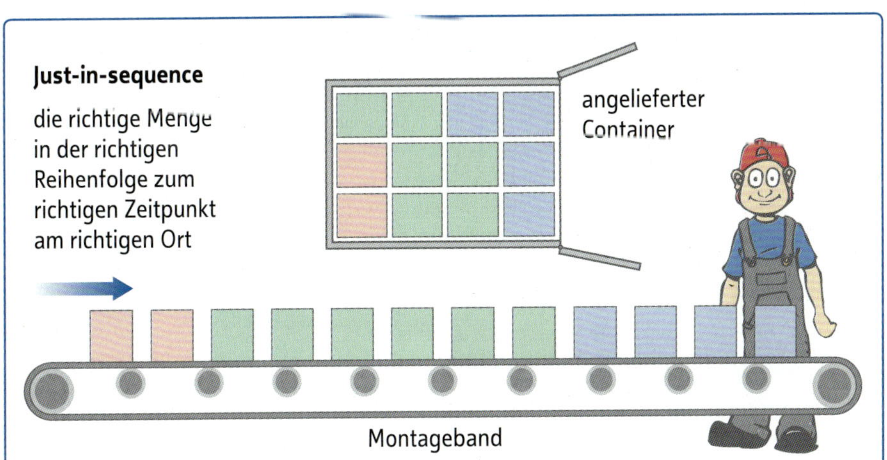

Anlieferung nach JIT und JIS

4.5 Kanban

Eine Variation des Just-in-time-Konzepts ist das Kanban-Prinzip. Es handelt sich hierbei um eine „Produktion auf Abruf“. Gemäß dem Hol-Prinzip (auch „Pull-Prinzip“ genannt) wird die Produktion durch den Bedarf der nachgelagerten Fertigungsstufe ausgelöst. Hierdurch sollen die Lagerbestände gering gehalten und Kundenwünsche durch kurze Reaktionszeiten schnell erfüllt werden.

Umsetzung des Kanban-Verfahrens

Ein Kanban-Regelkreis setzt sich aus einer Fertigungsstufe, die Material verbraucht („Senke“), einer vorgelagerten Fertigungsstufe, die Material herstellt („Quelle“), sowie einem Pufferlager, das beide verbindet, zusammen. Die Senke (nachgelagerte Fertigungsstufe) entnimmt aus dem Pufferlager das gerade benötigte Teil in der benötigten Menge und zu einem benötigten Zeitpunkt (Just-in-time-Prinzip). Ein Produktionsauftrag wird immer dann ausgelöst, wenn die nachgelagerte Stelle einen Bedarf signalisiert. Jetzt wird der Zulieferer (die Quelle) aufgefordert, neues Material anzuliefern. Diese Aufforderung wird durch eine Kanban-Karte erteilt (jap. „Kanban“ = dt. „Karte“, „Zettel“), die grundsätzlich mit der Ware (z. B. am Behälter befestigt) transportiert wird und dann z. B. bei Anbruch des Behälters zur neuen Anlieferung zurückgegeben wird.

Eine wichtige Regel beim Kanban-Verfahren ist, dass nur dann gefertigt werden darf, wenn eine Kanban-Karte zur Fertigung vorliegt, und dass nur einwandfreie Teile angeliefert werden dürfen. Kanban orientiert sich somit ausschließlich am Kundenbedarf, wobei der Kunde nicht unbedingt der externe Kunde sein muss, der ein fertiges Produkt bestellt, sondern auch ein interner Kunde sein kann, der vorgefertigte Teile erhält.

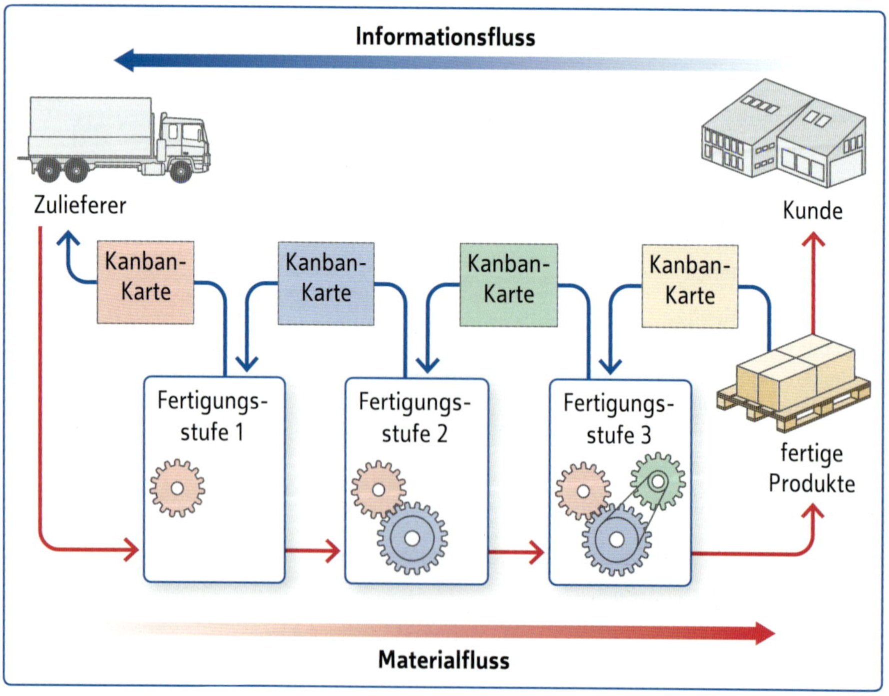

Gliederung der Produktionsprozesse in selbststeuernde Regelkreise mit Kanban-Karten

Steuerung des Materialflusses

Kanban-Karte

Die Steuerung des Materialflusses erfolgt durch Kanban-Karten oder durch Behälter (Kanban-Behälter). Die Kanban-Karten sind an der Ware bzw. an dem vollen Behälter befestigt und dienen als klassisches Identifikationsmittel. Zum Auslösen einer Nachlieferung muss nur die Karte selbst oder die elektronische Information der Karte („E-Kanban“ oder „eKanban“) an die vorgelagerte Fertigungsstufe übermittelt werden. Dies kann geschehen, sobald der Inhalt des Behälters verbraucht ist oder nach der ersten Entnahme aus einem Behälter.

Die Kanban-Karte wird in eine Kanban-Sammelbox gelegt. Die Sammelbox wird periodisch geleert und die gesammelten Kanban-Karten werden an die jeweils vorgelagerten Fertigungsstufen (Quellen) verteilt. Erst dann starten die Quellen mit der Fertigung der auf den Karten aufgelisteten Teile in der georderten Stückzahl. Diese Teile werden dann entweder in das entsprechende Pufferlager transportiert, von dem aus sich die Senke selbst versorgt, oder zu einem genau bestimmten Zeitpunkt direkt an die Senke geliefert.

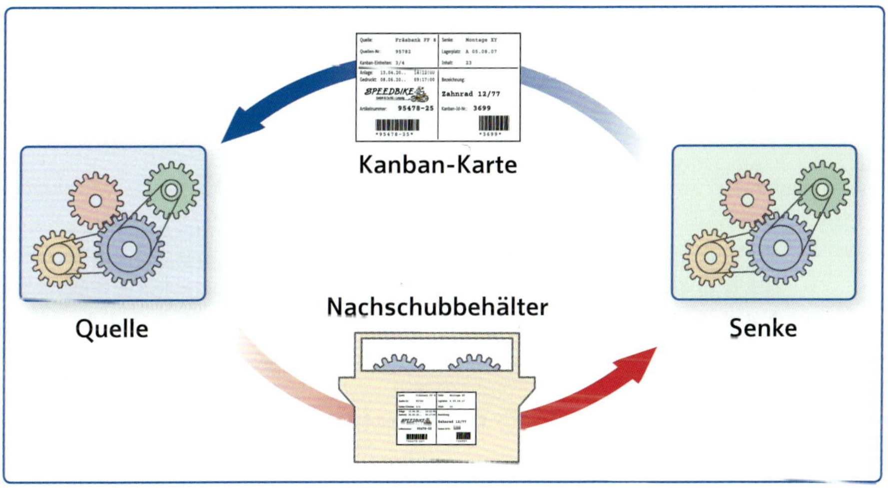

Steuerung des Materialflusses durch eine Kanban-Karte

Zwei-Behälter-Prinzip

Beim „Zwei-Behälter-Prinzip“ stehen am Arbeitsplatz jeweils zwei Behälter. Aus einem Behälter werden die benötigten Teile entnommen, der andere Behälter steht als Nachschub bereit. Der geleerte Behälter wird auf die Seite gestellt und stößt somit die Wiederbeschaffung eines neuen Nachschubbehälters an. Bei diesem Prinzip muss die Füllung des Nachschubbehälters mindestens der Zeit für die Wiederbeschaffung eines neuen gefüllten Behälters entsprechen.

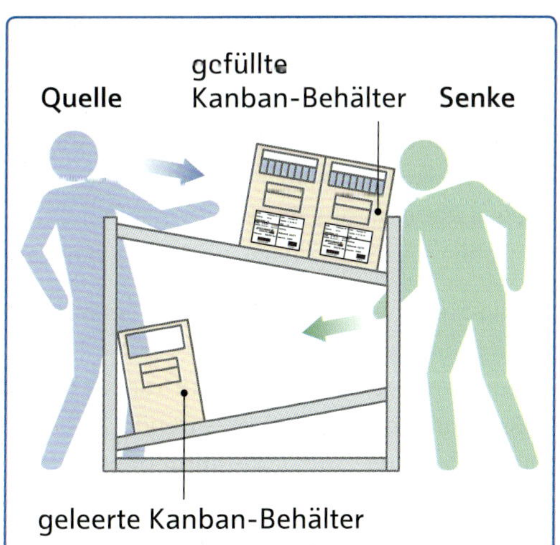

Zwei-Behälter-Prinzip

Die Kanban-Karte

Auf einer Kanban-Karte müssen folgende Informationen vermerkt sein:
- Lieferant (Quelle) mit Lieferantennummer
- Verbrauchsort (Senke)
- Lagerplatz, an dem der gefüllte Behälter abgestellt werden soll
- Bezeichnung des Artikels
- Artikelnummer
- Barcode, der die Artikelnummer beinhaltet (bei elektronischer Erfassung)
- Füllmenge (Anzahl)

Quelle:	Drehbank TS 6	Senke:	Montage XY
Quellen-Nr.:	56811	Lagerplatz:	A 04 02 01
Kanban-Einheiten:	3/4	Inhalt:	48
Anlage:	25.04.20.. 11:05:00		
Gedruckt:	02.06.20.. 11:25:05	Bezeichnung:	
SPEEDBIKE GmbH & Co KG • Leipzig			**Steuerkette 3G2**
Artikelnummer:	**41630-12**	Kanban-Id-Nr.:	**1034**
	41630-12		*1034*

Kanban-Karte

Voraussetzungen und Regeln für den Einsatz von Kanban

Kanban eignet sich vor allem für Güter mit hohem Wert und konstantem Verbrauch. Wichtig ist auch ein kontinuierlicher Produktionsablauf. Deshalb eignet sich Kanban vor allem für die Massen- und Serienfertigung. Die Rüstzeiten müssen gering und die Transportzyklen und Transportwege für das Material kurz und einheitlich sein. Um eine sichere Teileversorgung zu gewährleisten, sollte deshalb auch das Fertigungslayout, d. h. die Anordnung der Arbeitsplätze, flussgerecht und produktorientiert angeordnet sein [▸ Kapitel 5.2]. Um Kanban erfolgreich umsetzen zu können, muss außerdem das Personal entsprechend qualifiziert und reaktionsschnell sein, um Fehler und Störfälle zu vermeiden bzw. angemessen darauf zu reagieren.

Da die Steuerung bei Kanban über Behälter oder Karten oder über die Kombination von Behälter und Karten funktioniert, sind bestimmte Regeln einzuhalten:
- Jede Kanban-Karte gilt als Auftrag, d. h. ohne Karte keine Fertigung.
- Zu jedem gefüllten Behälter gehört eine Kanban-Karte.
- Jeder Behälter enthält die vorgegebene Menge in 100 %-Qualität.
- Kanban-Behälter dürfen nur an den festgelegten Plätzen abgestellt werden.
- Die Anzahl der Kanban-Behälter und -Karten darf nicht eigenmächtig geändert werden.

Vor- und Nachteile des Kanban-Systems gegenüber der zentralen Produktionssteuerung

Ein Materialwirtschaftssystem nach dem Hol-Prinzip (Fertigung erst nach Aufforderung) löst viele Probleme, die durch das Bring-System (Fertigung nach vorher festgelegten Produktionszahlen) geschaffen werden. Allerdings hat das Hol-Prinzip auch einige Nachteile.

Vor- und Nachteile des Kanban-Verfahrens

Vorteile	Nachteile
• weniger Lagerbestände und damit weniger Kapitalbindung • Produktion nach dem tatsächlichen Verbrauch • geringer Steuerungsaufwand durch transparente und sich selbst steuernde Regelkreise • Verringerung der Durchlaufzeiten • schnelle Anpassung bei Auftragsschwankungen • standardisierte Abläufe	• für Einzel- und Spezialfertigung ungeeignet • für unregelmäßigen Verbrauch ungeeignet • geringe Variantenvielfalt • Leerlaufzeiten, wenn nur auf Anforderung produziert wird • nicht einsetzbar bei langen Rüst- und Anlaufzeiten der Maschinen

5 Vermeidung von Wartezeiten und unnötigen Transporten

Zu den in Kapitel 3.4 unter „Muda“ aufgelisteten sieben bzw. acht Verschwendungsarten zählen unter anderem die Verschwendung durch Wartezeiten und die Verschwendung durch unnötige Transportwege und -zeiten.

Verschwendung durch Wartezeit

Wartezeiten

Jeder Schritt eines Fertigungsprozesses hängt mit den Prozessen der vor- und der nachgelagerten Stufe zusammen. Kann ein Mitarbeiter während dieses Fertigungsprozesses nicht arbeiten, weil er auf irgendetwas warten muss, entstehen Wartezeiten.

Gründe für Wartezeiten

Die Gründe für Wartezeiten sind vielfältig:

- nicht synchronisierte (ausgetaktete) Arbeitsabläufe
- lange Maschinenlaufzeiten, während derer der Mitarbeiter nicht wirklich produktiv tätig ist, sondern nur die Maschinen „überwacht“

- technische Störungen
- Materialabrisse, d. h., der Nachschub an Materialien funktioniert nicht
- lange Umrüstvorgänge

Da Wartezeiten kostbare Arbeitszeit verschwenden und somit die Kosten der Produktion erhöhen, gilt es, diese zu vermeiden. Lösungsmöglichkeiten liegen z. B. in der Minimierung der Durchlaufzeiten, insbesondere der Rüstzeiten [▸ Kapitel 5.1].

Unnötige Transportwege und -zeiten

Verschwendung durch unnötige Transportwege und -zeiten

Diese Verschwendungsart beinhaltet den unnötigen Transport von Produkten, Materialien und Informationen von einem Bereich zu einem anderen. Diese Transporte dienen nicht der Wertschöpfung des Produktes.

Ursachen für unnötige Transporte

Hauptursachen für unnötige Transporte sind nicht zusammenhängende Fertigungsprozesse (isolierte Fertigungsinseln) und Überproduktion. Diese machen es erforderlich, dass Material von einem Prozess zum nächsten oder in Zwischenlager zu transportieren ist. Das verursacht Kosten, z. B. für den Einsatz der Flurförderzeuge, für Mitarbeiter, die die Flurförderzeuge bedienen, und für Umlade- und Umpackvorgänge. Hinzu kommt die Gefahr von Transportschäden.

Lösungsansätze zur Minimierung der Transportwege und -zeiten liegen z. B. in der Anwendung des Kanban-Systems [▸ Kapitel 4.5], in der Just-in-time-Bereitstellung [▸ Kapitel 4.4] und in der Schaffung von örtlich zusammenhängenden Fertigungsprozessen, z. B. One-Piece-Flow [▸ Kapitel 5.3].

5.1 Reduzierung der Rüstzeiten

Durchlaufzeit

Die Rüstzeit ist ein Bestandteil der Durchlaufzeit, die innerhalb der Fertigung die Zeitspanne von der Auftragserteilung bis zur Ablieferung des hergestellten Produktes bezeichnet. Die Durchlaufzeit setzt sich zusammen aus Bearbeitungszeit, Transportzeit, Rüstzeit und Liegezeit.

Bearbeitungszeit

Die Bearbeitungszeit ist die Zeit, die technisch bedingt für die Herstellung des Produktes benötigt wird.

Transportzeit

Die Transportzeit ist die Zeit, die durch die Notwendigkeit des Transportes an einen anderen Ort verstreicht, d. h. die Zeit von der Bereitstellung zum Transport bis zum Eintreffen am Bestimmungsort.

Rüstzeit

Die Rüstzeit ist die Zeit, die benötigt wird, um z. B. eine Maschine für einen neuen Arbeitsvorgang einzurichten.

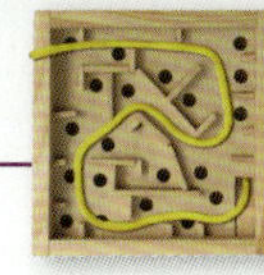

Liegezeit

Die Liegezeit ist die ungewollte Wartezeit eines Erzeugnisses innerhalb des Produktionsprozesses, d. h. die Zeit, die verstreicht, ohne dass eine Bearbeitung oder ein Transport stattfindet. Hierzu zählen z. B. Wartezeiten im Zwischenlager.

Transportzeit, Rüstzeit und Liegezeit sind die Zeiten, die innerhalb eines Produktionsprozesses optimiert werden können. Eine Verkürzung dieser Zeiten erhöht beispielsweise die Flexibilität, senkt die Bestände, verringert die Kapitalbindung und erhöht die Lieferfähigkeit.

Maschinenstillstände aufgrund von Umrüstvorgängen stellen bei einer variantenreichen Fertigung mit kleinen Losgrößen einen erheblichen Kostenfaktor dar. Kosten entstehen zum einen für den Produktionsausfall während dieser Zeit und zum anderen für die unproduktive Wartezeit der Mitarbeiter. Aus diesem Grund sollten die Maschinenstillstandzeiten durch Optimierung der Rüstabläufe verringert werden, d. h., die folgenden Verschwendungen beim Rüsten müssen beseitigt werden:

Verschwendungen beim Rüsten

- lange Gehwege und Transportstrecken
- das Suchen und Bereitlegen von Material, Arbeits- und Hilfsmitteln
- unnötige Bewegungen bei den Rüsttätigkeiten
- Fehler beim Rüsten
- das Nachjustieren von Maschinenkomponenten

6-Stufen-Modell zur Rüstzeitoptimierung

Die Rüstzeitoptimierung ist ein Prozess der kontinuierlichen Verbesserung. Wie beim Demingkreis [▸Kapitel 3.2] erfolgen auch hier immer wieder neue Durchläufe mit weiteren Verbesserungen. Mithilfe eines 6-Stufen-Modells lässt sich die Dauer der Rüstvorgänge minimieren.

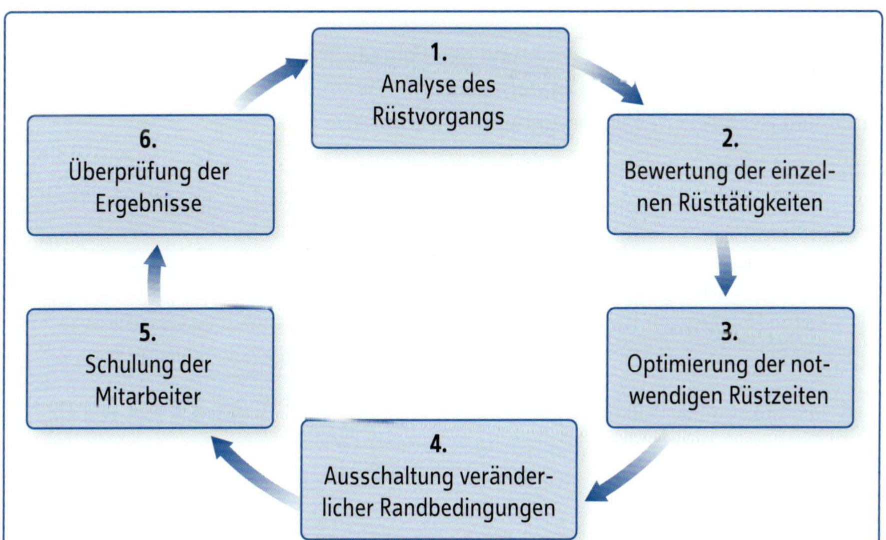

6-Stufen-Modell zur Optimierung der Rüstzeiten

1. Stufe: Analyse des Rüstvorgangs

In der ersten Stufe der Rüstzeitoptimierung werden die Umrüstarbeiten beobachtet und erfasst. Das geschieht meist mithilfe von Videoaufnahmen. Anschließend werden die Ist-Rüstabläufe analysiert. Hierbei werden die Rüstvorgänge der einzelnen, aufeinander folgenden Rüstschritte identifiziert, die benötigte Zeit gemessen und entsprechend dokumentiert.

2. Stufe: Bewertung der einzelnen Rüsttätigkeiten

In dieser Stufe werden die einzelnen Rüsttätigkeiten bewertet und Verbesserungsmöglichkeiten gesucht. Es wird z. B. untersucht, welche Arbeitsschritte auch bei laufender Maschine ausgeführt werden können und welche Tätigkeiten nur durchgeführt werden können, wenn die Maschine stillsteht.

Tätigkeiten der Rüstvorbereitung und -nachbereitung

Tätigkeiten, die bei laufender Maschine durchgeführt werden können und zu den Rüstvorbereitungs- bzw. -nachbereitungstätigkeiten zählen, sind z. B.:
- die Suche des nächsten Fertigungsauftrags
- das Herbeiholen des benötigten Materials für den nächsten Fertigungsauftrag
- das Holen der benötigten Werkzeuge und Hilfsmittel für das Umrüsten der Maschine
- das Wegbringen der Fertigmaterialien des vorhergehenden Auftrags

Tätigkeiten der Rüstdurchführung

Zu den Tätigkeiten, die nur bei Stillstand der Maschine durchgeführt werden können, zählen z. B.:
- das Einstellen der Maschine, z. B. auf ein anderes Fertigungsformat
- das Wechseln von Anlagenkomponenten und Materialien, z. B. bei einer Etikettiermaschine das Wechseln der Etikettvordrucke oder bei einer Verpackungsmaschine das Wechseln der Verpackungsfolienart

Wenn alle Rüstschritte identifiziert und den einzelnen Phasen des Rüstens – Vorbereitung, Durchführung und Nachbereitung – zugeordnet sind, kann die Rüstzeit verbessert werden; dies geschieht beispielsweise durch die richtige Organisation. Viele Tätigkeiten der Rüstvorbereitung können schon während des Vorauftrags erledigt werden. So können schon vor Beendigung des Vorauftrags die benötigten Materialien, Werkzeuge und Hilfsmittel bereitgestellt werden. Ebenso können Tätigkeiten der Rüstnachbereitung auch während des Folgeauftrags erledigt werden, z. B. das Wegräumen der benötigten Materialien und Hilfsmittel und der Abtransport der erstellten Produkte des vorhergehenden Auftrags.

Eine optimale Organisation der Arbeitsschritte verringert die Unterbrechung des Arbeitsablaufs und damit die Maschinenstillstandzeiten erheblich.

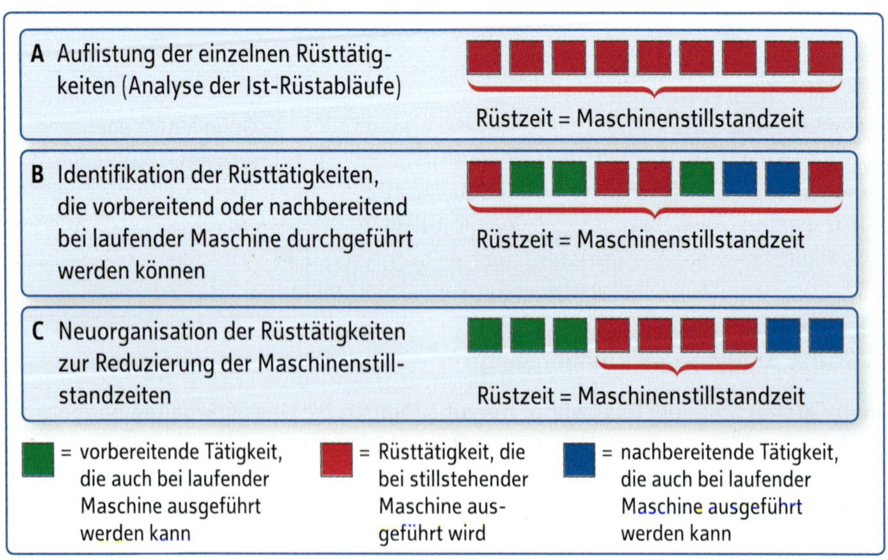

Rüstzeitoptimierung durch Neuorganisation der Rüsttätigkeiten

Erklärung zur Abbildung
Vor der Analyse wurden alle Tätigkeiten zur Umrüstung der Maschine bei stillstehender Maschine durchgeführt, auch das Holen oder Wegbringen der Werkzeuge (A). In (B) wird untersucht, welche Schritte wirklich bei stillstehender Maschine durchzuführen sind und welche vorher bzw. hinterher ausgeführt werden können. In (C) werden die einzelnen Schritte neu organisiert und dadurch die Maschinenstillstandzeiten verkürzt.

Die Möglichkeit zur Optimierung der Rüstzeit lässt sich auf ein einfaches Beispiel der Lagerlogistik übertragen:

Beispiel: Reduzierung der Maschinenstillstandzeit in der Verpackungslogistik

Bei einem Palettenwickler muss die Stretchfolienrolle gewechselt werden. Wenn die neue Stretchfolienrolle bereitgestellt wird, bevor die alte aufgebraucht ist, lässt sich die Maschinenstillstandzeit erheblich reduzieren und die Warteschlange der zu stretchenden Paletten wird nicht so lang. Die alte ausgewechselte Rolle kann auch entsorgt werden, wenn der Palettenwickler bereits wieder läuft.

3. Stufe: Optimierung der notwendigen Rüstzeiten

Zu den notwendigen Rüsttätigkeiten gehören all die Tätigkeiten, die nur bei Stillstand der Maschine durchgeführt werden können. Auch diese Zeiten lassen sich weiter optimieren, z. B., indem Spezialwerkzeuge direkt an ihrem Einsatzort an der Maschine aufbewahrt werden oder Werkzeuge in fahrbaren Werkzeugschränken mit guter Kennzeichnung und Beschriftung aufbewahrt werden [▸Kapitel 3.3], sodass sie jeder Mitarbeiter bei Bedarf schnell finden und auch wieder wegräumen kann.

4. Stufe: Ausschaltung veränderlicher Randbedingungen

In dieser Stufe wird überlegt, ob sich die Rüstzeit durch Standardisierungen eventuell noch weiter verkürzen lässt. So kann an einer Verpackungslinie beispielsweise überlegt werden, ob ein Standardetikett für alle Verpackungen verwendet werden kann, um ein Auswechseln der Etiketten bei einem Produktwechsel zu vermeiden. Des Weiteren kann überlegt werden, ob es eventuell kostengünstiger ist, Rüstteams zu bilden, die z. B. die Maschine in der Hälfte der bisherigen Zeit umrüsten.

5. Stufe: Schulung der Mitarbeiter

Eine Optimierung der Rüstzeiten ist nur möglich, wenn alle Mitarbeiter über die Zielsetzungen genau informiert sind und gemeinsam an dem Ziel der Rüstzeitreduzierung mitwirken. Hierzu sind genaue Arbeitsanweisungen, Mitarbeiterschulungen und vielfaches Training erforderlich.

6. Stufe: Überprüfung der Ergebnisse

In einem letzten Schritt werden die Rüstzeiten erneut durch Messungen überprüft, um festzustellen, inwieweit die umgesetzten Maßnahmen zu Verbesserungen geführt haben und ob die gesetzten Ziele bereits erreicht worden sind.

Auch nach erfolgreicher Reduzierung der Rüstzeiten müssen die Optimierungsbemühungen weiter fortgesetzt werden, weil sich immer wieder neue Möglichkeiten zu einer weiteren Rüstzeitreduzierung ergeben können.

5.2 Layoutplanung nach dem Materialfluss

Kerninhalt der Layoutplanung nach dem Materialfluss ist der reibungslose Ablauf der Waren- und Materialbewegungen in einem Unternehmen. Das gilt sowohl für die Anordnung der einzelnen Abteilungen in einem Unternehmen als auch für den einzelnen Fertigungsbereich und den individuellen Arbeitsplatz.

Ziele der Layoutplanung nach dem Materialfluss

Die Layoutplanung nach dem Materialfluss verfolgt z. B. folgende Ziele:
- Vermeidung unnötiger Transporte
- Verkürzung der Transportzeiten und damit auch der Wartezeiten auf das benötigte Material
- Verringerung der Transportkosten
- Verringerung der Durchlaufzeiten
- Verringerung der Bestände

Layoutplanung der einzelnen Unternehmensbereiche

Für die Layoutplanung der einzelnen Abteilungen in einem Unternehmen bedeutet die Verfolgung der genannten Ziele, dass die Abteilungen entsprechend dem Warenfluss durch das Unternehmen angeordnet sein sollten. So sollte sich das Packmittellager beispielsweise in der Nähe des Verpackungsbereichs befinden und das Büromittellager in der Nähe der Verwaltung.

Layoutplanung im Fertigungsbereich

Für den Fertigungsbereich ist es wichtig, keine isolierten Fertigungsinseln zu haben. Isolierte Fertigungsbereiche bauen eigene Bestände auf, die durch einen relativ hohen Transportaufwand wieder abgebaut werden müssen. Dadurch erhöhen sich die Transportkosten und die Durchlaufzeiten.

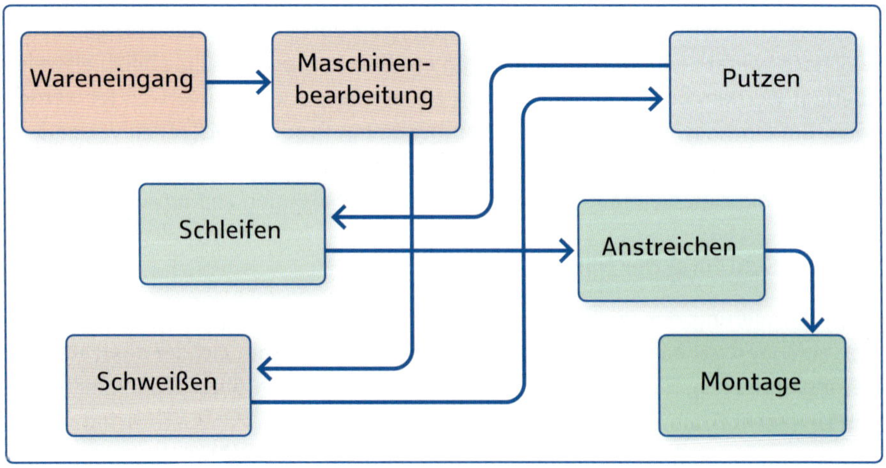

Materialflusssystem bei isolierten Fertigungsinseln

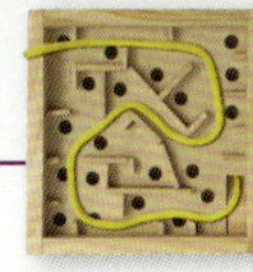

Um einerseits die Transportstrecken zu verkürzen und die Transport- und Wartezeiten zu verringern und andererseits die Bestände zu senken, sollten die einzelnen Arbeitsplätze entsprechend dem Materialfluss angeordnet werden. Dies kann sowohl in gerader Linie als auch z. B. in U-Form erfolgen.

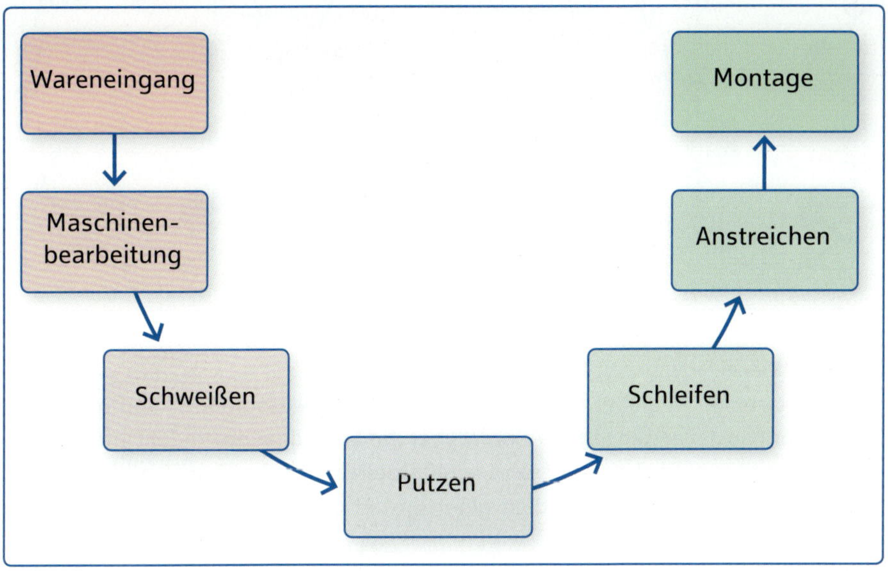

Anordnung der Arbeitsplätze in U-Form

5.3 One-Piece-Flow

Lange Wartezeiten entstehen z. B. dadurch, dass die Mitarbeiter in der Fließfertigung bei Arbeiten am Fließband längere Zeit auf das in der Vorstufe bearbeitete Produkt warten müssen, weil die einzelnen Fertigungsstufen nicht hinreichend „ausgetaktet", d. h. aufeinander abgestimmt sind. Eine Lösungsmöglichkeit hierfür ist der One-Piece-Flow, auch „mitarbeitergebundener Arbeitsfluss" genannt.

Produktionszellen

Beim One-Piece-Flow werden alle für die Herstellung eines Produktes notwendigen Arbeitsplätze in einem fest abgegrenzten Bereich kombiniert bzw. zusammengefasst. Es entstehen sogenannte „Produktionszellen". Innerhalb einer solchen Produktionszelle verbleibt der Mitarbeiter nicht an einem einzigen Arbeitsplatz. Er startet am ersten Arbeitsplatz und durchläuft dann die gesamte Produktionszelle, indem er sich mit dem Werkstück von Arbeitsplatz zu Arbeitsplatz fortbewegt, bis er den letzten Arbeitsplatz erreicht. Dort wird das Werkstück in der Regel geprüft und anschließend ins Lager oder zum Verkauf abtransportiert. Der Mitarbeiter startet den Arbeitsprozess nun wieder von Neuem am ersten Arbeitsplatz.

Voraussetzungen für One-Piece-Flow

Voraussetzung für die Umsetzung dieses Materialflusssystems ist, dass jeder Mitarbeiter alle in einer Produktionszelle anfallenden Arbeiten beherrscht. Des Weiteren sollten Start- und Endpunkt einer Produktionszelle räumlich möglichst dicht beieinander liegen, damit der Mitarbeiter nach Beendigung eines Arbeitsprozesses nicht so lange Wege zurücklegen muss. Hier bieten sich U-, kreis- oder tropfenförmige Anordnungen an.

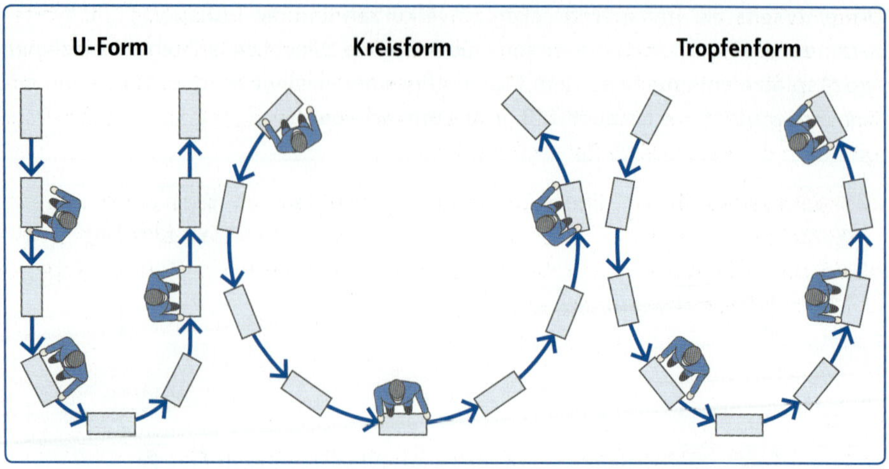

Anordnungsformen einer Produktionszelle

Vorteile von One-Piece-Flow

Der One-Piece-Flow bringt folgende Vorteile:

- Der Mitarbeiter begleitet das Produkt über alle Arbeitsstationen und muss sich daher nur an der ersten Station einmal über das zu fertigende Produkt informieren.
- Das Verantwortungsbewusstsein des Mitarbeiters in Bezug auf Qualität wird gesteigert, da er allein das Produkt gefertigt hat und damit auch für die Qualität verantwortlich ist.
- Probleme bei Produktionsmengenschwankungen oder Abwesenheit von Mitarbeitern werden verringert, da nicht alle Arbeitsplätze besetzt werden müssen.
- Durchlaufzeiten der Fertigungsprodukte werden verringert, da Liegezeiten zwischen den einzelnen Arbeitsplätzen entfallen.

5.4 Chaku-Chaku

Häufig entstehen Wartezeiten für Mitarbeiter durch lange Maschinenlaufzeiten, während derer der Mitarbeiter nicht wirklich produktiv tätig ist, sondern die Maschinen „nur überwacht". Er wartet, bis er die Maschine wieder mit Material beschicken oder fertige Produkte entnehmen kann. Eine Lösungsmöglichkeit hierfür ist die Einführung von Chaku-Chaku, japanisch für „laden-laden".

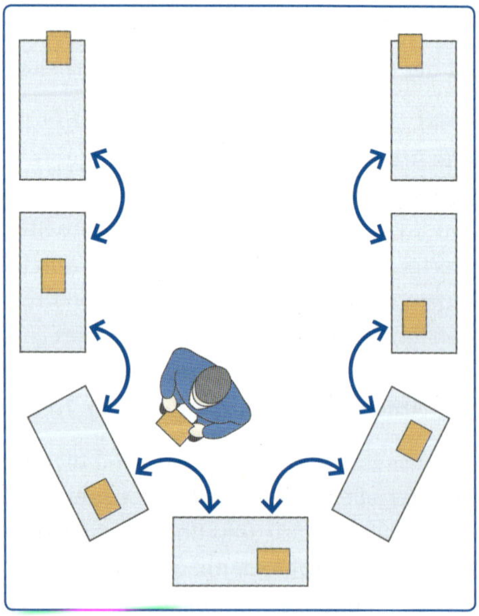

Chaku-Chaku

Bei Chaku-Chaku handelt es sich um eine Variante der Fließ- bzw. Reihenproduktion, bei der alle an der Produktion eines Erzeugnisses beteiligten Arbeitsplätze (Maschinen) dem Objektprinzip folgend so nebeneinander stehen, dass nur möglichst kurze

Wege zwischen ihnen erforderlich sind. Die Fertigung ist weitgehend automatisiert, d. h., die Maschinen arbeiten selbstständig. Der Mitarbeiter muss lediglich die Maschinen mit Material bestücken, fertiges Material entnehmen und von einem Arbeitsplatz zum nächsten transportieren. Zwischen den einzelnen Arbeitsplätzen gibt es in der Regel kleine Zwischenpuffer.

Die Wartezeiten für die Mitarbeiter verringern sich dadurch, dass ein Mitarbeiter nicht mehr nur eine einzige Maschine bedient, sondern mehrere Maschinen gleichzeitig. Damit die Wege für den Mitarbeiter nicht zu lang werden, müssen die Arbeitsplätze in U-Form angeordnet sein.

5.5 Weitere Möglichkeiten zur Reduzierung der Wartezeiten und zur Vermeidung unnötiger Transportwege und -zeiten

Es gibt noch zahlreiche weitere Möglichkeiten zur Reduzierung der Wartezeiten und zur Vermeidung unnötiger Transportwege und -zeiten, von denen im Folgenden nur einige kurz erläutert werden.

Umstellung auf kleinere Verpackungseinheiten

Die Bereitstellung der benötigten Materialien an der Fertigungslinie in großen Verpackungseinheiten, z. B. Gitterboxen, führt oft zu einem hohen Transportaufwand und längeren Wartezeiten beim Austausch der Gitterboxen. Durch die Umstellung auf kleinere Verpackungseinheiten, die in kleineren Durchlaufregalen (auch „Supermarktregale“ oder „Just-in time-Regale“ genannt) an der Fertigungslinie bereitgestellt werden, kommt es kaum noch zu Wartezeiten beim Materialnachschub. Außerdem können die sehr kostenintensiven Staplertransporte durch kleinere multifunktionale Transportzüge ersetzt werden, die in regelmäßigen Intervallen die Durchlaufregale auffüllen.

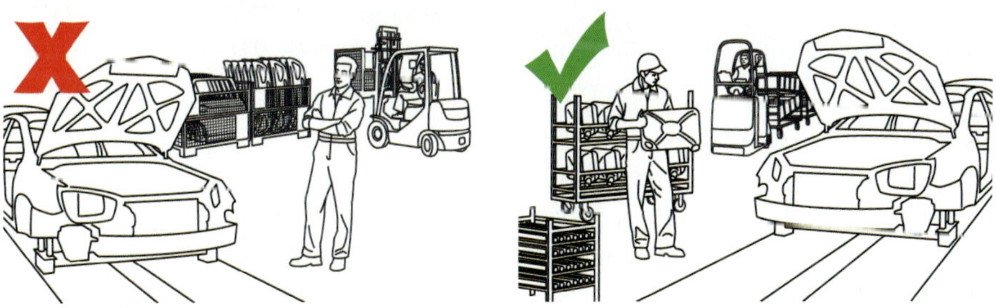

Vermeidung von Wartezeiten und unnötigen Transporten durch kleinere Verpackungseinheiten

Pull-Steuerung mittels Kanban und Just-in-time-Bereitstellung

Der Einsatz eines Kanban-Systems wirkt der Verschwendung durch Wartezeiten entgegen. Immer wenn an einem Arbeitsplatz ein Materialbehälter geleert wurde, wird er in den unteren Durchlaufkanal des Regals geschoben. Dies ist das Signal für den Transportzug, das Regal „just in time“ wieder aufzufüllen. Das Warten auf Nachschub und unnötige Transportwege werden so durch die Just-in-time-Bereitstellung direkt an der Fertigungslinie vermieden.

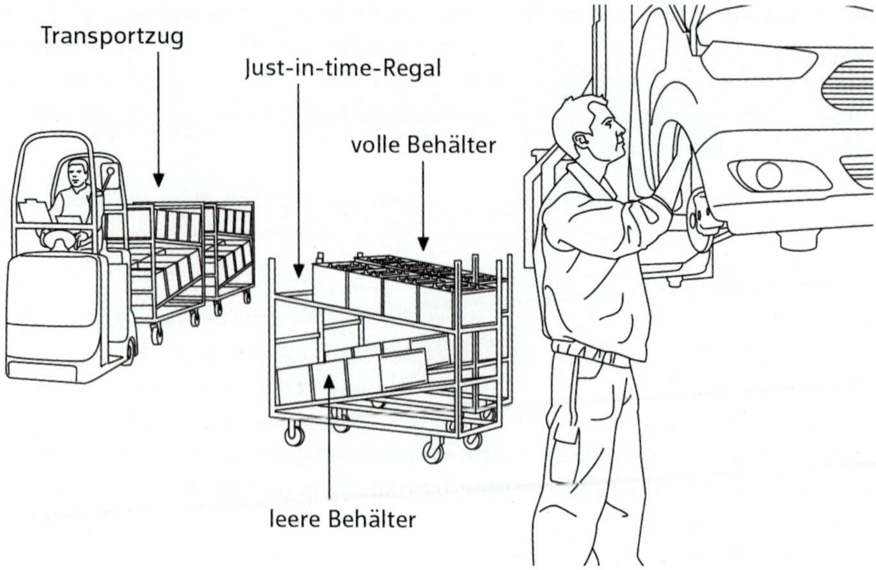

Pull-Steuerung mittels Kanban und Just-in-time-Bereitstellung

6 Vermeidung von Produktionsfehlern

Zu den in Kapitel 3.4 unter „Muda" aufgelisteten sieben bzw. acht Verschwendungsarten zählt auch die Verschwendung durch Produktionsfehler, da fehlerhafte Produkte zu Nacharbeit oder Ausschuss führen und somit für das Unternehmen zusätzliche Kosten verursachen, z. B. durch zusätzliche Personal- und Materialkosten.

Nacharbeit und Ausschuss

Nacharbeit bedeutet, dass Fehler an Produkten nach Abschluss des eigentlichen Fertigungsprozesses beseitigt werden, um dieses Produkt am Markt noch anbieten zu können. Ist eine nachträgliche Fehlerbeseitigung nicht mehr möglich, entsteht Ausschuss, d. h., die fehlerhaften Teile müssen entsorgt bzw. der Wiederverwertung zugeführt werden.

Folgen von Produktionsfehlern

Folgen von Produktionsfehlern sind:
- Nacharbeit
- steigende Produktionskosten (z. B. Fertigungslöhne für Nacharbeit)
- Verschwendung von Rohstoffen bei Ausschuss
- zusätzlicher Transportaufwand (z. B. für den Abtransport der Ausschussware)
- Verlängerung der Durchlaufzeiten
- Ersatzlieferungen
- Lieferverzögerungen
- unzufriedene Kunden

Für jedes Unternehmen gilt es daher, Produktionsfehler unbedingt zu vermeiden und Qualität von Anfang an zu erzeugen. Ziel sollte somit das Arbeiten nach dem Null-Fehler-Prinzip sein. Lösungsmöglichkeiten zur Erreichung dieses Ziels bieten beispielsweise Jidoka und Poka Yoke.

6.1 Jidoka

„Jidoka“ kommt aus dem Japanischen und bedeutet „Autonomation“. Es bezeichnet die Fähigkeit eines Systems, einer Anlage oder Maschine, sich beim Auftreten von Problemen, z. B. Maschinenfehlern, Qualitäts- oder Montageproblemen, selbst abzuschalten.

Zielsetzung von Jidoka

Ein Hauptziel von Kaizen ist eine hohe Kundenzufriedenheit, denn nur wirklich zufriedene Kunden schaffen einen Wettbewerbsvorteil für das Unternehmen [▸ Kapitel 3.1]. Um dieses Ziel zu erreichen, müssen alle Produktionsprozesse ständig verbessert werden, damit fehlerhafte Teile erst gar nicht produziert werden und auf keinen Fall zum Kunden gelangen. Jidoka unterstützt diesen Qualitätsverbesserungsprozess, indem versucht wird, jegliche Abweichung von der Norm zu beseitigen. Das geschieht nicht durch Endkontrollen, sondern durch prozessbegleitende Kontrollen: Tritt eine Fehlfunktion oder ein Fehler auf, wird das Band oder die Maschine angehalten und der Fehler behoben. Erst nach der Fehlerbehebung läuft die Fertigung wieder an. Ziel ist somit eine hundertprozentige Kontrolle der gefertigten Materialien noch während des laufenden Produktionsprozesses und nicht erst im Nachhinein.

Ablauf von Jidoka

Um Jidoka durchführen zu können, müssen die Maschinen mit Sensoren, Begrenzungsschaltern oder sonstigen Systemen ausgestattet sein, die eine Fehlfunktion oder einen Fehler automatisch erkennen und der Maschine das Signal zur Selbstabschaltung geben. Der Mitarbeiter kann nun mit der Fehlersuche und -behebung direkt an der Stelle beginnen, an der der Fehler aufgetreten ist. Dadurch wird vermieden, dass fehlerhafte Teile an die nachfolgenden Arbeitsstationen oder gar an den Kunden weitergegeben werden.

Vor der Einführung von Jidoka

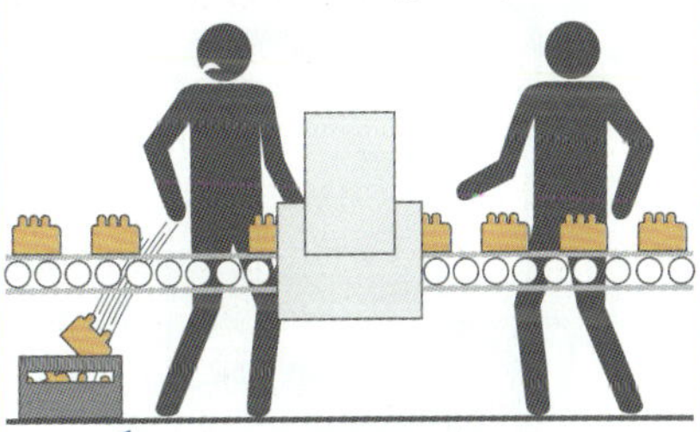

Fehlerhafte Teile werden an die nachfolgende Arbeitsstation weitergegeben.

Nach der Einführung von Jidoka

Fehlerhafte Teile werden von der Maschine erkannt, die dann automatisch das Signal zum Band-Stopp gibt.

Jidoka: Signal zum Band-Stopp

> ***Wichtiger Hinweis:***
> ***Beim Auftreten einer Fehlfunktion oder eines Fehlers wird das Band oder die Maschine nur dann angehalten, wenn ein Stopp nicht zu außerordentlich hohen Kosten führt. Ist die Nacharbeit günstiger als die Kosten für den Produktionsausfall bei einem Stopp, wird das fehlerhafte Produkt bei laufendem Band bzw. laufender Maschine lediglich in die Nacharbeit ausgeschleust.***

Vorteile von Jidoka

Der Einsatz von Jidoka hat folgende Vorteile:

- Eine fehlerhafte Teileverarbeitung wird am Ort der Entstehung sofort bemerkt. Dadurch werden Nacharbeit und Ausschuss vermieden. Außerdem werden keine fehlerhaften Teile an nachfolgende Arbeitsstationen oder gar an den Kunden weitergegeben.
- Die Fehlersuche kann durch Jidoka auf einen begrenzten Bereich eingeschränkt werden. Werden Fehler dagegen erst am Ende eines Produktionsprozesses bei der Endkontrolle bemerkt, muss häufig der gesamte Fertigungsprozess analysiert werden, um den Ort der Fehlerentstehung zu finden.
- Da fehlerhafte Teile oftmals die Maschinen in Mitleidenschaft ziehen, werden durch die unmittelbare Fehlerbeseitigung die Reparatur- und Instandhaltungskosten reduziert und damit auch der Maschinenverschleiß verringert.
- Durch die automatische Fehlererkennung sind die Mitarbeiter nicht mehr gezwungen, Maschinen lediglich zu überwachen. Sie sind nun in der Lage, mehrere Maschinen gleichzeitig zu bedienen (sogenanntes „Multi-Process-Handling"), da sie die Gewissheit haben, dass Fehler sofort gemeldet werden. Dies erhöht zum einen die Mitarbeitermotivation durch ein abwechslungsreicheres Aufgabenfeld und senkt zum anderen die Personalkosten, da unproduktive Wartezeiten vermieden werden.

Beispiel: Jidoka in der Lagerlogistik

Die Jidoka-Methode wird auch in der Lagerlogistik angewandt, z. B. am Identifikationspunkt eines automatischen Hochregallagers.

Bevor die Paletten in das Hochregallager eingelagert werden, durchlaufen sie den sogenannten Identifikationspunkt. Der Identifikationspunkt ist mit einer Palettenprüfeinrichtung mit eingebauten Sensoren ausgestattet. Diese Sensoren tasten die Ladeeinheit nach Fehlern ab, d. h., sie prüfen die Konturen der Ladeeinheit und den Zustand der Paletten. Stehen beispielsweise Kartons schief auf einer Palette, ist ein Palettenfuß beschädigt oder hängt Folie über, wird diese Palette automatisch ausgeschleust oder die Palettenprüfeinrichtung gibt ein Signal an den Mitarbeiter, dass diese Palette fehlerhaft ist. Hierdurch werden spätere Störungen verhindert.

6.2 Poka Yoke

Der Begriff „Poka Yoke" kommt aus dem Japanischen und bedeutet „dumme Fehler vermeiden". Es handelt sich bei Poka Yoke in der Regel um eine Art Vorrichtung zur Vermeidung von Fehlern. Da kein Mensch vollkommen fehlerfrei arbeitet, wird nach dem Poka-Yoke-Prinzip ein Handlungsablauf so gestaltet, dass der Mensch Fehler bereits in einem frühen Stadium erkennt und sofort beheben kann, bevor dieser Fehler z. B. zu Nacharbeit oder Ausschuss führt. Poka Yoke ist überall zu finden, sowohl im betrieblichen als auch im privaten Umfeld.

Beispiele: Poka Yoke im täglichen Leben

Der Stecker eines Elektroautos ist so konzipiert, dass er nur in einer bestimmten Stellung an das Elektroauto angeschlossen werden kann.

Am Geldautomaten wird erst dann Geld herausgegeben, wenn die Karte entnommen wurde, um ein Vergessen der Karte zu vermeiden.

Beispiele: Poka Yoke in der Produktion

Steckverbindungen sind so mit Ausnehmungen versehen, dass nur eine Montageart möglich ist.

Eine Papierschneidemaschine kann nur durch Zweihandschaltung bedient werden, um so den Mitarbeiter vor Verletzungen zu schützen.

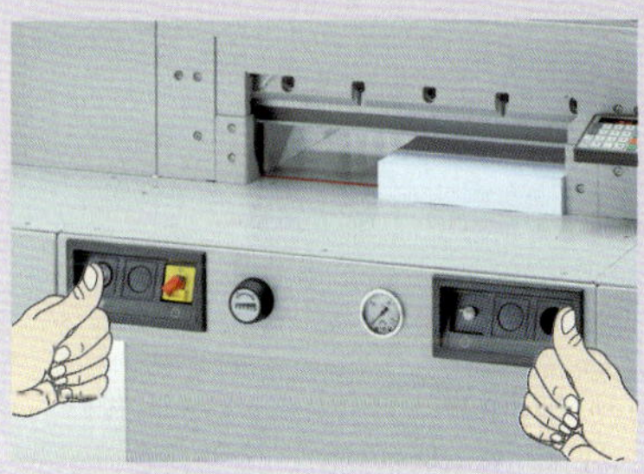

Beispiel: Poka Yoke in der Lagerlogistik

Poka Yoke wird seit einiger Zeit auch in der Kommissionierung eingesetzt. Bei der Kommissionierung nach dem Poka-Yoke-Prinzip werden mehrere Aufträge gebündelt und in einem Arbeitsgang nach dem Pick-by-Light- und Put-to-Light-System kommissioniert.

Der Kommissionierer erhält einen Kommissionierwagen, auf dem er die Aufträge getrennt voneinander ablegt. Regal und Kommissionierwagen sind mit Fachanzeigen (kleinen Lämpchen) ausgestattet. Die Fachanzeige am Regal zeigt dem Kommissionierer, aus welchem Fach er Kleinteile entnehmen soll (Pick-by-Light).

Des Weiteren sind die Lagerfächer mit einer Entnahmeüberwachung durch einen Sensor ausgestattet. Greift der Kommissionierer in ein falsches Fach,

→

→ wird er durch ein optisches Signal auf seinen Fehlgriff hingewiesen. Nach dem gleichen Prinzip funktioniert die Ablage auf dem Kommissionierwagen. Auch hier zeigt eine Fachanzeige, in welchem Behälter das kommissionierte Teil abzulegen ist (Put-to-Light).

Erfolgt die Ablage in einem falschen Behälter, wird der Kommissionierer wieder durch ein optisches Signal auf seinen Fehlgriff hingewiesen. Diese Zugriffs- und Ablagefachüberwachung ermöglicht dem Kommissionierer somit die sofortige Fehlererkennung und -behebung. Das Kommissionierergebnis ist nahezu fehlerfrei (s. hierzu auch den entsprechenden Film auf der CD-ROM „Alles auf Lager – Filme, Spiele und Präsentationen, 2. Ausbildungsjahr“, BN 5094, im Lernfeld 5 unter dem Titel „Safelog: PokaYoke-Kommissionierung“).

7 Vermeidung unnötiger Bewegungen und Arbeitsprozesse

Zu den in Kapitel 3.4 unter „Muda“ aufgelisteten sieben bzw. acht Verschwendungsarten zählen auch die Verschwendung durch unnötige Bewegungen und unzureichende Arbeitsprozesse.

Unnötige Bewegungen

Innerhalb eines Fertigungsprozesses gibt es immer wieder Bewegungen, die zu keiner Wertsteigerung des Produktes führen, sogenannte unnötige Bewegungen. Diese unnötigen Bewegungen entstehen beispielsweise, wenn ...

- Materialien, Werkzeuge und Unterlagen nicht griffbereit angeordnet sind bzw. erst noch lange gesucht werden müssen,
- die Bestückung von Maschinen bzw. die Ausführung eines Arbeitsgangs sehr umständlich ist und der Mitarbeiter längere Wege gehen, sich drehen oder strecken muss, um bestimmte Materialien und Werkzeuge zu erreichen,
- Werkzeuge und Materialien für einen Mitarbeiter zu schwer oder unhandlich sind und eine entsprechende technische Unterstützung, z. B. Saugheber, fehlt.

Um unnötige Bewegungen zu vermeiden, ist es notwendig, die Bewegungsabläufe zu optimieren und Arbeitsplätze und Arbeitsabläufe so zu organisieren, dass die Mitarbeiter z. B. möglichst wenig Verrenkungen machen und keine Zwangshaltungen einnehmen müssen. Dies kann geschehen durch eine ergonomische Arbeitsplatzgestaltung, die Anwendung der 5-S-Arbeitsplatzorganisation [▸ Kapitel 3.3] und eine entsprechende technische Unterstützung, z. B. Anschaffung eines Handgabelhubwagens für den Transport schwerer Lasten.

Verschwendung durch unnötige Bewegungen

Unnötige und unzureichende Arbeitsprozesse

Unnötige und unzureichende Arbeitsprozesse entstehen beispielsweise durch ...

- die Verwendung nicht geeigneter oder auch veralteter Maschinen,
- die Verwendung falscher Materialien,
- zu hohe Komplexität in den einzelnen Abläufen,
- mangelnde Ausbildung der Mitarbeiter,
- zu wenig (aber auch zu viel) Automatisierung.

Durch unnötige und unzureichende Arbeitsprozesse entstehen für das Unternehmen ein zusätzlicher Arbeitsaufwand und damit auch zusätzliche Kosten. Kaizen [▸ Kapitel 3.1] und die Durchführung von Qualitätszirkeln können hier zur Lösung des Problems beitragen.

Verschwendung durch mangelnde Ausbildung der Mitarbeiter

7.1 Ergonomische Arbeitsplatzgestaltung

Ergonomie ist die Lehre von den optimalen Arbeitsbedingungen. Hauptziel ist die Schaffung humaner Arbeitsbedingungen, d. h. die Anpassung der Arbeit an die Eigenschaften und Fähigkeiten des Menschen durch die Gestaltung von ...

- Arbeitsmitteln (z. B. Maschinen und Werkzeuge),
- Arbeitsumgebung (z. B. Beleuchtung, Raumtemperatur und Lärm),
- Arbeitsplatz (z. B. Tische, Stühle und Greifräume),
- Arbeitsorganisation (z. B. Arbeitszeit und Arbeitsablauf),
- Arbeitsinhalten (z. B. Anforderungsvielfalt und Belastungswechsel).

Durch eine ergonomische Arbeitsplatzgestaltung sollen unnötige Bewegungen vermieden und damit die Ressource „Mensch" geschont werden. Zu große Distanzen und unnötige Bewegungsabläufe tragen nicht zur Produktivität bei, sondern erschweren die Arbeitsvorgänge und nehmen Platz in Anspruch. Bei der ergonomischen Arbeitsplatzgestaltung geht es daher darum, dass der Arbeitsplatz so gestaltet wird, dass der Mitarbeiter möglichst wenig unnötige Bewegungen macht und alle benötigten Materialien und Werkzeuge in Reichweite sind. Dies steigert nicht nur die Produktivität, sondern führt auch zu besseren Arbeitsergebnissen, minimiert Gesundheitsschäden und erhöht die Motivation der Mitarbeiter.

5-S-Arbeitsplatzorganisation

Ein Schritt in diese Richtung ist die 5-S-Arbeitsplatzorganisation, bei der der Arbeitsplatz zunächst entrümpelt und gesäubert wird und dann die wirklich benötigten Arbeitsmittel und Materialien so platziert werden, dass sie in Reichweite sind und die Wegzeiten der Mitarbeiter möglichst gering sind. Jeder Gegenstand sollte hierbei seinen festen Platz bekommen und entsprechend seiner Einsatzhäufigkeit gelagert werden, d. h. beispielsweise, dass häufig benutzte Gegenstände auf Augenhöhe und seltener benutzte Dinge weiter unten oder oben positioniert werden.

Beispiel: Ergonomische Arbeitsplatzgestaltung in der Fertigung

Werden die benötigten Materialien in vielen großen Behältern (z. B. Gitterboxen) am Arbeitsplatz gelagert, wird einerseits viel Platz in Anspruch genommen, andererseits muss der Mitarbeiter weite Wege zurücklegen, um das benötigte Teil zu greifen. Hier bietet es sich an, die benötigten Teile losgrößenorientiert in Durchlaufregalen bereitzustellen. Dies führt zum einen zu einer deutlichen Wegzeitreduzierung. Zum anderen liegen die benötigten Teile in einer besseren Greifhöhe bereit (kaum Bücken und Strecken erforderlich).

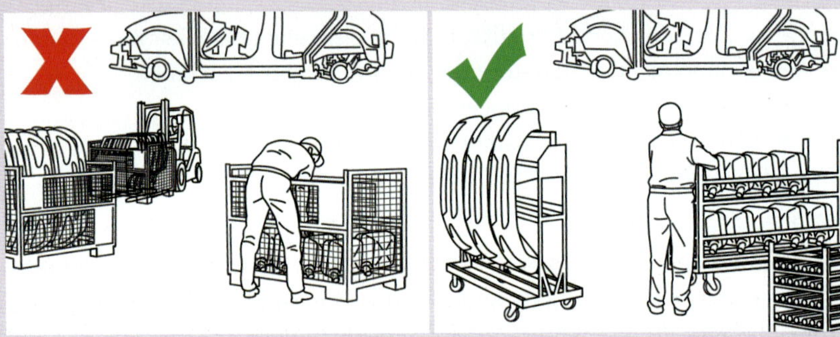

Ergonomische Montagearbeitsplätze sollten höhenverstellbar sein, über viele Ablagekapazitäten im Griffbereich durch An- und Aufbauten am Tisch verfügen und für den leichteren An- und Abtransport der Produkte z. B. über eine Röllchenbahn mit dem vor- oder nachgelagerten Arbeitsplatz verbunden sein.

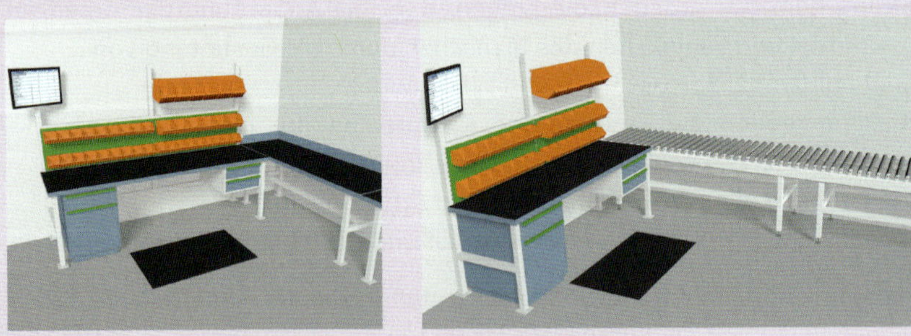

Beispiel: Ergonomische Arbeitsplatzgestaltung in der Verpackung

Ein gut ausgestatteter Packtisch erleichtert dem Mitarbeiter die Verpackungstätigkeit. Die Kartonagen und das Packpapier lagern griffbereit und ermöglichen so ein schnelles und praktisches Verpacken der Produkte. Durch die Formular /Kleinteileablage haben alle benötigten Gegenstände wie z. B. Klebebandabroller und Versandtaschen einen festen Platz. Die Arbeitsfläche bleibt frei und dennoch ist alles griffbereit. Optimal in Bezug auf die körperliche Belastung ist eine höhenverstellbare Arbeitsplatte, sodass kleinere Mitarbeiter sich nicht permanent strecken müssen und größere Mitarbeiter nicht in gebückter Körperhaltung arbeiten müssen.

7.2 Qualitätszirkel

Qualitätszirkel stammen ursprünglich aus Japan. In Qualitätszirkeln treffen sich ca. drei bis 15 Mitarbeiter der gleichen hierarchischen Ebene in regelmäßigen Abständen (z. B. alle zwei Wochen für ein bis zwei Stunden) während der Arbeitszeit, um Fragen der täglichen Arbeit zu diskutieren und Verbesserungsvorschläge zu machen. Ziel ist ein Kontinuierlicher Verbesserungsprozess (KVP) im Sinne eines Qualitätsmanagements (QM).

Phasen des Qualitätszirkels

Die Teilnehmer eines Qualitätszirkels analysieren selbst gewählte Probleme und Schwachstellen aus ihrem Aufgabengebiet, erarbeiten Problemlösungen und Verbesserungsvorschläge, setzen diese um und überprüfen abschließend die dabei erzielten Ergebnisse.

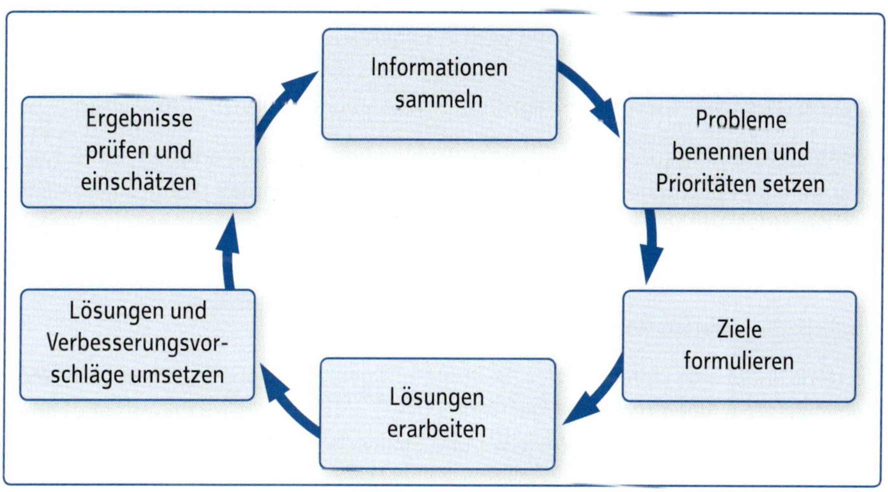

Phasen des Qualitätszirkels

Ziele des Qualitätszirkels

Mit der Durchführung von Qualitätszirkeln werden folgende Ziele verfolgt:
- Verbesserung der Arbeitsbedingungen und Arbeitsprozesse
- Verbesserung der qualitativen Arbeitsleistung
- Entwicklung von mehr Selbstwertgefühl und Sozialkompetenz der Mitarbeiter

Ursache-Wirkungs-Diagramm

Eine Problemlösungs- und Kreativitätstechnik zur Erarbeitung von Lösungsvorschlägen innerhalb des Qualitätszirkels ist das **Ursache-Wirkungs-Diagramm**, auch **„Fischgrätendiagramm"** genannt. Es handelt sich hierbei um ein grafisches Hilfsmittel zur Unterstützung einer Gruppe bei der Untersuchung eines Problems und dessen möglicher Ursachen.

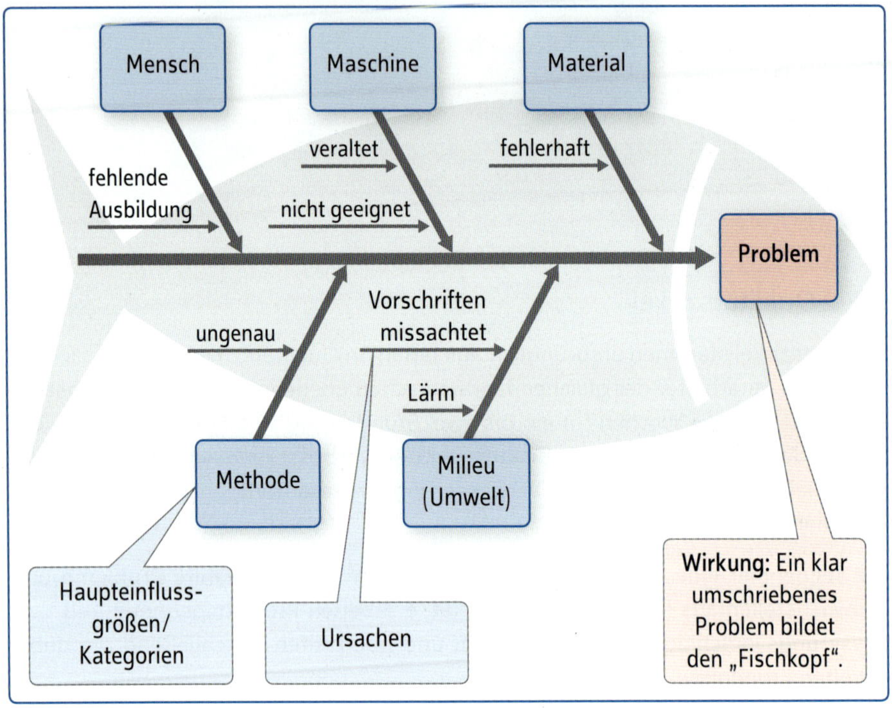

Ursache-Wirkungs-Diagramm

Erstellung eines Ursache-Wirkungs-Diagramms

Das Ursache-Wirkungs-Diagramm wird in folgenden Schritten erstellt:

1. Schritt: Ursache-Wirkungs-Diagramm zeichnen und Problem formulieren

Zu Beginn wird eine kurze verständliche Problembeschreibung erarbeitet, die möglichst genaue Informationen über Inhalt, Zeit, Ort und Ausmaß des Problems enthält. Anschließend wird ein horizontaler Pfeil nach rechts gezeichnet, an dessen Spitze (Fischkopf) das möglichst treffend formulierte Problem steht.

2. Schritt: Kategorien für mögliche Ursachen festlegen

Meistens findet eine Einteilung der „Fischgräten" gemäß der sogenannten „4-M-Methode" in „Maschinen" (Werkzeuge, Geräte usw.), „Methode" (Arbeitsweise), „Material" (Werkstoffe, Rohmaterialien usw.) und „Menschen" (beteiligte Personen) statt.

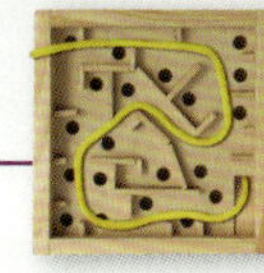

Diese Einteilung kann jedoch je nach Bedarf um weitere Kategorien wie Milieu (Umwelt), Messung, Management, Motivation, Mitteilungen ergänzt werden. Bei der Benennung der Erweiterungen wird jedoch auf den Anfangsbuchstaben „M“ geachtet.

3. Schritt: Mögliche Ursachen sammeln und einordnen

In einem Brainstorming werden mögliche Ursachen gesammelt und anschließend den verschiedenen Kategorien zugeordnet. Im Diagramm werden sie als Äste unterhalb der jeweiligen Kategorie aufgeführt, sodass sich die typische „Fischgräten“-Struktur ergibt. Anschließend ist zu prüfen, ob tatsächlich alle möglichen Ursachen eines Problems gefunden wurden. Die Visualisierung unterstützt dabei die Suche.

4. Schritt: Beurteilung der Ursachen

Die gefundenen möglichen Problemursachen werden bezüglich ihrer Bedeutung und Einflussnahme auf das Problem gewichtet. Hilfreich für die Gewichtung der Ursachen können Klebepunkte oder Symbole sein, die an die wichtigsten Ursachen geklebt werden. Aus der Anzahl der Klebepunkte kann auf die Bedeutung der einzelnen Ursachen geschlossen werden. Die Ursachen mit den meisten Punkten sollten anschließend weiter untersucht werden, um mögliche Handlungsalternativen und Verbesserungsvorschläge zu erarbeiten.

Vor- und Nachteile des Ursache-Wirkungs-Diagramms

Das Ursache-Wirkungs-Diagramm ermöglicht eine anschauliche Darstellung des Problems und seiner Ursachen. Es hat neben zahlreichen Vorteilen aber auch Nachteile:

Vorteile	Nachteile
• Es ist eine gute Diskussionsgrundlage für die Arbeit in Gruppen. • Die Durchführung ist mit wenig Aufwand verbunden. • Die Teamarbeit ermöglicht eine vielseitige Betrachtungsweise. • Die Methode ist leicht zu erlernen und anzuwenden. • Die Methode trägt zum besseren Verständnis von Ursachen und deren Wirkung bei.	• Das Diagramm wird bei komplexen Problemen durch die Vielzahl der Verästelungen sehr unübersichtlich. • Die Darstellung von Vernetzungen zwischen verschiedenen Ursachen ist nicht möglich. • Wechselwirkungen zwischen verschiedenen Ursachen können nicht erfasst werden. • Zeitliche Abhängigkeiten können nicht berücksichtigt werden.

Auch in der Lagerlogistik sind Anwendungsmöglichkeiten denkbar.

Beispiel: Qualitätszirkel in der Logistik

Bei der Schöner Wohnen GmbH beschweren sich in letzter Zeit immer mehr Kunden über Falschlieferungen. In einem Qualitätszirkel beschäftigt sich ein Mitarbeiterteam mit diesem Problem und erstellt folgendes Ursache-Wirkungs-Diagramm.

→

→

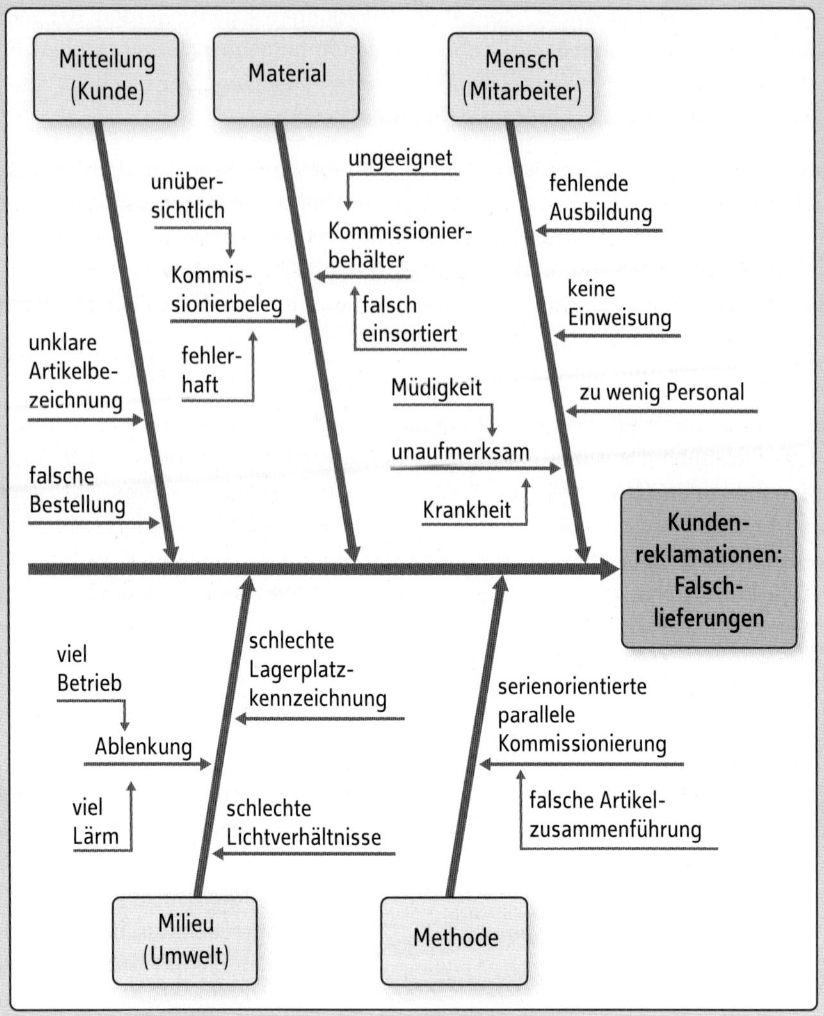

Nach der Erstellung des Ursache-Wirkungs-Diagramms gewichtet das Mitarbeiterteam durch Aufkleben von Klebepunkten die möglichen Problemursachen bezüglich ihrer Bedeutung und Einflussnahme auf das Problem der zunehmenden Kundenreklamationen. Die Beurteilung und Gewichtung ergeben, dass die Hauptprobleme in der schlechten Lagerplatzkennzeichnung und den mangelhaft gestalteten Kommissionierbelegen liegen.

Die Gruppe erarbeitet umgehend Lösungs- und Verbesserungsvorschläge und setzt diese um. Eine spätere Überprüfung ergibt, dass die Anzahl der Kundenreklamationen durch diese Verbesserungen um 50 % zurückgegangen ist.

Anhand des Beispiels aus der Lagerlogistik wird deutlich, dass mithilfe von Qualitätszirkeln die Verschwendung durch unzureichende Arbeitsprozesse verringert werden kann. Die zusätzlichen Arbeitsaufwendungen für die Reklamationsbearbeitung und die damit verbundenen Kosten können mit dieser Methode erheblich gesenkt werden.

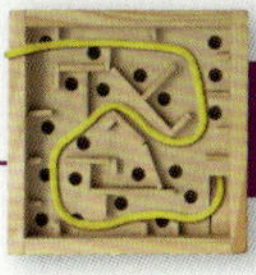

8 Vermeidung der Verschwendung von Mitarbeiterkreativität

Zu den in Kapitel 3.4 unter „Muda" aufgelisteten Verschwendungsarten zählt auch die Verschwendung durch nicht genutzte Kreativität der Mitarbeiter.

Ursprünglich war nur von sieben Verschwendungsarten die Rede: Verschwendung durch Überproduktion, durch Wartezeiten, durch unnötige Transportwege und -zeiten, durch unzureichende Arbeitsprozesse, durch überhöhte Lagerhaltung, durch unnötige Bewegungen und durch Produktionsfehler. Mittlerweile wird immer häufiger eine achte Verschwendungsart aufgezählt: Verschwendung durch nicht genutzte Kreativität der Mitarbeiter.

Kreativität der Mitarbeiter

Werden Mitarbeiter nicht in Produktions- und Verbesserungsprozesse eingebunden, werden wertvolle Zeit, Fähigkeiten, Ideen und Verbesserungsmöglichkeiten nicht genutzt. Die Mitarbeiter vor Ort kennen die täglichen Produktions- und Arbeitsprozesse am besten. Durch ihre Einbindung in die Verbesserungsprozesse können sie aktiv ihre Ideen entwickeln und ihr vorhandenes Wissen und ihre Kreativität in den Verbesserungsprozess einbringen. Dadurch werden nicht nur die Produktionsprozesse kontinuierlich verbessert, sondern auch die Motivation und die Zufriedenheit der Mitarbeiter gesteigert.

Voraussetzungen für Förderung und Nutzung der Mitarbeiterkreativität

Damit die Kreativität der Mitarbeiter gefördert und genutzt werden kann, sind folgende Voraussetzungen erforderlich:

- Es muss ein Umfeld geschaffen werden, das den Mitarbeiter beim Einsatz seiner Kenntnisse und Fähigkeiten unterstützt und seine Leistungen anerkennt. Hierzu zählt z. B. der respektvolle und offene Umgang unter den Kollegen und zwischen Mitarbeiter und Vorgesetztem.
- Der Mitarbeiter muss entsprechend geschult werden.
- Dem Mitarbeiter muss mehr Verantwortung übertragen werden, damit er sich kreativ entfalten kann.

Die genannten Voraussetzungen können durch Qualifikation und Motivation der Mitarbeiter und durch sorgfältige Wahl des Führungsstils unterstützt werden.

8.1 Qualifikation und Motivation der Mitarbeiter

Veränderte oder erweiterte Aufgabenstellungen und Anforderungen an die Mitarbeiter erfordern auch ein Umdenken im Verständnis ihrer Tätigkeiten. Die Arbeitsaufgaben bestehen nur noch selten aus einer rein ausführenden Tätigkeit, wie z. B. Bauteile zusammensetzen oder Güter von A nach B transportieren, sondern enthalten immer mehr zusätzliche Qualitäts-, Steuerungs- und Verbesserungstätigkeiten.

Hierzu bedarf es einer umfassenden Qualifikation der Mitarbeiter, die aus folgenden vier Kategorien besteht:

Kategorien der Mitarbeiterqualifikation

1. Arbeitsanweisungen: Sie sind darauf ausgelegt, Mitarbeiter vor Ort darüber zu informieren, wie bestimmte Arbeitsaufgaben durchgeführt werden („Was ist in welcher Reihenfolge zu tun?"), und besitzen im Wesentlichen den Charakter einer Checkliste.
2. Unterweisungen: Bei einer Unterweisung wird dem Mitarbeiter durch Vorführen und Nachahmen Wissen vermittelt, und zwar „learning by doing". Die Unterweisung erfolgt üblicherweise bei der Einarbeitung neuer Mitarbeiter oder bei der Anschaffung neuer Maschinen und Anlagen.
3. Schulungen: Eine Schulung ist eine Lehrveranstaltung, in der sich eine meist relativ kleine Zahl von Personen mit einem bestimmten Thema auseinandersetzt. Das Ziel von Schulungen ist somit die Vermittlung eines zuvor definierten Wissensgebiets, und zwar sowohl theoretisch als auch praktisch (z. B. Staplerschulung).
4. Ausbildung: Die Ausbildung umfasst die Vermittlung von Kenntnissen und Fertigkeiten, die für die Ausübung einer bestimmten beruflichen Tätigkeit erforderlich sind. Sie ist langfristig angelegt (meist zwei bis drei Jahre) und endet in der Regel mit einer Abschlussprüfung. Während der Ausbildung sollen nicht nur Fachkenntnisse vermittelt werden, sondern auch Methoden- und Sozialkompetenz, um den Mitarbeiter ausreichend für die immer komplexer werdenden Arbeitsprozesse zu qualifizieren.

Motivation

Um die Kreativität der Mitarbeiter nutzen zu können, reicht Qualifikation allein nicht aus. Es gehört auch immer die Motivation der Mitarbeiter dazu. Die Motivation wird durch das Betriebsklima und den Führungsstil maßgeblich beeinflusst.

Positiv bzw. negativ wirkende Faktoren für die Motivation der Mitarbeiter

Motivationsfördernde Faktoren	Motivationshemmende Faktoren
• Vertrauen und Offenheit • Schulungs- und Weiterbildungsmöglichkeiten • Anerkennung und Lob • Belohnung für gute Leistungen • Information und gemeinsame Zielvereinbarungen • Übertragung von Verantwortung • organisiertes Vorschlagswesen • Einbeziehung in Entscheidungsprozesse (z. B. in Qualitätszirkeln)	• schlechte Arbeitsorganisation • schlechte Arbeitsbedingungen • Über- oder Unterforderung der Mitarbeiter • Probleme mit Kollegen und/oder Vorgesetzten • fehlende bzw. ungenügende Anerkennung • ungerechte Kritik • mangelnde Informations- und Kommunikationsstruktur

8.2 Führungsstile

Unter „Führungsstil" wird die Art und Weise der Einbindung der Mitarbeiter in die betrieblichen Entscheidungsprozesse verstanden. Der Führungsstil kann die Kreativität der Mitarbeiter erheblich beeinflussen. Gut geführte Mitarbeiter sind in der Regel zufriedener, motivierter, engagierter und damit auch kreativer. Das Idealziel ist, dass sich die Mitarbeiter mit ihren Tätigkeiten, ihrem Arbeitsbereich und dem Unternehmen identifizieren und ein Wirgefühl aufbauen.

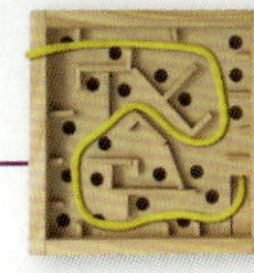

Es können drei „klassische" Führungsstile unterschieden werden: der autoritäre Führungsstil, der kooperative Führungsstil und der Laissez-faire-Führungsstil. In der Realität kommen diese Führungsstile jedoch meist in Mischformen vor. Welcher Führungsstil in einem Unternehmen letztendlich gewählt wird, ist immer abhängig von der Persönlichkeit des Vorgesetzten, den Mitarbeitern und den jeweiligen Aufgaben.

Autoritärer Führungsstil

Beim autoritären Führungsstil gehen die Weisungen nur von oben nach unten. Der Vorgesetzte gibt Anweisungen, Aufgaben und Anordnungen weiter, ohne die Mitarbeiter nach ihrer Meinung zu fragen. Die Mitarbeiter werden in die Entscheidungsfindung nicht mit einbezogen. Sie werden zu schlichten Befehlsempfängern und sind aus diesem Grund auch wenig kreativ. Der autoritäre Führungsstil hat folgende Vor- und Nachteile:

Vor- und Nachteile des autoritären Führungsstils

Vorteile	Nachteile
• Wichtige Entscheidungen können sehr schnell getroffen werden. • Entscheidungen werden relativ schnell ausgeführt. • Kompetenzen sind klar definiert.	• Mitarbeiter werden demotiviert. • Es besteht die Gefahr, dass überforderte Vorgesetzte Fehlentscheidungen treffen. • Untergebene Mitarbeiter fühlen sich unselbstständig. • Ständige Kontrolle und negative Reaktionen, wenn die Erwartungen des Vorgesetzten nicht erfüllt werden, schaffen ein gespanntes Verhältnis untereinander. • Ein hoher Anteil an Mitarbeitern verlässt den Bereich oder das gesamte Unternehmen (Fluktuation), dies erfordert regelmäßiges Anlernen neuer Mitarbeiter.

Der autoritäre Führungsstil ist im Allgemeinen zur Mitarbeiterführung wenig geeignet. In abgemilderter Form ist er jedoch in Abteilungen, in denen nur Routinearbeiten ausgeführt werden, z. B. monotone Fließbandarbeiten, möglich.

Kooperativer Führungsstil

Der kooperative Führungsstil legt Wert auf Teamarbeit. Der Vorgesetzte bindet seine Mitarbeiter aktiv in die Entscheidungsfindung ein, d. h., sie können ihre Erfahrungen und Ideen einbringen und innerhalb eines festgelegten Entscheidungsspielraums selbstständig entscheiden, wobei die Ziele jedoch meist festgelegt sind. Voraussetzung für diesen Führungsstil ist eine hohe Selbstständigkeit der Mitarbeiter sowie deren Bereitschaft, auch Verantwortung zu übernehmen.

Der kooperative Führungsstil ist dann sinnvoll, wenn die Mitarbeiter gut ausgebildet und qualifiziert sind und der Vorgesetzte Aufgaben delegieren kann.

Vor- und Nachteile des kooperativen Führungsstils

Vorteile	Nachteile
• Die Motivation der Mitarbeiter wird gefördert. • Ideen und Vorschläge der Mitarbeiter werden ernst genommen und die Kreativität gefördert. • Führungskräfte werden deutlich entlastet und somit auch das Risiko von Fehlentscheidungen reduziert. • Offene Kommunikationsstrukturen schaffen ein angenehmeres Arbeitsklima. • Die Zufriedenheit der Mitarbeiter, die sich dem Unternehmen verbunden fühlen, garantiert eine niedrige Fluktuation.	• Entscheidungen werden oft nur mit Verzögerungen getroffen, da der gemeinsame Entscheidungsfindungsprozess sehr langwierig sein kann. • Alle Mitarbeiter müssen ein hohes Maß an Teamfähigkeit besitzen.

Laissez-faire-Führungsstil

Beim Laissez-faire-Führungsstil greift der Vorgesetzte kaum bis gar nicht in das Geschehen ein. Die Mitarbeiter und Untergebenen entscheiden selbstständig über die Arbeitsorganisation, die Aufgaben und die Ziele. Die Informationen fließen mehr oder weniger zufällig.

Vor- und Nachteile des Laissez-faire-Führungsstils

Vorteile	Nachteile
• Mitarbeiter werden nicht kontrolliert und können sich voll entfalten.	• Die Koordination der Arbeiten durch den Vorgesetzten fehlt. • Das Fehlen von Kontrolle (Ziellosigkeit) kann zu Disziplinlosigkeit und Unordnung führen. • Faule Mitarbeiter ruhen sich auf Kosten der fleißigen und kreativen Mitarbeiter aus. • Es drohen schlechte Arbeitsergebnisse. • Erfolglosigkeit und Rückschläge führen zu Unzufriedenheit und Demotivation.

In seiner reinen Form ist der Laissez-faire-Führungsstil kaum zur Mitarbeiterführung geeignet, da jegliche aktive Führung fehlt. In abgemilderter Form kann er jedoch für kreative Problemlösungen genutzt werden, wobei aber auch hier die Koordination durch einen Vorgesetzten unerlässlich ist.

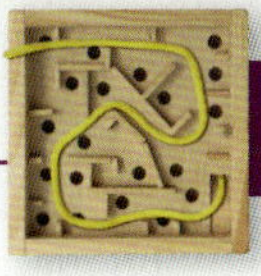

9 Supply Chain Management (SCM)

Supply Chain Management (Lieferkettenmanagement, Koordination der Lieferkette) ist die unternehmensübergreifende Koordination und Optimierung der Material-, Informations- und Geldflüsse über die gesamte Wertschöpfungskette (Lieferkette) vom Lieferanten über die einzelnen Fertigungsunternehmen und Logistikdienstleister bis hin zum Endkunden.

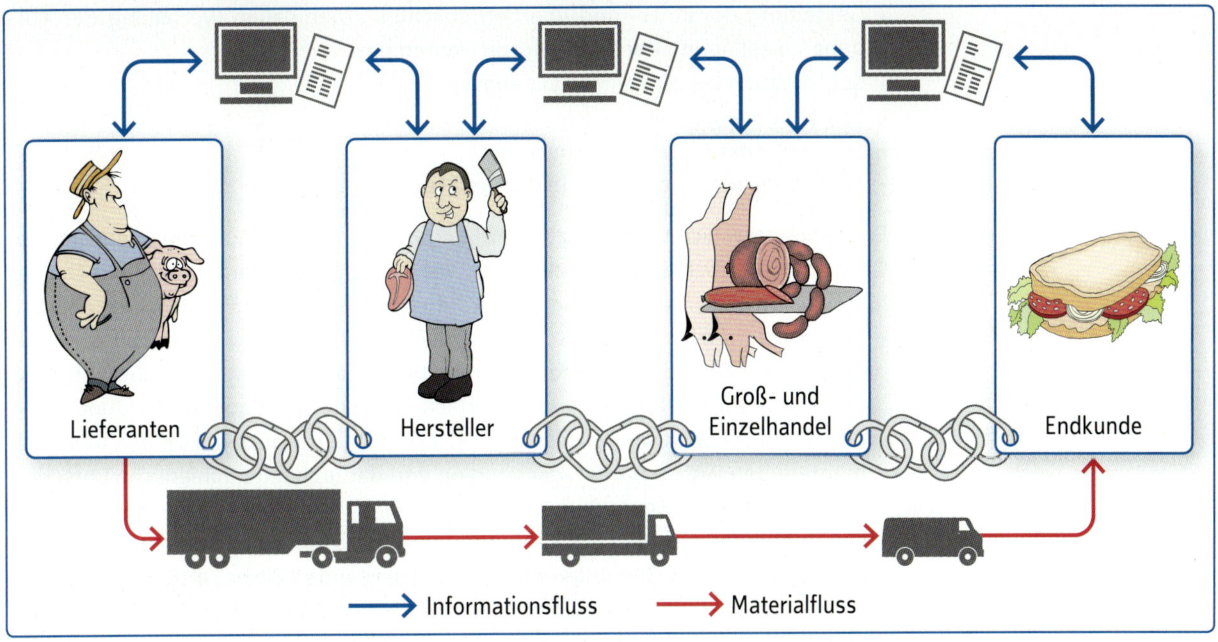

Darstellung der Lieferkette für die Wurstherstellung

Die Kunden erwarten, dass die Lieferanten ihre individuellen Wünsche erfüllen, d. h., dass sie kurzfristig bestellen können, Bestelländerungen kurzfristig möglich sind, Lieferzusagen erfüllt werden und die Liefertermine eingehalten werden. Diesen Herausforderungen müssen sich moderne Logistikunternehmen stellen, und zwar entlang der gesamten unternehmensübergreifenden Wertschöpfungskette.

Ziele des Supply Chain Management

Supply Chain Management verfolgt somit folgende Ziele:

- Orientierung am Endkunden und damit Erhöhung der Kundenzufriedenheit z. B. durch eine verbesserte Termintreue und bedarfsorientierte Lieferungen
- Verbesserung der Kundenorientierung durch eine schnellere Anpassung an die Änderungen des Marktes, z. B. durch umgehende Weiterleitung der Kundenwünsche an Lieferanten und Logistikdienstleister
- Senkung der Lagerkosten durch Reduzierung der Lagerbestände aufgrund einer besseren Abstimmung zwischen allen Beteiligten
- Senkung der Transportkosten durch Reduzierung der Transportfahrten aufgrund einer verbesserten Abstimmung
- Senkung der Durchlaufzeiten aufgrund der Geschäftsprozessorientierung entlang der gesamten Lieferkette, z. B. durch verbesserte Abstimmungsprozesse zwischen allen Beteiligten und eine schnellere Verfügbarkeit aller relevanten Entscheidungsdaten

185083

- Reduzierung der Lieferzeiten aufgrund einer verbesserten Abstimmung entlang der gesamten Lieferkette
- Optimierung von unternehmensübergreifenden Planungs- und Steuerungsprozessen durch eine enge Zusammenarbeit mit den Geschäftspartnern

Aufgaben des Supply Chain Management

Die Aufgaben zur Erreichung der aufgeführten Ziele umfassen beispielsweise:
- Strategieentwicklung (Planung der langfristigen Unternehmensziele, des Umgangs mit Ressourcen, der Informationsweiterleitung, der Qualitätssicherung usw.)
- Gestaltung der inner- und überbetrieblichen Organisation (Verteilung der Aufgaben, Festlegung der Verantwortlichkeiten usw.)
- Koordination der einzelnen Teilnehmer
- Schnittstellengestaltung
- informationstechnische Vernetzung
- Aufgabenverteilung innerhalb der Lieferkette

Schnittstellenproblematik

Ein besonderer Schwerpunkt zur Erfüllung der genannten Aufgaben liegt auf der Gestaltung der Schnittstellen zwischen den beteiligten Unternehmen. Am Ort der Material- oder Informationsübergabe können sich vielfältige Probleme ergeben:
- Unklare Verantwortlichkeiten: Wenn mehrere Unternehmen oder auch Abteilungen und Personen an einem Prozess beteiligt sind, besteht die Gefahr, dass sich keiner für den Prozess verantwortlich fühlt und wichtige Entscheidungen hin und her geschoben werden. Andererseits besteht aber auch die Gefahr, dass sich mehrere Beteiligte verantwortlich fühlen und dadurch unterschiedliche Entscheidungen getroffen werden.
- Unternehmensegoismus: Es kann passieren, dass einzelne Unternehmen eigene Ziele verfolgen, die den unternehmensübergreifenden Zielen, also den Zielen der kompletten Lieferkette, zuwiderlaufen. Hier steht dann nicht der Kunde im Mittelpunkt der Tätigkeiten, sondern das jeweilige Unternehmen.
- Kommunikationsprobleme: Teilweise werden die gleichen Sachverhalte von den beteiligten Unternehmen unterschiedlich beschrieben oder für den gleichen Sachverhalt unterschiedliche Begriffe verwendet. Dies kann zu Missverständnissen führen, obwohl vielleicht das Gleiche gemeint ist.
- Unterschiedliche Datenverarbeitungssysteme: Unterschiedliche Datenverarbeitungssysteme in den verschiedenen Unternehmen können dazu führen, dass Informationen gar nicht oder nur stockend weitergegeben werden. Der Informationsfluss wird unterbrochen und wichtige Informationen müssen eventuell mündlich weitergegeben werden oder ausgedruckt und dann weitergegeben werden. Dies verursacht zusätzliche Kosten, ist zeitaufwendiger und erhöht auch die Fehleranfälligkeit durch mehrfache Eingabe der Daten.

Voraussetzungen für erfolgreiches Supply Chain Management

Die wichtigste Voraussetzung für ein erfolgreiches Supply Chain Management ist die partnerschaftliche Zusammenarbeit aller Beteiligten und die Festlegung gemeinsamer Ziele und Strukturen. Damit es nicht zu den oben beschriebenen Problemen kommt, bedarf es einer durchgängigen Planung aller Prozesse über alle Abteilungs- und Unternehmensgrenzen hinweg, d. h. einer ganzheitlichen Gestaltung der Wertschöpfungsprozesse. Grundlage hierfür ist vor allem die Transparenz des Informationsflusses und der Abbau von Fehlerquellen und Störpotenzialen an den Schnittstellen der Supply-Chain-Glieder.

10 Industrie 4.0 – Logistik 4.0

Die Logistik steht vor einem Umbruch. Neue Möglichkeiten, die sich durch das Voranschreiten von Industrie 4.0 ergeben, haben auch Auswirkungen auf die Lagerlogistik. Automatisierung, Digitalisierung und Datenintegration eröffnen dabei bisher ungeahnte Chancen zur Optimierung innerbetrieblicher logistischer Prozesse.

10.1 Was ist Industrie 4.0?

Industrie 4.0

Industrie 4.0 beschreibt den Weg zu einer neuen Form der Industrialisierung – der vierten industriellen Revolution.

Die **erste industrielle Revolution** wurde Ende des 18. Jahrhunderts mit der Erfindung der Dampfmaschine eingeleitet. Diese Erfindung ermöglichte den Wandel von traditioneller Handarbeit hin zur mechanischen Produktion. Die **zweite industrielle Revolution** begann gegen Ende des 19. Jahrhunderts mit der Einführung des Fließbands. Das Zeitalter der Massenproduktion wurde eingeleitet. Als **dritte industrielle Revolution** wird die Automatisierung der Produktion bezeichnet, die Mitte der 1970er Jahre durch die verstärkte Nutzung von Elektronik und IT ermöglicht wurde. Computer, Robotik und Automatisierung hielten Einzug in die Fabriken.

Industrielle Revolution

Internet der Dinge
Digitalisierung

Nun steht die **vierte industrielle Revolution** bevor, die geprägt ist durch Digitalisierung und Vernetzung der gesamten Produktion. Durch Software und Elektronik werden Objekte so mit der Umwelt verknüpft, dass sie ihre Funktion völlig autonom, ohne menschliches Eingreifen, ausführen können. Ziel ist eine intelligente, smarte Fabrik. Kern der Fabrik der Zukunft ist die Kommunikation von Maschine zu Maschine sowie zwischen Maschine und Bediener. Durch computergesteuerte und per Internet verknüpfte Prozesse „denken" die Maschinen mit. Die Kommunikation zwischen Menschen, Maschinen und Produkten wird wie in einem sozialen Netzwerk, dem **Internet der Dinge**, gewährleistet. Menschen, Maschinen und Produkte stehen miteinander in einem ständigen Kontakt bzw. Datenaustausch. Die Art des Datenaustausches ist geprägt durch **Digitalisierung**, d. h., der in Echtzeit zur Verfügung stehenden Informationen, auf die von überall und jederzeit zugegriffen werden kann.

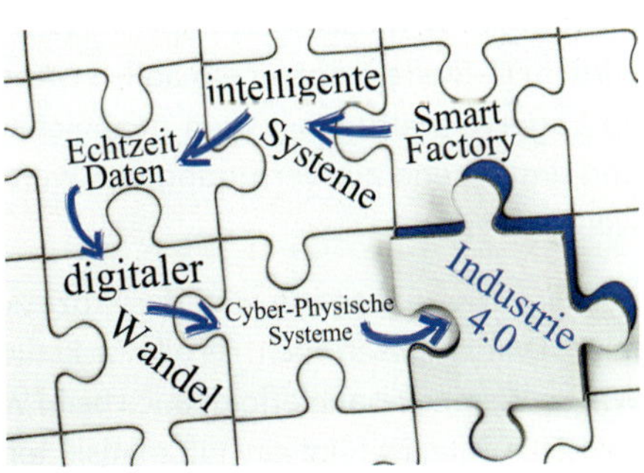

Industrie 4.0

10.2 Was ist Logistik 4.0?

Logistik 4.0

Digitalisierung und Automatisierung machen auch vor der Lagerlogistik nicht halt. Mit neuen Technologien lassen sich z. B. Lieferzuverlässigkeit, Lieferqualität, Lieferfähigkeit und Servicegrad optimieren. Um dies zu erreichen, müssen für die Logistik 4.0 neue Konzepte zur Planung, Steuerung, Kontrolle und Realisierung von Informations- und Materialflüssen erstellt und umgesetzt werden. Innerhalb eines Lagers bestehen vielfältige Möglichkeiten zur Digitalisierung und Automatisierung von Lagerprozessen. Welche Wege und Möglichkeiten es in den einzelnen Lagerbereichen gibt, soll in den folgenden Kapiteln aufgezeigt werden.

10.2.1 Wareneingang und -ausgang

Typische Aufgaben im Wareneingang sind beispielsweise das Entladen, die Wareneingangsprüfung (Abgleich der eingegangenen Waren mit den Lieferpapieren), die Vorbereitung der Einlagerung und die Eingabe der eingegangenen Güter in das Lagerverwaltungssystem. Typische Aufgaben im Warenausgang sind z. B. die Bildung von Lade- und Transporteinheiten sowie die Verladung auf die jeweiligen Transportmittel. Bei all diesen Vorgängen bestehen Möglichkeiten zur Digitalisierung und Automatisierung.

Warenprüfung
Wareneingangserfassung

Zu den zeitaufwendigsten Arbeiten im **Wareneingang** gehören die **Warenprüfung**, d. h. der manuelle Abgleich der gelieferten Waren mit den Lieferscheinen (Erfassen der Barcodes an jedem einzelnen Packstück) und die **Wareneingangserfassung** im Lagerverwaltungssystem. Durch den Einsatz von **RFID-Technologie** können diese Prozesse erheblich beschleunigt und optimiert werden.

RFID-Technologie

Voraussetzung für die Anwendung der **RFID-Technologie** ist, dass jedes Packstück oder jeder Artikel mit einem RFID-Tag ausgestattet ist. Auf den Tags ist eine eindeutig identifizierbare Nummer gespeichert. Es können auch noch weitere Daten, wie z. B. Artikelname, Gewicht oder Lieferant, auf den Tags gespeichert werden. Die Tags, die die Produkte eindeutig identifizieren, werden mit einem RFID-Lesegerät ausgelesen. Die Lesegeräte sind je nach Anforderung stationäre Gates oder einfache Antennen. Für die Erfassung der Lieferung muss aufgrund der Verwendung von RFID-Technologie nur noch die gesamte Lieferung durch das Gate gefahren werden. Durch die Pulkerfasssung werden alle Objekte der Lieferung auf einmal erfasst. Die Gates erkennen auch die Bewegungsrichtung der Lieferung. Dies stellt sicher, dass die Lieferungen die Schleuse in die richtige Richtung bzw. diese überhaupt passiert haben. Für die Überprüfung der Lieferung wird im IT-System sofort ein Soll-Ist-Abgleich durchgeführt und die Daten werden im Lagerverwaltungssystem gespeichert. Sämtliche Daten stehen somit schnell und umfassend zur Verfügung und werden ohne jeglichen Zeitverlust (in Echtzeit) weitergeleitet.

Auch im **Warenausgang** wird der Prozessablauf durch RFID auf ähnliche Weise optimiert. Dafür müssen auch hier alle Packstücke mit einem RFID-Tag ausgestattet werden. Wie im Wareneingang erfolgt auch beim Warenausgang die Erfassung der Ware durch ein RFID-Gate. Es folgt ein automatisierter Soll-Ist-Abgleich und Details der Lieferung, wie u. a. Spediteur und Zeit, werden ins IT-System zurück übermittelt. Ist die Lieferung in Ordnung und vollständig wird sie durch elektronische Unterschrift bestätigt und an den Spediteur übergeben.

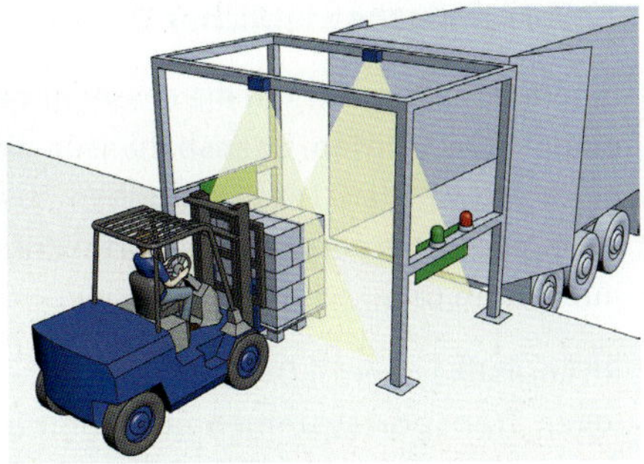

automatische Lkw-Verladesysteme

Pulkerfassung im Wareneingang und Warenausgang mittels RFID-Gate

Der Materialfluss während der **Be- und Entladung von Lkws** lässt sich mittels automatischer **Lkw-Verladesysteme** wesentlich effizienter gestalten. Für die automatische Verladung werden in der Regel zwei ineinandergreifende Module benötigt: Das eine Modul, das sogenannte Trailermodul, ist im Lkw selbst angebracht und das andere Modul, das Dockmodul, an der Rampe. Wenn der Lkw an der Rampe andockt, werden die beiden Module miteinander verbunden und es erfolgt eine Konturenkontrolle des Lkw. Das System weiß nun, welche Ladekapazität zum Beladen zur Verfügung steht oder was und wie viel entladen werden muss. Per Knopfdruck kann dann die automatische Verladung gestartet werden. Für die automatische Verladung können verschiedene Techniken genutzt werden, z. B. Kettenförderer, Rollenförderer, Gurtförderer oder Transportteppichsysteme. Egal, welche Technik genutzt wird, immer müssen sowohl Ladefläche als auch Laderampe mit der entsprechenden Technik ausgestattet sein.

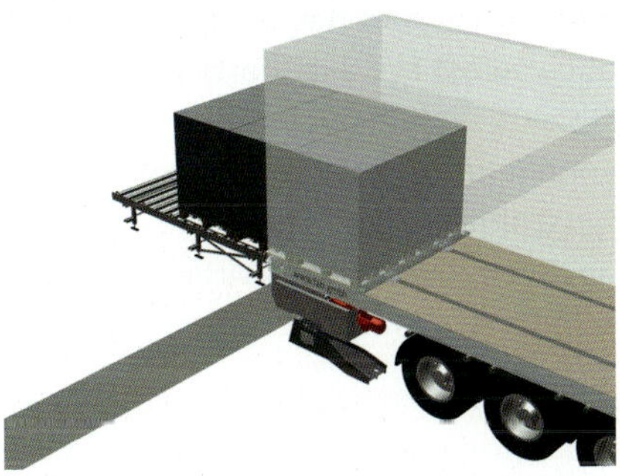

Automatisches Verladesystem

Vorteile	Nachteile
• Verringerung der Verladezeiten (33 Paletten können in einen Sattelzug in weniger als fünf Minuten verladen werden) • Reduzierung der Personalkosten, da die manuelle Staplerverladung entfällt • optimale Ausnutzung des Laderaumes, da dieser im Voraus berechnet wird • weniger Beschädigungen an der Ware, da diese schonender verladen wird • Verringerung der Lkw-Standzeiten und damit einhergehend eine Erhöhung des Güterumschlags, da die Lkws in einer wesentlichen kürzeren Zeit be- und entladen werden können • weniger Rampen notwendig, da die verkürzten Ladezeiten zu einer höheren Produktivität der Rampen führen	• hohe Kosten für Erstinvestition, da sowohl die Fahrzeuge und in aller Regel auch die Rampe selbst umgebaut werden müssen • Verlust an Flexibilität, da es sich um stationäre Systeme handelt und diese Systeme meist nur für standardisierte Palettenmaße geeignet sind

10.2.2 Innerbetrieblicher Transport und Lagerung

In jedem Lager müssen die eingegangenen Waren auf die Lagerfläche verteilt und eingelagert werden. Ebenso müssen die Waren aus dem Lager zum Warenausgang befördert werden. Diese Aufgaben übernehmen derzeit in der Regel die Lagermitarbeiter mittels personengeführter Förderzeuge (z. B. Gabelstapler, Elektro-Gabelhubwagen usw.).

autonome fahrerlose Transportsysteme

Im Logistiksystem 4.0 werden diese Transporte zunehmend von **autonomen fahrerlosen Transportsystemen** übernommen. Die autonom agierenden Fahrzeuge erfassen ihre Umgebung mithilfe von Sensoren (Laserscannern, Infrarotscannern und RFID-Chips) und bewegen sich selbstständig im Lager zu ihren Zielen. Umfangreiche Sicherheitssensoren schützen Menschen, Lasten und Maschinen. Die Fahrzeuge erkennen plötzlich auftauchende Hindernisse wie Personen, andere Fahrzeuge, auf dem Boden liegende Hindernisse oder aus dem Regal herausragende Waren und bremsen entsprechend ab bzw. umfahren das Hindernis. Die Fahrzeuge zeichnen (kartographieren) sich selbstständig ihr Einsatzgebiet. Einmal angelernt, kann das vernetzte Fahrzeug dann z. B. über seine WLAN-Verbindung auch selbst erstellte Karten seiner Umgebung sowie Erfahrungen mit bestimmten Objekten oder Herausforderungen mit neuen „Fahrzeugkollegen" teilen. Dadurch können die Geräte voneinander lernen und somit stetig besser werden. Über Datenschnittstellen können sie außerdem mit Hallentoren oder Rollenbahnen sowie auch mit den betriebswirtschaftlichen Anwendungen, wie etwa einem Warenwirtschaftssystem, kommunizieren. Dadurch stehen alle Daten auch in Echtzeit zur Verfügung.

Die autonomen fahrerlosen Transportsysteme fahren gemäß Auftrag die gewählten Zielorte an und übergeben die Paletten, Boxen usw. automatisch an die definierten Zielstellen. Sollen beispielsweise Paletten in ein Palettenregal eingelagert werden, sorgt die Feinpositionierung der Laserscanner für die exakte Übergabehöhe. Die Laserscanner vermessen in wenigen Millisekunden beim Einlagern die Höhenabstände der Traversen sowie den Leerraum des betreffenden Lagerfaches. Reicht der Platz für die einzulagernde Palette nicht aus, sucht sich das Förderzeug einen anderen Lagerplatz. So können Lagereinrichtungen und Waren vor Beschädigungen geschützt werden.

autonom fahrender Stapler

Vorteile	Nachteile
• Fahrerlose Förderzeuge können ohne Unterbrechung in einen Rund-um-die-Uhr-Betrieb eingebunden werden, der mehrere Arbeitsschichten umfasst. • Materialströme können optimiert werden, da sich die selbststeuernden Fahrzeuge in Bezug auf ihren Fahrweg und ihre Geschwindigkeit perfekt aufeinander abstimmen können. • Aufgrund der millimetergenauen Navigation kommt es zu weniger Beschädigungen an den Lagereinrichtungen, Waren und anderen Fahrzeugen. • Personalkosten können reduziert werden, da der Staplerfahrer nicht mehr benötigt wird.	• hohe Kosten für Erstinvestition • nur geeignet für den Transport von Waren mit standardisierten Abmessungen • eventuell Verlust an Arbeitsplätzen (Wo bleibt der Gabelstaplerfahrer?)

automatisierte Kommissionierfahrzeuge

Im Rahmen von Logistik 4.0 werden zukünftig nicht nur die innerbetrieblichen Transporte zur Ein- und Auslagerung der Waren automatisiert, sondern auch die **Kommissionierung** wird durch **automatisierte Kommissionierfahrzeuge** erleichtert. So gibt es bereits jetzt vollständig autonom fahrende Kommissionierfahrzeuge, die ihrem Bediener „haustierähnlich“ auf Schritt und Tritt durch das Lager folgen und auf Befehl selbstständig die Ware an einer zentralen Abgabestelle abladen, um danach gleich wieder zum Kommissionierer zurückzufahren. Durch eine lasergestützte Umgebungserkennung bewegt sich das Fahrzeug parallel zum Bediener, hält autonom den Mindestsicherheitsabstand von 50 cm zum Regal und erkennt etwaige Hindernisse frühzeitig und weicht diesen aus. Da das Fahrzeug dem Bediener folgt, entfallen das ermüdende Auf- und Absteigen sowie die längeren Laufwege vom Regal zum Fahrzeug. Der Kommissionierer kann sich somit ganz auf seine Arbeit konzentrieren. Dies erhöht die Kommissionierleistung und reduziert Pickfehler.

autonom fahrendes Kommissionierfahrzeug

10.2.3 Inventur und Bestandsmanagement

Drohnen

Jedes Unternehmen muss mindestens einmal pro Jahr eine **Inventur** durchführen. Diese ist in der Regel sehr zeit- und personalintensiv. Um Zeit und Personalkosten zu sparen, könnten zukünftig **Drohnen** die Inventur im Lager übernehmen. Die Drohne, die mit einer Kamera und einem Barcodescanner ausgestattet ist, fliegt die Regale ab, fotografiert jeden einzelnen Palettenstellplatz und erfasst die Barcodes der eingelagerten Waren. Die so gesammelten Informationen werden anschließend an einen Computer übermittelt, an dem sie dokumentiert und jederzeit mithilfe einer Anwendungssoftware abgerufen werden können. Am Bildschirm können die eingelagerten Waren mit dem dazugehörigen Barcode, der Regalposition und einem Foto angezeigt werden. Damit sich die Drohne im Lager zurechtfindet und Hindernisse erkennt, ist sie mit einer speziellen Sensortechnik ausgestattet.

Drohne bei der Inventur

Bestands-management

Ein gut funktionierendes **Bestandsmanagement** ist für alle Unternehmen von großer Bedeutung. Dazu gehören insbesondere die Reduzierung der Lagerbestände bei gleichzeitiger Erhaltung oder Erhöhung des Lieferservice und die damit einhergehende Kundenzufriedenheit. Die genauen Lagerbestände müssen jederzeit verfügbar sein, damit es aufgrund eines zu geringen Lagerbestandes nicht zu Produktions- und/oder Lieferengpässen kommt bzw. aufgrund eines zu hohen Lagerbestandes zu viel Kapital gebunden wird. Einen Lösungsansatz bietet hier die eigenständige Bestandsüberwachung durch **intelligente Ladungsträger**.

intelligente Ladungsträger

Jeder Behälter, jede Palette und jedes Paket wird mit einem digitalen Speicher (z. B. RFID-Tag) und eventuell auch einem Kamerasystem ausgestattet. Die **intelligenten Ladungsträger** überwachen eigenständig ihren Inhalt und lösen selbstständig Alarm aus, wenn z. B. der Mindestbestand erreicht ist und neue Ware beschafft werden muss bzw. bestellen im Bedarfsfall selbst die benötigte Ware über das Warenwirtschaftssystem. Im Idealfall sammeln die Ladungsträger auch Umweltinformationen (z. B. genaue Position, aktuelles Gewicht, Temperatur, Luftfeuchtigkeit oder Erschütterungen) sowie Informationen über die geladene Ware (z. B. Mindesthaltbarkeitsdatum, Ablaufdatum, Produktionsdatum oder Chargennummer). Im Bereich der Lagerlogistik stehen durch intelligente Ladungsträger so jeder Zeit jegliche Informationen über den Ladungsträger und die darin enthaltenen Transportgüter zur Verfügung und auf kritische Situationen kann schneller reagiert werden.

10.2.4 Kommissionierung

verfahrbare Fachbodenregale

Die **Kommissionierung** gilt allgemein als der arbeitsintensivste und kostspieligste Prozess im gesamten Lagersystem. Häufig erfolgt die Kommissionierung manuell nach dem „Mann-zur-Ware-Prinzip". Hier kann die Kommissionierleistung, z. B. durch die Anwendung belegloser Kommissionierverfahren wie **Pick-by-Vision** oder **Pick-by-RFID**, erhöht werden und somit eine Reduzierung der Kommissionierkosten erreicht werden. Optimierungspotenziale durch eine Reduzierung der Weg- und Suchzeiten bieten **verfahrbare Fachbodenregale.** Hierbei werden ganze Regale mittels fahrerloser Tranportfahrzeuge angehoben und zu den Kommissionierarbeitsplätzen gefahren. Der Kommissionierer kann sich dadurch voll und ganz auf den produktiven Teil seiner Arbeit – das Entnehmen und Verpacken der Ware – konzentrieren. Sind die Regale zusätzlich noch mit **Pick-by-Light-Systemen** ausgestattet, können Pickfehler nahezu völlig ausgeschlossen werden.

verfahrbare Fachbodenregale

Kommissionierroboter

In einigen Bereichen kann die Kommissionierung durch den Einsatz **intelligenter Kommissionierroboter** auch ganz ohne den Menschen funktionieren. Der autonom agierende Kommissionierroboter erhält seine Pickaufträge über WLAN vom Warenwirtschaftssystem. Nun kann er mithilfe von 3D-Kameratechnik und einem Sauggreifer quaderförmige Waren, wie z. B. kleinere Kartons oder Bücher, aus dem Regal greifen und im internen Stauraum zwischenlagern und anschließend zur Versandstation bringen. Vorteile des Einsatzes von Kommissionierrobotern sind z. B. der Rund-um-die-Uhr-Betrieb, die hohe Ausfallsicherheit, der Einsatz parallel zum Menschen, das stückgenaue Handling und die reduzierten Lohnkosten.

Kommissionierroboter

Kommissionierautomat

Einen hohen Grad an Automation gibt es bereits in vielen Apotheken, in denen Kommissionierautomaten eingesetzt werden. Der **Kommissionierautomat** transportiert die vom Personal über ein Warenwirtschaftssystem angeforderten Präparate aus dem Lager zu dem bedienenden Mitarbeiter. Während der Automat das Präparat auslagert und über eine Fördertechnik zum Verkaufstisch in die Apotheke transpor-

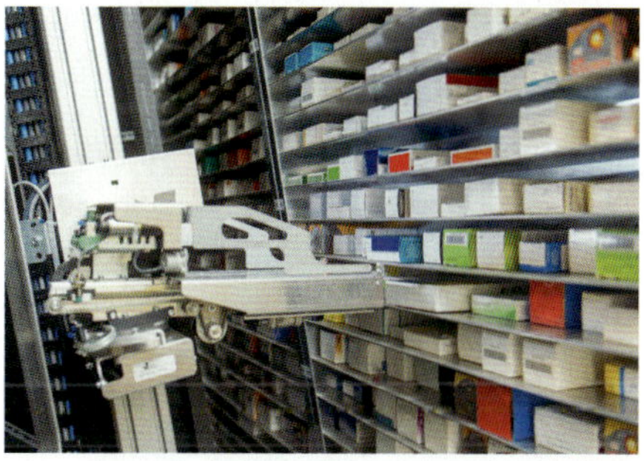

Kommissionierautomat

tiert, bleibt der Mitarbeiter beim Kunden und kann die eingesparte Zeit zum Beraten und für Zusatzverkäufe nutzen. Die Kundenzufriedenheit steigt und die Mitarbeiter werden von Routinearbeiten entlastet. Durch Kommissionierautomaten lässt sich außerdem die Fehlerquote senken, da die einzelnen Waren automatisch mit einem Scanner erfasst werden. Manuelle Handlingfehler werden so vermieden.

10.2.5 Verpackung

Die Verpackung stellt das Bindeglied zwischen Kommissionierung und Warenausgang dar und erlangt aufgrund des wachsenden Online-Handels immer mehr an Bedeutung. Die Anzahl der Paketsendungen nimmt stetig zu und damit steigen die Anforderungen an den Verpacker. Der Verpacker hat verschiedene Probleme zu bewältigen:

1. das Heterogenitätsproblem

Die zu verpackenden Artikel sind in Bezug auf Form, Größe, Beschaffenheit, Empfindlichkeit usw. sehr unterschiedlich.

2. die Zuordnungsproblemantik

Aus der Vielfalt an unterschiedlichen Pack- und Packhilfsmitteln muss der Verpacker die für die Ware optimale Verpackung auswählen. Er muss eine Verpackung wählen, die die Ware optimal schützt, aber dennoch kostengünstig ist.

3. die Volumennutzungsgradproblematik

Aufgrund der Verpackungsvielfalt und den damit verbundenen unterschiedlichen Verpackungsgrößen sind diese nur schlecht kompatibel und die Stapelbarkeit nimmt ab.

rechnergestütze Verpackungsprozesse

Optimierungsmöglichkeiten könnten hier **rechnergestützte Verpackungsprozesse** bieten. Hierbei werden zunächst alle Artikel mit Barcode, Form, Größe, Gewicht usw. im Rechner gespeichert. Ebenso werden die zur Verfügung stehenden Verpackungsmaterialien gespeichert. Der Verpacker wird im Verpackungsprozess z. B. visuell durch eine **Datenbrille** unterstützt („Pack-by-Vision" - Augmented reality in der Verpackung). Zu Beginn des Verpackungsprozesses scannt der Verpacker jeden Artikel mit der Kamera an der Datenbrille. Dadurch wird zum einen sichergestellt, dass der richtige Artikel verpackt wird. Wurde ein falscher Artikel kommissioniert, erfolgt über die Datenbrille die Darstellung einer Fehlermeldung im Sichtfeld des Benutzers. Zum anderen wird dem Artikel über die Datenbrille das optimale Verpackungsmaterial zugeordnet und im Sichtfeld des Benutzers angezeigt. Der Verpacker weiß so, welche Kartongröße und welches Packhilfsmittel er benutzen soll. Außerdem zeigt die Datenbrille ihm über eine Kamera die genaue Position der Artikel innerhalb des Kartons, um den Volumennutzungsgrad zu optimieren.

Blick durch die Datenbrille in eine Schachtel

Aufgrund des wachsenden Online-Handels und der damit zunehmenden Anzahl an Paketsendungen steigt auch die körperliche Belastung für den Verpacker. Um diese zu verringern, können Roboter eingesetzt werden, die den Verpacker bei seiner Arbeit unterstützen. So kann die Palettierung zukünftig beispielsweise von einem **Palettierroboter** durchgeführt werden. Dieser belädt und entlädt Paletten vollautomatisch nach einem durch einen Computer vorher errechneten optimalen Packmuster.

Palettierroboter

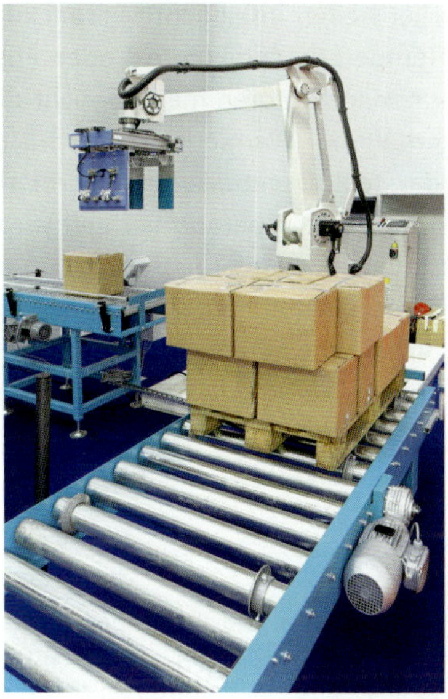

Palettierroboter

10.2.6 Versand

Die Zahl der Onlinebestellungen steigt. Der Kunde möchte seine Lieferung möglichst schnell, am besten noch am selben Tag. Dies erfordert präzise logistische und intralogistische Prozesse, die auf den Punkt ineinandergreifen. Dies ist ohne Innovation und Digitalisierung nicht möglich. Dazu zählen z. B.:

- Einsatz der RFID-Technologie zur Sendungsverfolgung
- Sensorik (Indikatoren) zur Überwachung der Lieferkette
- selbstfahrende Lkws
- Drohnen

Einsatz der RFID-Technologie zur Sendungsverfolgung

Die Aufgabe von Logistikunternehmen ist es, dafür zu sorgen, dass bestimmte Waren zu einer bestimmten Zeit an einem bestimmten Ort sind. Hierfür benötigt man einen umfassenden und vor allen Dingen exakten Überblick über den zu betreuenden Warenbestand. Eine Lösungsmöglichkeit bieten hier moderne RFID-Technologien. Die Pakete, Paletten oder Container werden mit RFID-Tags ausgestattet. Die Transponder senden ihre Daten ständig aus. Sobald sie in Reichweite eines Empfängers kommen, werden die Daten von diesem gelesen und erfasst. Wenn der Transportweg mit ausreichend RFID-Empfängern ausgestattet ist, ist das Packstück somit ständig sichtbar und eine nahezu **lückenlose Sendungsverfolgung** möglich. Der Weg der Ware zum Kunden kann so kontrolliert werden und es kann auch festgestellt werden, wo Packstücke verloren gehen.

Sendungsverfolgung mit RFID

Sensorik (Indikatoren) zur Überwachung der Lieferkette

Eine weitere Aufgabe der Logistik ist es, dass die Waren in einer bestimmten Qualität den Kunden erreichen.

intelligente Verpackungen

Hier helfen **intelligente Verpackungen**. Dies sind Verpackungen, die z. B. mit Zeit-Temperatur-Indikatoren oder Frische-Indikatoren ausgestattet sind. Zeit-Temperatur-Indikatoren messen nicht die jeweilige Temperatur, sondern die über die Zeit erhaltene „Wärmedosis", die für das Bakterienwachstum die entscheidende Größe darstellt. Der Indikator verfärbt sich umso stärker, je weiter die ideale Lager- bzw. Transporttemperatur verfehlt wird. Frische-Indikatoren sind Bestandteil der Verpackungsinnenseite und reagieren auf Stoffwechselprodukte, die beim Lebensmittelverderb entstehen: Kohlendioxid, Schwefeldioxid, Ammoniak, Alkohol, Giftstoffe oder organische Säuren. Ab einer bestimmten Menge der Stoffwechselprodukte verändert sich die Farbe des Indikators und macht auf den Verderb aufmerksam. Somit helfen die mit Indikatoren versehenen „intelligenten Verpackungen" bei der Überwachung der Lieferkette.

Selbstfahrende Lkws

selbstfahrende Lkws

Bis zum Jahr 2030 soll der Lkw-Verkehr allein in Deutschland um knapp 40 Prozent zunehmen. Demgegenüber steht der Fachkräftemangel in der Branche. Um diese Mehrbelastung leisten zu können, werden bereits jetzt **selbstfahrende Lkws** gebaut und auch schon auf deutschen Straßen getestet. Die Lkws verfügen über Radargeräte, die die nähere und weitere Umgebung des Lastkraftwagens analysieren, sowie Kameras, Sensoren und Projektoren zur Erkennung von Oberflächen. Wünschenswert ist, dass die Lkws untereinander und mit ihrer Einsatzzentrale aber auch mit der Infrastruktur vernetzt sind. Dies steigert die Effizienz. Wartezeiten im Stau oder bei der Beladung und Leerfahrten können so vermieden werden. Waren können schneller und effizienter an ihr Ziel gebracht werden.

Drohnen

Logistikdrohne

Logistikunternehmen stehen immer wieder vor der Herausforderung, dass z. B. dringend benötigte Ersatzteile oder Medikamente auf schnellstem Wege zum Kunden gebracht werden müssen - dies auch bei Stau auf den Autobahnen und in den Innenstädten sowie bei Nebel oder sonstigen widrigen Witterungsverhältnissen. Hier bietet sich der Einsatz der **Logistikdrohne** an. Einige Logistikunternehmen wie DHL, UPS, Deutsche Post und Amazon haben den Einsatz der Logistikdrohne bereits im Nahverkehr getestet. Die Funktionsweise war in allen Fällen ähnlich: Die Drohne nimmt das Paket auf, steigt in die Luft und fliegt direkt zu einem vorgegeben Zielort, wo sie das Paket abliefert. Hinter diesem Prinzip stecken zahlreiche Sensoren, Kameras und Radarsysteme, die für einen zielgerichteten und sicheren Transport sorgen. Sie berechnen die Flugroute automatisch und nehmen flugrelevante Daten, wie das Wetter und die Umgebung, auf.

Der Einsatz von Logistikdrohnen bei der Paketzustellung hat neben Vorteilen aber auch Nachteile. Nachfolgend sind nur einige dieser Vor- und Nachteile genannt.

Vorteile	Nachteile
• Lieferzeiten können reduziert werden. • Personalkosten können reduziert werden. • Drohnen erreichen schwer zugängliche Orte problemlos. • Drohnen entlasten die herkömmlichen Transportwege. • Drohnen fliegen ohne Benzin, das schont die Umwelt.	• Der Einsatz ist bislang nur auf kurzen Strecken möglich. • Drohnen können bislang nur Waren mit einem Gewicht von maximal 2,5 kg transportieren. • Es ist erforderlich, den Luftraum für Drohnenflüge streng zu regeln und zu kontrollieren. • Drohnen sind eine Gefahr für Insekten und Zugvögel.

Paketzustellung mit Logistikdrohnen

10.3 Was bedeutet Logistik 4.0 für die Mitarbeiter?

Die Logistik 4.0 wird die Arbeitswelt verändern. Zukünftige Jobs in der Branche werden sich von den heutigen Tätigkeitsfeldern deutlich unterscheiden. Wie werden sie aussehen?

Durch die Entwicklungen der Logistik 4.0 ergibt sich eine neue Aufgabenteilung zwischen Mensch und Maschine. Autonom agierende Anlagen und Maschinen werden dem Menschen immer mehr standardisierte und körperlich anstrengende Arbeiten abnehmen. Der Mitarbeiter im Lager wird immer mehr kontrollierende und steuernde Funktionen übernehmen. Er muss über ein übergreifendes Prozesswissen verfügen. Dies beinhaltet das Wissen über die Funktionsweise der eingesetzten Anlagen und Maschinen, die Fähigkeit zur effizienten Problemlösung und Störungsdiagnose und -behebung sowie das Verständnis über die digital ablaufenden Informationsprozesse.

Pessimisten glauben, dass die Automatisierung den Menschen ersetzen wird. So wird es ihrer Meinung nach den Beruf des Staplerfahrers schon bald nicht mehr geben, da seine Aufgaben zunehmend von fahrerlosen Transportsystemen übernommen werden.

Optimisten hingegen meinen, dass auch die neuen Techniken nicht ohne den Menschen auskommen. Die Arbeit wird sich jedoch grundlegend wandeln. Es könnten neue Berufe entstehen, z. B. „Robotorkoordinatoren“, die den Einsatz der Maschinen planen und koordinieren, „Lkw-Führer“, die sich mit der Koordination von Transporten beschäftigen oder „Drohnen-Piloten“.

„Drohnen-Pilot“

„Roboterkoordinator“

Lernfeld 11
Güter beschaffen

Güter beschaffen

- **Zahlungsarten**
  - Barzahlung
  - Halbbare Zahlung
  - Bargeldlose Zahlung
  - Kartenzahlungssysteme

- **Markt und Preis**
  - Markt und Marktformen
  - Angebot und Nachfrage
  - Preisbildung

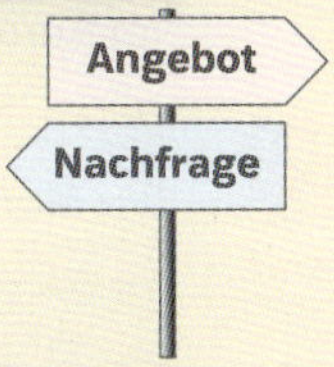

- **Organisation der Beschaffung**
  - Externe Beschaffungsorganisation
  - Interne Beschaffungsorganisation
  - Ablauf der Beschaffung

- **Kaufvertrag**
  - Abschluss und rechtliche Wirkung
  - Nichtigkeit und Anfechtbarkeit
  - Kaufvertragsarten
  - Inhalte des Kaufvertrags
  - Kaufvertragsstörung – Zahlungsverzug

- **Bedarfsplanung**
  - Verfahren der Bedarfsplanung
  - Beschaffungskonzepte
  - XYZ-Analyse

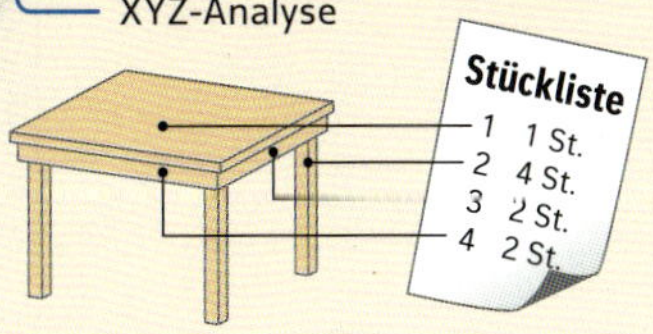

- **Beschaffung**
  - Bezugsquellenermittlung
  - Anfrage
  - Angebot
  - Incoterms®
  - Angebotsvergleich
  - Bestellung und Bestellungsannahme

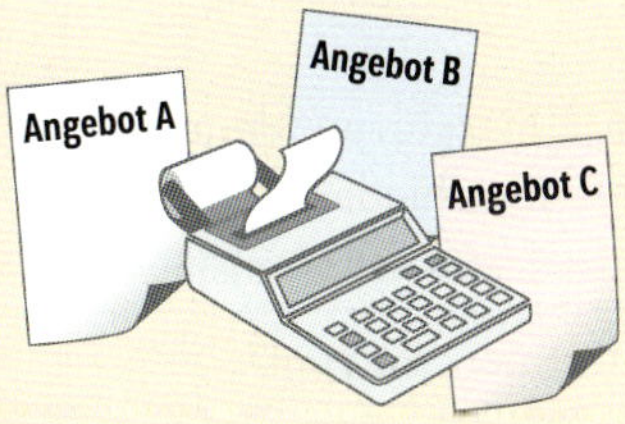

- **Zeit- und Mengenplanung**
  - Bestellverfahren
  - Optimale Bestellmenge

1 Markt und Preis

Nachfrager und Anbieter

Auf einem **Markt** treffen **Angebot** und **Nachfrage** aufeinander: Auf der einen Seite befinden sich die möglichen **Käufer** (**Nachfrager**), die die Nachfrage nach einem bestimmten Gut (z. B. Milch) bestimmen. Auf der anderen Seite sind die **Verkäufer** (**Anbieter**), die das Angebot an Gütern bestimmen.

1.1 Markt und Marktformen

Markt
market

Ein Markt bildet sich immer dann, wenn Angebot und Nachfrage nach einem Gut zusammentreffen. Das kann auf dem Marktplatz sein, im Supermarkt, am Telefon, im Büro, in einem Versteigerungsraum oder im Internet.

[?!]
Markt

> *Markt = Ort des Zusammentreffens von Angebot und Nachfrage*

Gewinnmaximierung, Nutzenmaximierung und Marktpreis

Die **Marktteilnehmer, Anbieter und Nachfrager**, verfolgen unterschiedliche Interessen. Während die Anbieter möglichst viele Güter zu einem möglichst hohen Preis verkaufen möchten, um so einen möglichst hohen Gewinn zu erzielen (Gewinnmaximierungsprinzip), streben die Nachfrager genau das Gegenteil an. Sie wollen möglichst niedrige Preise bezahlen, damit sie mit ihrem Einkommen möglichst viele Güter kaufen können (Nutzenmaximierungsprinzip). Der Ausgleich dieser gegensätzlichen Interessen erfolgt über den Marktpreis. Er ergibt sich als Kompromiss aus den Preisvorstellungen der Anbieter und Nachfrager.

Einteilung der Märkte

Je nachdem, von welchem Gesichtspunkt aus man die Märkte betrachtet, kann man verschiedene Einteilungen der Märkte vornehmen:

Einteilung der Märkte

Unterscheidungskriterium	Markttyp
Art der gehandelten Sachgüter und Leistungen	z. B. Warenmarkt, Grundstücksmarkt, Kreditmarkt und Arbeitsmarkt
Umfang der Marktzutrittsmöglichkeit	• offene Märkte (= Märkte mit unbeschränktem Zutritt für jedermann) • geschlossene Märkte (= Märkte, zu denen nicht jedermann Zutritt hat)
Einheitlichkeit bzw. Uneinheitlichkeit der Marktpreisbildung	• vollkommene Märkte (= Märkte, auf denen es für ein bestimmtes Gut nur einen einheitlichen Preis geben kann) • unvollkommene Märkte (= Märkte, auf denen es für ein bestimmtes Gut unterschiedliche Preise gibt)
Anzahl der Anbieter und Nachfrager nach einem Gut	drei grundsätzliche Marktformen: Polypol, Oligopol und Monopol

485098

Marktformen

Das Verhalten der Marktteilnehmer auf einem Markt hängt entscheidend davon ab, wie viele Anbieter und Nachfrager es für ein Gut gibt.

Polypol

Bei der Marktform des **Polypols** stehen **viele Nachfrager vielen Anbietern** gegenüber. Es besteht somit ein echtes Konkurrenzverhältnis. Man bezeichnet diesen Zustand auch als „vollständige Konkurrenz“, da keiner der Marktteilnehmer groß genug ist, um den Marktpreis zu beeinflussen. Ein Beispiel hierfür ist der Lebensmittelmarkt.

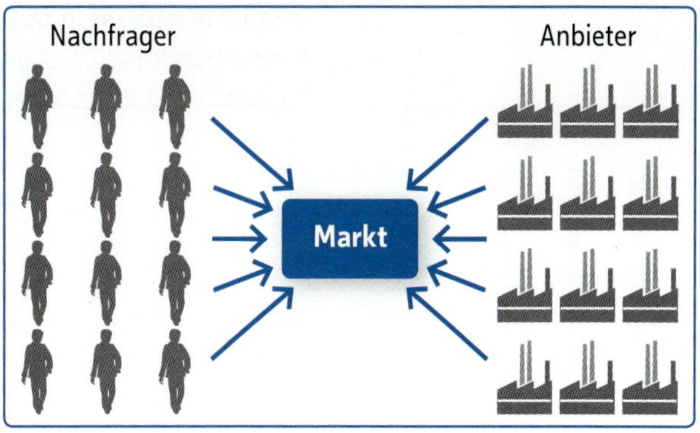

Polypol: viele Nachfrager und viele Anbieter

Oligopol

Angebotsoligopol und Nachfrageoligopol

Bei dieser Marktform können zwei Arten unterschieden werden, das Angebotsoligopol und das Nachfrageoligopol.

- Beim **Angebotsoligopol** stehen **wenige Anbieter vielen Nachfragern** gegenüber. Die gesamte Marktmacht liegt bei wenigen Anbietern, die sich auf dem überschaubaren Markt in ihrem Marktverhalten gegenseitig beobachten und stark beeinflussen können. Senkt oder erhöht z. B. ein Anbieter seine Preise, so werden die anderen Oligopolisten ebenfalls entsprechend reagieren. Beispiele hierfür sind der Automarkt und der Benzinmarkt.
- Beim **Nachfrageoligopol** stehen **wenige Nachfrager vielen Anbietern** gegenüber. Beispiel hierfür sind die wenigen Molkereien, denen viele Landwirte als Anbieter gegenüberstehen.

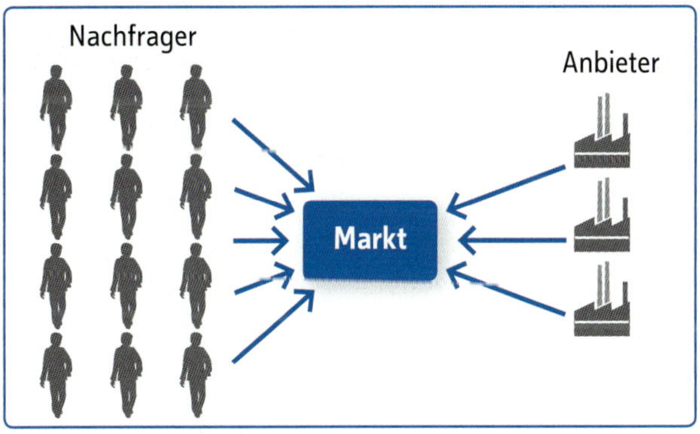

Angebotsoligopol: viele Nachfrager und wenige Anbieter

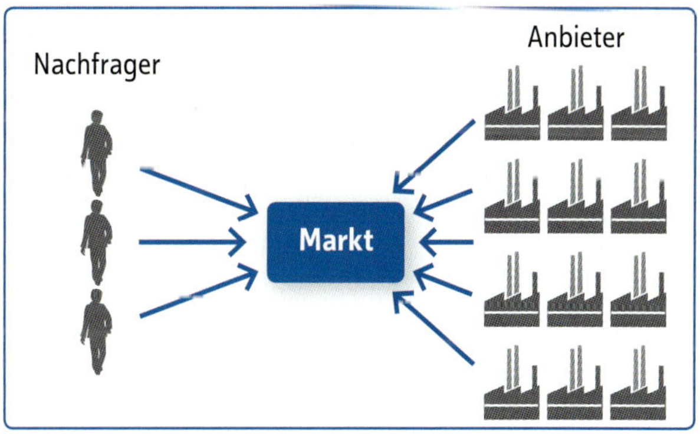

Nachfrageoligopol: wenige Nachfrager und viele Anbieter

Monopol

Angebotsmonopol und Nachfragemonopol

Bei dieser Marktform gibt es nur **einen Anbieter oder einen Nachfrager**. Der Monopolist kann somit allein über die Höhe der Preise entscheiden, da er alleiniger Anbieter oder Nachfrager einer Ware ist. Es besteht kein Wettbewerb. Es können auch hier wieder zwei Arten unterschieden werden, das **Angebotsmonopol** und das **Nachfragemonopol**.

- Beim **Angebotsmonopol** steht **ein Anbieter vielen Nachfragern** gegenüber. Beispiele hierfür sind die Wasserwerke oder die Deutsche Post im Briefverkehr.
- Beim **Nachfragemonopol** steht **ein Nachfrager vielen Anbietern** gegenüber: Beispiel hierfür ist in Deutschland die Bundeswehr als einziger Nachfrager für Rüstungsgüter.

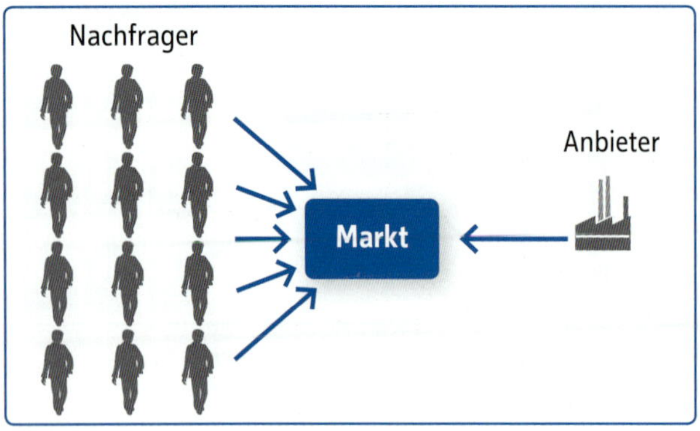

Angebotsmonopol: viele Nachfrager und ein Anbieter

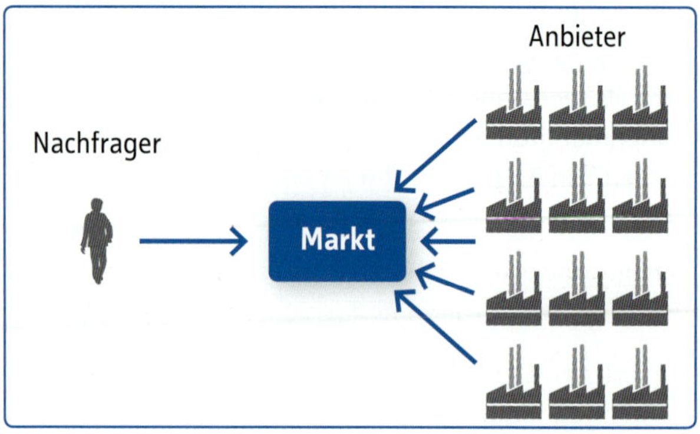

Nachfragemonopol: ein Nachfrager und viele Anbieter

1.2 Angebot und Nachfrage

Angebot und Nachfrage
supply and demand

Angebot und Nachfrage beschreiben das Verhalten der Menschen auf Märkten. Die Kombination aus Angebot und Nachfrage legt den Preis und die Menge gekaufter Produkte bzw. Güter fest.

Nachfrage

Einflussfaktoren der Nachfrage

Mit der Nachfrage nach einem Gut oder einer Dienstleistung drückt der Käufer seinen Wunsch aus, das Gut oder die Dienstleistung zu erwerben. Hierbei muss er entscheiden, welche Güter er in welcher Menge mit dem verfügbaren Einkommen kaufen will. Das Verhalten der Nachfrager wird dabei von verschiedenen Einflussfaktoren bestimmt. Dazu zählen beispielsweise:

- der Preis des Gutes
- die Preise anderer (konkurrierender) Güter, d. h. solcher Güter, die sich gegenseitig in ihrer Nutzenanwendung ersetzen
- das verfügbare Einkommen, das dem Nachfrager zum Kauf zur Verfügung steht
- die Bedarfsstruktur, die individuell von Haushalt zu Haushalt sehr verschieden sein kann (ein Rentner wird andere Güter nachfragen als ein Teenager)

Gesetz der Nachfrage

Grundsätzlich wird davon ausgegangen, dass der Haushalt seine Nachfrage nach dem Preis eines bestimmten Gutes oder einer Dienstleistung ausrichtet. Dies bedeutet, dass im Normalfall die Nachfrage zurückgeht, wenn der Preis steigt bzw. die Nachfrage zunimmt, wenn der Preis sinkt. Diese Erscheinung bezeichnet man als das „Gesetz der Nachfrage".

Nachfragekurve

Das Verhalten eines Haushalts kann man in einer Nachfragekurve grafisch darstellen. Sie bringt zum Ausdruck, welche Mengen eines Gutes zu einem bestimmten Preis am Markt nachgefragt werden.

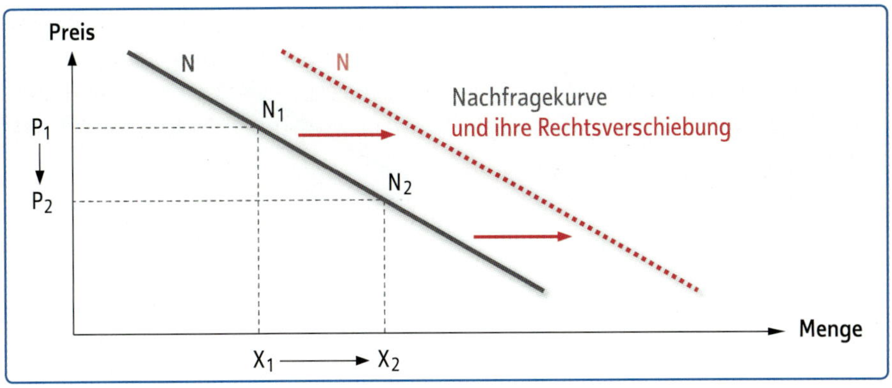

Nachfragekurve

Die normale Nachfragekurve zeigt einen fallenden Verlauf, d. h., je höher der Preis des Gutes, umso geringer ist die Nachfrage nach diesem Gut und umgekehrt.

Ändert sich der Preis des nachgefragten Gutes unter sonst gleichbleibenden Bedingungen, findet eine Bewegung auf der Nachfragekurve von N_1 zu N_2 statt, d. h., die nachgefragte Menge wird bei sinkendem Preis größer. In allen anderen Fällen verschiebt sich die Nachfragekurve nach rechts oder links.

Verschiebung der Nachfragekurve

Eine Rechtsverschiebung der Kurve findet z. B. statt,
- wenn der Preis für ein substitutives Gut steigt,
- wenn der Preis für ein komplementäres Gut sinkt,
- wenn das verfügbare Einkommen steigt.

Eine Linksverschiebung findet in den umgekehrten Fällen statt.

Angebot

Unter „Angebot" versteht man im volkswirtschaftlichen Sinne die Menge an Gütern oder Dienstleistungen, die auf einem Markt zum Verkauf oder Tausch angeboten wird.

Einflussfaktoren des Angebots

Das Verhalten der Anbieter wird dabei von verschiedenen Einflussfaktoren bestimmt. Dazu zählen beispielsweise:
- der am Markt erzielbare Preis
- der Preis anderer konkurrierender Güter (Preise der Konkurrenz)
- die Kosten für die benötigten Produktionsfaktoren zur Produktion des Gutes
- der technische Fortschritt
- die Gewinnerwartung

Gesetz des Angebots

Die wichtigste Bestimmungsgröße für die Angebotsmenge eines Unternehmens ist der Preis. Die Unternehmer werden bei steigenden Preisen normalerweise eine größere Menge des Gutes anbieten, weil sie bestrebt sind, ihren Gewinn zu maximieren. Dagegen werden sie bei sinkenden Preisen unter sonst unveränderten Bedingungen eine geringere Menge anbieten. Diese Erscheinung bezeichnet man als das „Gesetz des Angebots".

Angebotskurve

Das Verhalten eines Unternehmens kann man in einer Angebotskurve grafisch darstellen. Sie bringt zum Ausdruck, welche Mengen eines Gutes zu einem bestimmten Preis am Markt angeboten werden.

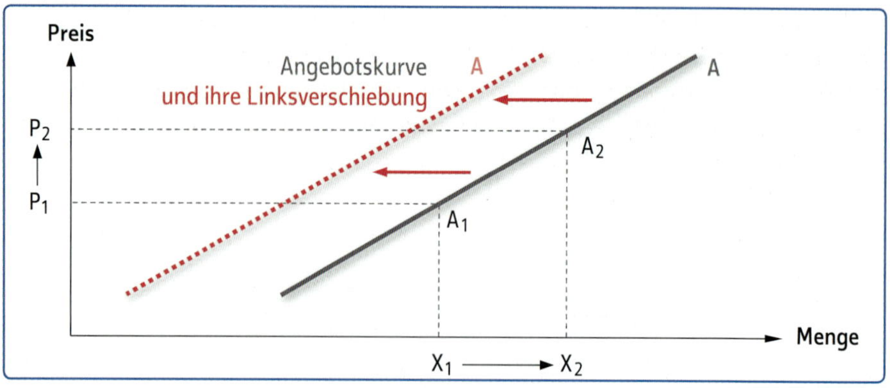

Angebotskurve

Die normale Angebotskurve zeigt einen steigenden Verlauf, d. h., je höher der Preis des Gutes, umso größer ist das Angebot und umgekehrt.

Ändert sich der Preis des angebotenen Gutes unter sonst gleichbleibenden Bedingungen, findet eine Bewegung auf der Angebotskurve von A_1 zu A_2 statt, d. h., die angebotene Menge wird bei steigendem Preis größer. In allen anderen Fällen verschiebt sich die Angebotskurve nach links oder rechts.

Verschiebung der Angebotskurve

Eine Linksverschiebung der Kurve findet z. B. statt,
- wenn die Preise der Produktionsfaktoren steigen,
- wenn die Gewinnerwartungen sinken,
- wenn der Stand im Bereich des technischen Wissens veraltet ist.

Eine Rechtsverschiebung findet in den umgekehrten Fällen statt.

1.3 Preisbildung

Vollkommener Markt

Die Preisbildung auf einem Markt ist äußerst komplex und von vielen Einflussgrößen, z. B. Kaufkraft der Nachfrager und Anzahl der Konkurrenten, abhängig. Um eindeutige Aussagen bei der Preisbildung machen zu können, hat man in der Volkswirtschaftstheorie Modelle entwickelt, die die komplexe Realität auf die wesentlichen Aspekte reduzieren. So ein theoretisches Denkmodell ist auch das Modell vom „vollkommenen Markt".

Prämissen eines vollkommenen Marktes

Für das Vorliegen eines vollkommenen Marktes geht man von folgenden Prämissen (Annahmen) aus:
- Es bestehen keine Präferenzen. Auf dem Markt werden nur homogene Güter angeboten, d. h., die Güter sind alle gleich.
- Alle Marktteilnehmer streben Nutzen- bzw. Gewinnmaximierung an.
- Es herrscht völlige Markttransparenz, d. h., die Marktteilnehmer (Anbieter und Nachfrager) sind über das gesamte Marktgeschehen informiert.
- Anbieter und Nachfrager reagieren ohne Verzögerung auf Änderungen der Marktverhältnisse.

Gleichgewichtspreis

Marktgleichgewicht

Bislang wurden Nachfrage und Angebot für einen einzelnen Marktteilnehmer untersucht und das Verhalten bei Preisveränderungen getrennt dargestellt. Auf dem Markt gibt es aber eine Vielzahl von Nachfragern und Anbietern. Daher addiert man alle individuellen Nachfragekurven zur Marktnachfragekurve und alle individuellen Angebotskurven zur Marktangebotskurve. Der Schnittpunkt von Marktangebotskurve (A) und Marktnachfragekurve (N) stellt das Marktgleichgewicht dar. Beim dazugehörigen Gleichgewichtspreis P_{GG} stimmt die nachgefragte Menge mit der angebotenen Menge überein: X_{GG}.

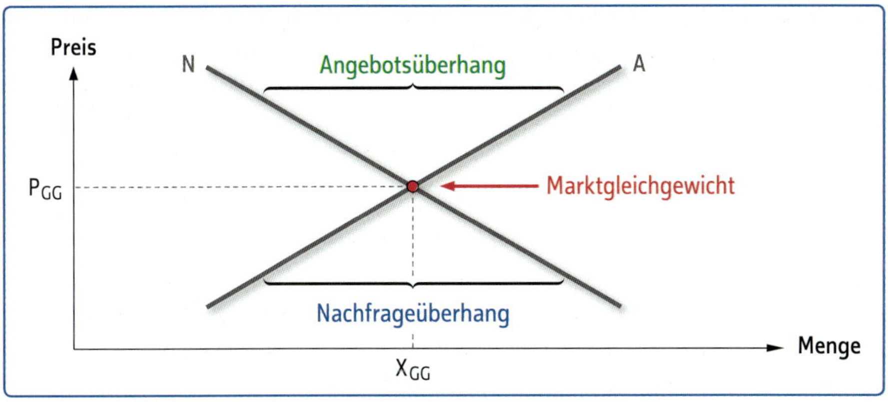

Gleichgewichtspreis und Marktgleichgewicht

Angebotsüberhang: Käufermarkt

Liegt der Preis eines Gutes über dem Gleichgewichtspreis, so entsteht ein Angebotsüberhang, der zu Konkurrenz der Anbieter untereinander führt. Daraus ergeben sich Preissenkungen, die bewirken, dass sich das Marktgleichgewicht wieder einpendelt. Da der Käufer sich hier in der stärkeren Position befindet, spricht man hier auch von einem „Käufermarkt".

Nachfrageüberhang: Verkäufermarkt

Liegt der Preis eines Gutes unter dem Gleichgewichtspreis, so entsteht ein Nachfrageüberhang. Es entsteht eine Konkurrenzsituation unter den Nachfragern, die zu steigenden Preisen führt. Durch die steigenden Preise werden neue Anbieter angelockt und die alten Anbieter werden ihr Angebot so lange erweitern, bis das Marktgleichgewicht erreicht ist. Da sich hier der Verkäufer in der stärkeren Position befindet, spricht man hier auch von einem „Verkäufermarkt".

2 Organisation der Beschaffung

Beschaffung
purchasing

Die Beschaffung zählt wie die Produktion, der Absatz und die Logistik zu den Kernfunktionen des Unternehmens. Man versteht darunter alle Maßnahmen zur Versorgung des Unternehmens mit jenen Produktionsfaktoren, die vom Unternehmen nicht selbst erstellt werden können. Objekte der Beschaffung sind z. B. Roh-, Hilfs- und Betriebsstoffe, Handelswaren, Ersatzteile und Betriebsmittel.

Ziele der Beschaffung

Ziel der Beschaffung ist die Versorgung der Bedarfsträger mit ...
- den richtigen Gütern und Dienstleistungen
- in der richtigen Art, Menge und Qualität
- zur richtigen Zeit
- am richtigen Ort
- zu möglichst geringen Kosten

Dabei wird zwischen der äußeren Organisation der Beziehungen zu Lieferanten und der unternehmensinternen Organisation der Beschaffung unterschieden.

2.1 Externe Beschaffungsorganisation

Die externe Beschaffungsorganisation betrifft die Organisation der Außenbeziehungen eines Unternehmens im Bereich der Beschaffung, also die Beziehungen zu den Lieferanten. Hierbei können drei Formen unterschieden werden: die zentrale Beschaffung, die dezentrale Beschaffung und die Kombination aus zentraler und dezentraler Beschaffung.

Zentrale Beschaffung

Für mehrere Filialen, Werke oder auch Produktionsabteilungen eines Unternehmens gibt es nur eine zentrale Beschaffungsabteilung.

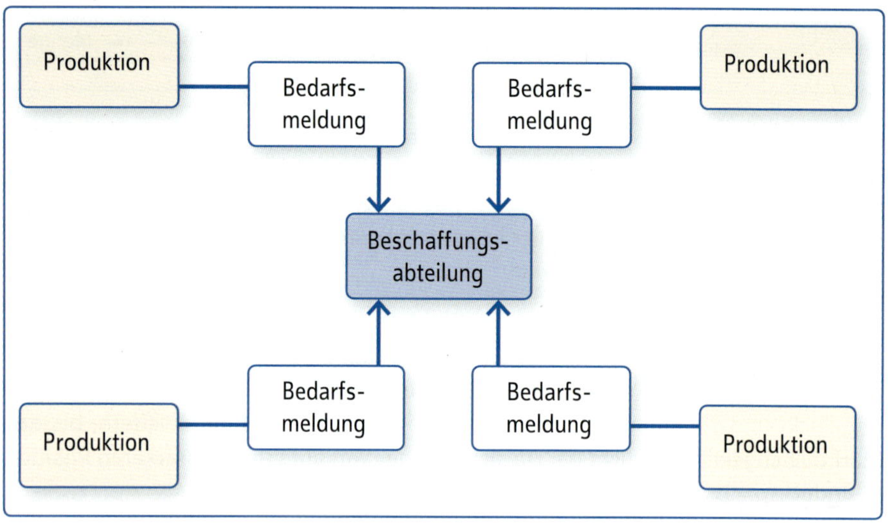

Zentrale Beschaffungsorganisation

Die zentrale Beschaffung hat sowohl Vorteile als auch Nachteile:

Vorteile	Nachteile
• Wegen größerer Einkaufsmengen können günstigere Preise (z. B. durch Mengenrabatte) und bessere Lieferbedingungen erzielt werden. • Der Gesamtbedarf ist besser überschaubar, da alle Bedarfsmeldungen über die zentrale Beschaffungsabteilung laufen. • Eine Materialvereinheitlichung in Bezug auf Normung und Typung ist leichter möglich. • Eine Reduzierung der Personalkosten ist möglich, da sich die Beschaffung auf wenige, aber qualifizierte Mitarbeiter stützt, die über sehr gute Informationen über den jeweiligen Beschaffungsmarkt verfügen.	• Die verlängerten Informationswege und der größere Verwaltungsaufwand führen zu einer stärkeren Bürokratisierung der Beschaffung. • Die längeren Informationswege und die langsamere Informationsübermittlung führen zu einer geringeren Flexibilität bei Bedarfsänderungen oder Fehlbeständen. • Die Kommunikationskosten sind relativ hoch. • Der direkte Kontakt zwischen Lieferant und den einzelnen Bedarfsträgern geht weitgehend verloren.

Dezentrale Beschaffung

Jede Filiale, jedes Werk oder auch jede Produktionsabteilung eines Unternehmens hat eine eigene Beschaffungsabteilung.

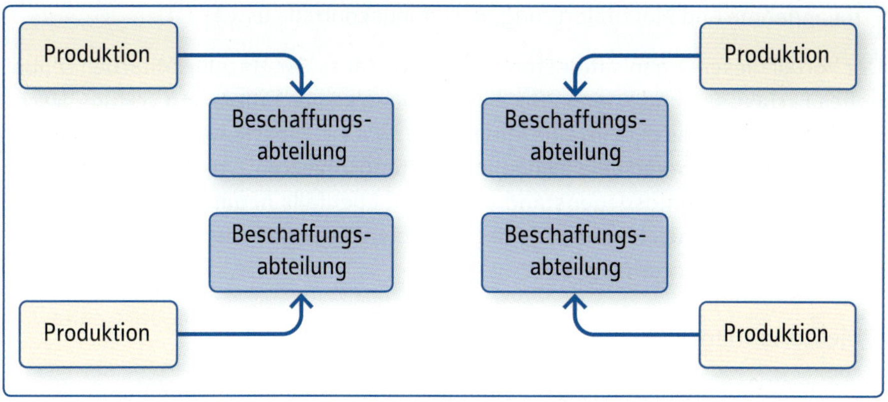

Dezentrale Beschaffungsorganisation

Vor- und Nachteile der dezentralen Beschaffung

Aus den Nachteilen der zentralen Beschaffung ergeben sich die Vorteile der dezentralen Beschaffung. Sie liegen vor allem in der schnellen und flexiblen Abwicklung der Beschaffung und dem direkten Kontakt zu den Lieferanten.

Aus den Vorteilen der zentralen Beschaffung ergeben sich demzufolge auch weitgehend die Nachteile der dezentralen Beschaffung. Der Hauptnachteil liegt in den höheren Beschaffungskosten (höhere Preise, höhere Transportkosten und höhere Verwaltungskosten).

Kombination aus zentraler und dezentraler Beschaffung

Viele Unternehmen entscheiden sich für ein Mischsystem aus zentraler und dezentraler Beschaffung. Hierbei werden mengenmäßig bedeutsame und wertvolle Güter zentral beschafft, um z. B. entsprechende Preisvorteile nutzen zu können. Kleinteile und geringwertige Güter hingegen werden dezentral beschafft, zum einen, weil die Preise hier nicht stark ins Gewicht fallen, und zum anderen, um die Beschaffungszeit zu verkürzen und flexibler zu gestalten.

2.2 Interne Beschaffungsorganisation

Bei der internen Beschaffungsorganisation geht es um die Gestaltung der Arbeitsprozesse innerhalb der Beschaffungsabteilung. Zu unterscheiden sind hier die funktionsorientierte und die objektorientierte Organisation.

Funktionsorientierte Organisation

Bei der funktionsorientierten Organisation werden die Beschaffungsabteilungen nach den Aufgaben (Tätigkeiten bzw. Funktionen), die bei der Beschaffung von Gütern zu erledigen sind, untergliedert. So beschäftigt sich beispielsweise

- Abteilung 1 mit der Bestellanbahnung (Beschaffungsmarktforschung, Bedarfsermittlung, Mengen- und Zeitplanung usw.),

- Abteilung 2 mit der Bestelldurchführung (Ermittlung von Bezugsquellen, Einholung von Angeboten, Durchführung von Angebotsvergleichen, Bestellung der benötigten Materialien usw.) und
- Abteilung 3 mit der Bestellüberwachung (Überwachung der Liefertermine, Materialannahme und Materialprüfung, Rechnungskontrolle usw.).

Vor- und Nachteile der funktionsorientierten Organisation

Der Vorteil dieser Organisationsform liegt darin, dass der einzelne Mitarbeiter über hohes Fachwissen und Können für die Ausübung seiner Tätigkeiten verfügt. Nachteilig ist jedoch, dass der einzelne Mitarbeiter zwar ein Experte für seine Tätigkeit ist, jedoch – bei sehr unterschiedlichen Beschaffungsobjekten – nicht auch Spezialist für jeden Beschaffungsgegenstand sein kann. Ebenfalls negativ ist, dass der einzelne Mitarbeiter meist nur mangelhaft über die Vorgänge in den anderen Beschaffungsabteilungen informiert ist.

Objektorientierte Organisation

Bei der objektorientierten Organisation sind die Einkaufsabteilungen nach den zu beschaffenden Materialien (Gegenständen bzw. Objekten) untergliedert. Eine Abteilung bzw. ein Mitarbeiter beschäftigt sich mit dem Einkauf eines bestimmten Beschaffungsobjektes und führt sämtliche dazu notwendigen Teilaufgaben von der Beschaffungsmarktforschung über die Anfrage bis hin zur Rechnungskontrolle aus.

Vor- und Nachteile der objektorientierten Organisation

Wesentliche Vorteile der objektorientierten Organisation liegen in den Spezialkenntnissen der Mitarbeiter in Bezug auf bestimmte Materialien bzw. Materialgruppen und den engen Lieferantenkontakten aufgrund der Spezialisierung auf wenige Warengruppen. Unwirtschaftlich ist, dass hoch qualifizierte Mitarbeiter auch weniger wichtige Aufgaben erledigen müssen, z. B. die Ablage von Einkaufsbelegen (sogenannte Routinetätigkeiten).

2.3 Ablauf der Beschaffung

Der **Beschaffungsprozess** unterteilt sich in verschiedene Schritte.

1. Schritt: Bedarfsermittlung
Am Beginn des Beschaffungsprozesses steht die Bedarfsermittlung. Hierzu zählen zum einen die Bedarfsplanung, d. h. die Festlegung der benötigten Materialien hinsichtlich Art und Qualität, und zum anderen die Mengen- und Zeitplanung. Es wird überlegt, welche Mengen zu welchem Zeitpunkt beschafft werden müssen. Im Anschluss an die Bedarfsermittlung werden die entsprechenden Bedarfsmeldungen geschrieben [▸ Kapitel 3 und 4].

2. Schritt: Ermittlung der Bezugsquellen
Sobald der Einkaufsabteilung die Bedarfsmeldungen vorliegen, werden die möglichen Bezugsquellen ermittelt und Anfragen an verschiedene Lieferanten geschrieben [▸ Kapitel 5].

3. Schritt: Lieferantenauswahl
Als Antwort auf die Anfragen erhält das Unternehmen verschiedene Angebote. Zur Lieferantenauswahl wird ein Angebotsvergleich durchgeführt. Die eingegangenen

Angebote werden z. B. hinsichtlich Preis und Liefer- und Zahlungsbedingungen miteinander verglichen und ausgewertet [▸ Kapitel 5].

4. Schritt: Bestellabwicklung
Die benötigten Materialien werden bestellt [▸ Kapitel 5].

5. Schritt: Bestellüberwachung
Bei der Bestellüberwachung werden die Bestellungen auf Termineinhaltung überprüft. Wird festgestellt, dass Liefertermine nicht eingehalten wurden, folgen Erinnerungs- oder Mahnschreiben an die entsprechenden Lieferanten.

6. Schritt: Wareneingang
Im Wareneingang erfolgen die Annahme und Prüfung der bestellten Waren sowie die Erfassung des Wareneingangs im Lagerverwaltungssystem [▸ Lernfeld 1].

7. Schritt: Rechnungsprüfung
Im Rahmen der Rechnungsprüfung werden die eingegangenen Rechnungen mit den Bestellungen und den Wareneingangsmeldungen abgeglichen. Sie werden auf ihre sachliche und rechnerische Richtigkeit überprüft und verbucht.

8. Schritt: Zahlungsabwicklung
Nach der Rechnungsprüfung erfolgt die Begleichung der Rechnung [▸ Kapitel 7].

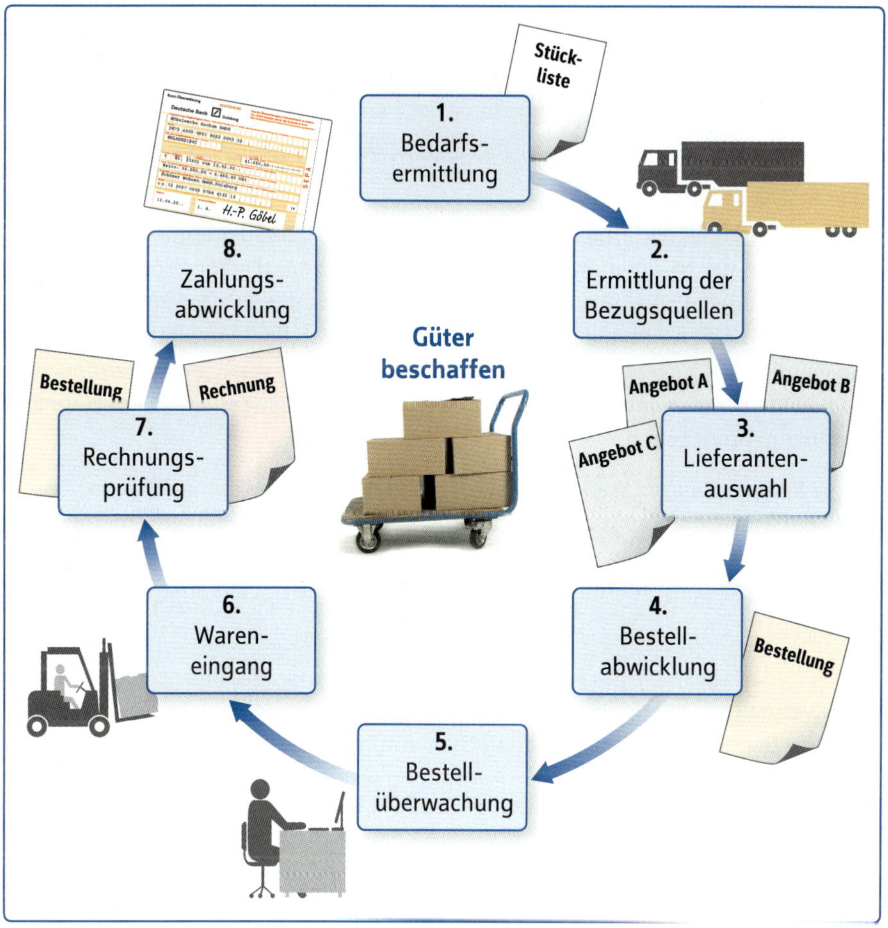

Ablauf der Beschaffung

3 Bedarfsplanung

Die Bedarfsplanung dient der Ermittlung des zukünftigen Bedarfs an Materialien. Es soll festgestellt werden, welche Güter in welcher Menge zu beschaffen sind.

3.1 Verfahren der Bedarfsplanung

Primärbedarf

Ausgangspunkt der Bedarfsplanung ist das Absatzprogramm eines Unternehmens, also die Menge der abzusetzenden Produkte, z. B. 150 Tische. Um eine genaue Bedarfsplanung durchführen zu können, müssen allerdings u. a. der derzeitige Lagerbestand an Fertigerzeugnissen und der geplante Mindestbestand berücksichtigt werden. Unter Berücksichtigung dieser Mengen ergibt sich beispielsweise ein Primärbedarf von 130 Tischen.

Sekundärbedarf

Für die interne Bedarfsplanung ist der Primärbedarf jedoch nicht genau genug. Es ist notwendig, den Primärbedarf in seine Komponenten (Rohstoffe, Baugruppen und Einzelteile) aufzugliedern, um festzustellen, welche Materialien noch beschafft werden müssen. Der so ermittelte Bedarf wird als „Sekundärbedarf" bezeichnet.

Beispiel: Ermittlung des Sekundärbedarfs

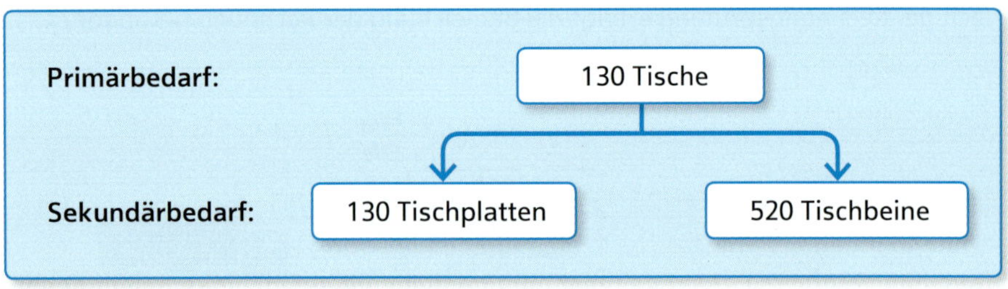

Tertiärbedarf

Zusätzlich zum Sekundärbedarf ist noch der Tertiärbedarf zu ermitteln. Darunter versteht man die Mengen an Hilfs- und Betriebsstoffen, die zur Produktion nötig sind. Hierzu zählen auch Verschleißwerkzeuge und Ersatzteile. Der Bedarf an Hilfs- und Betriebsstoffen wird nur selten ganz genau auf den Primärbedarf abgestimmt, da dies mit sehr aufwendigen Berechnungen verbunden wäre. Zur Vereinfachung wird hier meist der Durchschnittsverbrauch aus vorangegangenen Perioden zur Berechnung herangezogen.

Verfahren der Bedarfsplanung

Für die Bedarfsplanung stehen zwei verschiedene Verfahren zur Verfügung:
- das bedarfs- bzw. programmgesteuerte Verfahren (= deterministische Bedarfsplanung)
- das verbrauchsgesteuerte Verfahren (= stochastische oder heuristische Bedarfsplanung)

Bedarfsgesteuerte Planung

Bei der bedarfsgesteuerten Planung sind die Bedarfe für zukünftige Perioden beispielsweise durch Kundenbestellungen und Produktionsaufträge bekannt. Der tatsächliche Bedarf wird daraufhin analytisch ermittelt, z. B. anhand einer Stückliste. Eine **Stückliste** ist eine strukturierte Anordnung von Teilen oder Baugruppen, die zur Herstellung eines anderen Teiles benötigt werden. Aus ihr kann abgelesen werden, welches Material benötigt wird, um ein Stück des Endproduktes (z. B. einen Tisch) herzustellen.

Verbrauchsgesteuerte Planung

Bei der verbrauchsgesteuerten Planung können zwei Verfahren unterschieden werden: das stochastische und das heuristische Verfahren.

- Beim stochastischen Bedarfsplanungsverfahren werden die zukünftigen Bedarfe aus den bekannten Bedarfen vergangener Perioden prognostiziert (= vorhergesagt).
- Beim heuristischen Bedarfsplanungsverfahren werden die zukünftigen Bedarfe einfach geschätzt. Um hier zutreffende Ergebnisse zu erhalten, benötigen die Mitarbeiter einiges an Erfahrung. Angewandt wird dieses Verfahren häufig bei der Einführung eines neuen Produktes, wenn noch keine Zahlen aus vergangenen Perioden vorliegen und es auch noch keine Kunden- oder Produktionsaufträge für das Produkt gibt.

3.2 Beschaffungskonzepte

Zur (Wieder-)Beschaffung und Bevorratung von Produktionsmaterialien muss jedes Unternehmen ein Beschaffungskonzept festlegen. Hierbei können drei Beschaffungskonzepte (auch „Beschaffungsprinzipien“ genannt) unterschieden werden: Vorratsbeschaffung, Einzelbeschaffung und absatz- oder fertigungssynchrone Beschaffung.

Vorratsbeschaffung

Bei der Vorratsbeschaffung werden relativ große Mengen beschafft und auf Lager genommen [▸ Lernfeld 2]. Diese Materialien stehen dann auf Abruf für die Produktion bzw. den Verkauf zur Verfügung. Da die beschafften Mengen größer sind als die in der Produktion bzw. zum direkten Weiterverkauf benötigten Mengen, dient das Lager als Puffer. Angewendet wird die Vorratsbeschaffung vor allem bei Gütern, die keinen hohen Wert haben (geringwertige Kleinteile wie z. B. Schrauben), die extremen Preisschwankungen unterworfen sind (z. B. Edelmetalle) und die weder verderblich sind noch schnell veralten.

Vor- und Nachteile der Vorratsbeschaffung

Vorteile	Nachteile
• Kostenvorteile durch höhere Abnahmemengen • Abwarten günstiger Einkaufszeitpunkte • aufgrund des relativ hohen Lagerbestandes keine Produktionsunterbrechung • jederzeitige Lieferbereitschaft aufgrund eines relativ hohen Lagerbestandes • niedrige Bezugskosten (Transportkosten und Bestellkosten) durch größere Abnahmemengen und damit seltenere Lieferungen	• hohe Kapitalbindungskosten • hohe Lagerhaltungskosten • relativ hohe Wagniskosten (Gefahr des Veraltens, des Verderbs und unter Umständen der Qualitätsminderung)

Einzelbeschaffung (fallweise Beschaffung)

Bei der Einzelbeschaffung bzw. fallweisen Beschaffung erfolgt die Beschaffung der benötigten Güter und Materialien erst bei Bedarf, z. B. bei Auftragseingang. Eine Lagerhaltung wird bei diesem Beschaffungskonzept weitgehend ausgeschlossen, da die benötigten Güter und Materialien erst im Bedarfsfall bestellt und dann direkt in die Produktion bzw. an den Kunden geliefert werden. Voraussetzung für die Anwendung dieser Beschaffungsstrategie ist, dass es eine ausreichende Anzahl von Lieferanten am Markt gibt und somit kein Beschaffungsrisiko besteht.

Vor- und Nachteile der Einzelbeschaffung

Vorteile	Nachteile
• niedrige Kapitalbindungskosten • niedrige Lagerhaltungskosten • keine Wagniskosten (z. B. durch Verderb) • kurze Lagerdauer	• möglicherweise Produktionsunterbrechung oder keine sofortige Lieferbereitschaft wegen Fehlen des benötigten Materials • höhere Beschaffungskosten, da der günstigste Einkaufszeitpunkt nicht abgewartet werden kann (Einkauf bei Bedarf) und häufiger bestellt werden muss • höhere Abhängigkeit vom Zulieferer

Absatz- bzw. fertigungssynchrone Beschaffung

Bei der absatz- bzw. fertigungssynchronen Beschaffung werden die benötigten Waren und Materialien möglichst knapp vor ihrem Verkauf bzw. ihrer Verarbeitung geliefert (= Just-in-time-Bereitstellung). Das Lager wird auf möglichst niedrige Sicherheitsbestände beschränkt. Voraussetzung für die Anwendung dieser Beschaffungsstrategie ist, dass die Lagerbestände jederzeit korrekt und aktuell verfügbar sind und der Lieferant die benötigten Waren und Materialien jederzeit liefern kann.

Vor- und Nachteile der absatz- bzw. fertigungssynchronen Beschaffung

Vorteile	Nachteile
• niedrige Kapitalbindungskosten • niedrige Lagerhaltungskosten • Absicherung der Lieferung durch Rahmenverträge mit hohen Konventionalstrafen	• Produktionsunterbrechungen aufgrund nicht termingerechter Lieferung • höhere Transportkosten • hohe Abhängigkeit vom Zulieferer

3.3 XYZ-Analyse

Die XYZ-Analyse ist ein Verfahren zur Beurteilung der Bedarfs- und Verbrauchsstruktur von Gütern und Materialien. Hierbei werden die Güter und Materialien nach den Kriterien Stetigkeit und Vorhersagegenauigkeit ihres Verbrauchs bzw. ihres Bedarfs in drei Klassen aufgeteilt:

X-Güter

Als „X-Güter" werden jene Artikel bezeichnet, die eine hohe Konstanz des Bedarfs bzw. des Verbrauchs sowie eine hohe Prognosegenauigkeit aufweisen.

Y-Güter

Als „Y-Güter“ werden jene Artikel bezeichnet, deren Bedarf bzw. Verbrauch stärkeren, meist saisonalen Schwankungen unterworfen ist. Sie besitzen eine mittlere Prognosegenauigkeit.

Z-Güter

Als „Z-Güter“ werden jene Artikel bezeichnet, deren Bedarf bzw. Verbrauch unregelmäßig ist und die eine niedrige Prognosegenauigkeit aufweisen.

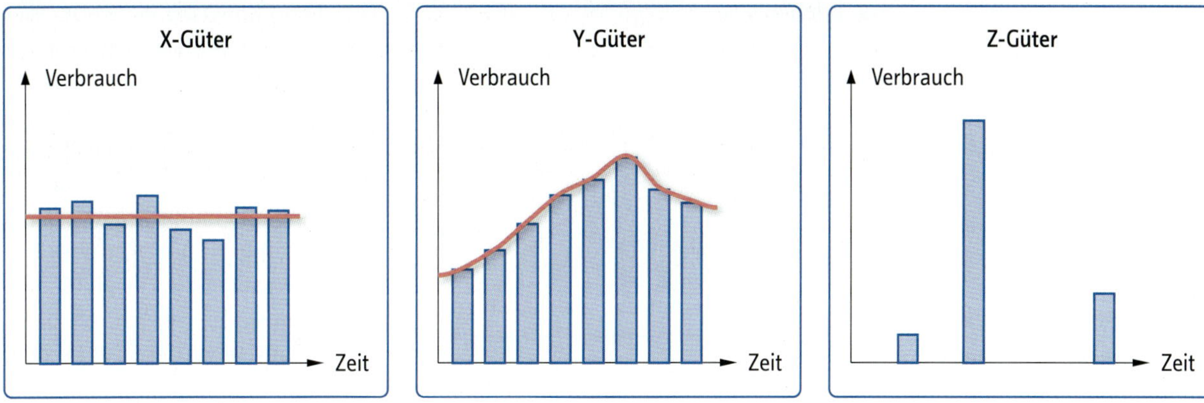

Bedarfs- bzw. Verbrauchsstruktur von X-, Y- und Z-Gütern im Zeitablauf

Während bei der ABC-Analyse die Klassifikation der einzelnen Güter z. B. nach ihrem Wert exakt berechnet wird [▸ Lernfeld 10, ▸ Kapitel 4.3], bedient man sich bei der XYZ-Analyse zur Beurteilung der Bedarfs- und Verbrauchsstruktur verschiedener – mehr oder weniger genauer – Methoden. Hierzu gehören z. B. Erfahrungen aus der Vergangenheit, Ergebnisse aus Stücklistenauflösungen oder die Berechnung des gewogenen Durchschnitts.

Aus den Ergebnissen der XYZ-Analyse lassen sich z. B. Empfehlungen für die Vergabe der Lagerplätze ableiten:

- X-Güter: vordere Lagerplätze bzw. vordere Lagerzonen
- Y-Güter: Lagerung z. B. in einem Saisonwarenlager
- Z-Güter: hintere Lagerplätze bzw. abgelegene Lagerräume

ABC-/XYZ-Analyse

In Verbindung mit der ABC-Analyse kann die XYZ-Analyse auch für eine kostenoptimale Bestellpolitik genutzt werden.

ABC-/XYZ-Analyse		**Wert**		
		A (75 %)	**B (20 %)**	**C (5 %)**
Bedarf und Vorhersagegenauigkeit	**X (75 %)**	hoher Wertanteil gleichmäßiger Bedarf hohe Vorhersagegenauigkeit	mittlerer Wertanteil gleichmäßiger Bedarf hohe Vorhersagegenauigkeit	geringer Wertanteil gleichmäßiger Bedarf hohe Vorhersagegenauigkeit
	Y (20 %)	hoher Wertanteil schwankender Bedarf mittlere Vorhersagegenauigkeit	mittlerer Wertanteil schwankender Bedarf mittlere Vorhersagegenauigkeit	geringer Wertanteil schwankender Bedarf mittlere Vorhersagegenauigkeit
	Z (5 %)	hoher Wertanteil sporadischer Bedarf niedrige Vorhersagegenauigkeit	mittlerer Wertanteil sporadischer Bedarf niedrige Vorhersagegenauigkeit	geringer Wertanteil sporadischer Bedarf niedrige Vorhersagegenauigkeit

In Bezug auf die Beschaffungspolitik ergeben sich aus der vorhergehenden Tabelle folgende Beschaffungskonzepte:

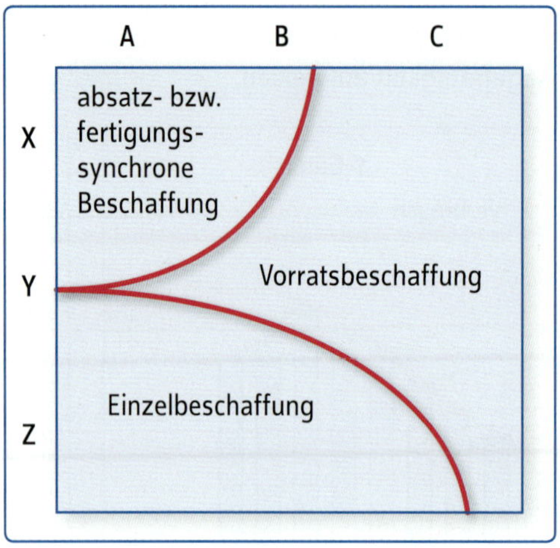

Beschaffungskonzepte in Bezug auf ABC-/XYZ-Analyse

Liegt eine AX-Kombination vor, dann handelt es sich um wertintensive Materialien, deren Verbrauch eine hohe Konstanz aufweist. Hier bietet sich eine absatz- bzw. fertigungssynchrone Beschaffung (Just-in-time-Beschaffung) an, um Lagerkosten zu sparen. Bei CY-Positionen z. B. bietet sich eine Vorratsbeschaffung und damit verbunden die Lagerhaltung an. Bei AZ- oder BZ-Positionen sollte die Einzelbeschaffung angestrebt werden, da diese Güter relativ selten benötigt werden.

4 Zeit- und Mengenplanung

Die richtige zeitliche und mengenmäßige Festlegung einer Bestellung ist von entscheidender Bedeutung für den Unternehmenserfolg.

4.1 Bestellverfahren

Bei der zeitlichen Festlegung der Bestellung geht es um die Frage, wann unter Berücksichtigung der Wiederbeschaffungszeit bestellt werden soll. Die durch die Bedarfsplanung festgestellten Bedarfsmengen müssen so rechtzeitig bestellt werden, dass die Waren spätestens dann zur Verfügung stehen, wenn die letzte Ware verbraucht oder verkauft ist. Hier stehen dem Unternehmen zwei in der Praxis erprobte Bestellverfahren zur Verfügung: das Bestellpunktverfahren und das Bestellrhythmusverfahren.

4.1.1 Bestellpunktverfahren

Beim Bestellpunktverfahren erfolgt eine Bestellung immer dann, wenn der Lagerbestand auf einen bestimmten Punkt, den „Bestellpunkt", gesunken ist. Wird der Bestellpunkt erreicht, gibt das Lager an den Einkauf eine Meldung zur Nachbestellung. Daher wird dieser Bestellpunkt auch als „Meldebestand" und das Verfahren als „Meldebestandsverfahren" bezeichnet. Der Meldebestand muss so festgesetzt werden, dass der Lagerbestand ausreicht, den Verbrauch bis zum Eintreffen der neuen Lieferung zu decken, ohne den Mindestbestand (= Sicherheitsbestand) anzugreifen. Bei Erreichen des Meldebestandes wird meist die Menge bestellt, mit der der Lagerbestand auf den festgelegten Höchstbestand aufgefüllt wird. Dies bezeichnet man auch als „Bestellpunktverfahren mit Höchstbestand".

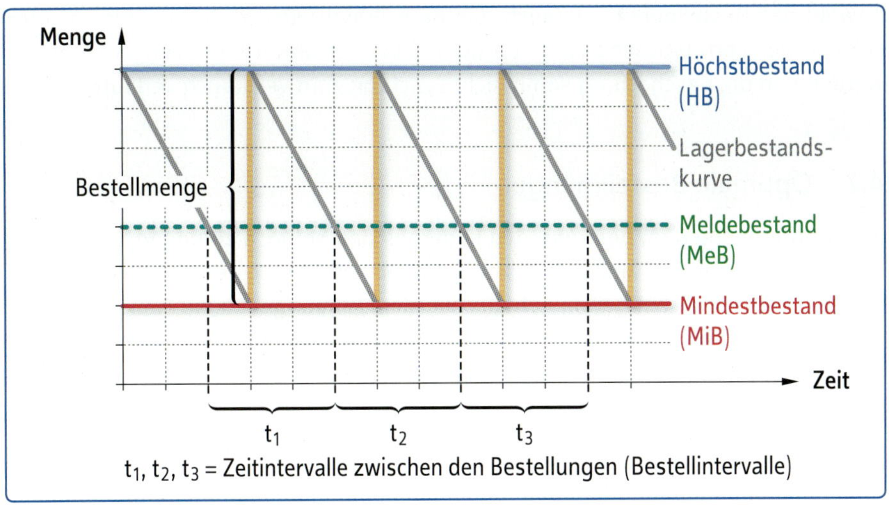

Bestellpunktverfahren bei konstantem Verbrauch

Beim Bestellpunktverfahren können die Bestellintervalle je nach Verbrauch sehr unterschiedlich sein. Entscheidend für ein funktionierendes Bestellpunktverfahren ist, dass das Unternehmen permanent den Lagerbestand im Blick behält, um nach jeder Entnahme das Erreichen des Meldebestandes feststellen und dann sofort nachbestellen zu können. Der Einsatz eines EDV-gestützten Lagerverwaltungssystems ist in einem größeren Lager somit unentbehrlich.

4.1.2 Bestellrhythmusverfahren

Beim Bestellrhythmusverfahren erfolgt die Bestellung immer nach Ablauf einer bestimmten konstanten Zeitspanne, also in gleichbleibenden Zeitintervallen. Die Bestellmenge zur Erreichung des Höchstbestandes kann dabei je nach gerade erreichtem Lagerbestand unterschiedlich hoch sein.

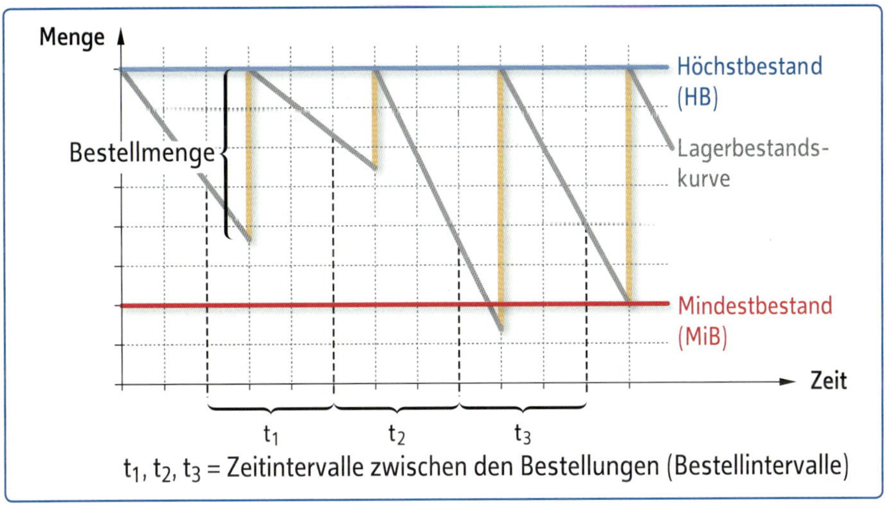

Bestellrhythmusverfahren bei unregelmäßigem Verbrauch

Das Bestellrhythmusverfahren ist nur bei einem konstanten Verbrauch sinnvoll. Bei unregelmäßigem Verbrauch besteht schnell das Risiko einer Unterdeckung, d. h. eines zu geringen Lagerbestandes.

Sowohl das Bestellpunkt- als auch das Bestellrhythmusverfahren zählen zu den Formen der Vorratsbeschaffung, da bei beiden Verfahren Lagervorräte angelegt werden und die Beschaffung somit nicht synchron zum Verbrauch verläuft.

4.2 Optimale Bestellmenge

Jedes Unternehmen ist bestrebt, den Lagerbestand so hoch zu halten, dass es jederzeit lieferbereit ist. Andererseits sollen aber auch die Kosten der auf Lager liegenden Ware möglichst gering gehalten werden. Je häufiger kleine Mengen bestellt werden, umso höher sind die Beschaffungskosten und umso niedriger die Lagerkosten. Bei einer geringeren Bestellhäufigkeit sind die Lagerkosten höher und die Beschaffungskosten niedriger.

[?!]
Optimale Bestellmenge
economic order quantity

Die optimale Bestellmenge ist die Menge, bei der die Summe aus Bestell- und Lagerkosten am geringsten ist.

Zielkonflikt zwischen Bestell- und Lagerkosten

Problem

in geringen Zeitabständen kleine Mengen einkaufen

steigende Bestellkosten
- bestellfixe Kosten (z. B. Kosten für Angebotseinholung, Wareneingangsprüfung, Rechnungsprüfung, Porto)
- Bezugskosten (Transport- und Beförderungskosten)

in großen Zeitabständen große Mengen einkaufen

steigende Lagerkosten
- Lagerhaltungskosten (z. B. Kosten für die Einlagerung, die Lagerpflege, die Lagerverwaltung)
- Wagniskosten (z. B. Verluste durch Verderb, Schwund, Diebstahl)
- Kapitalbindungskosten

Lösung:
optimale Bestellmenge
Sie liegt dort, wo die Summe aus Bestellkosten und Lagerkosten am geringsten ist.

Annahmen zur Berechnung der optimalen Bestellmenge

Um die Berechnung der optimalen Bestellmenge zu vereinfachen, wird von folgenden Annahmen ausgegangen:
- Es liegt ein kontinuierlicher Materialverbrauch vor. Der durchschnittliche Lagerbestand kann demnach mit der halben Bestellmenge veranschlagt werden.
- Der Einstandspreis ist unabhängig von der Bestellmenge, es gibt keine Mengenrabatte.
- Für die Entscheidung werden nur die Bestellkosten und Lagerkosten herangezogen.

Andler-Formel zur Bestimmung der optimalen Bestellmenge

Mithilfe der nach Kurt Andler benannten Formel lässt sich die optimale Bestellmenge genau bestimmen.

Optimale Bestellmenge

$$\text{optimale Bestellmenge} = \sqrt{\frac{200 \cdot \text{Jahresbedarf} \cdot \text{Bestellkosten}}{\text{Einstandspreis} \cdot (\text{Zins-} + \text{Lagerkostensatz})}}$$

Musteraufgabe: Ermittlung der optimalen Bestellmenge

Die Speedbike GmbH & Co. KG benötigt für die Produktion der Motorräder u. a. Bremshebel. Diese werden nicht selbst gefertigt, sondern beschafft. Aus der Bedarfsermittlung sind folgende Zahlen bekannt:

- Jahresbedarf: 288 000 Stück
- Zins- und Lagerkostensatz: 15 %
- Kosten je Bestellung: 130,00 €
- Einstandspreis je Stück: 5,00 €

Wie hoch ist die optimale Bestellmenge?

a) Tabellarische Lösung

Bestell-häufig-keit	Bestellmenge in Stück	Bestellwert in €	Ø Lager-bestand in €	Lagerkosten in €	Bestellkosten in €	Gesamtkosten in €
	Jahresbedarf : Bestellhäufig-keit	Bestellmenge · Einstandspreis	Bestellwert : 2	Ø Lagerbestand · Zins- und Lager-kostensatz	Kosten je Bestellung · Anzahl der Bestellungen	Lagerkosten + Bestellkosten
4	72 000	360 000,00	180 000,00	27 000,00	520,00	27 520,00
8	36 000	180 000,00	90 000,00	13 500,00	1 040,00	14 540,00
12	24 000	120 000,00	60 000,00	9 000,00	1 560,00	10 560,00
24	12 000	60 000,00	30 000,00	4 500,00	3 120,00	7 620,00
30	9 600	48 000,00	24 000,00	3 600,00	3 900,00	7 500,00
36	8 000	40 000,00	20 000,00	3 000,00	4 680,00	7 680,00
72	4 000	20 000,00	10 000,00	1 500,00	9 360,00	10 860,00
144	2 000	10 000,00	5 000,00	750,00	18 720,00	19 470,00

Antwort:
Die optimale Bestellmenge liegt bei 9 600 Stück, da hier die Summe aus Lagerkosten und Bestellkosten am geringsten ist.

Anmerkung:
Der tabellarische Lösungsansatz ist ungenau, da die willkürliche Festlegung der Bestellhäufigkeiten nur diese eine Lösung aus den angebotenen Alternativen zulässt.

b) Rechnerische Lösung
Mithilfe der Andler-Formel lässt sich die optimale Bestellmenge genau bestimmen.

→

→

$$\text{optimale Bestellmenge} = \sqrt{\frac{200 \cdot \text{Jahresbedarf} \cdot \text{Bestellkosten}}{\text{Einstandspreis} \cdot (\text{Zins-} + \text{Lagerkostensatz})}}$$

$$= \sqrt{\frac{200 \cdot 288\,000 \cdot 130{,}00}{5{,}00 \cdot 15}}$$

$$= 9\,991{,}9968 \approx 9\,992$$

$$\text{optimale Bestellhäufigkeit} = 288\,000 : 9\,992 = 28{,}82$$

Antwort:
Die optimale Bestellmenge liegt bei 9 992 Stück.

c) **Grafische Darstellung**
Anhand der Zahlen aus der Tabelle lässt sich die optimale Bestellmenge auch grafisch ermitteln: Sie liegt
- am Minimum der Gesamtkostenkurve und
- am Schnittpunkt der Lagerkostenkurve mit der Bestellkostenkurve.

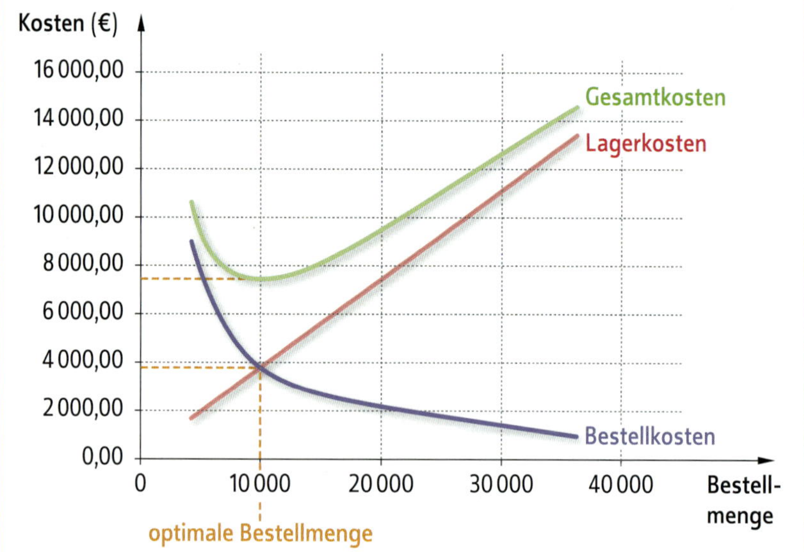

Nicht immer lässt sich die tabellarisch oder rechnerisch ermittelte optimale Bestellmenge auch in der Realität umsetzen, da bei ihrer Berechnung viele Einflussfaktoren unberücksichtigt bleiben:
- Beschränkung auf eine ganzzahlige Anzahl von Bestellungen
- keine Berücksichtigung von Rabatten und Transportkosten
- keine Berücksichtigung von Lagerversicherungen
- Schwankungen beim Lagerabgang
- Vorgabe einer Mindestabnahmemenge durch den Lieferanten
- Lieferung der Waren nur in festen Maßgrößen und Einheiten
- beschränkte Lagerfähigkeit der Waren
- Berücksichtigung von Saisonartikeln

4850116

5 Beschaffung

Nachdem ermittelt wurde, welche Güter in welcher Menge zu welchem Zeitpunkt beschafft werden müssen, beginnt der eigentliche Beschaffungsvorgang. Zunächst muss festgestellt werden, woher die Güter beschafft werden können (Bezugsquellenermittlung). Anschließend müssen Anfragen geschrieben und Angebote eingeholt werden. Nachdem die Angebote miteinander verglichen wurden, erfolgt die Bestellung.

5.1 Bezugsquellenermittlung

Eine der wichtigsten Aufgaben der Beschaffungsplanung ist die Ermittlung der besten Bezugsquellen, d. h. der besten Lieferanten. Hauptauswahlkriterien für Lieferanten sind günstige Listeneinkaufspreise, hohe Rabattgewährung, vorteilhafte Liefer- und Zahlungsbedingungen, gute Qualität der Ware, Zuverlässigkeit usw.

Für die konkrete Suche nach möglichen Lieferanten kann auf interne oder auf externe Informationsquellen zurückgegriffen werden.

Interne Bezugsquellenermittlung

Bei der internen Bezugsquellenermittlung wird auf Informationsquellen im Unternehmen selbst (intern) zurückgegriffen. Diese Quellen können sowohl das bereits vorhandene Wissen von Mitarbeitern (z. B. Messeberichte von Einkäufern) als auch eine im Unternehmen hinterlegte Datenbank sein (z. B. Artikeldatei/-kartei oder Lieferantendatei/-kartei).

Interne Bezugsquellenermittlung über Lieferanten- und Artikelkarteien

Externe Bezugsquellenermittlung

Bei der externen Bezugsquellenermittlung werden Informationen von außerhalb des Unternehmens eingeholt. Dies ist z. B. der Fall, wenn Lieferanten für ein neues Produkt gesucht werden müssen. Außerdem müssen sich alle Unternehmen ständig darüber informieren, welche Lieferanten zur Deckung des Bedarfs an Beschaffungsobjekten infrage kommen, um z. B. bei Preisänderungen oder bei Unzuverlässigkeit den Lieferanten wechseln zu können.

Bezugsquellenermittlung (Wer liefert was?)

Interne Bezugsquellen
- Artikeldatei/-kartei
- Lieferantendatei/-kartei
- Messeberichte der Einkäufer
- Vertreterberichte

Externe Bezugsquellen
- Gelbe Seiten
- Lieferantenverzeichnisse wie „ABC der Deutschen Wirtschaft", „Wer liefert was?"
- Kataloge, Preislisten, Prospekte
- Fachzeitschriften
- Messen, Ausstellungen, Warenbörsen
- IHK/HWK/AHK
- Internet

5.2 Anfrage

Um aus einer großen Zahl von Lieferanten den geeigneten auszuwählen, versendet man Anfragen. Mit der Anfrage soll festgestellt werden, ob und zu welchen Preisen und Bedingungen eine Ware von einem Lieferanten bezogen werden kann. Der Lieferant wird zur Abgabe eines Angebots aufgefordert.

Arten der Anfrage

Es können zwei Arten von Anfragen unterschieden werden: die allgemeine Anfrage und die bestimmte Anfrage.

Allgemeine Anfrage

Mit der allgemeinen Anfrage kann man sich einen ersten Überblick über die Waren oder Leistungen eines Anbieters verschaffen. Üblicherweise werden hierbei Kataloge, Prospekte, Muster oder Vertreterbesuche angefordert. Eine feste Kaufabsicht besteht noch nicht.

Bestimmte Anfrage

Mit einer bestimmten Anfrage sollen Informationen zu einer ganz bestimmten Ware verschafft werden, um so den günstigsten Lieferanten herauszufinden. Um unnötige Rückfragen seitens des Lieferanten zu vermeiden, sollte diese Anfrage alle für den Anfragenden wichtigen Angaben berücksichtigen, wie z. B. eine ausreichende Beschreibung der gewünschten Ware, Mengenangaben und den gewünschten Liefertermin.

Rechtliche Bedeutung und Form einer Anfrage

Eine Anfrage ist immer unverbindlich. Sie stellt rechtlich noch keine Willenserklärung dar und ist damit auch nicht Bestandteil eines Kaufvertrages. Die Anfrage dient lediglich dem Ziel, herauszufinden, ob und zu welchen Konditionen mögliche Lieferanten die zu beschaffenden Waren anbieten können.

Die Anfrage ist formfrei, also an keine gesetzliche Form gebunden. Sie kann sowohl mündlich bzw. fernmündlich als auch schriftlich oder per E-Mail erfolgen.

4850118

Inhalt einer Anfrage

Da für eine Anfrage der Grundsatz der Formfreiheit gilt, gibt es auch keine vorgeschriebenen Inhalte. Um möglichst genaue und vergleichbare Angebote zu erhalten, sollte eine Anfrage jedoch sorgfältig formuliert sein und folgende Punkte beinhalten:

- innerbetriebliche Angaben wie z. B. Anschrift und Telefonnummer des Anfragers
- Datum
- eventuell Information, wie man auf diesen Anbieter aufmerksam geworden ist
- Aufforderung zur Abgabe eines Angebots
- genaue Bezeichnung der gewünschten Ware (z. B. Artikelbezeichnung, Menge, Qualität, Farbe)
- gewünschter Liefertermin
- die Bitte um Nennung der Lieferungs- und Zahlungsbedingungen

Beispiel: Bestimmte Anfrage

Anfrage

Sehr geehrte Damen und Herren,

auf der Frankfurter Internationalen Messe hatte unser Mitarbeiter Herr Kaiser Gelegenheit, Ihren Stand zu besuchen und Ihr Sortiment kennenzulernen.

Wir benötigen nun dringend

500 kg Marmorkies, weiß, 45 mm–100 mm.

Wir bitten um ein ausführliches Angebot für den oben genannten Kies, mit Angabe des Preises, der Zahlungs- und Lieferbedingungen bzw. der kürzesten Lieferfrist.

In Erwartung Ihrer baldigen Antwort verbleiben wir

mit freundlichen Grüßen

Unicum AG

i. A. Renate Schulz

Renate Schulz

5.3 Angebot

Ein Angebot ist die an eine bestimmte Person oder Personengruppe gerichtete empfangsbedürftige Willenserklärung, Waren zu den angegebenen Bedingungen zu liefern. Es stellt somit einen Antrag zum Abschluss eines Kaufvertrages dar.

5.3.1 Rechtliche Bedeutung und Form eines Angebots

Rechtliche Bedeutung eines Angebots

Im Gegensatz zur Anfrage ist das Angebot rechtsverbindlich. Die Bindung an das Angebot kann jedoch durch Freizeichnungsklauseln, wie z. B. „unverbindlich“, „freibleibend“ oder „solange der Vorrat reicht“, aufgehoben werden. Bei einer zu späten Bestellung, inhaltlich abgeänderter Bestellung oder rechtzeitigem Widerruf durch den Lieferanten erlischt die rechtliche Bindung ebenfalls [▸ Lernfeld 1, ▸ Kapitel 3].

Beispiel: Angebot

Angebot Nr. 98

Sehr geehrte Damen und Herren,

wir bedanken uns für Ihre Anfrage und bieten Ihnen an:

Marmorkies, weiß, 45 mm–100 mm, 25 kg je Sack

Artikel-Nr.:	1476
Einzelpreis:	10,90 € je Sack ohne Umsatzsteuer abzüglich 14 % Rabatt
Versandkosten:	0,11 € je Sack
Zahlungsziel:	30 Tage netto, 3 % Skonto innerhalb von 14 Tagen

Die Lieferung erfolgt 4 Tage nach Eingang der Bestellung per Lkw. Erfüllungsort und Gerichtsstand ist für beide Teile Duisburg.

Wir freuen uns auf Ihre Bestellung.

Mit freundlichen Grüßen

Form eines Angebots

Genau wie die Anfrage ist das Angebot formfrei. Um Irrtümer zu vermeiden, sollte allerdings das Angebot oder wenigstens die Angebotsannahme (= Bestellung) schriftlich erfolgen.

5.3.2 Inhalt eines Angebots

Über den Inhalt eines Angebots gibt es keine gesetzlichen Vorschriften. Um jedoch Missverständnisse zu vermeiden, sollte ein Angebot folgende Angaben beinhalten:

Art, Güte und Beschaffenheit der Ware

Art der Ware: Die Ware ist genau zu bezeichnen, z. B. durch Angabe der genauen Artikelbezeichnung und der Artikelnummer.

Güte und Beschaffenheit der Ware: Die Beschaffenheit und die Güte einer Ware können z. B. festgelegt werden durch Angabe der Güte- bzw. Handelsklasse (bei Eiern oder Kartoffeln), der Typen (bei Kraftfahrzeugen oder Mehl), der DIN-Norm, des Güte- oder Warenzeichens oder durch Muster, Proben und Abbildungen. Erfolgt keine genaue Angabe, muss bei Gattungsware Ware mittlerer Art und Güte geliefert werden.

Menge

Die Menge kann in metrischen Maßeinheiten (z. B. Liter, Meter, Kilogramm) oder in handelsüblichen Bezeichnungen (z. B. Stück, Sack, Dutzend, Kisten) angegeben werden. Der Lieferant kann in seinem Angebot auch Mindest- oder Höchstabnahmemengen vorgeben.

Preis

Beim Preis können zwei Arten unterschieden werden: der Nettopreis und der Bruttopreis. Ist der Adressat ein Unternehmer, wird meist der Nettopreis angegeben. Bei Endverbrauchern muss der Bruttopreis angegeben werden.

Folgende Nachlässe können gewährt werden:

Rabatt	• Mengenrabatt für Abnahme einer größeren Warenmenge • Treuerabatt für Stammkunden • Wiederverkäuferrabatt für Groß- und Einzelhändler bei Preisempfehlung • Sonderrabatt für z. B. Jubiläum • Personalrabatt für das Personal • Naturalrabatt in Form von Ware
Bonus	Preisnachlass, der nachträglich gewährt wird. Er wird nur gewährt, wenn innerhalb eines festgelegten Zeitraums der Umsatz eine bestimmte Höhe übersteigt.
Skonto	Preisnachlass für Bezahlung innerhalb einer bestimmten Frist, z. B. bei Zahlung innerhalb von acht Tagen

Verpackungsart und Verpackungskosten

Teilweise wird die Verpackungsart vom Anbieter angegeben. Hierbei geht es vor allem um die Transportverpackung, z. B. Europalette, Industriepalette, Rollwagen.

Die Übernahme der Verpackungskosten kann wie folgt geregelt werden [▸Lernfeld 6, ▸Kapitel 9.2]:

- **„Preis brutto einschließlich Verpackung"** oder auch **„brutto für netto"**: Der Kaufpreis wird vom Bruttogewicht, d. h. Gewicht der Ware (Nettogewicht) plus Gewicht der Verpackung (Tara), berechnet. Der Käufer zahlt somit für das Bruttogewicht.
- **„Preis netto einschließlich Verpackung"** oder auch „Preis einschließlich Verpackung": Der Kaufpreis wird vom Nettogewicht der Ware berechnet. Der Käufer zahlt nur für das Gewicht der Ware.
- **„Preis netto ausschließlich Verpackung"** oder auch „Preis ausschließlich Verpackung": Der Käufer zahlt für das Gewicht der Ware und zusätzlich die Verpackung.

Ist im Vertrag die Kostenübernahme nicht geregelt, so muss der Käufer die Kosten für eine stabile Transportverpackung tragen.

Lieferbedingungen (Beförderungskosten)

Gemäß der gesetzlichen Regelung sind Warenschulden als Holschulden anzusehen. Somit hat der Käufer die Kosten für die Abholung der Ware beim Lieferanten zu tragen. In der Praxis lassen sich vielfältige Regelungen finden, was zur Folge hat, dass die Lieferbedingungen, also die Übernahme der Beförderungskosten, meist gesondert vereinbart werden.

Als Beförderungskosten fallen an:

- **Rollgeld:** Dies sind die Beförderungskosten vom Lieferanten bis zum Versandbahnhof, sowie die Beförderungskosten vom Bestimmungsbahnhof (Empfangsstation) bis zum Käufer.
- **Verlade- und Entladekosten:** Zu den Verladekosten zählen die Kosten für das Verladen der Waren in einen Lkw oder Waggon. Die Entladekosten umfassen die Kosten,

die entstehen, wenn beispielsweise Mitarbeiter des Verkäufers den Lkw entladen und die Ware im Betrieb des Käufers einlagern.

- **Frachtkosten:** Dies sind die Kosten für den Transport von der Versand- bis zur Empfangsstation. Beispiel: Vom Bahnhof Kassel bis zum Bahnhof Hamburg.

Zur Aufteilung der Beförderungskosten werden häufig die folgenden Lieferbedingungen vereinbart:

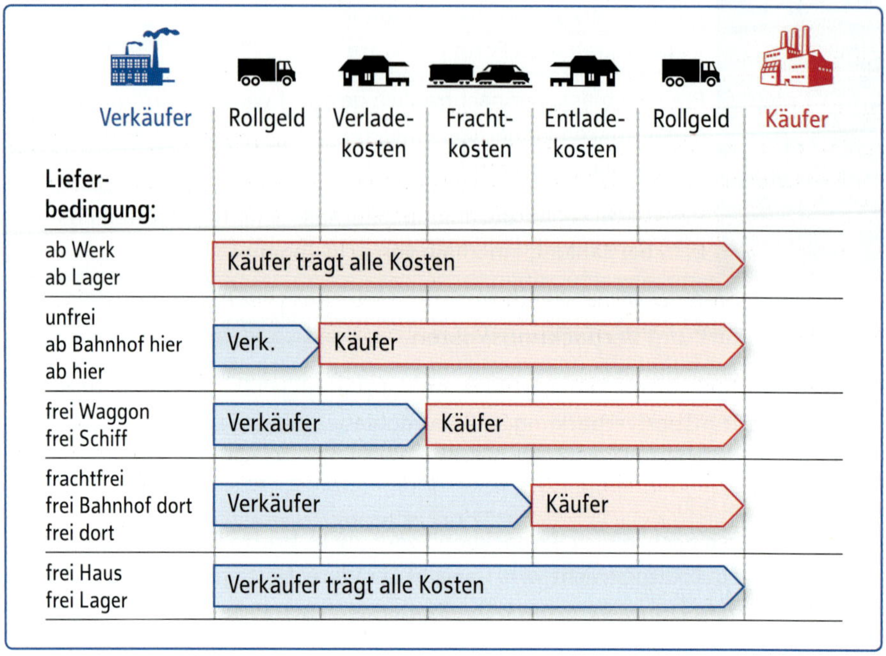

Lieferbedingungen

Im internationalen Handelsverkehr werden die Lieferbedingungen durch international anerkannte Vertragsklauseln (sogenannte Incoterms®) geregelt [▸ Kapitel 5.4].

Lieferzeit

Als Lieferzeit kann ein bestimmter Termin (genaues Datum) oder eine Frist festgelegt werden:

- Lieferung am 5. Oktober
- Lieferung Mitte Oktober
- Lieferung bis 31. Oktober
- Lieferung: 41. Kalenderwoche

Wird bezüglich der Lieferzeit keine besondere Vereinbarung getroffen, hat der Käufer einen Anspruch auf sofortige Warenlieferung und der Verkäufer auf sofortige Auslieferung.

Zahlungsbedingungen

Folgende Zahlungsbedingungen können zwischen Käufer und Verkäufer in Bezug auf den Zahlungszeitpunkt vereinbart werden:

- Zahlung vor der Lieferung: Der Käufer muss den Rechnungsbetrag oder einen Teil davon im Voraus begleichen, z. B. „Zahlung gegen Vorkasse“, „Anzahlung“.

- Zahlung bei Lieferung: Der Käufer muss die Ware mit der Lieferung bar bezahlen, z. B. „gegen bar“, Lieferung gegen Nachnahme“, „Kasse bei Lieferung“.
- Zahlung nach der Lieferung: Der Käufer nutzt ein vom Verkäufer genanntes Zahlungsziel und zahlt die Ware erst einige Zeit nach der Lieferung, z. B. „Zahlung innerhalb 10 Tagen 2 % Skonto“, „Zahlung innerhalb 30 Tagen netto Kasse“.

Wird im Vertrag kein Zeitpunkt für die Zahlung bestimmt, ist der Käufer verpflichtet, die Ware mit der Lieferung zu bezahlen (Zug-um-Zug-Geschäft).

Erfüllungsort und Gerichtsstand

Der Erfüllungsort ist der Ort, an dem die Vertragspartner ihre Leistungen zu erfüllen haben. Wurde im Kaufvertrag keine abweichende Regelung getroffen, ist nach dem Gesetz der Erfüllungsort der Wohnsitz bzw. die gewerbliche Niederlassung des Schuldners:

- Für den Warenschuldner ist der Erfüllungsort der Ort des Verkäufers.
- Für den Geldschuldner ist der Erfüllungsort der Ort des Käufers.

Häufig wird jedoch für beide Leistungen im Kaufvertrag ein einheitlicher Erfüllungsort vereinbart, z. B.: „Der Erfüllungsort ist für beide Teile Kassel.“

Mit dem Gerichtsstand wird festgelegt, an welchem Ort Rechtsstreitigkeiten zwischen Käufer und Verkäufer verhandelt werden. Nach dem Gesetz ist dies das Amts- bzw. Landgericht, das für den Wohn- bzw. Geschäftssitz des jeweiligen Schuldners zuständig ist. Aus Kosten- und Zeitgründen wird in vielen Verträgen allerdings der Geschäftssitz des Verkäufers als Gerichtsstand für beide Vertragsparteien festgeschrieben.

5.4 Incoterms®[1]

Incoterms®

Incoterms® 2010 by the International Chamber of Commerce (ICC)

Seit 1936 gibt die internationale Handelskammer in Paris „internationale Regeln für die Auslegung der handelsüblichen Vertragsformeln“ heraus, die sogenannten „Incoterms®“ („International Commercial Terms“). Es handelt sich dabei um weltweit anerkannte, einheitliche Vertrags- und Lieferbedingungen. Die Incoterms®-Klauseln beschreiben die Pflichten, Kosten und Gefahren des Verkäufers und des Käufers bei einer Warenlieferung.

Regelung der nationalen und internationalen Handelslieferungen mithilfe der Incoterms®

Rechtliche Bedeutung der Incoterms®

Mithilfe der Incoterms® kann Missverständnissen und kostenintensiven Streitigkeiten vorgebeugt werden und damit das Risiko rechtlicher Komplikationen für beide Vertragsparteien vermindert werden. Allerdings haben die Incoterms® keine Gesetzeskraft. Sie werden nur rechtswirksam, wenn sie zwischen Käufer und Verkäufer ausdrücklich vereinbart und im Vertrag erwähnt wurden, z. B. „CIP gemäß Incoterms® 2010“. Bei der Erwähnung im Vertrag

1 Incoterms® ist ein eingetragenes Markenzeichen der Internationalen Handelskammer ICC – International Chamber of Commerce; www.iccgermany.de

ist es wichtig, die jeweilige Version der Incoterms® anzugeben. Bei den Incoterms® 2010 handelt es sich um die 7. Version der Incoterms®, die seit dem 1. Januar 2011 gültig ist.

Regelungsbereiche der Incoterms®

Die Incoterms® regeln folgende Bereiche:
- Transportkosten: Wer trägt die Kosten für welche Wegstrecke?
- Gefahrenübergang: Wer trägt die Risiken des Transports für welche Wegstrecke?
- Lieferung und Abnahme der Ware: Welche Verpflichtungen, z. B. Verlade-, Verpackungs- und Warenprüfpflicht, müssen von welchem Vertragspartner übernommen werden?
- Erforderliche Dokumente der Lieferung: Wer sorgt für die erforderlichen Dokumente, z. B. Zolldokumente?

Die folgenden Bereiche werden in den Incoterms® allerdings nicht geregelt: Eigentumsübergang, Zahlungsabwicklung, Gerichtsstand und anwendbares Recht, Haftungsausschlüsse und Mängel und Leistungsstörungen.

Elf Incoterms®-Klauseln

Die seit dem 01.01.2011 sowohl international als auch national anwendbaren Incoterms® bestehen aus elf Klauseln, die sich nach der Art der Abwicklung der Warenlieferung in vier Gruppen unterteilen lassen:

Incoterms® 2010: Einteilung nach Art der Abwicklung

Gruppe E	Gruppe F	Gruppe C	Gruppe D
Abholklausel	Absendeklauseln ohne Übernahme der Kosten für den Haupttransport durch den Verkäufer	Absendeklauseln mit Übernahme der Kosten für den Haupttransport durch den Verkäufer	Ankunftsklauseln
• EXW (Ex Works/ Ab Werk)	• FCA (Free Carrier/ Frei Frachtführer) • FAS (Free Alongside Ship/ Frei Längsseite Schiff) • FOB (Free On Board/ Frei an Bord)	• CFR (Cost and Freight/ Kosten und Fracht) • CIF (Cost, Insurance and Freight/ Kosten, Versicherung und Fracht bis zum Bestimmungshafen) • CPT (Carriage Paid To/ Fracht bezahlt bis) • CIP (Carriage, Insurance Paid To/ Fracht und Versicherung bezahlt bis)	• DAP (Delivered At Place/ Geliefert benannter Ort) • DAT (Delivered At Terminal/ Geliefert Terminal) • DDP (Delivered Duty Paid/ Geliefert verzollt)

4850124

Einteilung der Incoterms® nach der Transportart

Die Incoterms® lassen sich außerdem nach den Transportarten gliedern:

- Klauseln, die für jede Transportart – zu Land, Luft und Wasser – und für den multimodalen Transport insbesondere den Containertransport, gelten, sind: EXW, FCA, CPT, CIP, DAP, DAT, DDP.
- Klauseln, die ausschließlich für den See- und Binnenschiffstransport gelten, sind: FAS, FOB, CFR, CIF.

Erläuterung der Incoterms® 2010

Alle Incoterms®-Klauseln verlangen, dass der Verkäufer die Ware ordnungsgemäß abliefert und der Käufer die Ware annimmt. Der Verkäufer muss die Ware ordnungsgemäß verpacken und kennzeichnen und dem Käufer eine Prüfung der Ware ermöglichen. Für alle Incoterms®-Klauseln, außer der Klausel EXW (Ex Works/Ab Werk), gilt zudem, dass der Verkäufer bei internationalen Transporten die Exportzollanmeldung übernimmt. Die Übernahme der Transportkosten und der Gefahrenübergang werden durch die elf Incoterms® wie folgt geregelt:

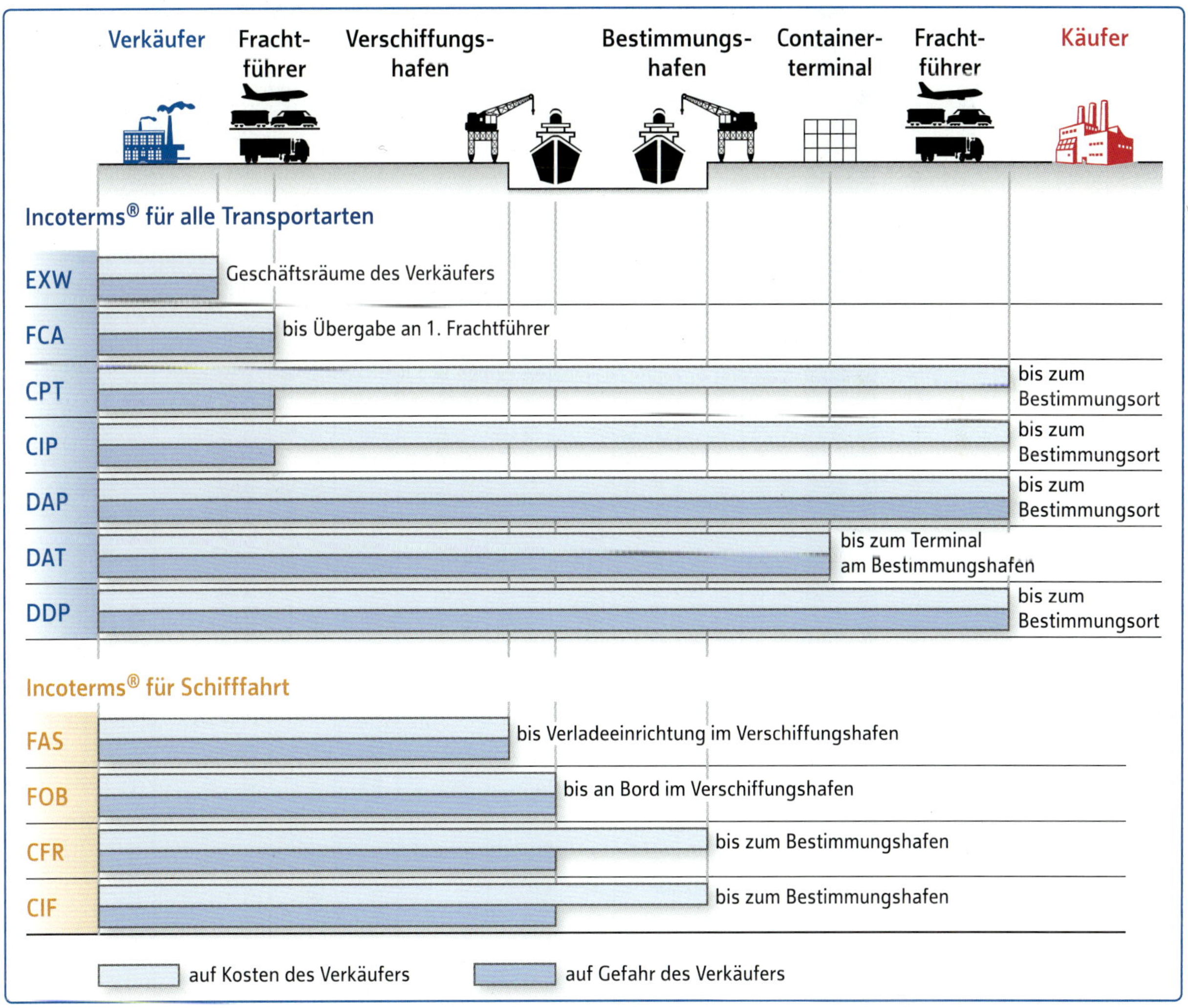

*Incoterms® 2010 **Hinweis**: Incoterms® ist ein eingetragenes Markenzeichen der International Chamber of Commerce. Diese Übersicht ist nicht als einzige Informationsquelle zu verwenden, sondern sollte immer mit dem Originaltext der Incoterms® 2010 genutzt werden*

Die weiteren Verpflichtungen des Verkäufers können der folgenden Tabelle entnommen werden:

Klausel	Exportfreimachung	Importfreimachung	Verpflichtungen des Verkäufers	Gefahrenübergang	Transportversicherung
EXW	Käufer	Käufer	Er muss die Ware lediglich zum vereinbarten Liefertermin am vereinbarten Ort (Werk, Lager) bereitstellen.	Werk des Verkäufers	–
FCA	Verkäufer	Käufer	Er trägt die Kosten bis zur Übergabe der Ware an den (ersten) Frachtführer.	Übergabeort an Frachtführer	–
CPT	Verkäufer	Käufer	Er muss die Ware dem Frachtführer liefern und trägt die Frachtkosten bis zum Bestimmungsort.	Ort der Übergabe an den 1. Frachtführer	–
CIP	Verkäufer	Käufer	geregelt wie CPT	Ort der Übergabe an den 1. Frachtführer	Verkäufer bis zum Bestimmungsort
DAP	Verkäufer	Käufer	Er muss die Ware dem Käufer am vereinbarten Bestimmungsort entladebereit zur Verfügung stellen.	benannter Bestimmungsort	–
DAT	Verkäufer	Käufer	Er muss die Ware dem Käufer am vereinbarten Terminal im Bestimmungshafen entladen zur Verfügung stellen.	nach Entladung am Terminal im Bestimmungshafen	–
DDP	Verkäufer	Verkäufer	geregelt wie DAP	benannter Bestimmungsort	–
FAS	Verkäufer	Käufer	Er muss die Ware längsseits des Schiffs, d. h. bis an die Verladeeinrichtung im Verschiffungshafen, liefern.	längsseits des Schiffs im Verschiffungshafen	–
FOB	Verkäufer	Käufer	Er muss die Ware an Bord des vom Käufer benannten Schiffs im Verschiffungshafen liefern.	sobald sich die Ware an Bord des Schiffs im Verschiffungshafen befindet	–
CFR	Verkäufer	Käufer	Er muss die Ware an Bord des Schiffs im Verschiffungshafen liefern und die Verladegebühren und Frachtkosten bis zum Bestimmungshafen tragen.	wie FOB	–
CIF	Verkäufer	Käufer	geregelt wie CFR	wie FOB	Verkäufer bis zum Bestimmungshafen

5.5 Angebotsvergleich

Aufgrund einer Anfrage liegen meist mehrere Angebote vor. Um eine Entscheidung zugunsten eines Angebots treffen zu können, müssen die Angebote miteinander verglichen werden, d. h., es muss ein sogenannter Angebotsvergleich durchgeführt werden. Hierbei bezieht sich der Angebotsvergleich in der Regel zunächst auf quantitative und anschließend auf qualitative Beurteilungskriterien.

Quantitativer Angebotsvergleich

Um Angebote miteinander vergleichen zu können, werden beim quantitativen Angebotsvergleich die Preise vergleichbar gemacht, d. h., für jedes Angebot wird mittels der Bezugskalkulation der Bezugs- bzw. der Einstandspreis berechnet. Dazu werden zunächst von dem im Angebot genannten Listeneinkaufspreis die Preisnachlässe (Lieferantenrabatt und Lieferantenskonto) abgezogen. Anschließend werden zu dem so ermittelten Bareinkaufspreis die Bezugskosten addiert. Bezugskosten sind alle Kosten, die mit der Beförderung und Verpackung der Waren zusammenhängen.

Bezugskalkulation

	Listeneinkaufspreis
–	***Lieferantenrabatt***
=	***Zieleinkaufspreis***
–	***Lieferantenskonto***
=	***Bareinkaufspreis***
+	***Bezugskosten***
=	***Bezugspreis bzw. Einstandspreis***

Ziel des quantitativen Angebotsvergleichs ist es, das Angebot mit dem günstigsten Bezugspreis zu ermitteln.

Musteraufgabe: Quantitativer Angebotsvergleich

Die Speedbike GmbH & Co. KG benötigt für die Produktion der Mountainbikes in zwei Wochen 400 Paar Pedale. Herr Kowalski, der Leiter der Beschaffungsabteilung, hat schon drei geeignete Lieferanten ausgewählt und Antragen versandt. Heute sind die entsprechenden Angebote eingetroffen:

→

Angebot der Adler GmbH

Adler GmbH • Seewaasen 55 • 36698 Hallersen

Speedbike GmbH & Co. KG
Herrn Marek Kowalski
Otto-Schill-Straße 86
04109 Leipzig

Ihr Zeichen, Ihre Nachricht vom	Unser Zeichen, unsere Nachricht vom	Telefon, Name 06663 992-	Datum
ko 12.04.20..	ad	25 Frau Adler	15.04.20..

Angebot

Sehr geehrter Herr Kowalski,

vielen Dank für Ihre Anfrage. Wir bieten Ihnen wunschgemäß an (Nettopreise):

400 Paar Pedale „Sporty" je 11,90 €, Verpackungskosten: 25,70 € je 100 Paar, Lieferung ab Werk innerhalb von 21 Tagen (Transportkosten je 100 Paar: 49,60 €).

Bei Bestellungen ab 200 Paar gewähren wir einen Rabatt von 15 %.
Zahlungsbedingung: innerhalb von 30 Tagen netto Kasse.

Angebot der Bauer KG

Bauer KG, Seibelhof 125 – 127, 22015 Feerst

Speedbike GmbH & Co. KG
Herrn Marek Kowalski
Otto-Schill-Straße 86
04109 Leipzig

Ihr Zeichen, Ihre Nachricht vom	Unser Zeichen, unsere Nachricht vom	Telefon, Name 04221 332-	Datum
ko 12.04.20..	ba/kr	52 Herr Bauer	16.04.20..

Angebot Nr. 123 336

Sehr geehrter Herr Kowalski,

Ihrer Anfrage entsprechend können wir Ihnen die beschriebenen Pedale zum Paarpreis von 12,51 € (netto) anbieten. Lieferung sofort frei Haus einschl. Verpackung. Ab einer Bestelllmenge von 500 Paar erhalten Sie 12 % Rabatt.

Zahlungsbedingungen: Innerhalb 8 Tagen 3 % Skonto, innerhalb von 30 Tagen netto Kasse.

Wir freuen uns auf Ihre Bestellung und verbleiben

Angebot der Cumulus AG

Cumulus AG | Wöllitz 12 | 54777 Weihers

Speedbike GmbH & Co. KG
Herrn Marek Kowalski
Otto-Schill-Straße 86
04109 Leipzig

Ihr Zeichen, Ihre Nachricht vom	Unser Zeichen, unsere Nachricht vom	Telefon, Name 06521 2685-	Datum
ko 12.04.20..	wo/bv	125 Frau Wolkenstein	14.04.20..

Angebot P-5525

Sehr geehrter Herr Kowalski,

nachfolgend unser Angebot:

400 Paar Pedale Art.-Nr. 25699-663, Einzelpreis netto einschl. Verpackung: 13,30 €,
12,5 % Rabatt ab einer Bestellmenge von 250 Paar,
Lieferung frei Haus innerhalb von 8 Tagen,
Zahlungsbedingungen: binnen 14 Tagen mit 2 % Skonto, binnen 30 Tagen ohne Abzug.

→

Frage:
Welches ist das günstigste Angebot?

Kalkulationsschema für die drei Angebote:

	Angebot Adler GmbH	Angebot Bauer KG	Angebot Cumulus AG
Bestellmenge	400 Paar	400 Paar	400 Paar
Listeneinkaufspreis netto	4 760,00 €	5 004,00 €	5 320,00 €
– Lieferantenrabatt	(15 %) 714,00 €	–	(12,5 %) 665,00 €
= Zieleinkaufspreis	4 046,00 €	5 004,00 €	4 655,00 €
– Lieferantenskonto	–	(3 %) 150,12 €	(2 %) 93,10 €
= Bareinkaufspreis	4 046,00 €	4 853,88 €	4 561,90 €
+ Bezugskosten (Verpackung, Transport)	102,80 € 198,40 €	– –	– –
= Bezugspreis gesamt	4 347,20 €	4 853,88 €	4 561,90 €
= Bezugspreis je Paar	10,87 €	12,13 €	11,40 €

Antwort:
Auf der Grundlage der Bezugskalkulation ist das Angebot der Adler GmbH das günstigste.

Der quantitative Angebotsvergleich hat folgende Vor- und Nachteile:

Vor- und Nachteile des quantitativen Angebotsvergleichs

Vorteile	Nachteile
• einfache Berechnung	• keine Berücksichtigung qualitativer Kriterien • Abstimmung mit Unternehmenszielen nur bedingt möglich

Qualitativer Angebotsvergleich

Das Angebot mit dem günstigsten Bezugspreis muss nicht gleichzeitig auch das beste Angebot sein. Auch qualitative Kriterien müssen beim Angebotsvergleich berücksichtigt werden. Zu den qualitativen Kriterien zählen z. B.:

Qualitative Kriterien für den Angebotsvergleich

- Qualität der Ware: Ist eine Ware qualitativ minderwertig, kann dies zu Störungen in der Produktion und damit auch zu hohen Folgekosten führen. Ein Weiterverkauf minderwertiger Ware kann auch zu Kundenreklamationen führen und damit geschäftsschädigend sein.
- Liefermenge: Es kann z. B. vorkommen, dass ein Lieferant nur in größeren Verpackungseinheiten liefert, diese aber nicht benötigt werden.

- Lieferzeit: Meist ist es wichtig, dass ein Lieferant innerhalb einer bestimmten Frist liefern kann. Wird die Ware beispielsweise sofort benötigt, der Lieferant kann aber erst in 14 Tagen liefern, so ist dieses Angebot uninteressant.
- Zuverlässigkeit des Lieferanten: Die Produktions- und Verkaufsbereitschaft ist davon abhängig, ob die Ware pünktlich und mangelfrei geliefert wird. Fehlbestände führen z. B. zu Produktionsstillstand, Kunden- und Umsatzverlusten und damit zu Gewinneinbußen.
- Serviceleistungen des Lieferanten: Wichtige Entscheidungskriterien sind das kulante Verhalten eines Lieferanten in Reklamationsfällen, die Garantieleistungen und mögliche Zusatzleistungen wie z. B. der Aufbau einer Maschine und Produktschulungen.
- Umweltverträglichkeit der Ware: Kein Unternehmen kann sich heute der Verantwortung für die Umwelt verschließen. Je nach Art der Ware können die Umweltverträglichkeit der zu beschaffenden Ware und deren Verpackung für die Kaufentscheidung von großer Bedeutung sein.

Die qualitativen Informationen zu den Lieferanten können aus eigenen Erfahrungen und Recherchen (z. B. Befragungen von Geschäftsfreunden, Testberichte von Verbraucherschutzverbänden, Kundenbewertungen im Internet) sowie Auskünften der Lieferanten selbst stammen.

Im Gegensatz zum Bezugspreis lassen sich die qualitativen Kriterien nicht einfach in Geldeinheiten bewerten. Sämtliche Kriterien, die für die Beschaffung der gewünschten Ware von Bedeutung sind, müssen analysiert und gewichtet werden, um das optimale Angebot zu finden.

Nutzwertanalyse mittels einer Entscheidungsbewertungstabelle

Eine Möglichkeit zur möglichst objektiven Lieferanten- und Angebotsbewertung bietet die Nutzwertanalyse in Form einer Entscheidungsbewertungstabelle [▸ Lernfeld 7, ▸ Kapitel 4]:

1. Schritt: Festlegung der relevanten Entscheidungskriterien
Zunächst werden mögliche Entscheidungskriterien untersucht und die relevanten Kriterien ausgewählt.

2. Schritt: Gewichtung der Kriterien
Die aufgelisteten Beurteilungskriterien werden entsprechend ihrer Bedeutung gewichtet. Hierzu werden 100 Gewichtungspunkte auf die einzelnen Kriterien verteilt. Ist ein Kriterium für das Unternehmen von großer Wichtigkeit (z. B. Lieferzeit), wird dieser Faktor z. B. mit 50 Punkten gewichtet; untergeordnete Faktoren (z. B. Serviceleistungen) werden z. B. nur mit 10 Punkten gewichtet.

3. Schritt: Festlegung der Beurteilungspunkte je Kriterium
Es ist festzulegen, wie viele Beurteilungspunkte pro Kriterium maximal erreicht werden können (z. B. 5 Punkte).

4. Schritt: Beurteilung der Kriterien je Lieferant
Alle aufgelisteten Kriterien werden einzeln für alle zur Auswahl stehenden Lieferanten beurteilt. Werden die Anforderungen an ein bestimmtes Be-

→

urteilungskriterium in vollem Umfang erfüllt, gibt es dafür beispielsweise die Höchstpunktzahl von 5 Punkten; werden die Anforderungen überhaupt nicht erfüllt, gibt es dafür 0 Punkte.

5. Schritt: Ermittlung der gewichteten Punkte
Die im dritten Schritt erreichten Punkte werden mit den Gewichtungsfaktoren multipliziert.

6. Schritt: Ermittlung des Angebots mit der höchsten Gesamtpunktzahl
Die gewichteten Punktewerte werden addiert. Der Lieferant mit der höchsten Punktwertsumme erhält den Zuschlag.

Musteraufgabe: Qualitativer Angebotsvergleich

Die Speedbike GmbH & Co. KG hat zu den drei Angeboten der Adler GmbH, der Bauer KG und der Cumulus AG die folgenden Informationen über die jeweiligen Lieferanten und ihr Produkt zusammengetragen:

Lieferanteninformationen – SPEEDBIKE GmbH & Co KG • Leipzig

Lieferant: Adler GmbH, Hallersen
Produkt/interne Art.-Nr.: Pedale/325699

Bezugspreis (€): 10,87/Paar
Lieferzeit lt. Angebot: 21 Tage
Internet: Produkte sind von höchster Qualität

Aussagen von Geschäftsfreunden:
- pünktliche Lieferung
- Reklamationsabwicklung tw. langwierig

Lieferanteninformationen – SPEEDBIKE GmbH & Co KG • Leipzig

Lieferant: Bauer KG, Feerst
Produkt/interne Art.-Nr.: Pedale/325699

Bezugspreis (€): 12,13/Paar
Lieferzeit lt. Angebot: sofort
Internet: Lob für die gute Qualität

Aussagen von Geschäftsfreunden:
- Liefertermine bisher meist eingehalten
- i. d. R. problemlose Reklamationsabwicklung

Lieferanteninformationen – SPEEDBIKE GmbH & Co KG • Leipzig

Lieferant: Cumulus AG, Weihers
Produkt/interne Art.-Nr.: Pedale/325699

Bezugspreis (€): 11,40/Paar
Lieferzeit lt. Angebot: 8 Tage
Internet:

Aussagen von Geschäftsfreunden:
- schwankende Qualität, häufige Reklamationen
- Reklamationen werden umgehend bearbeitet.

→

Bei einer Teambesprechung einigen sich die Mitarbeiter auf die folgenden wichtigen Beurteilungskriterien für den qualitativen Angebotsvergleich: Preis, Lieferzeit, Qualität, Zuverlässigkeit, Kulanzverhalten.

Frage:
Welches Angebot erhält den Zuschlag?

Da die Speedbike GmbH & Co. KG die Pedale in 14 Tagen benötigt, fällt das Angebot des Lieferanten Adler GmbH aufgrund einer Lieferfrist von 21 Tagen komplett aus der Bewertung heraus.
Für die beiden übrigen Lieferanten Bauer KG und Cumulus AG ergibt sich die folgende Entscheidungsbewertungstabelle:

Kriterien	Gewichtung (in %)	Lieferant Bauer KG		Lieferant Cumulus AG	
		Punkte	Punktegewichtung	Punkte	Punktegewichtung
Preis	20	1	20	3	60
Lieferzeit	30	5	150	4	120
Qualität	20	5	100	2	40
Zuverlässigkeit	20	4	80	2	40
Kulanzverhalten	10	3	30	4	40
Summe der gewichteten Punkte	100		380		300

Antwort:
Der Lieferant Bauer KG erhält den Zuschlag.

Anhand der Musteraufgabe wird deutlich, dass qualitative Gesichtspunkte das Kriterium des günstigsten Bezugspreises relativieren können.

Der qualitative Angebotsvergleich hat folgende Vor- und Nachteile:

Vor- und Nachteile des qualitativen Angebotsvergleichs

Vorteile	**Nachteile**
• einfache Berechnung • Berücksichtigung qualitativer Kriterien • Abstimmung mit Unternehmenszielen möglich	• (teilweise) subjektive Gewichtung und Bewertung

4850132

5.6 Bestellung und Bestellungsannahme

Wenn sich ein Käufer für ein Angebot entschieden hat, erfolgt die Bestellung.

[?!]

Bestellung

> ***Die Bestellung ist die verbindliche Willenserklärung des Käufers gegenüber dem Verkäufer, Waren zu festgelegten Bedingungen zu kaufen.***

Inhalte der Bestellung

Die Bestellung sollte folgende Inhalte enthalten:
- genaue Bezeichnung der Ware
- genaue Mengenangabe
- Lieferungs- und Zahlungsbedingungen

Bezieht sich die Bestellung auf ein ausführliches Angebot eines Lieferanten, reicht der Hinweis auf die Angebotsbedingungen.

Rechtliche Bedeutung und Form der Bestellung

Die Bestellung ist eine rechtsverbindliche Willenserklärung, durch die sich der Käufer verpflichtet, die angebotene Ware zu den angegebenen Bedingungen zu erwerben. Erfolgt die Bestellung auf ein verbindliches Angebot, kommt mit dem Zugang der Bestellung ein Kaufvertrag zustande, wenn die Bestellung mit dem Angebot übereinstimmt und rechtzeitig erfolgt.

Widerruf der Bestellung

Ein Widerruf der Bestellung ist nur möglich, wenn dieser gleichzeitig mit der Bestellung oder vor der Bestellung beim Anbieter eintrifft. Mit dem Widerruf wird die Bestellung ungültig. Wurde die Bestellung von einem Endverbraucher unter Verwendung von Fernkommunikationsmitteln, z. B. Brief, Telefon, Katalog, E-Mail oder Internetbestellung, abgegeben, kann der Käufer die Bestellung binnen zwei Wochen widerrufen. Die Frist von zwei Wochen gilt allerdings nur dann, wenn die Belehrung bis zum Vertragsabschluss oder unverzüglich nach Vertragsabschluss in Textform mitgeteilt wird. Wird die Belehrung erst zu einem späteren Zeitpunkt in Textform mitgeteilt, beträgt die Widerrufsfrist einen Monat. Der Widerruf benötigt keine Begründung und muss schriftlich oder durch Rücksendung der Ware erfolgen.

Form der Bestellung

Die Bestellung ist, wie Angebot und Anfrage, an keine Formvorschrift gebunden.

Bestellungsannahme/Auftragsbestätigung

Erfolgt die Bestellung ohne vorhergehendes Angebot, so gilt die Bestellung als Antrag auf Abschluss eines Kaufvertrages (= 1. Willenserklärung). Damit der Kaufvertrag zustande kommt, muss durch den Verkäufer eine Annahme in Form einer Auftragsbestätigung oder die Lieferung der Ware erfolgen (= 2. übereinstimmende Willenserklärung). Gleiches gilt, wenn die Bestellung auf ein unverbindliches Angebot erfolgt oder sie vom vorausgehenden Angebot abweicht. Die Bestellungsannahme ist dabei an keine Formvorschrift gebunden.

Bestellt ein Käufer aufgrund eines Angebots rechtzeitig zu den angegebenen Angebotsbedingungen, ist eine Bestellungsannahme für das Zustandekommen des Kaufvertrages nicht erforderlich, da die Bestellung in diesem Fall bereits die 2. übereinstimmende Willenserklärung darstellt.

6 Kaufvertrag

Ein Kaufvertrag kommt durch zwei übereinstimmende Willenserklärungen zustande. Die zuerst abgegebene Willenserklärung wird als Antrag bezeichnet. Die zustimmende Willenserklärung ist die Antragsannahme [▸ Lernfeld 1].

6.1 Abschluss und rechtliche Wirkung

Form von Kaufverträgen

Ein Kaufvertrag ist mit der Annahme des Antrags rechtswirksam abgeschlossen. Die Willenserklärungen beim Kaufvertrag sind an keine Form gebunden. Sie können mündlich, stillschweigend oder auch schriftlich abgegeben werden. Ausnahmen bilden Ratenkaufverträge und Immobilienkaufverträge. Für sie ist die Schriftform vorgeschrieben. Immobilienkaufverträge müssen notariell beurkundet werden.

Verpflichtungsgeschäft
Erfüllungsgeschäft

Mit dem Abschluss eines Kaufvertrages werden Käufer und Verkäufer verpflichtet, den abgeschlossenen Vertrag zu erfüllen (Verpflichtungsgeschäft). Der Verkäufer verpflichtet sich, einwandfreie Ware pünktlich zu liefern, und der Käufer verpflichtet sich, die Ware abzunehmen und zu bezahlen. Werden die Pflichten aus dem Kaufvertrag erfüllt, spricht man vom sogenannten Erfüllungsgeschäft.

Widerruf von Kaufverträgen

Kaufvertrag

Grundsätzlich können Kaufverträge, die den gesetzlichen Regelungen entsprechen, nicht widerrufen werden. Ausnahmen bestehen aber für folgende Kaufverträge:

- Haustürgeschäfte: Dies sind Verträge, die an der Haustür des Kunden, im Bereich seiner Privatwohnung, am Arbeitsplatz, anlässlich einer Freizeitveranstaltung, z. B. auf sogenannten Kaffeefahrten, oder durch überraschendes Ansprechen auf der Straße geschlossen werden und deren Wert 40,00 € übersteigt.
- Versandhausbestellungen
- Ratenkaufverträge
- Zeitungsabonnements
- Verträge, die im Internet oder am Telefon abgeschlossen werden

Die genannten Verträge können innerhalb von 14 Tagen widerrufen werden. Dies kann durch eine schriftliche Mitteilung an den Verkäufer oder durch Rücksendung der erworbenen Sache geschehen. Der Verkäufer ist verpflichtet, den Käufer über das Widerrufsrecht in Textform zu informieren. Wird die Belehrung nach Vertragsabschluss erteilt, verlängert sich die Frist zur Erklärung des Widerrufs auf einen Monat.

6.2 Nichtigkeit und Anfechtbarkeit

Nichtige und anfechtbare Rechtsgeschäfte

Nicht jeder Vertrag ist ein Vertrag, auch wenn das auf den ersten Blick so aussehen mag. Die Vertragsfreiheit hat dort ihre Grenzen, wo der Einzelne bzw. die Allgemeinheit rechtlich geschützt werden muss. Die deutsche Rechtsordnung billigt nur solche Rechtsgeschäfte (Verträge), die nicht zu ihren Rechtsregeln und Moralgesetzen in Widerspruch stehen. Ist diese Einschränkung nicht erfüllt, können solche Rechtsgeschäfte

- nichtig sein, d. h., sie sind von vornherein ungültig,
- oder anfechtbar sein, d. h., sie sind nur so lange gültig, bis sie angefochten und für nichtig erklärt werden.

4850134

Nichtige Rechtsgeschäfte

Ein Rechtsgeschäft ist nichtig, wenn es so schwere Mängel aufweist, dass das Gesetz ihm von Anfang an keinerlei Rechtskraft zubilligt. Solche Verträge werden deshalb von Anfang an als unwirksam betrachtet. Die Vertragspartner werden so gestellt, als ob sie niemals einen Vertrag geschlossen hätten.

Gründe für die Nichtigkeit von Rechtsgeschäften liegen vor bei:

- Abgabe von Willenserklärungen von Geschäftsunfähigen, also von Personen unter sieben Jahren (§ 105 Abs. 1 BGB); Ausnahme: Kinder, die im Auftrag der Eltern oder einer anderen geschäftsfähigen Person als Bote auftreten
- Abgabe von Willenserklärungen von beschränkt geschäftsfähigen Personen (= Personen zwischen sieben und 18 Jahren) ohne Zustimmung des gesetzlichen Vertreters (§ 107 BGB)
- Abgabe von Willenserklärungen im Zustand der Bewusstlosigkeit oder vorübergehenden Störung der Geistestätigkeit (§ 105 Abs. 2 BGB), z. B. der Verkauf eines Autos an einen Betrunkenen
- Verstoß gegen ein gesetzliches Verbot (§ 134 BGB), z. B. der Verkauf von Rauschgift
- Sittenwidrigkeit eines Rechtsgeschäfts (§ 138 Abs. 1 BGB), z. B. Wucherzinsen oder das Ausnutzen von Notlagen
- Scheingeschäften (§ 117 BGB), z. B. die zu niedrige Angabe des Kaufpreises eines Grundstückes bei der notariellen Beurkundung zur Einsparung der Grunderwerbsteuer
- Scherzgeschäften (§ 118 BGB), z. B. der Verkauf eines neuen Autos im Scherz für 1,00 €
- Formmangel (§ 125 BGB), z. B. Grundstücks- oder Hauskauf ohne notarielle Beurkundung

Anfechtbare Rechtsgeschäfte

Ist ein Rechtsgeschäft zustande gekommen, kann es unter bestimmten Voraussetzungen nachträglich angefochten werden. Bis zu dieser Anfechtung ist das Rechtsgeschäft wirksam, danach verliert es seine Gültigkeit und wird als von Anfang an nichtig angesehen. Zu den anfechtbaren Rechtsgeschäften zählen:

- Geschäfte, denen ein Irrtum zugrunde liegt (§ 119 ff. BGB):
  - Erklärungsirrtum: Der Wille und die Erklärung stimmen nicht überein, d. h., jemand wollte eigentlich etwas anderes äußern, hat sich aber versprochen oder verschrieben, z. B. wenn aufgrund eines Tippfehlers ein Preis von 15,00 € anstelle von 51,00 € angegeben wird.
  - Inhaltsirrtum: Hier handelt es sich um den Irrtum über wesentliche Eigenschaften der Person oder Sache. Der Willenserklärung liegt eine Verwechslung oder Unkenntnis der wahren Sachlage zugrunde, z. B. wenn eine eingestellte Kassiererin wegen mehrfachen Gelddiebstahls bereits verurteilt worden ist, dies aber zu spät bekannt wurde.
  - Übermittlungsirrtum: Die Erklärung wird durch einen Dritten falsch oder unvollständig übermittelt, z. B. durch einen Boten, der statt fünf Brötchen fünf Brote bestellt, oder durch fehlerhafte Übermittlung durch technische Einrichtungen (Fax, E-Mail usw.).

- Geschäfte, die aufgrund arglistiger Täuschung zustande gekommen sind, z. B. wenn ein Gebrauchtwagenhändler einen Unfallwagen als unfallfrei verkauft.
- Geschäfte, die unter widerrechtlicher Drohung geschlossen wurden, z. B. wenn ein Autokäufer mit Schlägen droht, falls der Händler den Wagen nicht billiger verkauft.

Anfechtungsfristen

Im Falle eines Erklärungs-, Inhalts- oder Übermittlungsirrtums muss die Anfechtung unverzüglich nach Kenntnisnahme erfolgen. Bei arglistiger Täuschung und widerrechtlicher Drohung muss die Anfechtung innerhalb eines Jahres ab Entdeckung bzw. Wegfall der Zwangslage erfolgen.

Motivirrtum, Unachtsamkeit und Nachlässigkeit

Es kann jedoch nicht jeder Irrtum angefochten werden. Motivirrtum (Irrtum im Beweggrund), Unachtsamkeit und Nachlässigkeit bewirken keine Anfechtbarkeit von Rechtsgeschäften. Beispiele sind:
- Ein Kunde kauft Aktien in der Hoffnung auf einen Kursanstieg, die Kurse fallen jedoch (Motivirrtum).
- Ein Verkäufer kalkuliert falsch und gibt ein Angebot ab, das seine Kosten nicht deckt (Unachtsamkeit).
- Ein Kunde liest erst nach Abschluss des Kaufvertrages die allgemeinen Geschäftsbedingungen des Lieferanten (Nachlässigkeit).

6.3 Kaufvertragsarten

Nach der rechtlichen Stellung der Vertragspartner, der Art, Beschaffenheit und Güte der Ware und den Lieferungs- und Zahlungsbedingungen können verschiedene Kaufvertragsarten unterschieden werden.

Kaufvertragsarten nach der rechtlichen Stellung der Vertragspartner	
Bürgerlicher Kauf	Dies ist ein Kauf unter Nichtkaufleuten.
Einseitiger Handelskauf	Dies ist ein Kauf zwischen einem Kaufmann und einer Privatperson.
Zweiseitiger Handelskauf	Dies ist ein Kauf unter Kaufleuten.
Kaufvertragsarten nach der Art, Beschaffenheit und Güte der Ware	
Stückkauf	Der Kaufgegenstand ist ein einzigartiges und nicht durch vergleichbare Waren zu ersetzendes Gut (z. B. ein Gemälde von Picasso).
Gattungskauf	Der Kaufgegenstand ist der Gattung nach bestimmt. Es handelt sich um Waren, die mehrfach gefertigt wurden.
Kauf auf Probe	Der Käufer kann die Ware bei Nichtgefallen innerhalb einer vereinbarten Frist wieder zurückgeben. Üblich ist diese Art des Kaufvertrags im Versandhandel.
Kauf nach Probe/Muster	Die zu liefernde Ware muss der Probe (z. B. dem Stoffmuster) oder der früher gelieferten Ware entsprechen.

4850136

Kaufvertragsarten nach der Art, Beschaffenheit und Güte der Ware	
Kauf zur Probe	Der Käufer bezieht erst eine kleinere Menge einer Ware zum Testen. Bei Gefallen ist vom Käufer meist eine größere Bestellmenge in Aussicht gestellt.
Bestimmungs- oder Spezifikationskauf	Dies ist der Kauf einer Gattungsware, wobei der Käufer das Recht hat, innerhalb einer festgelegten Frist Einzelheiten der Ware (z. B. Farbe, Form, Größe) näher zu bestimmen.
Kaufvertragsarten nach Zahlungs- und Lieferungsbedingungen	
Barkauf	Die Zahlung des Kaufpreises erfolgt bei der Übergabe der Ware (Zug-um-Zug-Geschäft).
Kauf gegen Vorauszahlung	Die Zahlung des Kaufpreises erfolgt vor der Übergabe der Ware, z. B. bei Sonderanfertigungen oder bei Neukunden.
Zielkauf	Der gesamte Kaufpreis wird später bezahlt, z. B. innerhalb von 30 Tagen nach Erhalt der Ware.
Ratenkauf	Die Ware wird in Teilbeträgen bezahlt. Beim Ratenkauf muss der Kaufvertrag schriftlich abgeschlossen werden.
Sofortkauf/Tageskauf	Der Verkäufer liefert unmittelbar nach Abschluss des Kaufvertrags (Zug-um-Zug-Geschäft).
Terminkauf	Die Lieferung hat zu einem vereinbarten Termin oder innerhalb einer vereinbarten Frist zu erfolgen.
Fixkauf	Die Lieferung muss an einem ganz bestimmten, vereinbarten Termin erfolgen, weder vorher noch nachher. Der kalendermäßig festgesetzte Liefertermin ist Vertragsbestandteil.
Kauf auf Abruf	Die gekaufte Ware wird in Teilmengen oder ganz zu einem späteren Zeitpunkt geliefert, d. h., der Käufer ruft die Ware ab, wenn er sie benötigt.

6.4 Inhalte eines Kaufvertrags

Für die meisten Käufe des täglichen Lebens, z. B. den Einkauf beim Metzger oder im Supermarkt, ist es nicht erforderlich, die einzelnen Bedingungen des Kaufs genau auszuhandeln und festzuhalten. Handelt es sich jedoch um wichtige Kaufverträge, z. B. mit hohen Warenwerten, sollten alle Bedingungen des Kaufs vorher genau vereinbart und schriftlich festgehalten werden, um späteren Missverständnissen und Streitigkeiten vorzubeugen. In der Regel enthält der Kaufvertrag folgende Bestandteile.

Lieferant	Name und Anschrift
Kunde	Name und Anschrift
Menge der Ware	Maße, Gewicht, Stückzahl
Art der Ware	Artikelbezeichnung, Artikelnummer
Qualität der Ware	Marke, Typ, Norm, Handelsklasse, Beschreibung, Abbildung
Preis der Ware	Nettopreis, Bruttopreis
Liefer-bedingungen	Lieferzeit
Beförderungs- und Verpackungskosten	Frankatur (z. B. frei Haus), Träger der Verpackungskosten
Zahlungs-bedingungen	Zahlungsziel, Teilzahlungen, Vorausleistungen usw.
Preisnachlässe	Rabatt, Skonto
Garantie-leistungen	
	Erfüllungsort (Ort, an dem die Leistungen erfüllt werden, also wo die Ware bzw. der Kaufpreis zu übergeben ist)
	Datum, Unterschrift

Inhalte des Kaufvertrags

Einige der in der Abbildung genannten Bestandteile des Kaufvertrags werden häufig auch in schriftlicher Form in den allgemeinen Geschäftsbedingungen des Unternehmens (AGB) geregelt. Wurde im Kaufvertrag nichts anderes vereinbart, gelten die gesetzlichen Regelungen.

Gesetzliche Regelungen über die Inhalte des Kaufvertrags	
Art und Güte der Ware	Es sind Waren mittlerer Art und Güte zu liefern.
Lieferzeit	Die Ware ist sofort zu liefern.
Verpackungskosten	Die Kosten der Übergabeverpackung trägt der Verkäufer, die Kosten der Versandverpackung der Käufer.
Beförderungskosten	Der Käufer trägt die Beförderungskosten (Warenschulden sind Holschulden).
Zahlungsbedingungen	Der Käufer muss dem Lieferanten auf eigene Kosten und Gefahr das Geld überbringen.
Preisnachlässe	Preisnachlässe wie Rabatt oder Skonto dürfen nicht vorgenommen werden.
Erfüllungsort und Gerichtsstand	Der Wohn- bzw. Firmensitz des jeweiligen Schuldners ist Erfüllungsort und Gerichtsstand (für die Ware: Ort des Verkäufers; für das Geld: Ort des Käufers).

6.5 Kaufvertragsstörung – Zahlungsverzug

Mit dem Abschluss eines Kaufvertrags gehen die beiden Vertragsparteien verschiedene Verpflichtungen ein. Bei der Erfüllung dieser Pflichten kommt es jedoch immer wieder zu Problemen, den sogenannten Kaufvertragsstörungen [▸ Lernfeld 1]. Eine dieser Kaufvertragsstörungen ist der Zahlungsverzug.

[?!] *Zahlungsverzug*

> ***Der Käufer gerät in Zahlungsverzug, wenn er nicht rechtzeitig zum vereinbarten Termin zahlt und der Verkäufer seine zu diesem Zeitpunkt zu erbringende Leistung erbracht hat.***

Voraussetzungen für Zahlungsverzug

Für einen Zahlungsverzug müssen die folgenden Voraussetzungen erfüllt sein:

1 **Fälligkeit**	• Der im Kaufvertrag vereinbarte Zahlungstermin ist erreicht und abgelaufen. Hierzu muss der Zahlungstermin kalendermäßig bestimmt oder bestimmbar sein. z. B.: zahlbar bis zum 31.05.20.. zahlbar in der 20. Kalenderwoche zahlbar 14 Tage nach Rechnungsdatum • Nach Ablauf von 30 Tagen ab Rechnungszugang beim Schuldner, wenn der Zahlungstermin kalendermäßig nicht genau bestimmt oder bestimmbar ist. z. B.: zahlbar 14 Tage nach Rechnungserhalt zahlbar sofort
2 **Verschulden**	• Der Käufer hat die Zahlungsverzögerung durch fahrlässiges oder vorsätzliches Handeln zu verantworten (z. B. mangelnde Sorgfalt bei der Einhaltung der Zahlungstermine).
3 **Mahnung**	• Eine in der Mahnung gesetzte Frist ist abgelaufen. • Die Mahnung entfällt, wenn – der Zahlungstermin kalendermäßig genau bestimmt oder bestimmbar ist, – der Schuldner die Zahlung von sich aus ernsthaft und endgültig verweigert (= Selbstinverzugsetzung), – 30 Tage nach Rechnungszugang vergangen sind (gilt beim einseitigen Handelskauf nur, wenn der Endverbraucher ausdrücklich auf diese Regelung hingewiesen wurde).

Rechte des Verkäufers

Treffen die oben genannten Voraussetzungen für einen Zahlungsverzug zu, dann stehen dem Verkäufer verschiedene Rechte zu.

Rechte des Verkäufers

- Der Verkäufer setzt dem Käufer keine Nachfrist und …
  - … verlangt die Zahlung.
  - … verlangt die Zahlung und Schadenersatz (Zahlung zuzüglich Verzugszinsen).
- Der Verkäufer setzt dem Käufer eine Nachfrist und …
  - … droht mit Rücktritt vom Vertrag und verlangt Herausgabe der Ware.
  - … droht mit Rücktritt vom Vertrag und verlangt Herausgabe der Ware und Schadenersatz (Ersatz von Verzugszinsen wie z. B. Mindererlös beim Weiterverkauf sowie Ersatz vergeblicher Aufwendungen).

7 Zahlungsarten

Im Geschäftsleben und privat gibt es viele verschiedene Möglichkeiten zu bezahlen.

Bargeld

Bei kleinen Einkäufen im Alltag wird oft mit Münzen und Banknoten gezahlt. Bargeld in Form von Euro-Münzen und Euro-Banknoten ist das gesetzliche Zahlungsmittel. Durch die Zahlung mit dem gesetzlichen Zahlungsmittel erfüllt der Schuldner seine Zahlungsverpflichtung.

Geldersatzmittel

Bargeld ist allerdings nur für Kleinbeträge praktisch zu handhaben und die Verarbeitung von Scheinen und Münzen ist mit hohen Kosten verbunden. Unternehmen wickeln ihre Zahlungen daher vorwiegend bargeldlos ab. Auch im Privatleben werden Geldersatzmittel genutzt. Die Palette dafür reicht vom Scheck über die Verwendung einer Bankkarte oder Kreditkarte bis zur Zahlung mit Kunstwährungen im Internet.

Buchgeld

Mit Geldersatzmitteln können Privat- und Geschäftsleute über das auf einem Konto befindliche Guthaben, das Buchgeld, verfügen oder Bargeld auszahlen lassen. Zah-

4850140

lungsempfänger können wählen, welche Geldersatzmittel sie akzeptieren. Für die Wahl einer Zahlungsart sind folgende Kriterien wichtig:

- technische Voraussetzungen
- Sicherheit
- Kosten

Zahlungsarten

Entlang der technischen Voraussetzungen werden die Zahlungsarten danach unterschieden, ob der Zahlungspflichtige und der Zahlungsempfänger Bargeld verwenden oder ob die Zahlung über mindestens ein Konto abgewickelt wird. Daraus ergeben sich drei grundsätzliche Arten der Zahlung.

Zahlungsarten	
Barzahlung	Der Zahlungspflichtige zahlt mit Bargeld. Der Zahlungsempfänger erhält Münzen und Scheine.
Halbbare Zahlung	Der Zahlungspflichtige oder der Zahlungsempfänger hat ein Konto. Der andere Geschäftspartner benutzt Bargeld.
Bargeldlose Zahlung	Keiner der Beteiligten benutzt Bargeld.

Für die bargeldlose Zahlung gibt es eine Fülle von Möglichkeiten. Hier kann noch einmal unterschieden werden zwischen der klassischen bargeldlosen Zahlung, den Kartenzahlungssystemen und den für die Zahlung im Internet konzipierten Bezahlsystemen.

7.1 Barzahlung

Die Übergabe von Münzen und Banknoten ist die einfachste Form der Zahlung. Sie setzt allerdings voraus, dass Zahlungspflichtiger und Zahlungsempfänger sich direkt begegnen. Wenn die Beteiligten sich nicht treffen können, z. B. weil sie sich in zwei verschiedenen Ländern aufhalten, muss ein Mittler eingeschaltet werden.

Barzahlung

Übergabe von Bargeld durch den Zahlungspflichtigen	Übergabe von Bargeld durch einen Boten	Übermittlung von Bargeld durch einen Wertbrief	Übermittlung von Bargeld durch einen Dienstleister

Das kann ein Bote, die Deutsche Post oder eine auf die Übermittlung von Bargeld spezialisierte Firma sein. Bargeld und Wertgegenstände können innerhalb Deutschlands mit einem Brief übermittelt werden. Dazu ist die Sendungsform „Wert National" der Deutschen Post zu wählen. Der Absender erhält eine schriftliche Empfangsbestätigung, bei Verlust haftet die Post für Bargeld bis zu einem Betrag von 100,00 € und für Wertgegenstände bis zu 500,00 €. Die Deutsche Post übermittelt auch international Wertgegenstände mit der Leistung „Wert International", Bargeld darf damit aber nicht versandt werden. Der größte Anbieter für die nationale und internationale Übermittlung von Bargeld ist die Western Union, die in Deutschland mit verschiedenen Sparkassen und der Postbank zusammenarbeitet. Vergleichbare Anbieter sind MoneyGram und Ria Money Transfer. Der Zahlungspflichtige füllt in der Filiale ein Einzahlungsformular aus, weist sich aus und zahlt den Betrag einschließlich Gebühren ein. Wenige Stunden später kann sich der Zahlungsempfänger das Geld in einer Filiale an einem Ort seiner Wahl auszahlen lassen. Dazu legt er die Referenznummer vor, die der Einzahler vom Dienstleister erhalten und an den Geldempfänger weitergeleitet hat. Einzahler und Geldempfänger müssen sich ausweisen. Es fallen erhebliche Gebühren an und das Geld ist nicht rückholbar.

Quittung

Bei jeder Barzahlung erhält der Zahlungspflichtige als Nachweis der Zahlung einen Zahlungsbeleg, die Quittung (§ 368 BGB). Einem Boten, der eine Quittung überbringt, darf der Zahlungspflichtige das Geld übergeben, denn dieser Bote gilt als berechtigt, den Zahlungsbetrag entgegenzunehmen (§ 370 BGB).

Zahlungsbelege

Als Quittungen gelten:
- handgeschriebene Quittung
- ausgefüllter Quittungsvordruck
- quittierte Rechnung (handschriftlich, Quittungsstempel)
- Kassenbon bis zu einem Gesamtbetrag von 150,00 €

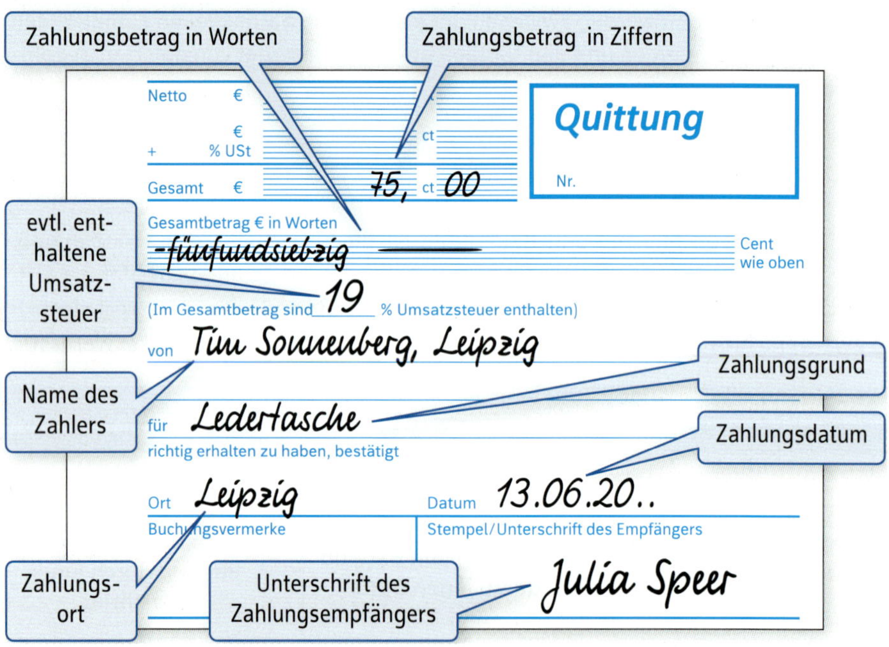

Bestandteile einer Quittung

Außer als Zahlungsbeleg dient die Quittung auch als Buchungsbeleg, als Steuerbeleg und als Beleg für die Inanspruchnahme von Gewährleistungsrechten und Garantien. Da Quittungen Buchungsbelege sind, müssen Unternehmen sie zehn Jahre lang aufbewahren. Die Frist beginnt am Ende des Kalenderjahres, in dem die Quittung ausgestellt wurde. Ab 150,00 € Bruttobetrag ist die Umsatzsteuer getrennt auszuweisen.

7.2 Halbbare Zahlung

Bei der halbbaren Zahlung wickelt einer der Beteiligten die Zahlung über ein Konto ab, der andere verwendet Bargeld. Der Zahlschein und die Nachnahme werden benutzt, wenn der Geldempfänger über ein Konto verfügt. Die Zahlungsanweisung und der Barscheck können verwendet werden, wenn der Zahlungspflichtige ein Konto nutzt.

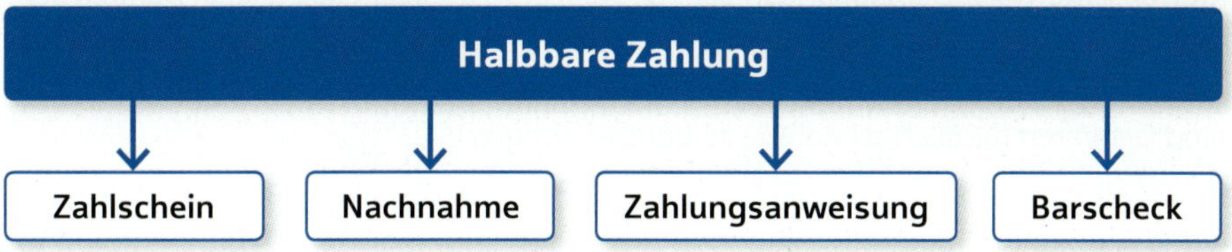

Zahlschein

Zahlscheine gibt es in vielen Varianten. Oft sind der Name des Zahlungsempfängers und seine Bankverbindung bereits aufgedruckt. In der Regel handelt es sich um ein kombiniertes Formular SEPA-Überweisung/Zahlschein, das für die halbbare Zahlung als Zahlschein oder für eine bargeldlose Zahlung als Überweisungsträger genutzt werden kann. Bei der Verwendung als Zahlschein füllt der Zahlungspflichtige das Formular aus und zahlt bei einem Kreditinstitut den geforderten Geldbetrag bar ein. Der Betrag wird dem Konto des Zahlungsempfängers gutgeschrieben. Die Zahlung ist schnell und sicher, allerdings verlangt das beauftragte Kreditinstitut Gebühren für die Zahlungsabwicklung.

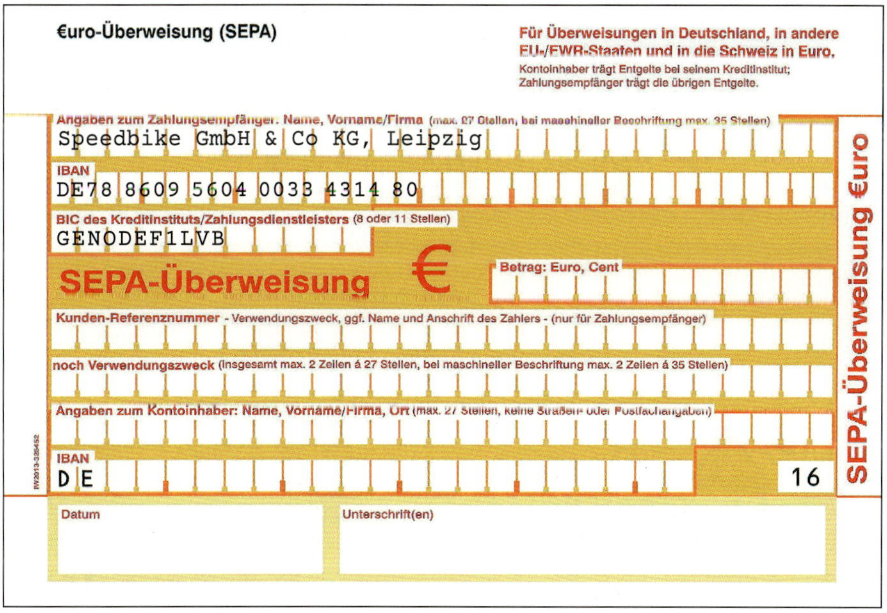
€uro-Überweisung (SEPA)

Für Überweisungen in Deutschland, in andere EU-/EWR-Staaten und in die Schweiz in Euro.
Kontoinhaber trägt Entgelte bei seinem Kreditinstitut; Zahlungsempfänger trägt die übrigen Entgelte.

Angaben zum Zahlungsempfänger: Name, Vorname/Firma (max. 27 Stellen, bei maschineller Beschriftung max. 35 Stellen)
Speedbike GmbH & Co KG, Leipzig

IBAN
DE78 8609 5604 0033 4314 80

BIC des Kreditinstituts/Zahlungsdienstleisters (8 oder 11 Stellen)
GENODEF1LVB

SEPA-Überweisung €

Betrag: Euro, Cent

Kunden-Referenznummer - Verwendungszweck, ggf. Name und Anschrift des Zahlers - (nur für Zahlungsempfänger)

noch Verwendungszweck (insgesamt max. 2 Zeilen à 27 Stellen, bei maschineller Beschriftung max. 2 Zeilen à 35 Stellen)

Angaben zum Kontoinhaber: Name, Vorname/Firma, Ort (max. 27 Stellen, keine Straßen- oder Postfachangaben)

IBAN
DE

16

Datum

Unterschrift(en)

SEPA-Überweisung €uro

Zahlschein

Nachnahme

Die Deutsche Post und die Paketdienste bieten die Zahlung per Nachnahme an. Dazu werden ein Inkassobeleg, eine Nachnahme-Marke und bei einer Paketsendung ein Paketschein [▸ 5080, ▸ Lernfeld 9, ▸ Kapitel 4.6] ausgefüllt. Der Zahlungsempfänger muss das Porto für die Grundsendung (Brief oder Paket) und die Nachnahmegebühr im Voraus bezahlen. Die Deutsche Post oder der Paketdienst übergibt die Sendung und zieht den geforderten Betrag bar ein. Dieser wird dem Konto des Zahlungsempfängers gutgeschrieben.

Diese Zahlungsart ist für beide Partner sicher, vorausgesetzt, das Packstück enthält die gewünschte Ware. Der Zahlungspflichtige zahlt erst, wenn er das Paket in Händen hält, der Zahlungsempfänger erhält den gewünschten Betrag. Nachteilig an dieser Zahlungsart sind die erheblichen Kosten. Neben dem Porto für die Grundsendung (Brief/Paket) sind Gebühren für die Nachnahme zu berücksichtigen.

Inkasso-Beleg

Name, Vorname des Begünstigten: Speedbike GmbH & Co KG
Straße, Hausnummer des Begünstigten: Otto Schill Straße 86
PLZ, Ort des Begünstigten: 04109 Leipzig
IBAN des Begünstigten: DE78 8609 5604 0033 4314 80
BIC des Begünstigten: GENODEF1LVB
Kreditinstitut des Begünstigten: Volksbank Leipzig
Sendungsnummer – Verwendungszweck (nur für Begünstigten):
Noch Verwendungszweck:

NT 17 440 025 5

NACHNAHME Marke

Tragen Sie bitte den NACHNAHME Betrag ein (gewünschter Betrag zzgl. des Übermittlungsentgelts von 2,– €).

BL N Deutsche Post Betrag in EUR: 34,80

Beleg für Ihre Unterlagen

Für die Sendungsverfolgung oder Rückfragen zu Ihrer Sendung bewahren Sie bitte diesen Absenderbeleg auf. Er enthält alle notwendigen Angaben zu Ihrer Sendung.

Einlieferungsdatum: 25.05.20..
EUR 34,80
Sendungsnummer – Verwendungszweck, Name und Anschrift des Empfängers der NACHNAHME Sendung: N T174400255 Bernd Bellis, Bedorf
Noch Verwendungszweck: DVD The Spirit

Deutsche Post

Die Marke wird auf den Brief geklebt.

Nachnahmebeleg

Zahlungsanweisung zur Verrechnung

Diese Dienstleistung der Deutschen Post wird von großen Institutionen (z. B. Agentur für Arbeit, Sozialämter) genutzt, um Geld an Zahlungsempfänger auszuzahlen, die kein Konto besitzen bzw. deren Bankverbindung unbekannt ist.

Der Zahlungsempfänger erhält einen Brief mit der ausgefüllten Zahlungsanweisung zur Verrechnung und kann sich das Geld gegen höhere Gebühren an einem Postschalter bar auszahlen oder bei einem Kreditinstitut vorlegen und seinem Konto gutschreiben lassen. Nach erfolgter Auszahlung bzw. Gutschrift wird das Konto des Zahlungspflichtigen belastet.

Barscheck

Mit einem Scheck erteilt ein Kontoinhaber seiner Bank den Auftrag, an den Scheckempfänger den auf dem Scheck genannten Betrag auszuzahlen. Der Scheck wird von dem Zahlungspflichtigen ausgefüllt und dem Zahlungsempfänger übergeben oder ihm zugesandt. Der im Scheck genannte Betrag wird von der Bank an denjenigen ausgezahlt, der den Scheck überbringt (Inhaberscheck, Überbringerscheck).

Ausgezahlt wird nur von der Bank, die im Scheck genannt ist, und nur, wenn das Konto des Zahlungspflichtigen eine ausreichende Deckung aufweist. Für den Zahlungsempfänger handelt es sich also nicht um eine sichere Form der Zahlung. Auch für den Zahlungspflichtigen besteht ein gewisses Risiko: Gerät der Scheck in falsche Hände (z. B. bei Postversand), kann er auch von Fremden eingelöst werden. Die Gebühren für die Einlösung von Barschecks sind relativ hoch. Der Barscheck kann nur innerhalb Deutschlands verwendet werden.

Kreisparkasse Schwalm-Eder

DE

Zahlen Sie gegen diesen Scheck
zweihundertfünfzig--------
Betrag in Buchstaben

EUR | Betrag: Euro, Cent: 250,00-------

noch Betrag in Buchstaben

an Herrn Thorsten Wiener, Schöne Aussicht 18, 34212 Melsungen oder Überbringer

Melsungen, 10.08.20..
Ausstellungsort, Datum

M. Schwarz
Unterschrift des Ausstellers

Scheck-Nr. X Konto-Nr. X Betrag X Bankleitzahl X Text

Barscheck

7.3 Bargeldlose Zahlung

Girokonto

Voraussetzung der bargeldlosen Zahlung ist, dass der Zahlungspflichtige und der Zahlungsempfänger eigene Girokonten haben. Der Begriff „giro" kommt aus dem Italienischen und bedeutet „Kreislauf". Ein Girokonto hat den Zweck, laufende Zahlungen abzuwickeln. Zu der „klassischen" bargeldlosen Zahlung gehören die bargeldlosen Zahlungsarten, die früher auf Basis eines Papierbelegs ausgeführt wurden. Heute werden diese Zahlungen nicht nur bargeldlos, sondern vielfach auch papierlos abgewickelt (Kartenzahlung). Als neuer technischer Standard wurde das SEPA-System im europäischen Währungsraum eingeführt.

7.3.1 Sicheres Girokonto

PIN

Die Kreditwirtschaft bietet Auszubildenden das kostenlose Girokonto an. Nach der Ausbildung werden diese Konten in der Regel gebührenpflichtig. Zu jeder Kontokarte, die den Kontoinhaber als Zugangsberechtigten ausweist, gibt es eine Sicherung, die Persönliche Identifikationsnummer (PIN). Kontokarte und PIN müssen getrennt aufbewahrt werden, der Nutzer muss die PIN geheim halten.

TAN

Im Angebotspaket der Kreditinstitute ist Onlinebanking immer enthalten. Onlinebanking ist bequem und nach der Ausbildung deutlich günstiger als ein konventionell genutztes Girokonto. Für das Onlinebanking gibt es einen Zugangscode und jede Transaktion muss mit einer Transaktionsnummer (TAN) bestätigt werden. Die TAN wird entweder durch einen TAN-Generator (chipTAN) oder über das Handy (mTAN) erzeugt. Das chipTAN-Verfahren, bei dem die Kontokarte in ein kleines Zusatzgerät geschoben wird, das nach Eingabe der Überweisungsdaten eine nur kurze Zeit gültige TAN generiert, gilt als sicher. Beim mTAN (mobile TAN) schickt das Kreditinstitut dem Kunden zur Bestätigung der online eingegebenen Überweisungsdaten per SMS eine TAN. Bei diesem Verfahren kam es bereits häufiger zu Phishing.

Phishing

Als Phishing bezeichnet man das Angeln nach Passwörtern und Kontozugangsdaten. Dabei verlangen Betrüger vom Nutzer in einer E-Mail, Kontodaten und Passwörter zu senden, damit diese aktualisiert werden können. Alternativ wird der Nutzer auf eine gefälschte Webseite, die dem Original sehr ähnlich sieht, geleitet und aufgefordert, dort seine Daten einzugeben. Die wichtigste Maßnahme gegen Phishing: Niemals auf E-Mails, Telefonanrufe oder Aufforderung von Webseiten reagieren, die dazu auffordern, Kontozugangsdaten zu nennen.

Sicherheitsregeln beim Onlinebanking

Onlinebanking ist sicher, wenn die Nutzer sich an folgende Regeln halten:

- Das Betriebssystem stets aktuell halten.
- Ein gutes Virenschutzprogramm installieren und es regelmäßig aktualisieren.
- Die Firewall des Betriebssystems sollte immer eingeschaltet sein.
- Den Browser, das Tor zum Internet, regelmäßig updaten und die Sicherheitseinstellungen aktivieren. Dies gilt auch für die Browser-Plug-ins wie zum Beispiel den „Adobe Flash Player“.
- Kein Onlinebanking aus nicht abgesicherten Funknetzwerken, sondern nur gesicherte WLANs verwenden.
- Die Bluetoothfunktion deaktivieren.
- Nach dem Onlinebanking die Browserdaten löschen.

Kontoauszüge prüfen

Nutzer eines Girokontos müssen ihre Kontoauszüge regelmäßig ziehen und genau kontrollieren. Das gilt insbesondere für solche Kontoauszüge, die den Hinweis „Rechnungsabschluss“ enthalten. Widerspricht der Kunde falschen Buchungen im Rechnungsabschluss nicht innerhalb von sechs Wochen, gilt der Kontoabschluss als akzeptiert.

7.3.2 SEPA als technischer Standard

Die Abkürzung „SEPA" steht für „Single Euro Payments Area", „Einheitlicher Euro-Zahlungsverkehrsraum". Mit SEPA-Formularen werden nationale und grenzüberschreitende Zahlungen europaweit nach einem einheitlichen Standard durchgeführt. Für die Benutzung von SEPA-Formularen muss der Zahlungspflichtige die internationale Bankleitzahl (BIC) seines Kreditinstituts und seine internationale Kontonummer (IBAN) sowie die entsprechenden Daten seines Geschäftspartners kennen.

BIC

BIC steht für „Business Identifier Code". Die internationale Bankleitzahl besteht aus einer Buchstabenkombination mit maximal elf Stellen, sie wird auch als „SWIFT-Code" bezeichnet.

IBAN

IBAN steht für „International Bank Account Number" und ist die international standardisierte Bankkontonummer. Sie hat in Deutschland 22 Stellen. Die IBAN enthält ein Länderkennzeichen, die bisherige Bankleitzahl und die Kontonummer sowie eine zweistellige Prüfziffer. Der Scheckverkehr ist von den Veränderungen durch SEPA nicht betroffen.

7.3.3 Klassische bargeldlose Zahlung

SEPA bietet langfristig nicht nur Erleichterungen und Kostenvorteile für Unternehmen mit grenzüberschreitendem Zahlungsverkehr, sondern auch Vorteile für Privatkunden. Dies wird an der SEPA-Variante der klassischen bargeldlosen Zahlungen deutlich.

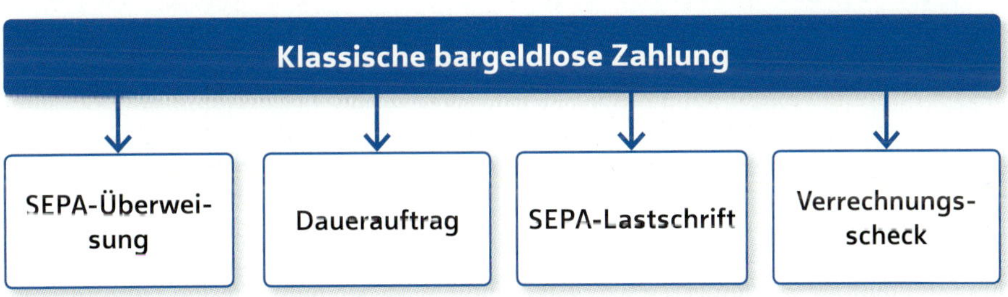

SEPA-Überweisung

Die Überweisung ist eine einfache Möglichkeit, einmalige Zahlungen schnell und kostengünstig zu erledigen. Für SEPA-Überweisungen im SEPA-Zahlungsraum werden die gleichen Gebühren erhoben wie bei einer Inlandsüberweisung bis 50 000,00 € innerhalb der EU- und EWR-Staaten. Der Zahler erteilt seiner Bank den Auftrag, sein eigenes Konto mit einem bestimmten Geldbetrag zu belasten und diesen Betrag dem Konto des Zahlungsempfängers gutzuschreiben. Der Überweisungsauftrag kann per Hand oder am PC/Handy (Onlinebanking) ausgefüllt oder telefonisch (Telefonbanking) übermittelt werden.

Sobald dem Kreditinstitut der Überweisungsauftrag erteilt wurde, ist die Überweisung nicht mehr rückholbar. Der Zahler ist allerdings erst von seiner Zahlungsverpflichtung befreit, wenn der richtige Betrag auf dem Konto des Zahlungsempfängers eingegangen ist. Für Überweisungsfehler, zum Beispiel durch eine falsch eingetragene Kontonummer des Empfängers, haftet der Zahler.

Wertstellung

Die Kosten des Überweisungsvorgangs hängen von den beteiligten Kreditinstituten ab. Mit dem Datum der Wertstellung wird eine Einzahlung oder Auszahlung zinswirksam, d. h., der Betrag wird vom Kreditinstitut tatsächlich als Zugang oder Abgang auf dem Konto erfasst. Bei belegloser Überweisung von Euro-Beträgen muss der Zahlungsbetrag spätestens am nächsten Bankarbeitstag beim Kreditinstitut des Empfängers sein (§ 675 s BGB), die Wertstellung auf dem Konto des Empfängers muss unverzüglich, also am gleichen Tag, erfolgen (§ 675 t BGB). Die SEPA-Überweisung wird auch als „Euro-Überweisung" bezeichnet.

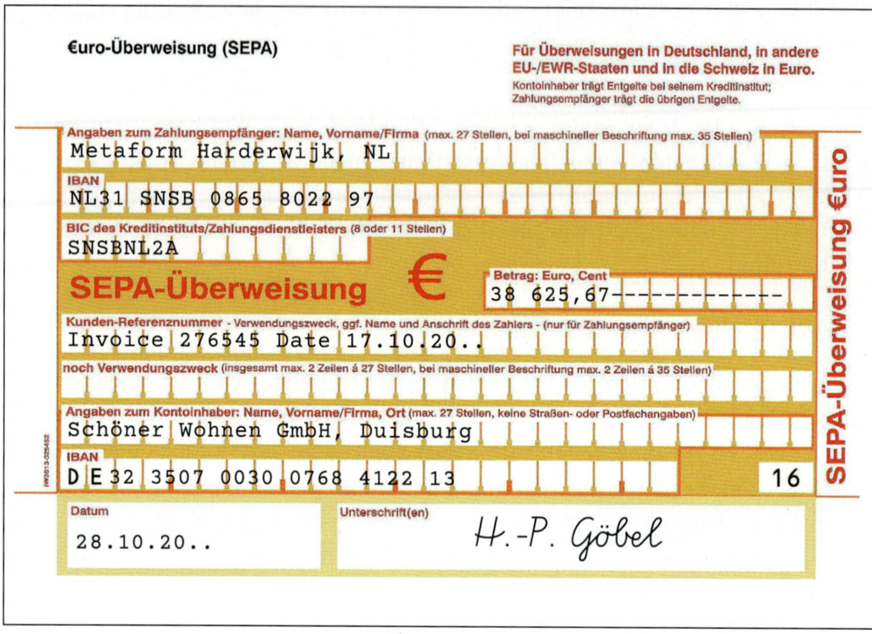
€uro-Überweisung (SEPA)

Für Überweisungen in Deutschland, in andere EU-/EWR-Staaten und in die Schweiz in Euro.
Kontoinhaber trägt Entgelte bei seinem Kreditinstitut; Zahlungsempfänger trägt die übrigen Entgelte.

Angaben zum Zahlungsempfänger: Name, Vorname/Firma (max. 27 Stellen, bei maschineller Beschriftung max. 35 Stellen)
Metaform Harderwijk, NL

IBAN
NL31 SNSB 0865 8022 97

BIC des Kreditinstituts/Zahlungsdienstleisters (8 oder 11 Stellen)
SNSBNL2A

SEPA-Überweisung €

Betrag: Euro, Cent
38 625,67------------

Kunden-Referenznummer - Verwendungszweck, ggf. Name und Anschrift des Zahlers - (nur für Zahlungsempfänger)
Invoice 276545 Date 17.10.20..

noch Verwendungszweck (insgesamt max. 2 Zeilen á 27 Stellen, bei maschineller Beschriftung max. 2 Zeilen á 35 Stellen)

Angaben zum Kontoinhaber: Name, Vorname/Firma, Ort (max. 27 Stellen, keine Straßen- oder Postfachangaben)
Schöner Wohnen GmbH, Duisburg

IBAN
DE32 3507 0030 0768 4122 13

16

SEPA-Überweisung €uro

Datum
28.10.20..

Unterschrift(en)
H.-P. Göbel

Überweisungsformular für Überweisungen im Inland und im SEPA-Raum

Dauerauftrag

Regelmäßige Zahlungen mit gleichbleibenden Beträgen

Ein Dauerauftrag eignet sich für regelmäßige Zahlungen auf dasselbe Zielkonto mit einem gleichbleibenden Betrag, z. B. die monatliche Miete. Der Zahlungspflichtige beauftragt sein Kreditinstitut, jeweils zu einem bestimmten Termin diesen Betrag von seinem Konto abzubuchen und dem Konto des Zahlungsempfängers gutzuschreiben.

SEPA-Lastschrift

Regelmäßige Zahlungen mit unterschiedlichen Beträgen

Diese Zahlungsform eignet sich für regelmäßige Zahlungen mit unterschiedlichen Beträgen, z. B. Telefongebühren. Die Initiative geht hier vom Zahlungsempfänger aus: Er zieht die fälligen Beträge vom Konto des Zahlungspflichtigen ein.

SEPA-Basislastschrift

Im Privatkundenbereich wird die SEPA-Basislastschrift verwendet. Der Zahlungspflichtige muss dazu ein sogenanntes SEPA-Mandat erteilen. In einem Vordruck erlaubt er dem Zahlungsempfänger, Geld von seinem Konto abzubuchen. Der Zahlungsempfänger muss außerdem bei der Deutschen Bundesbank eine Gläubigeridentifikationsnummer beantragen. Liegt beides vor, kann der Zahlungsempfänger mit einem Lastschriftformular oder einem entsprechenden Onlineauftrag die Abbuchung des

Geldbetrags vom Konto des Zahlungspflichtigen veranlassen. SEPA-Basislastschriften werden nur eingelöst, wenn das Konto des Zahlungspflichtigen ein ausreichendes Guthaben aufweist. Der Zahler kann der Belastung auf seinem Konto widersprechen, die Frist beträgt acht Wochen nach der Belastungsbuchung.

SEPA-Basislastschriften haben zwei zusätzliche Sicherheitsmerkmale: die Mandatsreferenznummer und eine Gläubiger-Identifikationsnummer. Beide Nummern werden bei jeder Belastung auf dem Kontoauszug mit abgedruckt. So kann der Zahlungspflichtige prüfen, von wem und zu welchem Zweck die Lastschrift erfolgte. Erfolgte die SEPA-Lastschrift unberechtigt, also ohne Vorliegen eines SEPA-Mandats, kann sie 13 Monate lang rückgängig gemacht werden.

SEPA-Firmenlastschrift

Für die Abwicklung von Lastschriften zwischen Unternehmen gibt es die SEPA-Firmenlastschrift. Diese Zahlungsform ist für den Zahlungsverkehr zwischen Firmen und Verbrauchern ausgeschlossen. Die zahlungspflichtige Firma erteilt dem Zahlungsempfänger die Erlaubnis, Geldbeträge von ihrem Konto einzuziehen. Der dazu verwendete Vordruck muss ausdrücklich als „SEPA-Firmenlastschrift" gekennzeichnet sein. Das Original verbleibt beim Zahlungsempfänger, eine Kopie liegt dem Kreditinstitut des Zahlungspflichtigen vor. Jedes Mandat hat eine Referenznummer aus 35 Ziffern und ein festes Fälligkeitsdatum (z. B. zum 30. eines Monats). Der Zahlungsempfänger muss außerdem bei der Deutschen Bundesbank eine Gläubiger-Identifikationsnummer beantragen. Im Unterschied zur normalen SEPA-Basislastschrift ist die SEPA-Firmenlastschrift nicht rückholbar, der Zahlungspflichtige kann der Belastung seines Kontos nicht widersprechen. Ein zweiter Unterschied besteht darin, dass das Kreditinstitut der zahlungspflichtigen Firma bei einer SEPA-Firmenlastschrift das Mandat vor jedem Zahlungseinzug prüfen muss.

Verrechnungsscheck

Der Verrechnungsscheck unterscheidet sich vom Barscheck durch den Aufdruck „nur zur Verrechnung" in der linken oberen Ecke. Auch dieser Scheck kann von jedem Überbringer eingelöst werden. Allerdings wird der Scheckbetrag bei einem Verrechnungsscheck nicht bar ausgezahlt, sondern einem Konto gutgeschrieben. Da nachgeprüft werden kann, auf welchem Konto die Gutschrift erfolgte, ist die Sicherheit dieser

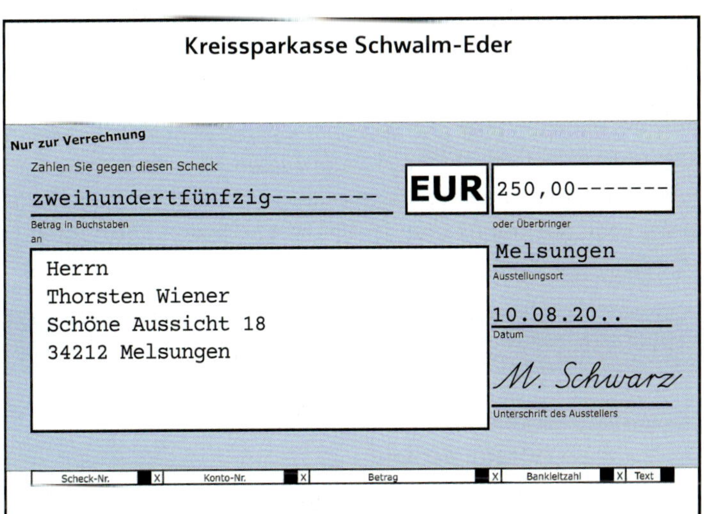

Kreissparkasse Schwalm-Eder

Nur zur Verrechnung

Zahlen Sie gegen diesen Scheck

zweihundertfünfzig-------- EUR 250,00-------

Betrag in Buchstaben

an

Herrn
Thorsten Wiener
Schöne Aussicht 18
34212 Melsungen

oder Überbringer

Melsungen

Ausstellungsort

10.08.20..

Datum

M. Schwarz

Unterschrift des Ausstellers

Scheck-Nr. | Konto-Nr. | Betrag | Bankleitzahl | Text

Verrechnungsscheck

Scheckart für den Zahlungspflichtigen etwas höher. Der Zahlungsempfänger weiß allerdings bei Annahme des Schecks nicht, ob das Konto des Zahlungspflichtigen ein Guthaben ausweist, das für die Scheckeinlösung ausreicht.

7.4 Kartenzahlungssysteme

Die unterschiedlichen Kartenzahlungssysteme werden in der Umgangssprache oft unter dem Begriff „Plastikgeld“ zusammengefasst. Neben einem Konto ist für diese Zahlungsarten eine Plastikkarte mit integriertem Chip, auf dem die Kontodaten sowie Einzahlungen und Abbuchungen gespeichert werden können, erforderlich. Zusätzlich muss sich der Nutzer als berechtigt ausweisen (Autorisierung), zum Beispiel durch eine Unterschrift oder durch Eingabe einer PIN (Persönliche Identifikationsnummer).

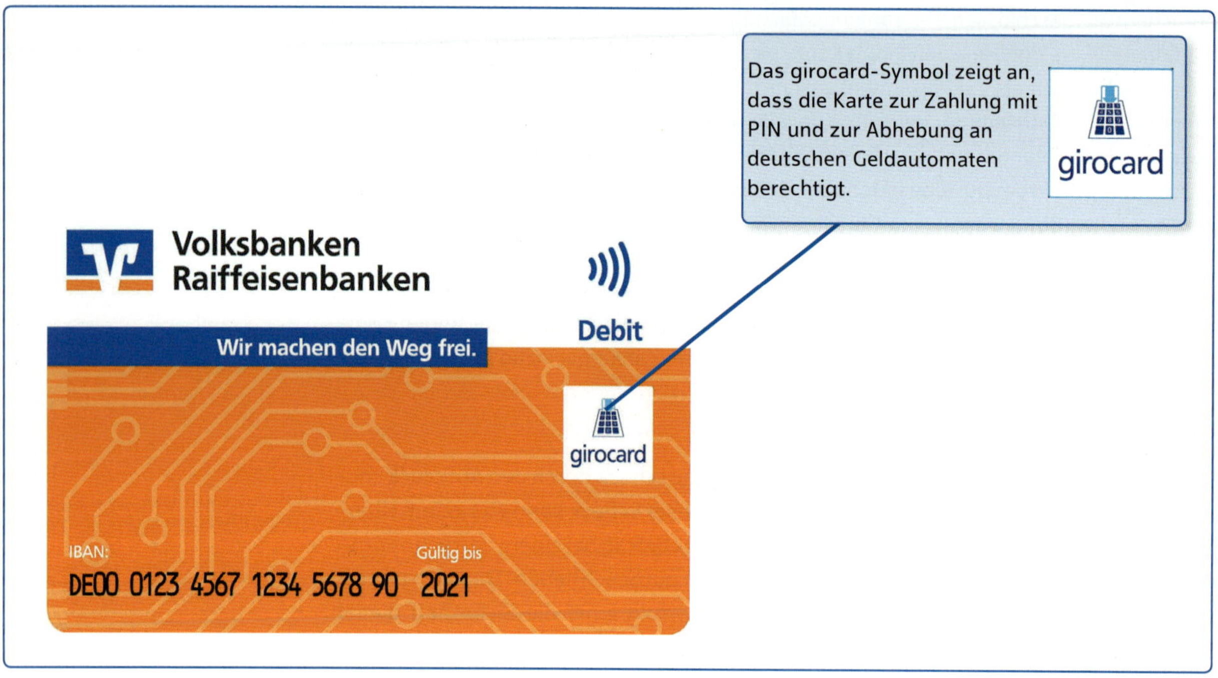

Merkmale einer girocard

Jeder Inhaber eines Girokontos mit regelmäßigem Zahlungseingang erhält eine girocard und kann damit im girocard-System an Kassenterminals bezahlen oder die Karte im elektronischen Lastschriftverfahren nutzen. Eine GeldKarte kann wie Bargeld verwendet werden. Eine Kreditkarte muss gesondert beantragt werden. Sie ist erkennbar am Logo der Kreditkartengesellschaft und der aufgeprägten sechzehnstelligen Kreditkartennummer.

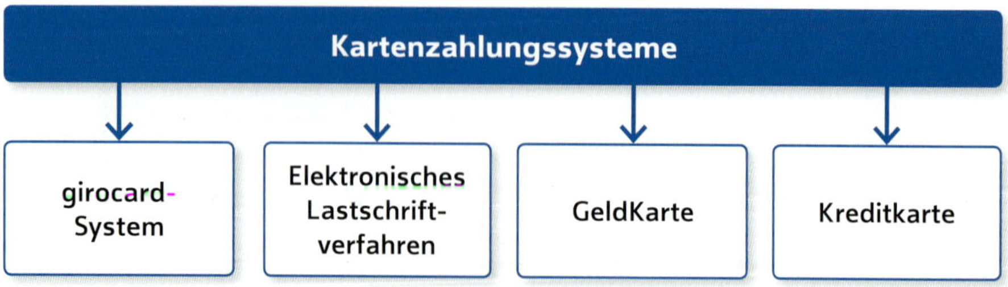

girocard-System

Bei der Zahlung mit girocard-System hat der Händler eine Zahlungsgarantie. Die Zahlung kann entweder über das Einstecken der Karte in ein Kassenterminal oder berührungslos erfolgen. Steckt der Kunde seine Karte in das Terminal an der Kasse, muss er anschließend seine PIN eingeben. Das Terminal prüft, ob die auf dem Chip gespeicherte Bankverbindung und die PIN zusammengehören sowie die Verfügbarkeit des angeforderten Betrags. Nach erfolgreicher Guthabenprüfung und Bestätigung des Abbuchungsauftrags durch den Zahler erscheint die Meldung „Zahlung erfolgt". Der Verfügungsbetrag wird auf dem Konto des Zahlers i. d. R. sofort als Belastung gebucht, dem Händler werden die Beträge gutgeschrieben. Für den Karteninhaber ist der Vorgang gebührenfrei. Beim kontaktlosen Bezahlen mit der girocard wird die NFC-Technik (Near Field Communication) genutzt. Der Kunde muss dazu die Karte bis auf etwa vier Zentimeter an das Kassenterminal heranführen. Der Datenaustausch zwischen Karte und Kassenterminal erfolgt verschlüsselt. Bei Beträgen bis 25,00 € entfällt in der Regel die Eingabe einer PIN, bei höheren Beträgen muss der Kunde seine PIN eingeben. Die weitere Abwicklung erfolgt wie oben beschrieben. Der Händler geht kein Risiko ein, trägt aber die umsatzabhängigen Gebühren.

Elektronisches Lastschriftverfahren (SEPA-ELV)

Auch hier erfasst das Kassenterminal die Kontodaten über den Chip der girocard. Allerdings erfolgt keine sofortige Prüfung, ob das Konto des Zahlers über eine ausreichende Deckung verfügt. Mit den eingelesenen Daten erstellt das Kassenterminal einen Beleg, der ein SEPA-Basislastschriftmandat beinhaltet. Dieses wird vom Kunden unterschrieben. Damit ist das Lastschriftmandat autorisiert. Die Kassiererin prüft, ob die Unterschriften auf dem Lastschriftbeleg und auf der Karte übereinstimmen. Der Händler reicht die SEPA-Lastschrift bei seinem Zahlungsdienstleister ein und erhält den Betrag gutgeschrieben – sofern das Konto des Kunden ein ausreichendes Guthaben ausweist. Der Kunde hat 8 Wochen lang die Möglichkeit, der Belastung seines Kontos zu widersprechen. Der Händler hat somit – im Gegensatz zur Zahlung im girocard System – keine Zahlungsgarantie.

Dem Zahlungsrisiko für den Zahlungsempfänger stehen als Vorteil die niedrigeren Gebühren für die Zahlungsabwicklung gegenüber. Deshalb wurde dieses Zahlungssystem vom Handel in Zusammenarbeit mit Zahlungsdienstleistern an die SEPA-Anforderungen angepasst. Moderne Kassensysteme prüfen aufgrund einer hinterlegten Entscheidungsregel (z. B. „Betrag < 50,00 €: SEPA-ELV"), ob die eingeführte Karte für das Elektronische Lastschriftverfahren oder für die Zahlung über girocard mit PIN genutzt werden soll.

GeldKarte

Befindet sich ein GeldKarten-Symbol auf der Rückseite der girocard verfügt die Karte über die GeldKarten-Funktion. Die GeldKarte kann mit bis zu 200,00 € geladen und an gekennzeichneten Kassenautomaten und Terminals wie Bargeld benutzt werden. Ein- und Auszahlungen werden auf dem Chip verbucht. Häufige Anwendungen sind das Bezahlen an Fahrschein- und Parkautomaten. Durch den

girocard

beschreibbaren Chip kann diese GeldKarte für weitere Zwecke eingesetzt werden, z. B. an Zigarettenautomaten zur Prüfung des Alters, als elektronisches Ticket und als Ausweis für eine Zugangskontrolle. Neben der girocard gibt es auch kontounabhängige GeldKarten der Kreditinstitute sowie GeldKarten, die von anderen Trägern, z. B. Fußballvereinen, herausgegeben werden.

Vorteile der GeldKartensysteme für den Zahler sind die anonyme Zahlungsabwicklung und das begrenzte Verschuldungsrisiko. Die Zahlungsempfänger zahlen ein Entgelt für die Transaktionsabwicklung. Dies beträgt 0,2 %. Beträge unter fünf Euro sind daher i. d. R. kostenfrei.

Kreditkarte

Kreditkarten werden von Kreditkartengesellschaften wie Visa, MasterCard, Diners Club oder American Express herausgegeben und sind weltweit gültig. Der Kunde zahlt in der Regel eine Jahresgebühr und erhält die Karte erst nach Prüfung seiner Kreditwürdigkeit durch das kartenausgebende Kreditinstitut selbst oder durch die SCHUFA (Schutzgemeinschaft für allgemeine Kreditsicherung). Der monatliche Verfügungsrahmen der Kreditkarte richtet sich nach der Zahlungsfähigkeit des Karteninhabers.

Kreditkarte

Zahlung mit Kreditkarte

Zur Zahlungsabwicklung legt der Inhaber seine Kreditkarte vor oder steckt sie in ein Terminal. Der Zahlungsempfänger prüft telefonisch oder durch elektronischen Datenaustausch, ob die Kreditkarte gültig ist und einen ausreichenden Verfügungsrahmen hat. Dann erstellt er einen Leistungsbeleg, der die Kartennummer, das Verfallsdatum der Kreditkarte, den Rechnungsbetrag und das Rechnungsdatum enthält. Die Autorisierung erfolgt durch Unterschrift des Karteninhabers auf dem Leistungsbeleg oder im Onlineverfahren nach Eingabe einer PIN. Bei Zahlungen im Internet werden nur die Kartendaten angegeben, zuzüglich einer auf der Vorder- oder Rückseite aufgedruckten Kartenprüfnummer. Die Kreditkartengesellschaft bürgt nach erfolgreicher Autorisierung für die Zahlung.

Der Zahlungsempfänger legt in der Regel wöchentlich seine Leistungsbelege bei der Gesellschaft vor und zahlt erhebliche, umsatzabhängige Gebühren für die Gutschrift der Beträge. Bei einer debit-Kreditkarte rechnet die Kartengesellschaft jede Zahlung sofort mit dem Kunden ab, bei einer charge-Kreditkarte einmal im Monat.

Der Kunde muss die Abbuchungen prüfen. Unberechtigten Belastungen kann er innerhalb von 30 Tagen widersprechen, das Geld wird seinem Konto wieder gutgeschrieben. Die Kreditkartengesellschaft klärt den Zahlungsanspruch des Gläubigers, der die hohen Gebühren für dieses Verfahren („Chargeback") tragen muss.

Gebühren und Abwicklungsaufwand machen die Akzeptanz von Kreditkarten für den Zahlungsempfänger relativ unattraktiv. Allerdings gelten Kreditkarteninhaber als ausgabefreudige Kunden. Neben der Zahlungsabwicklung im Ausland ist die Zahlung im Internet ein wichtiges Einsatzgebiet der Kreditkarte.

Für den Karteninhaber bestehen folgende Risiken:

- Haftung bei Verlust der Karte: Bis zur Kartensperrung 150,00 €, nach Kartensperrung keine Haftung mehr, wenn kein grobes Verschulden oder keine betrügerische Absicht vorgelegen hat.
- Nichtautorisierte Nutzung: Kriminelle, die an die Daten der Kreditkarte gelangen, können der Kreditkartengesellschaft gefälschte Abrechnungen vorlegen. Zunächst wird in diesem Fall das Konto des Inhabers belastet, der die Mühe hat, das Geld von der Kreditkartengesellschaft zurückzufordern.
- Risiko der Überschuldung: Die monatliche Abrechnung im Nachhinein verführt zu Geldausgaben, die das verfügbare Einkommen überschreiten.

Prepaid-Kreditkarten

Mit Prepaid-Kreditkarten können nur Zahlungen im Rahmen eines vorher auf das Kartenkonto eingezahlten Guthabens abgewickelt werden. Die meisten Prepaid-Kreditkarten sind nicht „hochgeprägt", d. h., die Kundendaten sind nicht erhaben gedruckt. Das schränkt ihre Akzeptanz bei Auslandsreisen ein, denn sie können nur von modernen elektronischen Systemen gelesen werden.

7.5 Zahlungen bei Internetgeschäften

Die für den Kunden sicherste Zahlung ist die Zahlung per Rechnung nach Erhalt der Ware, der Kunde muss keine Bankdaten online angeben. Viele Internetshops bieten diese Form der Zahlung nur für Bestandskunden, denn der Verkäufer trägt das Risiko des Zahlungsausfalls. Die Zahlung per Nachnahme ist relativ teuer und bietet dem Kunden nicht die Sicherheit, dass das bezahlte Paket auch die gewünschte Ware enthält. Wer per Kreditkarte zahlt, kann die Zahlung zurückholen, geht aber das Risiko des Phishing ein. An diesen Beispielen wird deutlich, dass der Käufer bei der Auswahl des Bezahlsystems viele Kriterien beachten sollte.

Entscheidungskriterien für den Käufer	
Anonymität	Ist anonymes Einkaufen möglich?
Datenschutz	Welche schutzwürdigen Daten (z. B. Bankverbindung) müssen übermittelt werden? Wie sicher ist die Übermittlung?
Käuferschutz	Kann der Käufer gezahltes Geld zurückholen, wenn die Ware nicht ankommt?

Entscheidungskriterien für den Käufer	
Kundenservice	Wie aufwendig ist die Rückabwicklung von Zahlungen? Ist der Ansprechpartner in Deutschland?
Verfügbarkeit	Akzeptieren die vom Käufer bevorzugten Shops das Bezahlsystem?
Kosten	Welche Gebühren fallen an?

Neben den oben angesprochenen klassischen Möglichkeiten wurden zahlreiche neue Bezahlsysteme, insbesondere für die Nutzung im Internet, entwickelt. Im Folgenden werden mit Giropay, Sofortüberweisung, PayPal, ClickandBuy, Barzahlen, BarPay und paysafe einige verbreitete Bezahlsysteme vorgestellt.

Vorauszahlung im Sicherheitssystem der Kreditinstitute

GiroPay

Die deutsche Kreditwirtschaft bietet mit Giropay ein Bezahlsystem an, bei dem Kontodaten ausschließlich im geschützten System des Onlinebanking übermittelt werden. Der Käufer gibt auf der Webseite des Internetshops die Bankleitzahl an und wird dann automatisch auf die geschützte Verbindung seines Kreditinstituts weitergeleitet. Dort meldet sich der Käufer wie beim Onlinebanking mit seinem Bankkonto an. Das Überweisungsformular ist bereits komplett ausgefüllt, die Transaktion muss nur noch mit einer TAN bestätigt werden. Der Verkäufer kann die Ware sofort verschicken, da er von Giropay eine Zahlungsbestätigung erhält. Das Geld ist nicht rückholbar, die Kosten des Systems tragen die Shopbetreiber.

Sofortüberweisung

Ganz ähnlich funktioniert das von vielen Shops akzeptierte System der Sofortüberweisung. Die Abwicklung erfolgt nach den Sicherheitsstandards des Onlinebanking. Der Nutzer gibt seine Zugangsdaten für das Onlinebanking jedoch nicht auf der Webseite seines kontoführenden Instituts ein, sondern auf der Webseite der in Deutschland ansässigen Sofort AG. Die Sofort AG zahlt den geforderten Betrag an den Onlineshop und bekommt das Geld vom kontoführenden Kreditinstitut des Kunden erstattet.

Vorauszahlung mit Käuferschutz und Übermittlung von Kontodaten

PayPal
ClickandBuy

Dienstleister wie PayPal und ClickandBuy führen für den Kunden ein Konto, über das die Internetzahlungen abgewickelt werden. Der Kunde muss sich anmelden und einmalig seine Girokonto- oder Kreditkartendaten übermitteln. Die Identität des Kunden wird geprüft, indem der Dienstleister eine Überweisung auf das angegebene Girokonto durchführt. Dabei wird eine Nummer übermittelt, die der Kunde eingeben muss, damit sein Konto beim Dienstleister freigeschaltet wird. Danach gibt er bei Einkäufen im Internet zum Bezahlen nur noch seine E-Mail-Adresse und sein Passwort ein. Aufgefüllt werden kann das Konto durch eine Banküberweisung, Lastschrift vom Girokonto, Giropay oder Kreditkartenzahlung. PayPal bucht die Einkäufe sofort ab. Bei ClickandBuy kann der Kunde zwischen der Sofortabbuchung oder einer monatlichen Zahlung wählen.

4850154

Käuferschutz

Beide Dienstleister bieten einen Käuferschutz für Versandartikel. Trifft die bestellte Ware nicht beim Kunden ein, füllt dieser ein auf der Homepage des Dienstleisters bereitgestelltes Formular aus und erhält nach Prüfung und Annahme des Käuferschutzantrags den Kaufpreis erstattet. Für Dienstleistungen, Fahrzeuge sowie E-Books und andere digitale Artikel gibt es keinen Käuferschutz. PayPal (engl. für Bezahl-Freund) ist eine Tochter von ebay mit Sitz in Luxemburg. Die ClickandBuy GmbH gehört der Telekom und hat ihren Sitz in London. Für Käufer ist der Service der Dienstleister kostenlos. Bei der Datenübermittlung werden hohe Sicherheitszertifikate eingehalten. Dennoch ist es Kriminellen schon gelungen, Zugangsdaten zu hacken und auf Kosten der Kunden von PayPal bzw. ClickandBuy einzukaufen.

Vorauszahlung mit Käuferschutz ohne Übermittlung von Kontodaten

Barzahlen

Das Produkt Barzahlen ermöglicht Kunden das Bezahlen von Rechnungen und Onlineeinkäufen. Der Dienstleister schickt dem Kunden per E-Mail oder SMS einen individuellen Barcode. Diesen Barcode legt der Kunde bei der Akzeptanzstelle vor und zahlt den verlangten Betrag bar ein. Anschließend übermittelt die Kasse der Akzeptanzstelle dem Onlineshop bzw. Rechnungssteller die Information über die erfolgte Zahlung, die Waren können versandt werden. Barzahlen nutzt als Akzeptanzstellen die Filialen von Rewe, Penny, Rossmann, dm, real, Budni, Ludwig, Barbarino uvm. Insgesamt über 12.000 Filialen deutschlandweit.

Für Kunden ist das System kostenfrei, die Gebühren für die Dienstleister tragen die beteiligten Onlineshops und Akzeptanzstellen. Durch den von beiden Anbietern zugesicherten Käuferschutz für anfassbare (physische) Güter ist diese Bezahlmethode sicher: Sie eignet sich für Kunden, die kein Bankkonto besitzen, ihre Kontodaten nicht online übermitteln oder beim Einkaufen im Internet wenig Datenspuren hinterlassen möchten.

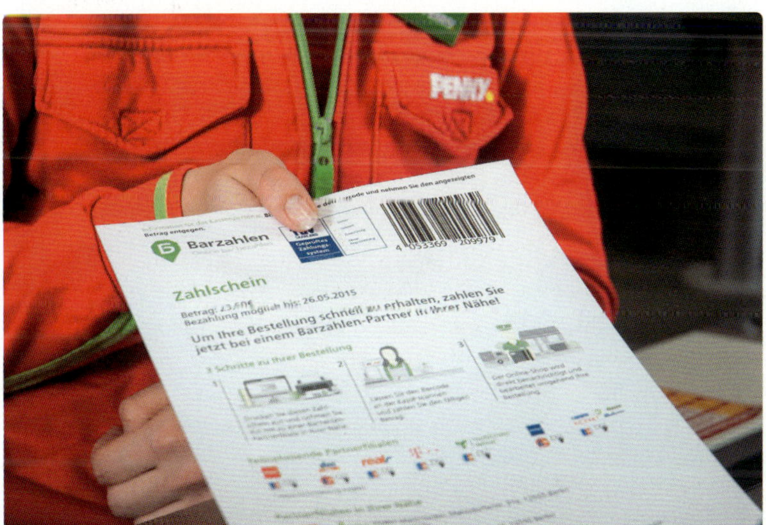

Barzahlen

Prepaid-Karte für Online-Zahlungen

paysafecard

Die paysafecard ist ein Bon, der wie ein Geldschein Bargeld repräsentiert. Dieser Bon kann an vielen Verkaufsstellen wie Tankstellen, Kiosken, Lebensmittelfilialen oder Lottoannahmestellen erworben werden. Der Nutzer zahlt 10,00 €, 15,00 €,

20,00 €, 25,00 €, 50,00 € oder 100,00 € und erhält einen Bon mit Seriennummer und PIN. Zum Bezahlen in Onlineshops gibt der Käufer die 16-stellige PIN ein. Ist das Guthaben aufgebraucht, wird die PIN ungültig. Da bei der Bezahlung im Internet mit paysafecard keine persönlichen Informationen, Bank- oder Kreditkartendaten verlangt werden, ist die Zahlung anonym und der Nutzer kann nicht Opfer von Phishing oder Identitätsdiebstahl werden. Der Zahlbetrag ist dadurch allerdings auf 100,00 € begrenzt. Gegenüber dem Verkäufer handelt es sich um eine Vorauszahlung ohne Käuferschutz. Der Erwerb des Bons ist für den Käufer gebührenfrei, der Internethändler zahlt Gebühren, die von seinem monatlichen Umsatz abhängen.

7.6 Mobile Payment

Für das mobile Bezahlen mit dem Smartphone oder der Smartwatch wird die NFC-Technik verwendet. Der Nutzer muss dazu die App eines Anbieters herunterladen und eine Bankverbindung hinterlegen. Anbieter entsprechender Apps sind die Kreditinstitute sowie Dienstleiter wie Google-Pay, Apple Pay oder Paypal. Auch Discounter wie Netto bieten entsprechende Apps an. Zwischen der App und dem Kassenterminal werden die für die Transaktion nötigen Daten verschlüsselt übermittelt. Der Zahlbetrag wird entweder direkt vom Girokonto oder von einem aufladbaren Guthabenkonto innerhalb der App abgebucht. In der Regel erfolgt die Zahlung von Kleinbeträgen bis 25,00 Euro ohne zusätzliche Bestätigung. Bei größeren Beträgen muss eine Bestätigung durch Pineingabe oder per Fingerabdruck erfolgen. Mobiles Bezahlen funktioniert auch zwischen zwei Smartphonenutzern. Die zur Übermittlung der Beträge nötigen Daten werden über eine App versendet. Auch dafür gibt es mehrere konkurrierende Anbieter wie Paydirekt der deutschen Kreditwirtschaft und Kwitt, eine Lösung der Sparkassen und Genossenschaftsbanken.

Lernfeld 12
Kennzahlen ermitteln und auswerten

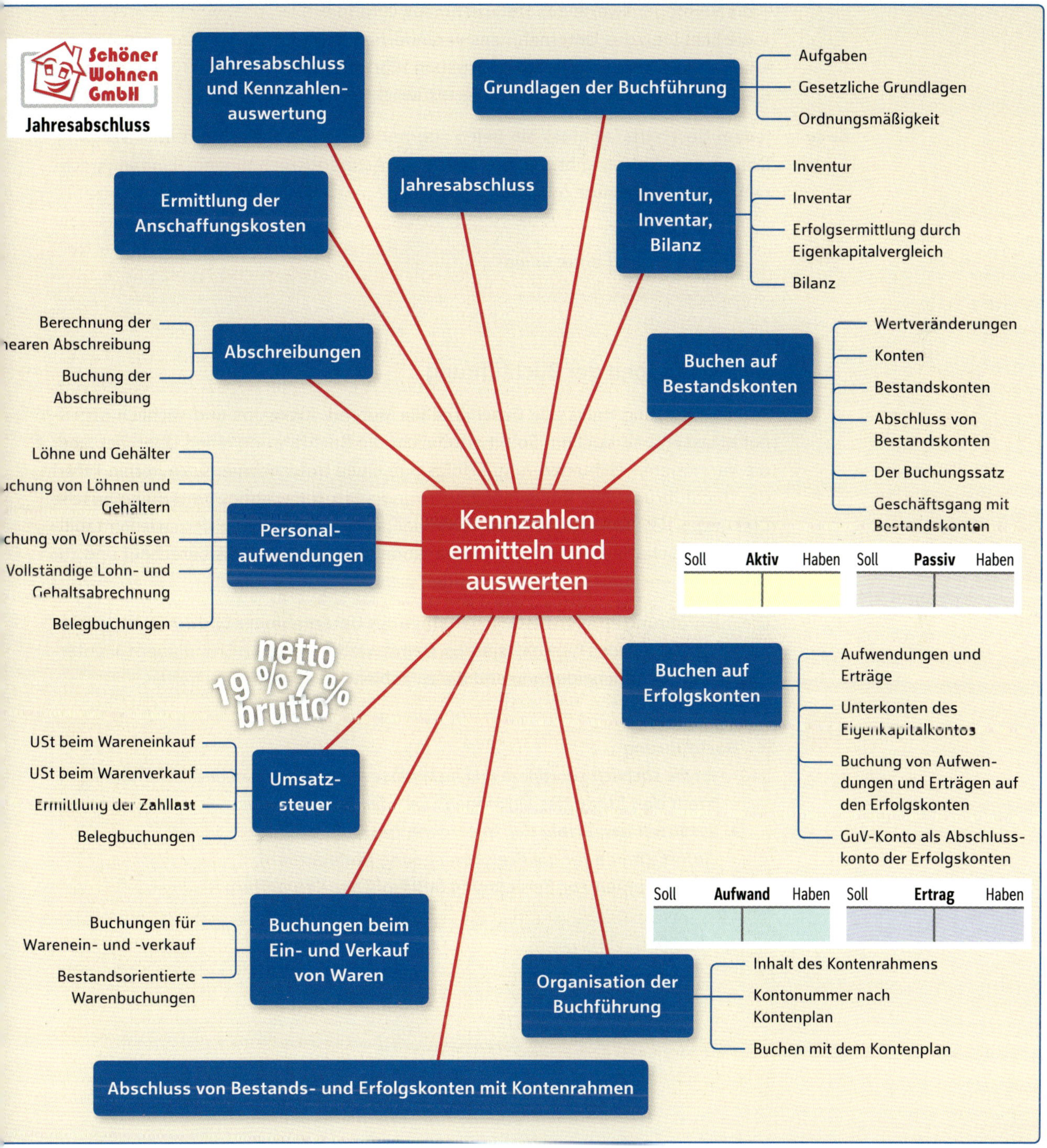

1 Grundlagen der Buchführung

Geschäftsfall

In Unternehmen werden täglich vielfältige Arbeiten ausgeführt: Es werden beispielsweise Waren eingekauft, gelagert und verkauft. Rechnungen werden geschrieben und versandt. Eingehende Rechnungen werden beglichen. Löhne und Gehälter werden überwiesen. Solche Tätigkeiten nennt man „Geschäftsfälle", sofern sie ...

- die Vermögenswerte des Unternehmens verändern,
- die Schulden des Unternehmens verändern,
- zu Geldeinnahmen oder Geldausgaben führen,
- Werteverzehr (Aufwand) oder Wertezuwachs (Ertrag) darstellen.

Beleg

Jedem Geschäftsfall muss ein Beleg zugrunde liegen, der Auskunft über Vorgang, Datum und Betrag gibt. Belege sind z. B. Ausgangsrechnungen, Eingangsrechnungen, Bankauszüge oder Quittungen.

[?!]

Keine Buchung ohne Beleg!

1.1 Aufgaben der Buchführung

Die Buchführung muss alle Geschäftsfälle laufend, lückenlos und sachlich geordnet erfassen und buchen. Somit ermöglicht die Buchführung einen Überblick über die Vermögens-, Schulden- und Erfolgslage eines Unternehmens. Weiterhin liefert die Buchführung die zahlenmäßigen Grundlagen für wichtige unternehmerische Planungen, Entscheidungen und Kontrollen. Betriebliche Kennziffern wie Rentabilitäten, Wirtschaftlichkeit oder Liquidität können auf dieser Basis berechnet und zur Unternehmenssteuerung herangezogen werden.

Die Buchführung erfasst alle Geschäftsfälle des Unternehmens und ermittelt den Gewinn oder Verlust des Geschäftsjahres. Damit werden wichtige Grundlagen für unternehmerische Entscheidungen und die zu zahlenden Steuern geschaffen.

[?!]

Buchführung

Buchführung ...

- ***ist die sachlich geordnete und lückenlose Aufzeichnung aller Geschäftsfälle,***
- ***stellt den Stand des Vermögens und der Schulden dar,***
- ***ermittelt den Erfolg des Unternehmens,***
- ***liefert Zahlen für die Preisberechnung (Kalkulation),***
- ***liefert Zahlen zur Berechnung betrieblicher Kennziffern.***

4850158

1.2 Gesetzliche Grundlagen der Buchführung: Handelsgesetzbuch (HGB) und Abgabenordnung (AO)

Buchführungspflicht

Im Handelsgesetzbuch (HGB) und in der Abgabenordnung (AO) werden dem Unternehmer gesetzliche Vorschriften über die Buchführungspflicht auferlegt.

[§]

§ 238 Abs. 1 HGB

Jeder Kaufmann ist verpflichtet, Bücher zu führen und in diesen seine Handelsgeschäfte und die Lage seines Vermögens nach den Grundsätzen ordnungsmäßiger Buchführung ersichtlich zu machen.

Einnahmenüberschussrechnung

Befreit von der Buchführungspflicht des § 238 Abs. 1 HGB sind Einzelkaufleute, die in zwei aufeinander folgenden Geschäftsjahren weniger als 600 000,00 € Jahresumsatz und weniger als 60 000,00 € Jahresgewinn erzielen. Diese Unternehmer dürfen den Gewinn bzw. Verlust des Geschäftsjahres durch einfache Einnahmenüberschussrechnung (Einnahmen abzüglich Ausgaben) ermitteln.

[§]

§ 241 a HGB

Einzelkaufleute, die an den Abschlussstichtagen von zwei aufeinander folgenden Geschäftsjahren nicht mehr als 600 000,00 € Umsatzerlöse und 60 000,00 € Jahresüberschuss aufweisen, brauchen § 238 nicht anzuwenden.

Buchführungsvorschriften: Inventur, Inventar, Bilanz

Die Buchführungsvorschriften der §§ 238 bis 263 HGB sind für alle Kaufleute verbindlich. So muss der Buchführungspflichtige die Grundsätze ordnungsmäßiger Buchführung (§ 239 HGB) beachten, zu Beginn der Geschäftstätigkeit und am Ende jeden Geschäftsjahres eine Inventur (§ 241 HGB) durchführen, ein Inventar (§ 240 HGB) und eine persönlich unterschriebene Bilanz (§ 242 ff. HGB) erstellen. Weiterhin hat er sämtliche Buchführungsunterlagen nach den im § 257 HGB festgelegten Mindestfristen aufzubewahren.

Kaufleute und Unternehmer

Zusätzlich zu den im Handelsrecht erfassten Kaufleuten werden durch die Abgabenordnung (AO) aus steuerlichen Gründen (Ermittlung der Bemessungsgrundlage für eine einheitliche Besteuerung) weitere Unternehmer zur Buchführung verpflichtet.

[§]

§ 141 Abs. 1 AO

Unternehmer unterliegen der Buchführungspflicht, wenn
- der Jahresumsatz mehr als 600 000,00 € beträgt
- oder der Jahresgewinn mehr als 60 000,00 € beträgt.

1.3 Ordnungsmäßigkeit der Buchführung

Ordnungsmäßige Buchführung

Die Buchführung muss so beschaffen sein, dass sie einem sachverständigen Dritten (z. B. Betriebsprüfer) in angemessener Zeit einen Überblick über die Geschäftsfälle und die Lage des Unternehmens vermitteln kann (§ 238 HGB, § 145 AO).

Grundsätze ordnungsmäßiger Buchführung (GoB)

Damit die Buchführung ordnungsmäßig ist, muss sie allgemein anerkannten und sachgerechten Normen entsprechen; den „Grundsätzen ordnungsmäßiger Buchführung" (kurz „GoB"). Diese haben die Aufgabe, Unternehmenseigentümer und Gläubiger des Unternehmens vor falschen Informationen und Angaben zu schützen.

[?!]

Wichtige GoB

Als wichtigste Grundsätze ordnungsmäßiger Buchführung (GoB) gelten:

- ***Die Buchführung muss klar und übersichtlich sein (§ 145 Abs. 1 AO).***
  - ***Buchungen dürfen nicht unleserlich gemacht werden (§ 239 Abs. 3 HGB).***
  - ***Verrechnungen zwischen Vermögenswerten und Schulden sowie zwischen Aufwendungen und Erträgen sind nicht erlaubt (§ 286 Abs. 2 HGB).***
  - ***Die Aufzeichnungen müssen in einer lebenden Sprache sein (§ 239 Abs. 1 HGB).***
- ***Alle Geschäftsfälle müssen ordnungsmäßig erfasst werden.***
  - ***Die Geschäftsfälle sind vollständig und fortlaufend, richtig, zeitgerecht und sachlich geordnet zu buchen (§ 246 HGB).***
  - ***Kasseneinnahmen und -ausgaben sind täglich aufzuzeichnen (§ 146 Abs. 1 AO).***
- ***Sämtliche Buchungen müssen anhand der Belege jederzeit nachprüfbar sein.***
  - ***Keine Buchung ohne Beleg!***
  - ***Die Belege müssen fortlaufend nummeriert und geordnet aufbewahrt werden (§ 257 Abs. 1 HGB).***
- ***Aufbewahrungspflichten für Buchführungsunterlagen (§ 257 Abs. 4 HGB):***
  - ***zehn Jahre für Inventare, Bilanzen, Belege, Handelsbücher, Konten,***
  - ***sechs Jahre für Geschäftsbriefe und sonstige Unterlagen, soweit sie für die Besteuerung von Bedeutung sind.***

Verstöße gegen die GoB

Wird gegen die Grundsätze ordnungsmäßiger Buchführung (GoB) verstoßen, können die Finanzbehörden die Besteuerungsgrundlagen (z. B. Umsatz, Gewinn) schätzen. Wird die Buchführung unrichtig oder verschleiert wiedergegeben, muss mit einer Geld- oder Freiheitsstrafe gerechnet werden.

2 Inventur, Inventar, Bilanz

2.1 Inventur

Feststellen des Vermögens und der Schulden

Jeder Kaufmann hat gemäß § 240 HGB das Vermögen und die Schulden seines Unternehmens festzustellen, und zwar ...
- bei der Gründung des Unternehmens,
- am Ende jedes einzelnen Geschäftsjahres,
- bei der Beendigung des Unternehmens (Auflösung, Verkauf).

Inventur

Zur Feststellung des Vermögens und der Schulden ist eine Inventur durchzuführen. Die Inventur ist eine körperliche und eine buchmäßige Bestandsaufnahme aller Vermögensteile und aller Schulden.

Körperliche Inventur

Körperliche Bestandsaufnahme: Im Unternehmen vorhandene Vermögenswerte wie Grundstücke, Gebäude, Betriebsausstattung, Geschäftsausstattung, Lkws, Lieferwagen, Vorräte und Bargeld werden gezählt, gemessen oder gewogen und in Euro bewertet.

Buchinventur

Buchmäßige Bestandsaufnahme: Das übrige (nichtkörperliche) Vermögen (z. B. Forderungen, Bankguthaben) sowie die Schulden des Unternehmens sind anhand der Buchungsunterlagen zu ermitteln.

[?!]

Inventur

Inventur ist die mengen- und wertmäßige Erfassung sämtlicher Vermögens- und Schuldenwerte eines Unternehmens durch Messen, Zählen und Wiegen zu einem bestimmten Stichtag.

Inventurarten

Es gibt vier Arten der Inventur für das Vorratsvermögen: die Stichtagsinventur, die permanente Inventur, die zeitlich verlegte Inventur und die Stichprobeninventur [▸ Lernfeld 3, ▸ Kapitel 4.3].

Stichtagsinventur

Bei der Stichtagsinventur muss die mengenmäßige Bestandsaufnahme zeitnah innerhalb einer Frist von zehn Tagen vor oder nach dem Bilanzstichtag durchgeführt werden. Zugänge und Abgänge zwischen dem Inventurtag und dem Bilanzstichtag werden anhand von Belegen mengen- und wertmäßig auf den Bilanzstichtag fortgeschrieben bzw. zurückgerechnet.

Permanente Inventur (laufende Inventur)

Bei der permanenten (laufenden) Inventur darf der am Bilanzstichtag vorliegende buchmäßige Bestand als tatsächlicher Bestand angesetzt werden, wenn in den entsprechenden Unterlagen (z. B. Lagerkartei) alle Zu- und Abgänge mengenmäßig erfasst wurden.

Abschlussstichtag

Abschlussstichtag ist üblicherweise der 31. Dezember eines Jahres. Allerdings kann das Geschäftsjahr vom Kalenderjahr abweichen.

2.2 Inventar

Im Inventar werden alle durch die Inventur gewonnenen Vermögens- und Schuldenwerte gegenübergestellt, um das Eigenkapital des Unternehmers zu ermitteln.

Das Inventar besteht aus drei Teilen: dem Vermögen, den Schulden (Fremdkapital) und dem Reinvermögen (Eigenkapital).

	Vermögen
–	***Schulden***
=	***Eigenkapital (Reinvermögen)***

2.2.1 Vermögen

Die Vermögensgegenstände werden zunächst getrennt in Anlagevermögen und Umlaufvermögen und danach innerhalb dieser beiden Gruppierungen nach ihrer Liquidität angeordnet.

Liquidität

Die Liquidität (lat. „liquidus" = dt. „flüssig") ist die Eigenschaft des Betriebsvermögens, sich in Zahlungsmittel („flüssige Mittel") umwandeln zu lassen; sie wird bestimmt von der Zeitspanne und der Schwierigkeit dieser Umwandlung. Die Vermögensgegenstände mit der geringsten Liquidität (Grundstücke) werden zuerst, die Vermögensgegenstände mit der größten Liquidität (Bargeld) zuletzt aufgeführt.

Anlagevermögen

Nach § 247 Abs. 2 HGB umfasst das Anlagevermögen alle Vermögensteile, die dem Unternehmen langfristig dienen (mehrere Rechnungsperioden), z. B.: Grundstücke, Gebäude, Lkws, Lieferwagen, Gabelstapler, Hubwagen, Betriebsausstattung (technischer Bereich) und Geschäftsausstattung (kaufmännischer Bereich).

Umlaufvermögen

Alle Vermögensteile, die nur kurzfristig im Unternehmen bleiben und ständig umgeschlagen werden, z. B. Waren, Forderungen, Bankguthaben, Postbankguthaben, Kassenbestand, stellen Umlaufvermögen dar.

2.2.2 Schulden (Fremdkapital)

Fälligkeit

Schulden werden nach ihrer Fälligkeit gegliedert in ...
- langfristige Schulden (Laufzeit mindestens vier Jahre), z. B.: Hypothekenschulden, Darlehensschulden, und
- kurzfristige Schulden, z. B.: Bankschulden, Verbindlichkeiten aus Lieferungen und Leistungen.

2.2.3 Reinvermögen (Eigenkapital)

Eigenkapital (Reinvermögen) ist die Differenz zwischen Vermögen und Schulden.

	Summe des Vermögens (Anlage- und Umlaufvermögen)
–	***Summe der Schulden (lang- und kurzfristige Schulden)***
=	***Eigenkapital (Reinvermögen)***

4850162

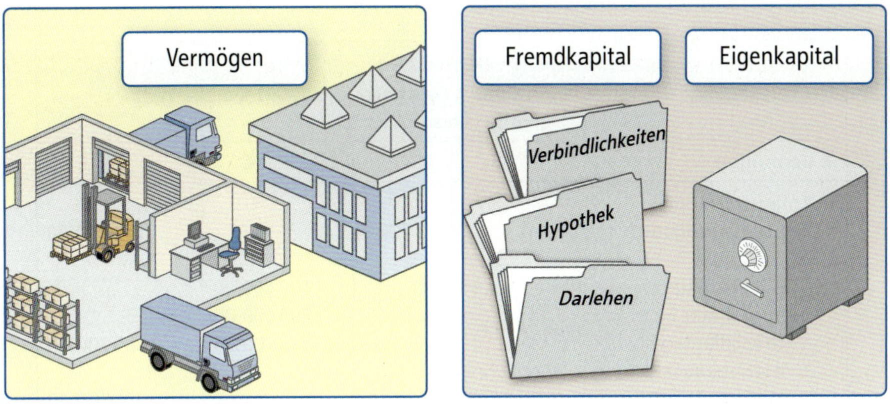

Verhältnis zwischen Vermögen (links) und Schulden (Fremdkapital plus Eigenkapital; rechts)

Aufbewahrungsfristen

Das Inventar und alle zu seinem Verständnis erforderlichen Unterlagen (alle als Anlagen beigefügten Verzeichnisse, Inventurlisten usw.) sind nach § 257 Abs. 1 HGB und § 147 Abs. 1 und § 3 AO zehn Jahre lang aufzubewahren.

[§]

§ 240 Abs. 1 HGB

Jeder Kaufmann hat zu Beginn seines Handelsgewerbes seine Grundstücke, seine Forderungen und Schulden, den Betrag seines baren Geldes sowie seine sonstigen Vermögensgegenstände genau zu verzeichnen und dabei den Wert der einzelnen Vermögensgegenstände und Schulden anzugeben.

§ 240 Abs. 2 HGB

Er hat [...] für den Schluss eines jeden Geschäftsjahres ein solches Inventar aufzustellen. [...]

[?!]

Inventur und Inventar

Inventur	Tätigkeit der Bestandsaufnahme
Inventar	Ausführliches Verzeichnis aller Vermögens- und Schuldenwerte zu einem Stichtag
	Zweck: Ermittlung des Eigenkapitals
	Erstellung: • bei der Gründung des Unternehmens • am Ende des Geschäftsjahres • bei Auflösung oder Verkauf des Unternehmens
	Gliederung: *Summe des Vermögens (angeordnet nach der Liquidität)* – *Summe der Schulden (angeordnet nach der Fälligkeit)* = *Reinvermögen (Eigenkapital)*

Beispiel: Inventar der Schöner Wohnen GmbH

INVENTAR
der Schöner Wohnen GmbH, Gartenstr. 39, 47001 Duisburg, zum 31. Dezember 20..

A. Vermögen	€	€
I. Anlagevermögen		
1. Lagergrundstück		112 000,00
2. Gebäude		
Bürogebäude	487 400,00	
Lagerhalle	1 208 600,00	
Umschlaglager	313 700,00	2 009 700,00
3. Betriebsausstattung lt. Verzeichnis (Anlage 3)		270 900,00
4. Geschäftsausstattung lt. Verzeichnis (Anlage 4)		72 000,00
5. Fuhrpark		
Lkws lt. Verzeichnis (Anlage 1)	220 000,00	
Hänger lt. Verzeichnis (Anlage 2)	30 000,00	250 000,00
II. Umlaufvermögen		
1. Warenvorräte		
Wohnzimmermöbel (Anlage 5)	135 000,00	
Küchenmöbel (Anlage 6)	164 000,00	
Kleinmöbel (Anlage 7)	79 500,00	378 500,00
2. Forderungen aus Lieferungen und Leistungen (a. LL.)		
Möbel-Fromm, Köln	26 500,00	
Möbel-YYYZ, Hamm	39 200,00	
Möbel-Bauer, Bochum	247 100,00	312 800,00
3. Bankguthaben		
Deutsche Bank Duisburg	23 451,00	
Volksbank Duisburg	15 332,00	38 783,00
4. Kassenbestand		3 436,00
Summe des Vermögens		3 448 119,00
B. Schulden		
I. Langfristige Verbindlichkeiten		
1. Hypotheken		
Sparkasse Duisburg	1 240 000,00	
Commerzbank Duisburg	285 000,00	1 525 000,00
2. Darlehensschulden		
Volksbank Duisburg		420 000,00
II. Kurzfristige Verbindlichkeiten		
Verbindlichkeiten aus Lieferungen und Leistungen (a. LL.)		
Möbel-Design, Oslo	250 000,00	
Schneider AG, Fürth	210 000,00	460 000,00
Summe der Schulden		2 405 000,00
C. Ermittlung des Eigenkapitals		
Summe des Vermögens		3 448 119,00
– Summe der Schulden		– 2 405 000,00
= Eigenkapital (Reinvermögen)		1 043 119,00

Musteraufgabe:
Inventur des Großhändlers Jens Kanninga

Der Großhändler Jens Kanninga e. Kfm., Wismar, ermittelt jeweils zum 31. Dez. zweier aufeinander folgender Jahre durch Inventur folgende Vermögens- und Schuldenwerte.

		Jahr 1	Jahr 2
		€	€
Grundstücke		680 000,00	680 000,00
Fuhrpark	5 Lkws	360 000,00	234 000,00
	2 Anhänger	37 200,00	48 400,00
	4 Lieferwagen	48 500,00	76 300,00
	3 Pkws	16 700,00	44 100,00
Lagergebäude		1 245 000,00	2 120 500,00
Forderungen a. LL. lt. Anlage		212 400,00	189 300,00
Ausstellungshalle		234 500,00	196 700,00
Verbindlichkeiten a. LL. lt. Anlage		316 800,00	412 400,00
Hypothekenschulden	Sparkasse Wismar	480 000,00	790 000,00
	Deutsche Bank	360 000,00	580 000,00
Vorräte lt. Inventurliste	Warengruppe 1	65 800,00	12 500,00
	Warengruppe 2	6 200,00	1 400,00
	Warengruppe 3	4 800,00	7 300,00
Bankschulden	Volksbank Wismar	16 300,00	73 900,00
	Deutsche Bank	400,00	51 300,00
Geschäftsausstattung lt. Inventurliste		69 200,00	53 700,00
Bankguthaben	Sparkasse	7 700,00	8 200,00
	Postbank	3 900,00	1 100,00
Verbindlichkeiten an das Finanzamt		12 300,00	33 700,00
Darlehensschulden			
Volksbank Wismar		127 000,00	212 800,00
Postbank		34 000,00	120 000,00
Spedition Breuel, Dortmund		46 000,00	87 500,00
Kassenbestand lt. Inventurliste		4 800,00	2 100,00
Verwaltungsgebäude		680 300,00	672 400,00
Betriebsausstattung lt. Inventurliste			
1 Stapler		23 800,00	11 900,00
9 Hubwagen		5 600,00	8 700,00

a) Erstellen Sie für das Jahr 1 das Inventar des Großhändlers Jens Kanninga e. Kfm. zum 31. Dez.

b) Erstellen Sie das Inventar des Großhändlers Jens Kanninga e. Kfm. zum 31. Dez. des Folgejahres.

c) Vergleichen Sie die beiden Inventare des Großhändlers Jens Kanninga e. Kfm. Erklären Sie die Veränderungen im Anlagevermögen, im Umlaufvermögen, im Fremdkapital und im Eigenkapital.

→

Lösung zu a): Inventar Jahr 1

INVENTAR zum 31. Dezember Jahr 1 Jens Kanninga e. Kfm., Wismar		
A. Vermögen	**€**	**€**
I. Anlagevermögen		
1. Grundstücke		680 000,00
2. Gebäude Verwaltungsgebäude	680 300,00	
Lagergebäude	1 245 000,00	
Ausstellungshalle	234 500,00	2 159 800,00
3. Betriebsausstattung		
Stapler lt. Verzeichnis	23 800,00	
Hubwagen lt. Verzeichnis	5 600,00	29 400,00
4. Geschäftsausst. lt. Verzeichnis		69 200,00
5. Fuhrpark Lkws lt. Verz.	360 000,00	
Anhänger lt. Ver.	37 200,00	
Lieferwagen lt. Ver.	48 500,00	
Pkws lt. Verz.	16 700,00	462 400,00
II. Umlaufvermögen		
1. Vorräte Warengruppe 1	65 800,00	
Warengruppe 2	6 200,00	
Warengruppe 3	4 800,00	76 800,00
2. Forderungen a. LL. lt. Saldenliste		212 400,00
3. Bankguthaben		
Sparkasse Wismar lt. Kontoauszug	7 700,00	
Postbank lt. Kontoauszug	3 900,00	11 600,00
4. Kassenbestand lt. Kassenbuch		4 800,00
Summe des Vermögens		3 706 400,00
B. Schulden		
I. Langfristige Verbindlichkeiten		
1. Hypotheken		
Sparkasse Wismar lt. Kontoauszug	480 000,00	
Deutsche Bank lt. Kontoauszug	360 000,00	840 000,00
2. Darlehensschulden		
Volksbank Wismar lt. Kontoauszug	127 000,00	
Postbank lt. Kontoauszug	34 000,00	
Spedition Breuel, Dortmund, lt. Darlehensvertrag	46 000,00	207 000,00
II. Kurzfristige Verbindlichkeiten		
1. Verbindlichkeiten a. LL.		316 800,000
2. Verbindlichkeiten an das Finanzamt lt. Verzeichnis		12 300,00
3. Bankschulden		
Volksbank Wismar lt. Kontoauszug	16 300,00	
Deutsche Bank lt. Kontoauszug	400,00	16 700,00
Summe der Schulden		1 392 800,00
C. Ermittlung des Eigenkapitals		
Summe des Vermögens		3 706 400,00
– Summe der Schulden		– 1 392 800,00
= Eigenkapital (Reinvermögen)		2 313 600,00

Lösung zu b):
Inventar Jahr 2

INVENTAR zum 31. Dezember Jahr 2 Jens Kanninga e. Kfm., Wismar		
A. Vermögen	**€**	**€**
I. Anlagevermögen		
1. Grundstücke		**680 000,00**
2. Gebäude Verwaltungsgebäude	672 400,00	
Lagergebäude	2 120 500,00	
Ausstellungshalle	196 700,00	**2 989 600,00**
3. Betriebsausstattung		
Stapler lt. Verzeichnis	11 900,00	
Hubwagen lt. Verzeichnis	8 700,00	**20 600,00**
4. Geschäftsausst. lt. Verzeichnis		**53 700,00**
5. Fuhrpark Lkws lt. Verz.	234 000,00	
Anhänger lt. Verz.	48 400,00	
Lieferwagen lt. Verz.	76 300,00	
Pkws lt. Ver.	44 100,00	**402 800,00**
II. Umlaufvermögen		
1. Vorräte Warengruppe 1	12 500,00	
Warengruppe 2	1 400,00	
Warengruppe 3	7 300,00	**21 200,00**
2. Forderungen a. LL. lt. Saldenliste		**189 300,00**
3. Bankguthaben		
Sparkasse Wismar lt. Kontoauszug	8 200,00	
Postbank lt. Kontoauszug	1 100,00	**9 300,00**
4. Kassenbestand lt. Kassenbuch		**2 100,00**
Summe des Vermögens		**4 368 600,00**
B. Schulden		
I. Langfristige Verbindlichkeiten		
1. Hypotheken		
Sparkasse Wismar lt. Kontoauszug	790 000,00	
Deutsche Bank lt. Kontoauszug	580 000,00	**1 370 000,00**
2. Darlehensschulden		
Volksbank Wismar lt. Kontoauszug	212 800,00	
Postbank lt. Kontoauszug	120 000,00	
Spedition Breuel, Dortmund, lt. Darlehensvertrag	87 500,00	**420 300,00**
II. Kurzfristige Verbindlichkeiten		
1. Verbindlichkeiten a. LL.		**412 400,000**
2. Verbindlichkeiten an das Finanzamt lt. Verzeichnis		**33 700,00**
3. Bankschulden		
Volksbank Wismar lt. Kontoauszug	73 900,00	
Deutsche Bank lt. Kontoauszug	51 300,00	**125 200,00**
Summe der Schulden		**2 361 600,00**
C. Ermittlung des Eigenkapitals		
Summe des Vermögens		4 368 600,00
– Summe der Schulden		– 2 361 600,00
= **Eigenkapital** (Reinvermögen)		2 007 000,00

Lösung zu c): Vergleich der Inventare

- Das Anlagevermögen ist gestiegen, da ein neues Lagergebäude gekauft/gebaut wurde. Weiterhin wurde in neue Anhänger, Lieferwagen und Pkws investiert.
- Die Warenvorräte haben abgenommen. Die Forderungen an Kunden sind gesunken.
- Zur Finanzierung der neuen Ausstellungshalle wurden zusätzlich langfristige Kredite aufgenommen. Auch die Verbindlichkeiten a. LL. haben zugenommen.
- Das Eigenkapital von Jens Kanninga e. Kfm. ist gesunken, da die Finanzierung des neuen Anlagevermögens über zusätzliches Fremdkapital (Hypotheken, Darlehen, Verbindlichkeiten) erfolgte. Gleichzeitig sank der Wert des Umlaufvermögens.

2.3 Erfolgsermittlung durch Eigenkapitalvergleich

Unternehmenserfolg: Gewinn oder Verlust

Auf der Grundlage zweier aufeinanderfolgender Inventare lässt sich der Erfolg eines Unternehmens ermitteln und zwar mithilfe von Gewinn und Verlust: Der Erfolg des Unternehmens wird über den Gewinn bzw. Verlust bestimmt. Man vergleicht das Eigenkapital am Ende des Geschäftsjahres mit dem Eigenkapital zu Beginn desselben Geschäftsjahres. Hat sich das Eigenkapital erhöht, ist dies positiv zu sehen und lässt grundsätzlich auf einen im Geschäftsjahr erwirtschafteten Gewinn schließen. Wird das Eigenkapital dagegen vermindert, deutet dies auf einen Verlust hin.

Beispiel: Erfolgsermittlung von Elektrogroßhandel A und Elektrogroßhandel B

Reinvermögen lt. Inventar (Eigenkapital)	**Elektrogroß-handel A**	**Elektrogroß-handel B**
1. Jan. des Geschäftsjahres (entspricht 31. Dez. des Vorjahres)	850 000,00 €	785 000,00 €
31.12. des Geschäftsjahres	970 000,00 €	715 000,00 €
Erfolg	**+ 120 000,00 €**	**– 70 000,00 €**
	Gewinn	**Verlust**

[?!]

Gewinn

Gewinn ist die positive Differenz zwischen dem Eigenkapital am Ende des Geschäftsjahres und zu Beginn des Geschäftsjahres. Bei Personengesellschaften sind allerdings noch Privatentnahmen und Privateinlagen zu beachten.

Eigenkapitalrentabilität

Setzt man den Jahresgewinn ins Verhältnis zum Anfangskapital, erhält man die Verzinsung des im Unternehmen eingesetzten Eigenkapitals. Die Verzinsung des eingesetzten Eigenkapitals wird auch als „Eigenkapitalrentabilität" bezeichnet.

4850168

$$\textit{Eigenkapitalrentabilität} = \frac{\textit{Jahresgewinn} \cdot 100}{\textit{Eigenkapital am Jahresanfang}}$$

Beispiel: Eigenkapitalrentabilität von Elektrogroßhandel A

Eigenkapital am Jahresanfang:	850 000,00 €
Gewinn:	120 000,00 €

$$\text{Eigenkapitalrentabilität} = \frac{120\,000{,}00\ € \cdot 100}{850\,000{,}000\ €} = 14{,}12\ \%$$

Das im Unternehmen eingesetzte Eigenkapital verzinst sich mit 14,12 %. Dieses Ergebnis kann nun mit einer anderen, möglichen Kapitalanlage verglichen werden, um festzustellen, ob sich der Einsatz des Eigenkapitals gelohnt hat.

2.4 Bilanz

Das Inventar ist eine umfangreiche Aufstellung der gesamten Vermögensteile und Schulden. Um den beträchtlichen Umfang des Inventars übersichtlicher zu gestalten, wird eine Kurzzusammenfassung des Inventars erstellt: die Bilanz. Der Begriff „Bilanz" (ital. „bilancia" = dt. „Waage") wird in der Buchführung verwendet für den Jahresabschluss in Form einer Gegenüberstellung von Vermögen und Kapital zu einem Stichtag.

Bilanz

Die Bilanz ist eine Kurzfassung des Inventars in Kontenform: Die Bilanz enthält auf der linken Seite das Vermögen, unterteilt in Anlagevermögen (langfristig vorhandenes Vermögen) und Umlaufvermögen (kurzfristig vorhandenes Vermögen), auf der rechten Seite das Kapital, unterteilt in Eigenkapital und Fremdkapital. Die Summen der einzelnen Positionen auf der Vermögensseite und der einzelnen Positionen auf der Kapitalseite der Bilanz haben den gleichen Wert.

Aktiva

Die Vermögensteile (Anlagevermögen und Umlaufvermögen) heißen „Aktiva". Sie werden aktiv eingesetzt, um Leistungen des Betriebs zu erstellen.

Passiva

Die Kapitalteile (Fremdkapital und Eiqenkapital) heißen „Passiva". Sie dienen lediglich der Finanzierung des betriebsnotwendigen Vermögens.

Kapitalherkunft und Kapitalverwendung

Die Bilanz zeigt auf der Passivseite, woher das Kapital eines Unternehmens stammt (= Kapitalherkunft/Finanzierung). Die Aktivseite zeigt, wie das Kapital angelegt wurde (= Kapitalverwendung/Investierung). Auf beiden Seiten der Bilanz handelt es sich um dasselbe Kapital, daher muss der Gesamtbetrag auf beiden Seiten gleich hoch sein.

Aktiva — Bilanz — Passiva

Aktiva	Passiva
I. Anlagevermögen II. Umlaufvermögen = (Gesamt-)Vermögen ↓ Aktiva gibt Auskunft über **Kapitalverwendung/Investierung** Die Aktivseite der Bilanz gibt Antwort auf die Frage: „Wie wird das Kapital verwendet?"	I. Eigenkapital II. Fremdkapital = (Gesamt-)Kapital ↓ Passiva gibt Auskunft über **Kapitalherkunft/Finanzierung** Die Passivseite der Bilanz gibt Antwort auf die Frage: „Woher stammt das Kapital?"

Beispiel: Bilanz der Schöner Wohnen GmbH

Aus dem Inventar der Schöner Wohnen GmbH [▸Kapitel 2.2.3] ergibt sich folgende Bilanz:

Aktiva	Bilanz zum 31. Dez. 20..		Passiva
I. Anlagevermögen		**I. Eigenkapital**	1 043 119,00
1. Grundstücke	112 000,00	**II. Fremdkapital**	
2. Gebäude	2 009 700,00	1. Hypotheken	1 525 000,00
3. Betriebsausstattung	270 900,00	2. Darlehensschulden	420 000,00
4. Geschäftsausst.	72 000,00	3. Verbindl. a. LL.	460 000,00
5. Fuhrpark	250 000,00		
II. Umlaufvermögen			
1. Waren	378 500,00		
2. Forderungen a. LL.	312 800,00		
3. Bank	38 783,00		
4. Kasse	3 436,00		
	3 448 119,00		**3 448 119,00**
Duisburg, 17. Jan. 20..			*Dr. Klaus Baumann*

[§]

§ 242 Abs. 1 HGB

Der Kaufmann hat zu Beginn seines Handelsgewerbes und für den Schluss eines jeden Geschäftsjahres einen das Verhältnis seines Vermögens und seiner Schulden darstellenden Abschluss (Eröffnungsbilanz, Bilanz) aufzustellen.

§ 245 HGB

Der Jahresabschluss ist vom Kaufmann unter Angabe des Datums zu unterzeichnen.

§ 247 Abs. 1 HGB

In der Bilanz sind das Anlage- und das Umlaufvermögen, das Eigenkapital, die Schulden [...] gesondert auszuweisen und hinreichend aufzugliedern.

§ 266 Abs. 1 HGB

Die Bilanz ist in Kontoform aufzustellen. [...]

[?!]

Bilanz

Die Bilanz ist eine Kurzfassung des umfangreichen Inventars.

Gliederung der Bilanz:

- ***Gegenüberstellung von Vermögen (Aktiva) und Kapital (Passiva)***
- ***Gliederung des Vermögens nach Liquidität***
- ***Gliederung des Kapitals nach Fälligkeit***

4850170

[?!]

Bilanz

Form der Bilanz:

- ***Kontenform***
- ***mit persönlicher Unterschrift des Unternehmers unter Angabe des Datums (§ 245 HGB)***
- ***Der nicht beschriebene Raum im T-Konto wird durch die sogenannte „Buchhalternase" – eine schräg durch den nicht benötigten leeren Zwischenraum führende Linie – gesperrt.***

Verdichtete Bilanz

Die Bilanz kann noch stärker zusammengefasst („verdichtet") werden. Dann werden auf der Aktivseite lediglich Anlagevermögen und Umlaufvermögen, auf der Passivseite lediglich Eigenkapital und Fremdkapital ausgewiesen.

Beispiel:
Verdichtete Bilanz der Schöner Wohnen GmbH

Aktiva	**Bilanz zum 31. Dez. 20..**		**Passiva**
I. Anlagevermögen	2 714 600,00	I. Eigenkapital	1 043 119,00
II. Umlaufvermögen	733 519,00	II. Fremdkapital	2 405 000,00
= (Gesamt-)Vermögen	**3 448 119,00**	= (Gesamt-)Kapital	**3 448 119,00**
Duisburg, 17. Jan. 20..			*Dr. Klaus Baumann*

Bilanzstruktur mit Gliederungszahlen

Die Bilanz wird noch aussagefähiger, wenn sie mit Gliederungszahlen (%) dargestellt wird.

Beispiel:
Verdichtete Bilanz mit Gliederungszahlen

Aktiva		**Bilanz zum 31. Dez. 20..**			**Passiva**
Vermögensstruktur	**in €**	**in %**	**Kapitalstruktur**	**in €**	**in %**
I. Anlagevermögen	2 714 600,00	78,7	I. Eigenkapital	1 043 119,00	30,3
II. Umlaufvermögen	733 519,00	21,3	II. Fremdkapital	2 405 000,00	69,7
Gesamtvermögen	3 448 119,00	100,0	Gesamtkapital	3 448 119,00	100,0

[?!]

Inventur – Inventar – Bilanz

Inventur ↓	Aus der Inventur ... • Tätigkeit der Bestandsaufnahme
Inventar ↓	wird das Inventar ... • ausführliche Darstellung aller Vermögens- und Schuldenwerte in Staffelform • Bewertung unter Angabe von Menge, Einzelwert und Gesamtwert
Bilanz	und daraus die Bilanz erstellt • kurz gefasste Darstellung des Vermögens und des Kapitals in Kontenform

Musteraufgabe: Bilanz der Möbel KG

Erstellen Sie die Bilanz der Möbel KG zum 31. Dez. 20.. unter Beachtung der gesetzlichen Vorschriften. Berechnen Sie das Eigenkapital.

	a)	b)
	€	€
Fuhrpark	212 500,00	307 800,00
Geschäftsausstattung	64 800,00	37 000,00
Darlehensschulden	180 000,00	215 000,00
Gebäude	1 265 000,00	890 500,00
Waren	34 100,00	56 400,00
Hypothekenschulden	379 000,00	280 800,00
Betriebsausstattung	56 700,00	41 200,00
Grundstücke	196 300,00	220 000,00
Kassenbestand	4 100,00	2 300,00
Bankguthaben	9 500,00	7 900,00
Forderungen a. LL.	93 200,00	54 700,00
Verbindlichkeiten a. LL.	123 800,00	63 700,00

Lösung zu a)

Aktiva	Bilanz Möbel KG		Passiva
I. Anlagevermögen		**I. Eigenkapital**	**1 253 400,00**
1. Grundstücke	196 300,00	**II. Fremdkapital**	
2. Gebäude	1 265 000,00	1. Hypotheken	379 000,00
3. Betriebsausstattung	56 700,00	2. Darlehensschulden	180 000,00
4. Geschäftsausst.	64 800,00	3. Verbindl. a. LL.	123 800,00
5. Fuhrpark	212 500,00		
II. Umlaufvermögen			
1. Waren	34 100,00		
2. Forderungen a. LL.	93 200,00		
3. Bank	9 500,00		
4. Kasse	4 100,00		
	1 936 200,00		**1 936 200,00**

Das Eigenkapital ergibt sich als Differenz aus Vermögen und Fremdkapital.

Lösung zu b)

Aktiva	Bilanz Möbel KG		Passiva
I. Anlagevermögen		**I. Eigenkapital**	**1 058 300,00**
1. Grundstücke	220 000,00	**II. Fremdkapital**	
2. Gebäude	890 500,00	1. Hypotheken	280 800,00
3. Betriebsausstattung	41 200,00	2. Darlehensschulden	215 000,00
4. Geschäftsausst.	37 000,00	3. Verbindl. a. LL.	63 700,00
5. Fuhrpark	307 800,00		
II. Umlaufvermögen			
1. Waren	56 400,00		
2. Forderungen a. LL.	54 700,00		
3. Bank	7 900,00		
4. Kasse	2 300,00		
	1 617 800,00		**1 617 800,00**

Das Eigenkapital ergibt sich als Differenz aus Vermögen und Fremdkapital.

3 Buchen auf Bestandskonten

3.1 Wertveränderungen in der Bilanz

Über Inventur und Inventar wird die Bilanz des Unternehmens erstellt. In der Bilanz werden Vermögensbestände (Aktiva) und Schuldenbestände (Passiva) gegenüberge-stellt. Das Eigenkapital steht auf der Passivseite der Bilanz, also auf der Schuldenseite, weil das Eigenkapital vom Unternehmer in das Unternehmen eingebracht wurde und somit eine Schuld des Unternehmens an den Unternehmer darstellt.

Die Bilanz hat folgendes Aussehen:

Aktiva (Vermögen)	Bilanz	Passiva (Schulden)
I. Anlagevermögen II. Umlaufvermögen Aktive Bestandskonten		I. Eigenkapital II. Fremdkapital Passive Bestandskonten

[?!] *Bilanz*

Die Bilanz ist die Erfassung der gesamten Vermögensbestände und aller Schuldenbestände des Unternehmens.

[?!] *Aktiva*

Aktiva:
- ***linke Seite der Bilanz, stellt das Vermögen dar,***
- ***wird in Anlage- und Umlaufvermögen unterteilt***

[?!] *Passiva*

Passiva:
- ***rechte Seite der Bilanz, stellt die Schulden des Unternehmens dar,***
- ***wird in Eigen- und Fremdkapital unterteilt***

[?!] *Anlagevermögen*

Das Anlagevermögen (Aktivseite) soll langfristig im Unternehmen verbleiben.

[?!] *Umlaufvermögen*

Das Umlaufvermögen (Aktivseite) soll kurzfristig im Unternehmen verbleiben.

Arten der Bilanzveränderungen

Je nachdem, auf welcher Seite der Bilanz Veränderungen stattfinden, unterscheidet man zwischen Aktivtausch, Passivtausch, Aktiv-Passiv-Mehrung und Aktiv-Passiv-Minderung.

Aktiva	Anfangsbilanz		Passiva
Vermögen		**Kapital**	
Posten A	Wert a	Posten C	Wert c
Posten B	Wert b	Posten D	Wert d
weitere Posten	....	*weitere Posten*	....
	Startbetrag s		Startbetrag s

[?!] *Aktivtausch*

Aktivtausch:
- ***Ein Aktivkonto (z. B. Posten A) nimmt zu.***
- ***Ein Aktivkonto (z. B. Posten B) nimmt ab.***
- ***Folge: Die Bilanzsumme bleibt gleich.***

Aktiva	Bilanz nach Aktivtausch		Passiva
Vermögen		**Kapital**	
Posten A	a **plus x**	Posten C	Wert c
Posten B	b **minus x**	Posten D	Wert d
weitere Posten	....	*weitere Posten*	....
	Endbetrag = s		**Endbetrag = s**

[?!] *Passivtausch*

Passivtausch:
- ***Ein Passivkonto (z. B. Posten C) nimmt zu.***
- ***Ein Passivkonto (z. B. Posten D) nimmt ab.***
- ***Folge: Die Bilanzsumme bleibt gleich.***

Aktiva	Bilanz nach Passivtausch		Passiva
Vermögen		**Kapital**	
Posten A	a	Posten C	c **plus x**
Posten B	b	Posten D	d **minus x**
weitere Posten	....	*weitere Posten*	....
	Endbetrag = s		**Endbetrag = s**

[?!] *Aktiv-Passiv-Mehrung*

Aktiv-Passiv-Mehrung:
- ***Ein Aktivkonto (z. B. Posten A) nimmt zu.***
- ***Ein Passivkonto (z. B. Posten C) nimmt zu.***
- ***Folge: Die Bilanzsumme steigt.***

Aktiva	Bilanz nach Aktiv-Passiv-Mehrung		Passiva
Vermögen		**Kapital**	
Posten A	a **plus x**	Posten C	c **plus x**
Posten B	b	Posten D	d
weitere Posten	....	*weitere Posten*	....
	Endbetrag = s plus x		**Endbetrag = s plus x**

[?!]

Aktiv-Passiv-Minderung

Aktiv-Passiv-Minderung:
- ***Ein Aktivkonto (z. B. Posten A) nimmt ab.***
- ***Ein Passivkonto (z. B. Posten C) nimmt ab.***
- ***Folge: Die Bilanzsumme sinkt.***

Aktiva	Bilanz nach Aktiv-Passiv-Minderung		Passiva
Vermögen		**Kapital**	
Posten A	a **minus x**	Posten C	c **minus x**
Posten B	b	Posten D	d
weitere Posten	....	*weitere Posten*	....
	Endbetrag = s minus x		**Endbetrag = s minus x**

Musteraufgabe: Bilanzveränderungen in der Schöner Wohnen GmbH

Es liegen vier verschiedene Geschäftsfälle vor. Jeder Geschäftsfall verändert die Bilanz der Schöner Wohnen GmbH in zweifacher Weise. Je nach Art der Auswirkung wird in „vier typische Möglichkeiten der Wertveränderung in der Bilanz“ eingeteilt. Welche Veränderungen verursachen diese vier Geschäftsfälle jeweils gegenüber der Anfangsbilanz der Schöner Wohnen GmbH?

Anfangsbilanz der Schöner Wohnen GmbH

Aktiva (Vermögen)	Bilanz zum 31. Dez. 20..		Passiva (Schulden)
I. Anlagevermögen		**I. Eigenkapital**	880 000,00
1. Betriebsausstattung	850 000,00	**II. Fremdkapital**	
2. Fuhrpark	400 000,00	1. Darlehensschulden	400 000,00
II. Umlaufvermögen		2. Verbindl. a. LL.	280 000,00
1. Waren	120 000,00		
2. Forderungen a. LL.	110 000,00		
3. Bank	80 000,00		
	1 560 000,00		**1 560 000,00**

Geschäftsfall 1: Kauf eines Lieferfahrzeugs

Die Schöner Wohnen GmbH kauft ein neues Lieferfahrzeug für 50 000,00 € und bezahlt die Rechnung per Banküberweisung.

Welche Bilanzpositionen sind betroffen?
- Fuhrpark
- Bank

Handelt es sich um Aktiv- oder Passivkonten?
- Fuhrpark ist ein Aktivkonto (Vermögenskonto).
- Bank ist ein Aktivkonto (Vermögenskonto).

Wie verändern sich die betroffenen Bilanzpositionen?

Fuhrpark	nimmt zu	um 50 000,00 €	auf 450 000,00 €
Bank	nimmt ab	um 50 000,00 €	auf 30 000,00 €

- Ein Vermögensposten nimmt um 50 000,00 € zu, ein anderer Vermögensposten nimmt um 50 000,00 € ab.
- Geschäftsfall 1 ist ein Aktivtausch, er betrifft nur die Aktivseite der Bilanz.
- Folge: Die Bilanzsumme ändert sich beim Aktivtausch nicht.

→

Wie verändert sich die Bilanz?

Aktiva (Vermögen)		Bilanz zum 31. Dez. 20.	Passiva (Schulden)
I. Anlagevermögen		**I. Eigenkapital**	880 000,00
1. Betriebsausstattung	850 000,00	**II. Fremdkapital**	
2. Fuhrpark	450 000,00	1. Darlehensschulden	400 000,00
II. Umlaufvermögen		2. Verbindl. a. LL.	280 000,00
1. Waren	120 000,00		
2. Forderungen a. LL.	110 000,00		
3. Bank	30 000,00		
	1 560 000,00		**1 560 000,00**

Geschäftsfall 2: Umwandlung von Verbindlichkeiten in ein Darlehen

Kurzfristige Verbindlichkeiten der Schöner Wohnen GmbH in Höhe von 70 000,00 € werden in ein Darlehen (langfristige Verbindlichkeiten) umgewandelt.

Welche Bilanzpositionen sind betroffen?

- Verbindlichkeiten
- Darlehensschulden

Handelt es sich um Aktiv- oder Passivkonten?

- Verbindlichkeiten ist ein Passivkonto.
- Darlehensschulden ist ein Passivkonto.

Wie verändern sich die betroffenen Bilanzpositionen?

Verbindlichkeiten	nehmen ab	um 70 000,00 €	auf 210 000,00 €
Darlehensschulden	nehmen zu	um 70 000,00 €	auf 470 000,00 €

- Ein Passivposten nimmt um 70 000,00 € ab, ein anderer Passivposten nimmt um 70 000,00 € zu.
- Geschäftsfall 2 ist ein Passivtausch, er betrifft nur die Passivseite der Bilanz.
- Folge: Die Bilanzsumme ändert sich beim Passivtausch nicht.

Wie verändert sich die Bilanz?

Aktiva (Vermögen)		Bilanz zum 31. Dez. 20..	Passiva (Schulden)
I. Anlagevermögen		**I. Eigenkapital**	880 000,00
1. Betriebsausstattung	850 000,00	**II. Fremdkapital**	
2. Fuhrpark	400 000,00	1. Darlehensschulden	470 000,00
II. Umlaufvermögen		2. Verbindl. a. LL.	210 000,00
1. Waren	120 000,00		
2. Forderungen a. LL.	110 000,00		
3. Bank	80 000,00		
	1 560 000,00		**1 560 000,00**

Geschäftsfall 3: Kauf von Waren auf Ziel

Die Schöner Wohnen GmbH kauft Waren im Wert von 30 000,00 € auf Ziel. Diese Waren werden jetzt geliefert, aber erst in einigen Wochen – nach Ablauf des Zahlungsziels – bezahlt.

Welche Bilanzpositionen sind betroffen?

- Waren
- Verbindlichkeiten

Handelt es sich um Aktiv- oder Passivkonten?

- Waren ist ein Aktivkonto (Vermögenskonto).

- Verbindlichkeiten ist ein Passivkonto.

Wie verändern sich die betroffenen Bilanzpositionen?

Waren	nehmen zu	um 30 000,00 €	auf 150 000,00 €
Verbindlichkeiten	nehmen zu	um 30 000,00 €	auf 310 000,00 €

- Ein Aktivposten nimmt um 30 000,00 € zu, ein Passivposten nimmt um 30 000,00 € zu.
- Geschäftsfall 3 ist eine Aktiv-Passiv-Mehrung.
- Folge: Die Bilanzsumme erhöht sich bei der Aktiv-Passiv-Mehrung.

Wie verändert sich die Bilanz?

Aktiva (Vermögen)	Bilanz zum 31. Dez. 20..		Passiva (Schulden)
I. Anlagevermögen		**I. Eigenkapital**	880 000,00
1. Betriebsausstattung	850 000,00	**II. Fremdkapital**	
2. Fuhrpark	400 000,00	1. Darlehensschulden	400 000,00
II. Umlaufvermögen		2. Verbindl. a. LL.	310 000,00
1. Waren	150 000,00		
2. Forderungen a. LL.	110 000,00		
3. Bank	80 000,00		
	1 590 000,00		**1 590 000,00**

Geschäftsfall 4: Rückzahlung eines Darlehens durch Banküberweisung

Die Schöner Wohnen GmbH zahlt ein Darlehen in Höhe von 40 000,00 € durch eine Banküberweisung zurück.

Welche Bilanzpositionen sind betroffen?

- Darlehensschulden
- Bank

Handelt es sich um Aktiv- oder Passivkonten?

- Darlehensschulden ist ein Passivkonto.
- Bank ist ein Aktivkonto (Vermögenskonto).

Wie verändern sich die betroffenen Bilanzpositionen?

Darlehensschulden	nehmen ab	um 40 000,00 €	auf 360 000,00 €
Bank	nimmt ab	um 40 000,00 €	auf 40 000,00 €

- Ein Passivposten nimmt um 40 000,00 € ab, ein Aktivposten nimmt um 40 000,00 € ab.
- Geschäftsfall 4 ist eine Aktiv-Passiv-Minderung.
- Folge: Die Bilanzsumme verringert sich bei der Aktiv-Passiv-Minderung.

Wie verändert sich die Bilanz?

Aktiva (Vermögen)	Bilanz zum 31. Dez. 20..		Passiva (Schulden)
I. Anlagevermögen		**I. Eigenkapital**	880 000,00
1. Betriebsausstattung	850 000,00	**II. Fremdkapital**	
2. Fuhrpark	400 000,00	1. Darlehensschulden	360 000,00
II. Umlaufvermögen		2. Verbindl. a. LL.	280 000,00
1. Waren	120 000,00		
2. Forderungen a. LL.	110 000,00		
3. Bank	40 000,00		
	1 520 000,00		**1 520 000,00**

Musteraufgabe: Geschäftsfälle und Bilanzveränderungen

Beantworten Sie für jeden der folgenden Geschäftsfälle die Fragen:
- Welche Bilanzposten werden berührt?
- Handelt es sich um Posten der Aktiv- oder der Passivseite der Bilanz?
- Wie wirkt sich der Geschäftsfall auf die betroffenen Bilanzposten aus?
- Welche der vier Arten der Bilanzveränderung liegt vor?

Geschäftsfall	€
① Kauf einer EDV-Anlage zur Lagersteuerung gegen Bankzahlung	3265,00
② Rückzahlung einer Darlehensschuld durch Banküberweisung	25000,00
③ Verkauf eines Lkw gegen Bankgutschrift	35200,00
④ Aufnahme eines Darlehens und Gutschrift auf das Bankkonto	50000,00
⑤ Umwandlung einer Verbindlichkeit in ein Darlehen	12000,00
⑥ Verkauf eines gebrauchten Pkw auf Ziel	8250,00

Lösungen

Fall	Bilanzposten	Konto	Auswirkungen auf Bilanzposten	Bilanzveränderung
①	Betriebsausstattung Bank	Aktivkonto Aktivkonto	nimmt zu nimmt ab	Aktivtausch: Bilanzsumme bleibt gleich.
②	Darlehensschulden Bank	Passivkonto Aktivkonto	nimmt ab nimmt ab	Aktiv-Passiv-Minderung: Bilanzsumme nimmt ab.
③	Fuhrpark Bank	Aktivkonto Aktivkonto	nimmt ab nimmt zu	Aktivtausch: Bilanzsumme bleibt gleich.
④	Bank Darlehensschulden	Aktivkonto Passivkonto	nimmt zu nimmt zu	Aktiv-Passiv-Mehrung: Bilanzsumme nimmt zu.
⑤	Verbindlichkeiten Darlehensschulden	Passivkonto Passivkonto	nimmt ab nimmt zu	Passivtausch: Bilanzsumme bleibt gleich.
⑥	Fuhrpark Forderungen	Aktivkonto Aktivkonto	nimmt ab nimmt zu	Aktivtausch: Bilanzsumme bleibt gleich.

3.2 Auflösung der Bilanz in Konten

Da in einem Unternehmen täglich viele, oftmals mehrere Hundert Geschäftsfälle anfallen, die jeweils mindestens zwei Posten der Bilanz verändern, ist es offensichtlich, dass diese Veränderungen der Aktiv- und Passivseite nicht fortlaufend in der Bilanz vorgenommen werden können. Deshalb löst man die Bilanz in einzelne Konten auf: Aus jeder Position der Aktivseite wird ein Aktivkonto, aus jeder Position der Passivseite ein Passivkonto.

Soll und Haben

Die linke Kontoseite wird immer als „Soll" (kurz „S") bezeichnet; die rechte Kontoseite wird immer als „Haben" (kurz „H") bezeichnet.

Von der Bilanz zu einzelnen Konten

Jede Bilanzposition der Aktivseite wird ein **Aktivkonto.**

↓

Soll	Aktivkonto	Haben
Anfangsbestand + Zugänge		– Abgänge = Saldo (Endbestand)

Jede Bilanzposition der Passivseite wird ein **Passivkonto.**

↓

Soll	Passivkonto	Haben
– Abgänge = Saldo (Endbestand)		Anfangsbestand + Zugänge

Bei den **Aktivkonten** steht der Anfangsbestand (AB) immer auf der **Soll-Seite** (linke Seite des Kontos), weil sich Aktivkonten auf der linken Seite der Bilanz befinden!

Bei den **Passivkonten** steht der Anfangsbestand (AB) immer auf der **Haben-Seite** (rechte Seite des Kontos), weil sich Passivkonten auf der rechten Seite der Bilanz befinden!

Beispiel: Von der Bilanz zu einzelnen Konten

Aktiva	Bilanz		Passiva
I. Anlagevermögen		**I. Eigenkapital**	460 000,00
1. Geschäftsausst.	110 000,00	**II. Fremdkapital**	
2. Fuhrpark	400 000,00	1. Darlehensschulden	170 000,00
II. Umlaufvermögen		2. Verbindl. a. LL.	120 000,00
1. Waren	120 000,00		
2. Forderungen a. LL.	110 000,00		
3. Bank	10 000,00		
	750 000,00		750 000,00

↓

Jede Bilanzposition der Aktivseite wird ein **Aktivkonto.**

↓

Jede Bilanzposition der Passivseite wird ein **Passivkonto.**

Soll	Geschäftsausst.	Haben
AB	110 000,00	

Soll	Fuhrpark	Haben
AB	400 000,00	

Soll	Waren	Haben
AB	120 000,00	

Soll	Forderungen a. LL.	Haben
AB	110 000,00	

Soll	Bank	Haben
AB	10 000,00	

Soll	Eigenkapital	Haben
	AB	460 000,00

Soll	Darlehensschulden	Haben
	AB	170 000,00

Soll	Verbindlichkeiten a. LL.	Haben
	AB	120 000,00

[?!]
Aktivkonten

***Aktivkonten** stehen in der Bilanz auf der linken Seite und haben deshalb ihren Anfangsbestand (AB) auf der linken Kontoseite, also auf der Soll-Seite.*

[?!]
Passivkonten

***Passivkonten** stehen in der Bilanz auf der rechten Seite und haben deshalb ihren Anfangsbestand (AB) auf der rechten Kontoseite, also auf der Haben-Seite.*

[?!]
Zunahmen

Zunahmen werden immer auf der Kontenseite der Anfangsbestände erfasst; also ...
- *nehmen Aktivkonten im Soll zu,*
- *nehmen Passivkonten im Haben zu.*

[?!]
Abnahmen

Abnahmen werden immer auf der anderen Kontenseite erfasst; also ...
- *nehmen Aktivkonten im Haben ab,*
- *nehmen Passivkonten im Soll ab.*

3.3 Buchen von Geschäftsfällen auf Bestandskonten

Eröffnung der Bestandskonten

Die Schlussbilanz zum 31. Dez. des alten Jahres ist gleichzeitig auch die Eröffnungsbilanz des neuen Geschäftsjahres. Am Jahresbeginn werden alle aktiven und passiven Bestandskonten eröffnet und die Anfangsbestände aus der Eröffnungsbilanz übernommen [▸ Kapitel 3.2].

Buchen der Geschäftsfälle

Alle Geschäftsfälle des neuen Geschäftsjahres werden aufgrund von Belegen (Eingangsrechnungen, Ausgangsrechnungen, Bankbelege, Quittungen usw.) in den aktiven und passiven Bestandskonten gebucht. Jeder zu buchende Geschäftsfall verursacht zwei Kontenberührungen, je eine im Soll und eine im Haben.

Beim Buchen der einzelnen Geschäftsfälle sind folgende fünf Schritte zu überlegen:

[?!]
Buchungsschritte

1. Schritt: ***Welche Konten sind betroffen?***
2. Schritt: ***Handelt es sich bei den einzelnen Konten um ein Aktiv- oder um ein Passivkonto?***
3. Schritt: ***Handelt es sich um einen Zugang oder um einen Abgang?***
4. Schritt: ***Handelt es sich folglich um eine Soll- oder um eine Haben-Buchung?***
5. Schritt: ***Buchung auf den betreffenden Bestandskonten zuerst immer im Soll, danach im Haben***

4850180

Musteraufgabe: Buchung von vier Geschäftsfällen

Aktiva	Eröffnungsbilanz zum 1. Jan. 20..		Passiva
I. Anlagevermögen		**I. Eigenkapital**	410 000,00
1. Geschäftsausst.	110 000,00	**II. Fremdkapital**	
2. Fuhrpark	400 000,00	1. Darlehensschulden	100 000,00
II. Umlaufvermögen		2. Verbindl. a. LL.	120 000,00
1. Forderungen a. LL.	110 000,00		
2. Kasse	10 000,00		
	630 000,00		**630 000,00**

Geschäftsfall 1: Kauf eines Lieferwagens auf Ziel

Kauf eines Lieferwagens auf Ziel für 35 000,00 €.

	Konto 1	Konto 2
1. Schritt: Welche Konten?	Fuhrpark	Verbindlichkeiten
2. Schritt: Aktiv- oder Passivkonto?	Aktivkonto	Passivkonto
3. Schritt: Zugang oder Abgang?	Zugang	Zugang
4. Schritt: Soll- oder Haben-Buchung?	Soll-Buchung	Haben-Buchung
5. Schritt: Buchung zuerst im Soll,	Fuhrpark	
... danach im Haben		Verbindlichkeiten
Buchung	Fuhrpark im Soll	Verbindlichkeiten im Haben

Geschäftsfall 2: Barzahlung von Verbindlichkeiten

Wir zahlen bar Verbindlichkeiten in Höhe von 5 000,00 €.

	Konto 1	Konto 2
1. Schritt: Welche Konten?	Verbindlichkeiten	Kasse
2. Schritt: Aktiv- oder Passivkonto?	Passivkonto	Aktivkonto
3. Schritt: Zugang oder Abgang?	Abgang	Abgang
4. Schritt: Soll- oder Haben-Buchung?	Soll-Buchung	Haben-Buchung
5. Schritt: Buchung zuerst im Soll,	Verbindlichkeiten	
... danach im Haben		Kasse
Buchung	Verbindlichkeiten im Soll	Kasse im Haben

Geschäftsfall 3: Barzahlung von Schulden durch einen Kunden

Barzahlung von Schulden durch einen Kunden; 35 000,00 €.

	Konto 1	Konto 2
1. Schritt: Welche Konten?	Kasse	Forderungen
2. Schritt: Aktiv- oder Passivkonto?	Aktivkonto	Aktivkonto
3. Schritt: Zugang oder Abgang?	Zugang	Abgang
4. Schritt: Soll- oder Haben-Buchung?	Soll-Buchung	Haben-Buchung
5. Schritt: Buchung zuerst im Soll,	Kasse	
... danach im Haben		Forderungen
Buchung	Kasse im Soll	Forderungen im Haben

→

Geschäftsfall 4: Verkauf von Büromöbeln auf Ziel

Verkauf von gebrauchten Büromöbeln auf Ziel für 2 000,00 €.

	Konto 1	Konto 2
1. Schritt: Welche Konten?	Forderungen	Geschäftsausst.
2. Schritt: Aktiv- oder Passivkonto?	Aktivkonto	Aktivkonto
3. Schritt: Zugang oder Abgang?	Zugang	Abgang
4. Schritt: Soll- oder Haben-Buchung?	Soll-Buchung	Haben-Buchung
5. Schritt: Buchung zuerst im Soll,	Forderungen	
... danach im Haben		Geschäftsausst.
Buchung	Forderungen im Soll	Geschäftsausst. im Haben

[?!]

Geschäftsfälle buchen

Jeder Geschäftsfall wird auf zwei verschiedene Konten gebucht, ...
- ***zuerst im Soll,***
- ***danach im Haben.***

Die Buchungen auf der Sollseite müssen wertmäßig den Buchungen auf der Haben-Seite entsprechen.

3.4 Abschluss von Bestandskonten

Von der Eröffnungsbilanz über die Bestandskonten zur Schlussbilanz

Zu Beginn des Geschäftsjahres wird die Eröffnungsbilanz in Konten aufgelöst. Anschließend werden die Geschäftsfälle des laufenden Geschäftsjahres auf den entsprechenden Bestandskonten gebucht, wobei jeder Soll-Buchung eine betragsmäßig gleich hohe Haben-Buchung auf einem anderen Konto gegenübersteht. Sind alle Geschäftsfälle bis zum Jahresende gebucht, wird für jedes Aktiv- und Passivkonto der Schlussbestand (SB) ermittelt:

- Die Schlussbestände (SB) der Aktivkonten stehen auf der Haben-Seite; also auf der rechten Seite des Aktivkontos. Sie werden auf der linken Seite der Schlussbilanz (Aktiva) gegengebucht.
- Die Schlussbestände (SB) der Passivkonten stehen auf der Soll-Seite; also auf der linken Seite des Passivkontos. Sie werden auf der rechten Seite der Schlussbilanz (Passiva) gegengebucht.

4850182

Musteraufgabe: Eröffnungsbilanz, Bestandskonten, Schlussbilanz

Zu Beginn des Geschäftsjahres wird die Eröffnungsbilanz in Konten aufgelöst.

Aktiva	Eröffnungsbilanz		Passiva
Geschäftsausstattung (GA)	180 000,00	Eigenkapital	155 000,00
Fuhrpark	200 000,00	Darlehensschulden	170 000,00
Kasse	15 000,00	Verbindlichkeiten a. LL.	70 000,00
	395 000,00		395 000,00

Auflösung der Eröffnungsbilanz in Konten

S	Geschäftsausst.		H
AB	180 000,00		

S	Eigenkapital		H
		AB	155 000,00

S	Fuhrpark		H
AB	200 000,00		

S	Darlehensschulden		H
		AB	170 000,00

S	Kasse		H
AB	15 000,00		

S	Verbindlichkeiten a. LL.		H
		AB	70 000,00

Geschäftsfälle

Nennen Sie für die folgenden Geschäftsfälle jeweils die Soll- und die Haben-Buchung. Tragen Sie die Buchungen in den jeweiligen Konten ein und geben Sie dabei das Gegenkonto an.

① Kauf einer Büroeinrichtung auf Rechnung, 12 000,00 €.
② Verkauf eines gebrauchten Lastkraftwagens gegen bar, 4 000,00 €.
③ Begleichen der Rechnung eines Lieferanten durch Barzahlung, 10 000,00 €.
④ Kurzfristige Verbindlichkeiten werden in langfristige Darlehensschulden umgewandelt; 40 000,00 €.

Soll- und Haben-Buchung

Geschäftsfall	Soll-Buchung	Haben-Buchung
①	Geschäftsausstattung	Verbindlichkeiten a. LL.
②	Kasse	Fuhrpark
③	Verbindlichkeiten a. LL.	Kasse
④	Verbindlichkeiten a. LL.	Darlehensschulden

Buchen in Konto und Gegenkonto

S	Geschäftsausst.		H
AB	180 000,00		
① Verb.	12 000,00		

S	Eigenkapital		H
		AB	155 000,00

S	Fuhrpark		Haben
AB	200 000,00	② Kasse	4 000,00

S	Darlehensschulden		H
		AB	170 000,00
		④ Verb.	40 000,00

S	Kasse		H
AB	15 000,00	③ Verb.	10 000,00
② Fuhrp.	4 000,00		

S	Verbindlichkeiten a. LL.		H
③ Kasse	10 000,00	AB	70 000,00
④ Darl.-s	40 000,00	① GA	12 000,00

→

Abschluss der Bestandskonten

Sind alle Geschäftsfälle bis zum Jahresende gebucht, wird für jedes Aktiv- und Passivkonto der Schlussbestand (SB) ermittelt.

Die Schlussbestände (SB) der Aktivkonten stehen auf der Haben-Seite; also der rechten Seite des Aktivkontos. Sie werden auf der linken Seite der Schlussbilanz (Aktiva) gegengebucht.

Die Schlussbestände (SB) der Passivkonten stehen auf der Soll-Seite; also der linken Seite des Passivkontos. Sie werden auf der rechten Seite der Schlussbilanz (Passiva) gegengebucht.

S	Geschäftsausst.		H
AB	180 000,00	SB	**192 000,00**
① Verb.	12 000,00		
	192 000,00		192 000,00

S	Eigenkapital		H
SB	**155 000,00**	AB	155 000,00

S	Fuhrpark		H
AB	200 000,00	② Kasse	4 000,00
		SB	**196 000,00**
	200 000,00		200 000,00

S	Darlehensschulden		H
SB	**210 000,00**	AB	170 000,00
		④ Verb.	40 000,00
	210 000,00		210 000,00

S	Kasse		H
AB	15 000,00	③ Verb.	10 000,00
② Fuhrp.	4 000,00	SB	**9 000,00**
	19 000,00		19 000,00

S	Verbindlichkeiten		H
③ Kasse	10 000,00	AB	70 000,00
④ Darl.-s	40 000,00	① GA	12 000,00
SB	**32 000,00**		
	82 000,00		82 000,00

Aktiva	Schlussbilanzkonto vom 31. Dez. 20..		Passiva
Geschäftsausstattung	192 000,00	Eigenkapital	155 000,00
Fuhrpark	196 000,00	Darlehensschulden	210 000,00
Kasse	9 000,00	Verbindlichkeiten a. LL.	32 000,00
	397 000,00		**397 000,00**

3.5 Der Buchungssatz

Grundbuch (Tagebuch, Journal)

Der Buchungssatz nennt kurz und eindeutig die Konten, auf denen ein Geschäftsfall gebucht wird. Die zeitliche Ordnung der Buchführung erfolgt im „Grundbuch“, das auch „Tagebuch“ oder „Journal“ (frz. „jour“ = dt. „Tag“) genannt wird. Hier werden die Geschäftsfälle in chronologischer Reihenfolge in Form von Buchungssätzen erfasst. Im Hauptbuch erfolgt anschließend die Eintragung der Buchungen auf die Sachkonten.

4850184

3.5.1 Der einfache Buchungssatz

Bei der Buchung jedes einzelnen Geschäftsfalles sind folgende Schritte zu überlegen:

[?!]

Buchungssatz

1. Schritt: ***Welche Konten sind betroffen?***
2. Schritt: ***Handelt es sich um ein Aktiv- oder um ein Passivkonto?***
3. Schritt: ***Handelt es sich um einen Zugang oder um einen Abgang?***
4. Schritt: ***Handelt es sich folglich um eine Soll- oder um eine Haben-Buchung?***
5. Schritt: ***Buchungssatz***
- ***zuerst Buchung im Soll***
- ***danach Buchung im Haben***

Zwischen der Soll-Buchung (Konto, auf dem im Soll gebucht wird) und der Haben-Buchung (Konto, auf dem im Haben gebucht wird) steht das Wörtchen „an".

Musteraufgabe: Einfacher Buchungssatz

Bilden Sie den einfachen Buchungssatz zu den folgenden Geschäftsfällen.

Geschäftsfall 1: Kauf auf Ziel

Wir kaufen Schreibtische auf Ziel für 4 390,00 €.

	Konto 1	Konto 2
1. Schritt: Welche Konten?	Geschäftsausst.	Verbindlichkeiten
2. Schritt: Aktiv- oder Passivkonto?	Aktivkonto	Passivkonto
3. Schritt: Zugang oder Abgang?	Zugang	Zugang
4. Schritt: Soll- oder Haben-Buchung?	Soll-Buchung	Haben-Buchung
5. Schritt: Buchung zuerst im Soll,	Geschäftsausst.	
... danach im Haben		Verbindlichkeiten

Durch diesen Geschäftsfall sind lediglich zwei Konten betroffen (einfacher Buchungssatz).

Geschäftsausstattung ... 4 390,00 € an Verbindlichkeiten .... 4 390,00 €

Geschäftsfall 2. Barzahlung durch den Kunden

Ein Kunde bezahlt bar, 1 460,00 €.

	Konto 1	Konto 2
1. Schritt: Welche Konten?	Kasse	Forderungen
2. Schritt: Aktiv- oder Passivkonto?	Aktivkonto	Aktivkonto
3. Schritt: Zugang oder Abgang?	Zugang	Abgang
4. Schritt: Soll- oder Haben-Buchung?	Soll-Buchung	Haben-Buchung
5. Schritt: Buchung zuerst im Soll,	Kasse	
... danach im Haben		Forderungen

Durch diesen Geschäftsfall sind lediglich zwei Konten betroffen (einfacher Buchungssatz).

Kasse .... 1 460,00 € an Forderungen .... 1 460,00 €

[?!]

Einfacher Buchungssatz

Der einfache Buchungssatz besteht aus zwei Buchungen:
- ***eine Buchung im Soll***
- ***eine Buchung im Haben***
- ***erste Buchung immer im Soll***
- ***zweite Buchung immer im Haben***
- ***Verbindung der beiden betroffenen Konten durch „an"***

3.5.2 Der zusammengesetzte Buchungssatz

Werden durch einen Geschäftsvorfall mehr als zwei Konten betroffen, handelt es sich um einen zusammengesetzten Buchungssatz. Die Buchungen auf der Soll-Seite und die Buchungen auf der Haben-Seite müssen insgesamt wertmäßig übereinstimmen.

[?!]

Zusammengesetzter Buchungssatz

Beim zusammengesetzten Buchungssatz sind mehr als zwei Konten betroffen.

Musteraufgabe: Zusammengesetzter Buchungssatz

Geschäftsfall 1: Kauf gegen Barzahlung und Überweisung

Bilden Sie den zusammengesetzten Buchungssatz zu den folgenden Geschäftsfällen.

Kauf eines neuen Lkw gegen 10000,00 € Barzahlung und 100000,00 € Banküberweisung.

	Konto 1	Konto 2	Konto 3
1. Welche Konten?	Fuhrpark	Kasse	Bank
2. Aktiv- oder Passivkonto?	Aktivkonto	Aktivkonto	Aktivkonto
3. Zugang oder Abgang?	Zugang	Abgang	Abgang
4. Soll- oder Haben-Buchung?	Soll-Buchung	Haben-Buchung	Haben-Buchung
5. Buchung zuerst im Soll,	Fuhrpark		
... danach im Haben		Kasse	Bank

Durch diesen Geschäftsfall sind mehr als zwei Konten betroffen (zusammengesetzter Buchungssatz).

Fuhrpark	110000,00 €	an	Kasse	10000,00 €
		an	Bank	100000,00 €

Geschäftsfall 2: Barzahlung und Überweisung durch den Kunden

Verkauf eines Grundstücks für 40000,00 €. Der Käufer zahlt 5000,00 € bar, überweist 20000,00 € von seinem Bankkonto und möchte den Restbetrag in zwei Monaten bezahlen.

→

	Konto 1	Konto 2	Konto 3	Konto 4
1. Welche Konten?	Bank	Kasse	Forderungen	Grundstücke
2. Aktiv- oder Passivkonto?	Aktivkonto	Aktivkonto	Aktivkonto	Aktivkonto
3. Zugang oder Abgang?	Zugang	Zugang	Zugang	Abgang
4. Soll- oder Haben-Buchung?	Soll-Buchung	Soll-Buchung	Soll-Buchung	Haben-Buchung
5. Buchung zuerst im Soll,	Kasse	Bank	Forderungen	
... danach im Haben				Grundstücke

Durch diesen Geschäftsfall sind mehr als zwei Konten betroffen (zusammengesetzter Buchungssatz).

Kasse	5000,00 €			
Bank	20000,00 €			
Forderungen	15000,00 €	an	Grundstücke	40000,00 €

Geschäftsfall 3: Schuldenzahlung durch Barzahlung, Überweisung und Darlehen

Wir begleichen 18000,00 € Schulden bei unserem Lieferanten durch Barzahlung, 800,00 €, und Banküberweisung, 2200,00 €. Der Restbetrag wird in ein Darlehen umgewandelt.

	Konto 1	Konto 2	Konto 3	Konto 4
1. Welche Konten?	Verbindlichkeiten	Kasse	Bank	Darlehensschulden
2. Aktiv- oder Passivkonto?	Passivkonto	Aktivkonto	Aktivkonto	Passivkonto
3. Zugang oder Abgang?	Abgang	Abgang	Abgang	Zugang
4. Soll- oder Haben-Buchung?	Soll-Buchung	Haben-Buchung	Haben-Buchung	Haben-Buchung
5. Buchung zuerst im Soll,	Verbindlichkeiten			
... danach im Haben		Kasse	Bank	Darlehensschulden

Durch diesen Geschäftsfall sind mehr als zwei Konten betroffen (zusammengesetzter Buchungssatz).

Verbindlichkeiten a. LL.	18000,00 €	an	Kasse	800,00 €
		an	Bank	2200,00 €
		an	Darlehensschulden	15000,00 €

[?!]

Einfacher Buchungssatz und zusammengesetzter Buchungssatz

Beim einfachen Buchungssatz werden zwei Konten berührt.

Beim zusammengesetzten Buchungssatz werden mehr als zwei Konten berührt. Dabei gilt:

Summe der Soll-Buchungen = Summe der Haben-Buchungen

3.6 Geschäftsgang mit Bestandskonten

Mit der folgenden Musteraufgabe wird das Kapitel 3 zusammengefasst. Die einzelnen Bearbeitungsschritte werden systematisch aufgezeigt.

Musteraufgabe: Von der Eröffnungsbilanz zur Schlussbilanz

a) Erstellen Sie zu folgenden Anfangsbeständen die Eröffnungsbilanz. Ermitteln Sie dabei das Eigenkapital.

b) Bilden Sie zu den aufgeführten Geschäftsfällen den Buchungssatz, also die Soll- und Haben-Buchungen (Buchungen im Grundbuch).

c) Eröffnen Sie die aktiven und passiven Bestandskonten.

d) Übertragen Sie die Soll- und Haben-Buchungen auf die T-Konten (Buchungen im Hauptbuch).

e) Schließen Sie die Bestandskonten über die Schlussbilanz ab.

Anfangsbestände	**in €**
Betriebs- und Geschäftsausstattung (BGA)	200 000,00
Waren	112 000,00
Forderungen a. LL.	24 000,00
Bank	19 000,00
Kasse	16 000,00
Darlehensschulden	147 000,00
Verbindlichkeiten a. LL.	104 000,00
Eigenkapital	?

Geschäftsfälle	**Betrag in €**
① Wareneinkauf auf Ziel	17 000,00
② Verkauf eines gebrauchten PC gegen Barzahlung	400,00
③ Bareinzahlung (Kassenentnahme) auf eigenes Bankkonto	5 000,00
④ Barkauf eines Kopiergeräts	3 800,00
⑤ Barkauf von Waren	5 300,00

→

Lösung zu a)

Lösungsschritte:

Ⓐ Zunächst wird die Bilanzsumme der Aktivseite ermittelt: 371 000,00 €.

Ⓑ Da die Bilanz immer ausgeglichen sein muss, also auf beiden Seiten den gleichen Betrag ausweisen muss, beträgt die Summe der Passivseite ebenfalls 371 000,00 €.

Ⓒ Wenn die Passivseite insgesamt 371 000,00 € beträgt, ist der Eigenkapitalbetrag einfach zu ermitteln:

371 000,00 € – 147 000,00 € – 104 000,00 € = 120 000,00 €.

Eröffnungsbilanz

Aktiva		Passiva	
Betriebs- u. Geschäftsausstat.	200 000,00	Eigenkapital .... Ⓒ	120 000,00
Waren	112 000,00	Darlehensschulden	147 000,00
Forderungen a. LL.	24 000,00	Verbindlichkeiten a. LL.	104 000,00
Bank	19 000,00		
Kasse	16 000,00		
Ⓐ	**371 000,00**	Ⓑ	**371 000,00**

Lösung zu b)

Geschäftsfall	Buchungssatz Soll-Buchung			Haben-Buchung	
①	Waren	17 000,00	an	Verbindlichkeiten	17 000,00
②	Kasse	400,00	an	Betriebs- und Geschäftsausstattung (BGA)	400,00
③	Bank	5 000,00	an	Kasse	5 000,00
④	BGA	3 800,00	an	Kasse	3 800,00
⑤	Waren	5 300,00	an	Kasse	5 300,00

Lösung zu c) und d)

S BGA H

S		H	
AB	200 000,00	② Kasse	400,00
④ Kasse	3 800,00	SB	203 400,00
	203 800,00		203 800,00

S Eigenkapital H

S		H	
SB	120 000,00	AB	120 000,00

S Waren H

S		H	
AB	112 000,00	SB	134 300,00
① Verb.	17 000,00		
⑤ Kasse	5 300,00		
	134 300,00		134 300,00

S Darlehensschulden H

S		H	
SB	147 000,00	AB	147 000,00

S Forderungen a. LL. H

S		H	
AB	24 000,00	SB	24 000,00

S Verbindlichkeiten a. LL. H

S		H	
SB	121 000,00	AB	104 000,00
		① Waren	17 000,00
	121 000,00		121 000,00

Soll	Bank		Haben
AB	19 000,00	SB	24 000,00
③ Kasse	5 000,00		
	24 000,00		24 000,00

Soll	Kasse		Haben
AB	16 000,00	③ Bank	5 000,00
② BGA	400,00	④ BGA	3 800,00
		⑤ Waren	5 300,00
		SB	2 300,00
	16 400,00		16 400,00

Lösung zu e)

Aktiva	Schlussbilanzkonto vom 31. Dez. 20..		Passiva
Betriebs- u. Geschäftsausstat.	203 400,00	Eigenkapital	120 000,00
Waren	134 300,00	Darlehensschulden	147 000,00
Forderungen a. LL.	24 000,00	Verbindlichkeiten a. LL.	121 000,00
Bank	24 000,00		
Kasse	2 300,00		
	388 000,00		388 000,00

4 Buchen auf Erfolgskonten

Alle bisher behandelten Geschäftsfälle veränderten lediglich die aktiven und die passiven Bestandskonten, ohne Veränderung des Eigenkapitals. Weil dabei das Eigenkapital unberührt blieb, hatten diese Geschäftsfälle keinen Einfluss auf den Unternehmenserfolg (Gewinn oder Verlust). Geschäftsfälle, die das Eigenkapital nicht betreffen, haben keine Auswirkung auf den Erfolg des Unternehmens. Sie sind deshalb erfolgsneutral.

[?!] *erfolgsneutral*

Geschäftsfälle, die das Eigenkapital nicht verändern, sind erfolgsneutral.

Nun bringen aber vor allem Einkauf, Lagerung und Verkauf von Waren Geschäftsfälle mit sich, die sich auf den Erfolg und damit auf das Eigenkapitalkonto des Unternehmens auswirken. Man spricht von „Aufwendungen" und „Erträgen".

[?!] *erfolgswirksam*

Geschäftsfälle, die das Eigenkapital verändern, sind erfolgswirksam.

4.1 Aufwendungen und Erträge

Werteverzehr

Das Unternehmen zahlt beispielsweise Löhne und Gehälter an die Mitarbeiter, es zahlt Miete für die von ihm gemieteten Geschäftsräume. Weiterhin hat das Unternehmen für die Abnutzung der Anlagegüter Abschreibungen zu buchen. Durch diese Vorgänge werden Werte des Unternehmens (Anlagevermögen, Geld) „verzehrt", ohne dass unmittelbar entsprechende Gegenwerte in Form von Vermögenszuwachs oder Schuldenverringerung dem Unternehmen „zufließen". Solchen Werteverzehr bezeichnet man als „Aufwand" bzw. „Aufwendungen". Die Aufwendungen vermindern das Eigenkapital.

Zu den Aufwendungen zählen vor allem:
- Aufwendungen für die Mitarbeiter (Löhne für die Arbeiter, Gehälter für die Angestellten, Sozialabgaben für die Mitarbeiter)
- Warenaufwand bzw. Wareneinsatz; der Wert der eingekauften und an die Kunden verkauften Waren
- Aufwendungen für Miete, Steuern
- Aufwendungen für Postgebühren, Büromaterial, Telekommunikation
- Aufwendungen für Instandhaltungen
- Aufwendungen für Minderungen des Anlagevermögens (Abschreibungen)

[?!] *Aufwendungen*

> ***Aufwendungen stellen den gesamten Werteverzehr eines Unternehmens an Gütern, Diensten und Abgaben dar. Aufwendungen vermindern das Eigenkapital.***

Wertzufluss

Erträge sind alle Wertezuflüsse in das Unternehmen, die das Eigenkapital erhöhen. Im Großhandelsunternehmen bilden die Erlöse aus dem Warenverkauf die wichtigste Ertragsart. Sie werden auch als „Umsatzerlöse" bezeichnet. Diese Umsatzerlöse sollen nicht nur die entstandenen Aufwendungen decken, sondern darüber hinaus auch einen angemessenen Gewinn erzielen. Neben den Umsatzerlösen fallen in einem Unternehmen noch weitere Erträge an, z. B. Zinserträge, Mieterträge, Provisionserträge.

[?!] *Erträge*

> ***Erträge sind alle Wertezuflüsse, die den Gewinn des Unternehmens erhöhen. Dabei bilden die Umsatzerlöse den wichtigsten Ertragsposten. Erträge erhöhen das Eigenkapital.***

4.2 Erfolgskonten für Aufwand und Ertrag als Unterkonten des Eigenkapitalkontos

Minderungen und Mehrungen des Eigenkapitals

Aufwendungen und Erträge betreffen und beeinflussen über das Eigenkapitalkonto den Erfolg des Unternehmens, sie sind deshalb auf „Erfolgskonten" zu buchen. Aufwendungen stellen Eigenkapitalminderungen dar; Erträge dagegen Eigenkapitalmehrungen.

Erfolgskonten: Unterkonten des Eigenkapitalkontos

Würden alle Aufwendungen und Erträge direkt über das Eigenkapitalkonto gebucht, wäre die Übersichtlichkeit und Klarheit der Buchführung nicht gewährleistet. Die Erfolgskonten sind Unterkonten des Eigenkapitalkontos und werden in Aufwands- und Ertragskonten unterschieden.

Eigenkapitalkonto

↓

Erfolgskonten
als Unterkonten des Eigenkapitalkontos

↓ ↓

Aufwandskonten …	**Ertragskonten …**
• mindern den Erfolg (Gewinn) des Unternehmens, • nehmen im Soll zu, • nehmen im Haben ab.	• mehren den Erfolg (Gewinn) des Unternehmens, • nehmen im Haben zu, • nehmen im Soll ab.

Soll	**Eigenkapital**	**Haben**
Buchung im Soll bedeutet: Minderung des Eigenkapitals.		**Buchung im Haben bedeutet: Mehrung des Eigenkapitals.**

↓ ↓

Aufwandskonten (= Unterkonten des Eigenkapitalkontos)	**Ertragskonten** (= Unterkonten des Eigenkapitalkontos)

↓ ↓

Soll	Gehälter	Haben
Aufwand in Euro		

Soll	Umsatzerlöse	Haben
		Ertrag in Euro

Soll	Zinsaufwendungen	Haben
Aufwand in Euro		

Soll	Zinserträge	Haben
		Ertrag in Euro

Soll	Mietaufwendungen	Haben
Aufwand in Euro		

Soll	Mieterträge	Haben
		Ertrag in Euro

Aufwandskonten nehmen im Soll zu.

Ertragskonten nehmen im Haben zu.

Die Erfolgskonten sind Unterkonten des Eigenkapitalkontos. Sie werden unterteilt in:

Aufwandskonten	Ertragskonten
• Aufwendungen mindern das Eigenkapital. • Aufwandsbuchungen erfolgen im Soll.	• Erträge erhöhen das Eigenkapital. • Ertragsbuchungen erfolgen im Haben.

[?!]

Erfolgskonten zur Ermittlung des Gewinnes oder Verlustes

4.3 Buchung von Aufwendungen und Erträgen auf den Erfolgskonten

Das Eigenkapital der Schöner Wohnen GmbH beträgt 880 000,00 €. Es fallen folgende Geschäftsfälle an:

Geschäftsfall 1: Barzahlung einer Werbeanzeige

Für eine Werbeanzeige zahlt die Schöner Wohnen GmbH bar 800,00 €.

Buchungssatz ①.

Werbeaufwendungen .... 800,00 € an Kasse .... 800,00 €

S	Werbeaufwendungen		H
① Kasse	800,00		

S	Kasse		H
		① Werb.	800,00

Geschäftsfall 2: Banküberweisung der Löhne und Gehälter

Die Schöner Wohnen GmbH veranlasst die Banküberweisung von Löhnen, 6 500,00 €, und Gehältern, 12 300,00 €.

Buchungssatz ②:

Löhne .... 6 500,00 €
Gehälter .... 12 300,00 € an Bank .... 18 800,00 €

S	Löhne		H
② Bank	6 500,00		

S	Gehälter		H
② Bank	12 300,00		

S	Bank		H
		② L + G	18 800,00

Geschäftsfall 3: Banküberweisung der Kfz-Steuer

Die Schöner Wohnen GmbH veranlasst die Banküberweisung der Kfz-Steuer für einen betrieblich genutzten Pkw: 315,00 €.

Buchungssatz ③:

Betriebl. Steuern	315,00 €	an	Bank	315,00 €

S	Betriebl. Steuern	H
③ Bank	315,00	

S	Bank	H
	③ Bet. St.	315,00

Geschäftsfall 4: Bankgutschriften für Zins- und Mieterträge

Die Schöner Wohnen GmbH erhält Bankgutschriften für Zinserträge, 1 618,00 €, und Mieterträge, 14 200,00 €.

Buchungssatz ④:

Bank	15 818,00 €	an	Zinserträge	1 618,00 €
		an	Mieterträge	14 200,00 €

S	Bank	H
④ ZE/ME	15 818,00	

S	Zinserträge	H
	④ Bank	1 618,00

S	Mieterträge	H
	④ Bank	14 200,00

Geschäftsfall 5: Bankgutschrift für Provisionen

Im Betrieb entstehen weitere Erträge: Die Schöner Wohnen GmbH erhält Provisionen durch Bankgutschrift: 7 800,00 €.

Buchungssatz ⑤:

Bank	7 800,00 €	an	Provisionserträge	7 800,00 €

S	Bank	H
⑤ PE	7 800,00	

S	Provisionserträge	H
	⑤ Bank	7 800,00

4.4 Gewinn- und Verlustkonto (GuV-Konto) als Abschlusskonto der Erfolgskonten

Am Ende des Geschäftsjahres werden die Erfolgskonten zunächst auf das Gewinn- und Verlustkonto (das „GuV-Konto") abgeschlossen, um den Gewinn oder Verlust des Unternehmens zu ermitteln. Der auf dem GuV-Konto ermittelte Gewinn oder Verlust wird ins Eigenkapitalkonto übertragen. Ein Gewinn erhöht das Eigenkapital, ein Verlust mindert das Eigenkapital.

4850194

Beispiel:
Von den Erfolgskonten über das GuV-Konto zum Eigenkapitalkonto

Die Buchungen 1 bis 5 aus Kapitel 4.3 werden durchgeführt, dann werden die Erfolgskonten auf das GuV-Konto abgeschlossen (⑥ bis ⑫). Schließlich wird das GuV-Konto auf das Eigenkapitalkonto abgeschlossen (⑬).

S	Werbeaufwendungen		H
①	800,00	GuV ⑥	800,00

S	Löhne		H
②	6 500,00	GuV ⑦	6 500,00

S	Gehälter		H
②	12 300,00	GuV ⑧	12 300,00

S	Betriebl. Steuern		H
③	315,00	GuV ⑨	315,00

S	Zinserträge		H
GuV ⑩	1 618,00	④	1 618,00

S	Mieterträge		H
GuV ⑪	14 200,00	④	14 200,00

S	Provisionserträge		H
GuV ⑫	7 800,00	⑤	7 800,00

Gewinn- und Verlustkonto
als Unterkonto des Eigenkapitalkontos

Aufwand (Soll)		Ertrag (Haben)	
Werbeaufwendungen ..... ⑥	800,00	Zinserträge .... ⑩	1 618,00
Löhne .... ⑦	6 500,00	Mieterträge .... ⑪	14 200,00
Gehälter .... ⑧	12 300,00	Provisionserträge .... ⑫	7 800,00
Betriebl. Steuern .... ⑨	315,00		
Gewinn (EK) .... ⑬	3 703,00		
	23 618,00		**23 618,00**

Soll	Eigenkapitalkonto		Haben
Schlussbilanz (SB)	883 703,00	Eröffnungsbilanz (AB)	880 000,00
		Gewinn (GuV-Konto) ...... ⑬	3 703,00
	883 703,00		**883 703,00**

[?!]

Gewinn- und Verlustkonto

- ***Das Gewinn- und Verlustkonto ist das unmittelbare Unterkonto des Eigenkapitalkontos.***
- ***Auf dem Gewinn- und Verlustkonto werden auf der Soll-Seite alle Aufwendungen und auf der Haben-Seite alle Erträge gesammelt.***
- ***Der Saldo aller Aufwendungen und Erträge ergibt den Gewinn oder Verlust der Rechnungsperiode.***
- ***Der Gewinn oder Verlust wird dem Eigenkapitalkonto zugeführt.***
- ***Das Gewinn- und Verlustkonto zeigt die Quellen des Erfolgs.***

4.5 Geschäftsgang mit Erfolgskonten

Das Eigenkapital der Schöner Wohnen GmbH beträgt 883703,00 €. Es fallen folgende Geschäftsfälle an:

Geschäftsfall 1: Überweisung von Löhnen und Gehältern

Banküberweisung von Löhnen, 9000,00 €, und Gehältern, 6000,00 €.

Buchungssatz ①:

Löhne	9000,00 €			
Gehälter	6000,00 €	an	Bank	15000,00 €

S	Löhne		H
① Bank	9000,00		

S	Gehälter		H
① Bank	6000,00		

S	Bank		H
		① L + G	15000,00

Geschäftsfall 2: Abbuchung von Darlehenszinsen und Büroraummiete

Abbuchung der Darlehenszinsen, 2500,00 €, und der Miete für Büroräume, 4000,00 €.

Buchungssatz ②:

Zinsaufwendungen	2500,00 €			
Mietaufwendungen	4000,00 €	an	Bank	6500,00 €

S	Zinsaufwendungen		H
② Bank	2500,00		

S	Mietaufwendungen		H
② Bank	4000,00		

S	Bank		H
		② ZA/MA	6500,00

Geschäftsfall 3: Gutschrift für Provisionserträge

Bankgutschrift für Provisionserträge: 26000,00 €.

Buchungssatz ③:

Bank	26000,00 €	an	Provisionserträge	26000,00 €

S	Bank		H
③ PE	26000,00		

S	Provisionserträge		H
		③ Bank	26000,00

Geschäftsfall 4: Gutschrift für Zinserträge

Bankgutschrift für Zinserträge: 1 260,00 €.

Buchungssatz ④:

Bank	1 260,00 €	an	Zinserträge	1 260,00 €

S	Bank		H
④ ZE	1 260,00		

S	Zinserträge		H
		④ Bank	1 260,00

Betroffene Konten sind:

- Aufwandskonten: Gehälter, Löhne, Mietaufwendungen, Zinsaufwendungen
- Ertragskonten: Provisionserträge, Zinserträge
- Bestandskonto: Bank (wird hier nicht geführt)

Beispiel: Abschluss der Aufwands- und Erfolgskonten

Die bisherigen Buchungssätze werden zusammengefasst:

S	Löhne		H
①	9000,00	GuV ⑤	9000,00

S	Provisionserträge		H
GuV ⑨	26 000,00	③	26 000,00

S	Gehälter		H
①	6000,00	GuV ⑥	6000,00

S	Zinserträge		H
GuV ⑩	1 260,00	④	1 260,00

S	Zinsaufwendungen		H
②	2 500,00	GuV ⑦	2 500,00

S	Mietaufwendungen		H
②	4 000,00	GuV ⑧	4 000,00

Die Erfolgskonten werden auf das GuV-Konto abgeschlossen:

Soll (Aufwand)	Gewinn- und Verlustkonto		Haben (Ertrag)
Löhne .... ⑤	9000,00	Provisionserträge .... ⑨	26 000,00
Gehälter .... ⑥	6000,00	Zinserträge .... ⑩	1 260,00
Zinsaufwendungen .... ⑦	2 500,00		
Mietaufwendungen .... ⑧	4 000,00		
Gewinn (EK) .... ⑪	5 760,00		
	27 260,00		27 260,00

Soll	Eigenkapitalkonto		Haben
Schlussbilanz	889 463,00	Eröffnungsbilanz (AB)	883 703,00
		Gewinn (GuV-Konto) ...... ⑪	5 760,00
	889 463,00		889 463,00

5 Organisation der Buchführung

Kontenrahmen und Kontenklassen

In der Buchführung erfasst man die Geschäftsfälle auf einer Vielzahl von Konten. Alle Konten werden in einem „Kontenrahmen" übersichtlich dargestellt. Dabei werden die Konten nach ihrer Bedeutung und Auswirkung auf den Jahresabschluss in „Kontenklassen" eingeteilt.

[?!] *Kontenrahmen*

Der Kontenrahmen ermöglicht die einheitliche Grundordnung der Buchführung.

Der Kontenrahmen wird von den Wirtschaftsverbänden erstellt. So gibt es beispielsweise einen speziellen Kontenrahmen für Industriebetriebe, für Großhandelsbetriebe, für Einzelhandelsbetriebe oder für Speditionen. Da die Fachkräfte für Lagerlogistik sowohl im Handel als auch in der Industrie ausgebildet werden, gibt es keinen für diesen Ausbildungsberuf typischen Kontenrahmen. Dem Rahmenlehrplan für die Ausbildung zur Fachkraft für Lagerlogistik liegt der Kontenrahmen des Groß- und Außenhandels zugrunde.

5.1 Inhalt des Kontenrahmens

Der Kontenrahmen für den Groß- und Außenhandel teilt die Konten der Buchführung in zehn Kontenklassen, die von 0 bis 9 durchnummeriert sind (orientiert am Schulkontenrahmen Groß- und Außenhandel).

Kontenklasse	0	1	2	3	4	5	6	7	8	9
	Sachanlagevermögen	Finanzanlagevermögen	Umlaufvermögen	Eigenkapital	Verbindlichkeiten	Erträge	Aufwendungen	Weitere Aufwendungen	Ergebnis-Rechnung	KLR
Beispiel	Fuhrpark	Wertpapiere	Forderungen	Eigenkapital	Verbindlichkeiten	Umsatzerlöse	Löhne	Steuern		
	Vermögen (Aktivkonten)			Schulden (Passivkonten)		Erträge	Aufwendungen	Weitere Aufwendungen	Ergebnis-Rechnung	KLR
	Bestandskonten					**Erfolgskonten**				
Abschluss über	**Schlussbilanzkonto**					**Gewinn- und Verlustkonto**				

[?!] *Bestandskonten*

Bestandskonten werden in den Kontenklassen 0 bis 4 gebucht und über das Schlussbilanzkonto abgeschlossen.

[?!] *Erfolgskonten*

Erfolgskonten werden in den Kontenklassen 5 bis 7 gebucht und über das Gewinn- und Verlustkonto abgeschlossen.

4850198

5.2 Kontonummer nach Kontenplan

Kontenplan

Besondere Belange der jeweiligen Branche oder der einzelnen Betriebe erfordern eine entsprechende Berücksichtigung. Der Kontenrahmen muss dann angepasst werden; es entsteht der „Kontenplan" für das jeweilige Unternehmen.

Kontenklassen, Kontengruppen und Kontenarten

Die Kontenklassen werden in Kontengruppen aufgeteilt und bei Bedarf weiter in Kontenarten gegliedert.

Beispiel

Die Kontenbezeichnung „282 Kasse" verrät über das Konto mit der Kontennummer „282":

282

- Kontenklasse 2, Umlaufvermögen, Abschluss über Schlussbilanzkonto
- Kontengruppe 8, Flüssige Mittel; alle flüssigen Mittel werden mit „28" beginnend erfasst.
- Kontenart 2, Flüssige Mittel; hier der Kassenbestand

Der betriebliche Kontenrahmen ist stark differenziert. Die Kontennummern werden üblicherweise mit vier Stellen definiert. Der in diesem Buch verwendete Kontenrahmen ist auf drei Stellen bei den Kontennummern vereinfacht.

[?!] *Kontenrahmen*

Der Kontenrahmen legt branchenspezifisch den Ordnungsrahmen der Buchführung fest.

[?!] *Kontenplan*

Der Kontenplan legt unternehmensspezifisch die jeweiligen Unternehmensbedingungen der Buchführung fest.

5.3 Buchen mit dem Kontenplan

Die Zuordnung von Kontennummern vereinfacht die Buchführung. So genügen zur Darstellung des Buchungssatzes lediglich die Kontennummern der entsprechenden Konten. In der EDV werden ausschließlich die Kontennummern eingegeben, Kontenbezeichnungen werden nicht erfasst.

Beispiel: Buchung ohne und mit Kontenplan

Aus der Kasse werden 4 000,00 € entnommen und auf das Bankkonto einbezahlt.

Buchungssatz *ohne* Kontenplan:

Bank	4 000,00 €	an	Kasse	4 000,00 €

→

→

Buchungssatz *mit* Kontenplan

280 Bank .... 4000,00 € an 282 Kasse .... 4000,00 €

280 Bank		282 Kasse
Kontenklasse	2 Umlaufvermögen	2 Umlaufvermögen
Kontengruppe	8 Flüssige Mittel	8 Flüssige Mittel
Kontenart	0 Bank	2 Kasse

Farbiger Kontenplan im Anhang des Buches

Der im Anhang des Buches eingefügte farbige Kontenplan soll die Orientierung in der Buchführung erleichtern. So werden

- Vermögenskonten (Aktivkonten) stets gelb dargestellt,
- Schuldkonten (Passivkonten) stets rotbraun dargestellt,
- Aufwandskonten stets grün dargestellt,
- Ertragskonten stets lila dargestellt.

6 Abschluss von Bestands- und Erfolgskonten mit Kontenrahmen

Reihenfolge der buchungstechnischen Arbeiten

Zur Bearbeitung der Zahlungsvorgänge im Unternehmen ist folgende Reihenfolge der buchungstechnischen Arbeiten zu beachten:

1. ↓	**Übernahme der Bestandskonten aus der Eröffnungsbilanz** Aktive Bestandskonten haben den Anfangsbestand im Soll. Passive Bestandskonten haben den Anfangsbestand im Haben.
2. ↓	**Buchung der Geschäftsfälle** Zu den Geschäftsfällen werden Buchungssätze gebildet. Die Geschäftsfälle werden auf den Konten gebucht.
3. ↓	**Abschlussbuchungen** Abschluss der Erfolgskonten über das Gewinn- und Verlustkonto Abschluss des GuV-Kontos über das Eigenkapitalkonto Abschluss der Bestandskonten über das Schlussbilanzkonto Aufstellung der Schlussbilanz

4850200

Musteraufgabe: Geschäftsgang mit Bestands- und Erfolgskonten

Aus der Bilanz des vorhergehenden Geschäftsjahres stehen nachfolgend aufgeführte Anfangsbestände der Schöner Wohnen GmbH für das neue Geschäftsjahr zur Verfügung.

a) Eröffnen Sie die Bestandskonten.

b) Bilden Sie die Buchungssätze zu den aufgeführten Geschäftsfällen. Tragen Sie die Buchungen auf den betreffenden Konten ein.

c) Führen Sie die Abschlussbuchungen durch.

Aktiva	Eröffnungsbilanz		Passiva
I. Anlagevermögen		**I. Eigenkapital**	370 000,00
1. BGA	110 000,00	**II. Fremdkapital**	
2. Fuhrpark	455 000,00	1. Darlehensschulden	150 000,00
II. Umlaufvermögen		2. Verbindlichkeiten a. LL.	120 000,00
1. Bank	50 000,00		
2. Kasse	25 000,00		
	640 000,00		**640 000,00**

Geschäftsfälle für das Geschäftsjahr	in €
① Barkauf von zwei Personal Computern	2 800,00
② Provisionsertrag durch Banküberweisung	12 900,00
③ Banküberweisung von Löhnen	7 800,00
④ Kauf eines Lieferwagens, Bezahlung durch Banküberweisung	47 500,00
⑤ Wir überweisen Miete für angemietete Lagerräume	4 250,00
⑥ Gutschrift von Zinsen durch die Bank	830,00

Lösung

S	081 BGA		H
AB	110 000,00	SB ⑯	112 800,00
① 282	2 800,00		
	112 800,00		**112 800,00**

S	300 Eigenkapital		H
SB ⑫	371 680,00	AB	370 000,00
		GuV ⑪	1 680,00
	371 680,00		**371 680,00**

S	084 Fuhrpark		H
AB	455 000,00	SB ⑮	502 500,00
④ 280	47 500,00		
	502 500,00		**502 500,00**

S	412 Darlehensschulden		H
SB ⑬	150 000,00	AB	150 000,00
	150 000,00		**150 000,00**

S	280 Bank		H
AB	50 000,00	③ 620	7 800,00
② 541	12 900,00	④ 084	47 500,00
⑥ 571	830,00	⑤ 670	4 250,00
		SB ⑱	4 180,00
	63 730,00		**63 730,00**

S	440 Verbindlichkeiten a. LL.		H
SB ⑭	120 000,00	AB	120 000,00
	120 000,00		**120 000,00**

→

S	282 Kasse		H
AB	25 000,00	① 081	2 800,00
		SB ⑰	22 200,00
	25 000,00		**25 000,00**

S	620 Löhne		H
③ 280	7 800,00	GuV ⑦	7 800,00

S	541 Provisionserträge		H
GuV ⑨	12 900,00	② 280	12 900,00

S	670 Mietaufwendungen		H
⑤ 280	4 250,00	GuV ⑧	4 250,00

S	571 Zinserträge		H
GuV ⑩	830,00	⑥ 280	830,00

Gewinn- und Verlustkonto

Aufwand		Ertrag	
Löhne ⑦	7 800,00	Provisionserträge ⑨	12 900,00
Mietaufwendungen ⑧	4 250,00	Zinserträge ⑩	830,00
Gewinn (EK) ⑪	1 680,00		
	13 730,00		13 730,00

Schlussbilanz zum 31. Dez. des laufenden Jahres

Aktiva		Passiva	
I. Anlagevermögen		**I. Eigenkapital** ⑫	**371 680,00**
1. BGA ⑯	112 800,00	**II. Fremdkapital**	
2. Fuhrpark ⑮	502 500,00	1. Darlehensschulden ⑬	150 000,00
II. Umlaufvermögen		2. Verbindlichkeiten a. LL. ⑭	120 000,00
1. Bank ⑱	4 180,00		
2. Kasse ⑰	22 200,00		
	641 680,00		**641 680,00**

Lösungsweg

1. Übernahme der Bestandskonten aus der Eröffnungsbilanz
   - Aktive Bestandskonten haben den Anfangsbestand im Soll.
   - Passive Bestandskonten haben den Anfangsbestand im Haben.
2. Buchung der Geschäftsfälle ① bis ⑥:
3. Abschlussbuchungen

081	BGA	2 800,00 €	an	282	Kasse	2 800,00 €
280	Bank	12 900,00 €	an	541	Provisionsert.	12 900,00 €
620	Löhne	7 800,00 €	an	280	Bank	7 800,00 €
084	Fuhrpark	47 500,00 €	an	280	Bank	47 500,00 €
670	Mietaufw.	4 250,00 €	an	280	Bank	4 250,00 €
280	Bank	830,00 €	an	571	Zinserträge	830,00 €

- Abschluss der Erfolgskonten ⑦ bis ⑩ über das Gewinn- und Verlustkonto
- Abschluss des GuV-Kontos über das Eigenkapitalkonto ⑪
- Abschluss der Bestandskonten ⑫ bis ⑱ über das Schlussbilanzkonto und Aufstellung der Schlussbilanz

7 Buchungen beim Ein- und Verkauf von Waren

Warenkonto

Für Wareneinkauf und Warenverkauf wurde bisher nur ein Konto verwendet – und zwar das Konto „200 Waren“ als reines Bestandskonto im Umlaufvermögen. Nun werden aber Waren zu anderen Preisen verkauft als sie eingekauft wurden, denn Hauptaufgabe der Handelsbetriebe ist die Gewinnerzielung aus dem Warengeschäft. Der Warenverkauf ist ein erfolgswirksamer Geschäftsfall für das Unternehmen. Es liegt ein Umsatzerlös vor, der den Ertrag des Unternehmens erhöht. Das Warenkonto wird getrennt, um in einem reinen Bestandskonto den Warenbestand zu Einkaufspreisen und in einem reinen Erfolgskonto den Warenverkauf zu Verkaufspreisen darzustellen.

Getrennte Konten

Geschäftsfälle, die mit dem Einkauf und Verkauf von Waren zu tun haben, werden folglich getrennt erfasst und auf verschiedenen Konten gebucht:

- Wareneinkauf wird auf dem Warenkonto „200 Waren“ zum Einkaufspreis gebucht.
- Warenverkauf wird auf dem Ertragskonto „500 Umsatzerlöse WV“ zum Verkaufspreis gebucht.
- Warenverkauf wird auf dem Aufwandskonto „600 Aufwendungen für Waren“ zum Einstandspreis gebucht.

Um den Rohgewinn aus Warenverkauf und Wareneinkauf zu berechnen, werden die Einkaufspreise der verkauften Waren den Verkaufspreisen der verkauften Waren gegenübergestellt.

[?!]

Warenrohgewinn

Verkaufspreis der verkauften Waren (Warenumsatz)
– *Einkaufspreis der verkauften Waren (Wareneinsatz)*
= *Warenrohgewinn*

7.1 Buchungen für Wareneinkauf und Warenverkauf

Der Wareneinkauf wird auf das Bestandskonto „200 Waren“ gebucht.

Wareneinkauf: „200 Waren“

Beispiel: Eingangsrechnung

Die Schöner Wohnen GmbH erhält Waren und eine Rechnung des Möbelherstellers Flair GmbH über:

50 Schrankwände Toskana zu je 600,00 € insgesamt 30000,00 €
zahlbar in 30 Tagen

Buchungssatz

200 Waren	30000,00 €	an	440	Verbindl. a. LL. ...	30000,00 €

Der Warenverkauf wird auf das Ertragskonto „500 Umsatzerlöse aus Warenverkauf" (kurz: „500 Umsatzerlöse WV") gebucht.

Beispiel: Ausgangsrechnung

Die Schöner Wohnen GmbH stellt eine Rechnung an den Kunden Max Krause e. K.:

5 Schrankwände Toskana zu je 850,00 € insgesamt 4 250,00 €
zahlbar in 30 Tagen

Buchungssatz

240	Forderungen a. LL. . . 4 250,00 €	an	500	Umsatzerlöse WV. .	4 250,00 €

7.2 Bestandsorientierte Warenbuchungen

Warenanfangsbestand

Der Anfangsbestand des Wareneinkaufkontos zu Jahresbeginn steht auf der Soll-Seite. Dieser Warenanfangsbestand stellt Umlaufvermögen – speziell: Warenvermögen – dar. Alle Wareneinkäufe werden auf dem Konto „200 Waren" gebucht.

Warenendbestand

Der bei der Inventur ermittelte Schlussbestand wird zu Einkaufspreisen auf der Haben-Seite des Kontos „200 Waren" gebucht. Die Gegenbuchung wird in der Schlussbilanz auf der Aktivseite vorgenommen. Dort wird der Warenendbestand ausgewiesen.

Wareneinsatz

Auf der Haben-Seite ergibt sich jetzt ein Saldo, der den Einkaufswert der verkauften Waren darstellt – den Wareneinsatz. Der Wareneinsatz wird deshalb so bezeichnet, weil dieser Betrag im Einkauf für die verkauften Waren aufgewendet („eingesetzt") werden musste.

[?!] *Wareneinsatz*

Einkaufspreis aller Waren
– *Einkaufswert der nicht verkauften Waren*
= ***Wareneinsatz (Einkaufspreis der verkauften Waren)***

Das Warenverkaufskonto „500 Umsatzerlöse WV" ist ein Erfolgskonto. Auf der Haben-Seite werden alle Verkäufe zu Verkaufspreisen gebucht. Das Erfolgskonto „500 Umsatzerlöse WV" wird über das GuV-Konto abgeschlossen.

Der Warenendbestand laut Inventur wird auf dem Konto „200 Waren" gebucht und über die Schlussbilanz abgeschlossen.

Der Wareneinsatz wird auf das Konto „600 Aufwendungen für Waren" gebucht.

Buchungssatz:

600	Aufwendungen für Waren	an	200	Waren

Warenkonten

	„200 Waren" (Wareneinkauf)	„600 Aufwendungen für Waren" (Warenaufwand)	„500 Umsatzerlöse WV" (Warenverkauf)
Laufende Buchungen	Wareneinkauf zu Einstandspreisen	keine laufenden Buchungen	Warenverkauf zu Verkaufspreisen
Jahresabschluss-vorbereitung	Ermittlung Warenendbestand	Ermittlung Wareneinsatz; Warenverkauf zu Einstandspreisen	
Abschluss über ...	Schlussbilanz: Aktiva	GuV-Konto: Aufwand	GuV-Konto: Ertrag
		Differenz = Warenrohgewinn	

[?!]

Warenrohgewinn

Warenumsatz (verkaufte Waren zu Verkaufspreisen)
– *Wareneinsatz (verkaufte Waren zu Einkaufspreisen)*
= *Warenrohgewinn*

[?!]

Bestandsorientierte Warenbuchungen: Vom Warenein- und -verkauf zum Warenrohgewinn

- *Alle Wareneinkäufe auf das Konto „200 Waren" buchen.*
- *Alle Warenverkäufe auf das Konto „500 Umsatzerlöse WV" buchen.*
- *Am Jahresende den Inventurbestand der Waren (Schlussbestand in Euro) auf dem Konto „200 Waren" buchen und über die Schlussbilanz abschließen.*
- *Die verbleibende Differenz auf dem Konto „200 Waren" stellt den Wareneinsatz dar. Der Wareneinsatz wird auf das Aufwandskonto „600 Aufwendungen für Waren" gebucht.*
- *Am Jahresende alle Warenverkäufe (Konto „500 Umsatzerlöse WV") über das GuV-Konto abschließen. Die „Umsatzerlöse WV" stellen im GuV-Konto Erträge dar.*
- *Das Aufwandskonto „600 Aufwendungen für Waren" über das GuV-Konto abschließen.*
- *In der GuV-Rechnung zeigt sich dann der Warenrohgewinn.*

Musteraufgabe: Warenbuchungen

Geschäftsfälle der Schöner Wohnen GmbH:			
① Anfangsbestand an Waren zu Jahresbeginn	15 Clubsessel	zu je 250,00 €	insges. 3 750,00 €
② Wareneinkauf auf Ziel	200 Clubsessel	zu je 250,00 €	insges. 50 000,00 €
③ Warenverkauf auf Ziel	210 Clubsessel	zu je 350,00 €	insges. 73 500,00 €
④ Schlussbestand an Waren	5 Clubsessel	zu je 250,00 €	insges. 1 250,00 €

a) Ermitteln Sie rechnerisch den Wareneinsatz.

b) Ermitteln Sie rechnerisch den Warenrohgewinn.

c) Tragen Sie den Anfangsbestand der Waren ① auf dem Warenkonto ein.

d) Buchen Sie den Wareneinkauf ② auf dem Warenkonto.

e) Buchen Sie den Warenverkauf ③ auf dem Warenverkaufskonto.

f) Buchen Sie den Schlussbestand der Waren ④.

g) Schließen Sie das Konto „200 Waren" ab, indem Sie den Wareneinsatz ⑤ als Saldo ermitteln und auf das Konto „600 Aufwendungen für Waren" buchen.

h) Schließen Sie das Warenverkaufskonto („500 Umsatzerlöse WV") über das GuV-Konto ab ⑥.

i) Schließen Sie das Konto „Aufwendungen für Waren" über das GuV-Konto ab ⑦.

j) Ermitteln Sie den Warenrohgewinn ⑧, indem Sie das GuV-Konto abschließen.

k) Buchen Sie die Geschäftsfälle vom Wareneinkauf und Warenverkauf bis zum Abschluss des Warenverkaufskontos.

Lösung zu a)

Von insgesamt 215 eingekauften Clubsesseln wurden fünf nicht verkauft.

	Einkaufspreis aller Waren (215 · 250,00 €)	53 750,00 €
–	Einkaufswert der nicht verkauften Waren (5 · 250,00 €)	– 1 250,00 €
=	Wareneinsatz (Einkaufspreis der verkauften Waren)	52 500,00 €

Lösung zu b)

210 Clubsessel wurden zum Preis von 350,00 € verkauft.

	Verkaufspreis der verkauften Waren (210 · 350,00 €)	73 500,00 €
–	Einkaufspreis der verkauften Waren (210 · 250,00 €)	– 52 500,00 €
=	Warenrohgewinn	21 000,00 €

→

4850206

Lösung zu c) bis j)

S	200 Waren		H
①	3 750,00	④ SB	1 250,00
②	50 000,00	⑤ AfW	52 500,00
	53 750,00		53 750,00

S	600 Aufwendungen für Waren		H
⑤ 200	52 500,00	⑦ GuV	52 500,00

S	500 Umsatzerlöse WV		H
⑥ GuV	73 500,00	③	73 500,00

Soll (Aufwand)	Gewinn- und Verlustkonto		Haben (Ertrag)
⑦ Aufwendungen für Waren ..	52 500,00	⑥ Umsatzerlöse WV	73 500,00
⑧ Warenrohgewinn	21 000,00		
	73 500,00		73 500,00

Aktiva	Schlussbilanzkonto		Passiva
④ Waren	1 250,00		

Lösung zu k)

② 200 Waren	50 000,00 €	an	440 Verbindl. a. LL.	50 000,00 €
③ 240 Forderungen a. LL. ..	73 500,00 €	an	500 Umsatzerlöse WV ..	73 500,00 €
④ Schlussbilanzkonto	1 250,00 €	an	200 Waren............	1 250,00 €
⑤ 600 Aufw. f. Waren	52 500,00 €	an	200 Waren............	52 500,00 €
⑥ 500 Umsatzerlöse WV ..	73 500,00 €	an	GuV-Konto	73 500,00 €
⑦ GuV-Konto	52 500,00 €	an	600 Aufw. f. Waren.....	52 500,00 €

7.3 Belegbuchungen

Musteraufgabe

In der Schöner Wohnen GmbH erfolgten die Geschäftsfälle, die mit den Belegen 1 bis 5 dokumentiert sind.

a) Ermitteln Sie rechnerisch den Wareneinsatz.

b) Ermitteln Sie rechnerisch den Warenrohgewinn.

c) Tragen Sie den Anfangsbestand (AB) der Waren ① auf dem Warenkonto ein.

d) Buchen Sie die Wareneinkäufe ② auf dem Warenkonto.

e) Buchen Sie die Warenverkäufe ③ auf dem Warenverkaufskonto.

f) Buchen Sie den Schlussbestand der Waren ④.

g) Schließen Sie das Konto „200 Waren“ ab, indem Sie den Wareneinsatz ⑤ als Saldo ermitteln und auf das Konto „600 Aufwendungen für Waren“ buchen.

h) Schließen Sie das Warenverkaufskonto über das GuV-Konto ab ⑥.

i) Schließen Sie das Konto „Aufwendungen für Waren“ über das GuV-Konto ab ⑦.

j) Ermitteln Sie den Warenrohgewinn ⑧, indem Sie das GuV-Konto abschließen.

k) Buchen Sie die Geschäftsfälle aus f) bis i).

Beleg 1: Wareneinkauf auf Ziel

Möbelwerke Schilling • Coburg

Möbelwerke Schilling • 96450 Coburg • Wagnerstr. 58

Schöner Wohnen GmbH
Gartenstraße 39
47001 Duisburg

Rechnung
Rechnungsnummer 70 665
Rechnungsdatum 18.03.20..
Lieferung am 18.03.20..

Pos.	Artikel-Nr.	Artikelbezeichnung	Menge	Preis je Einheit in €	Betrag gesamt in €
001	02390	Schrankwand TX20	25	1 600,00	40 000,00
		Rechnungsbetrag			**40 000,00**

Zahlbar innerhalb 30 Tagen ohne Abzug.

Vorzunehmende Buchung beim Wareneinkauf:

200 Waren .... 40 000,00 € an 440 Verbindl. a. LL. .. 40 000,00 €

Beleg 2: Warenverkäufe gegen Barzahlung; monatlicher Sammelbeleg

Barverkäufe
Sammelbeleg

Schöner Wohnen GmbH

Monat Mai 20.. Datum 15.05.20..

Artikel	Anzahl	Einzelpreis
Schrankwand TX20	20	2 200,00 €
Summe		44 000,00 €

bar erhalten

Vorzunehmende Buchung beim Warenverkauf:

282 Kasse .... 44 000,00 € an 500 Umsatzerlöse WV .. 44 000,00 €

Beleg 3: Eingangsrechnung

Möbelwerke Schilling • Coburg

Möbelwerke Schilling • 96450 Coburg • Wagnerstr. 58

Schöner Wohnen GmbH
Gartenstraße 39
47001 Duisburg

Rechnung

Rechnungsnummer 70 825
Rechnungsdatum 12.09.20..
Lieferung am 12.09.20..

Pos.	Artikel-Nr.	Artikelbezeichnung	Menge	Preis je Einheit in €	Betrag gesamt in €
001	02390	Schrankwand TX20	18	1 600,00	28 800,00
		Rechnungsbetrag			**28 800,00**

Zahlbar innerhalb 30 Tagen ohne Abzug.

Vorzunehmende Buchung beim Wareneinkauf:

200 Waren .... 28 800,00 € an 440 Verbindl. a. LL. .... 28 800,00 €

Beleg 4: Warenverkäufe gegen Barzahlung; monatlicher Sammelbeleg

Barverkäufe
Sammelbeleg

Schöner Wohnen GmbH

Monat November 20.. Datum 15.11.20..

Artikel	Anzahl	Einzelpreis
Schrankwand TX20	22	2 200,00 €
Summe		48 400,00 €

bar erhalten

Vorzunehmende Buchung beim Warenverkauf:

282 Kasse .... 48 400,00 € an 500 Umsatzerlöse WV .. 48 400,00 €

Beleg 5: Inventurbeleg am 31.12.

Inventurbeleg

Schöner Wohnen GmbH

Datum 31.12.20..

Artikel Schrankwand TX20

Anfangsbestand zu Beginn des Geschäftsjahres am 01.01.20..

Anzahl	Einzelpreis	Gesamt
2	1600,00 €	3200,00 €

Endbestand am Geschäftsjahresende am 31.12.20..

Anzahl	Einzelpreis	Gesamt
3	1600,00 €	4800,00 €

Lösung

Zu den zwei Schrankwänden, die die Schöner Wohnen GmbH zu Beginn des Geschäftsjahres besaß (s. Beleg 5), wurden im Geschäftsjahr zuerst 25 und dann nochmals 18 Schrankwände eingekauft, insgesamt sind dies 45 Schrankwände TX20. Verkauft wurden zuerst 20, dann nochmals 22, insgesamt 42 Schrankwände TX20. Von 45 Schrankwänden TX 20 wurden drei nicht verkauft.

Lösung zu a)

	Einkaufspreis aller Waren (45 · 1 600,00 €)	72 000,00 €
–	Einkaufswert der nicht verkauften Waren (3 · 1 600,00 €)	– 4 800,00 €
=	Wareneinsatz (Einkaufspreis der verkauften Waren)	67 200,00 €

Lösung zu b)

	Verkaufspreis der verkauften Waren (42 · 2 200,00 €)	92 400,00 €
–	Einkaufspreis der verkauften Waren (42 · 1 600,00 €)	– 67 200,00 €
=	Warenrohgewinn	25 200,00 €

Lösungen zu c) bis j)

S	200 Waren		H
① AB	3 200,00	④ SB	4 800,00
②	40 000,00	⑤	67 200,00
③	28 800,00		
	72 000,00		72 000,00

S	600 Aufwendungen für Waren		H
⑤	67 200,00	⑦	67 200,00

S	500 Umsatzerlöse WV		H
⑥ GuV	92 400,00	③	44 000,00
		③	48 400,00
	92 400,00		92 400,00

Soll (Aufwand)	Gewinn- und Verlustkonto		Haben (Ertrag)
⑦ Aufwendungen für Waren	67 200,00	⑥ Umsatzerlöse WV	92 400,00
⑧ Warenrohgewinn	25 200,00		
	92 400,00		92 400,00

Aktiva	Schlussbilanzkonto		Passiva
④ Waren	4 800,00		

④ Schlussbilanzkonto	4800,00 €	an	200 Waren...........	4800,00 €
⑤ 600 Aufw. f. Waren	67200,00 €	an	200 Waren...........	67200,00 €
⑥ 500 Umsatzerlöse WV ..	92400,00 €	an	GuV-Konto	92400,00 €
⑦ GuV-Konto	67200,00 €	an	Aufw. f. Waren	67200,00 €

8 Umsatzsteuer beim Ein- und Verkauf

„mehr wert“

Eine dem Endverbraucher angebotene Ware legt meistens einen langen Weg zurück. Vom Betrieb der Urerzeugung wird beispielsweise Holz geliefert, das im Sägewerk geschnitten wird. Von der Möbelindustrie wird das gesägte Holz erworben, bearbeitet und zu Möbeln verarbeitet. Diese Möbel werden über den Großhandel an den Einzelhandel und schließlich an den Endverbraucher veräußert. Auf jeder Stufe dieses Warenweges wird die Ware „mehr wert“.

Mehrwert

Das deutsche Steuersystem besteuert diesen „Mehrwert“ mit der Mehrwertsteuer, wobei der allgemeine Steuersatz zurzeit 19 % beträgt. Der ermäßigte Steuersatz von 7 % gilt beispielsweise für Lebensmittel, Zeitschriften und Bücher.

Umsatzsteuer (USt) als spezielle Form der Mehrwertsteuer (MwSt.)

Die in Deutschland erhobene Mehrwertsteuer ist eine spezielle Form der Umsatzsteuer. Sie wird auf allen Stufe der Produktion auf die Umsätze der Unternehmen erhoben. Sie ist eine Nettoumsatzsteuer, weil jedes Unternehmen nur die Steuer auf die individuelle Wertschöpfung abführt. Dies wird erreicht, indem bei der Errechnung der Steuerschuld von der vereinnahmten Umsatzsteuer die gezahlte Umsatzsteuer abgezogen wird. Im Geschäftsleben taucht fast ausschließlich der Begriff „Umsatzsteuer“ auf. Auf Rechnungen werden der Warenwert, die darauf berechnete Umsatzsteuer und der Rechnungsbetrag getrennt ausgewiesen.

[?!]

Umsatzsteuer, Vorsteuer und Mehrwertsteuer

In der Buchführung unterscheidet man

Vom Unternehmen gezahlte Umsatzsteuer	→	*Konto 260 Vorsteuer*	→	*Forderung an das Finanzamt*
Vom Unternehmen vereinnahmte Umsatzsteuer	→	*Konto 480 Umsatzsteuer*	→	*Verbindlichkeit an das Finanzamt*
Zahllast (Mehrwertsteuer)	→	*Umsatzsteuer abzgl. Vorsteuer*	→	*Zahlung an das Finanzamt*

Die gesamte Mehrwertsteuer aus allen Stufen des Warenwegs hat der Endverbraucher zu tragen. Zuvor führen die Unternehmen auf jeder Stufe des Warenwegs Umsatzsteuer an das Finanzamt ab; jedoch werden die Unternehmen dadurch nicht belastet. Warum nicht? Weil die Umsatzsteuer für die Unternehmen einen durchlaufenden Posten darstellt, der die Ertragslage nicht beeinflusst.

[?!]

Mehrwert und Umsatzsteuer

- ***Ein Mehrwert entsteht, wenn der Nettoverkaufspreis größer ist als der Nettoeinkaufspreis.***
- ***Die Umsatzsteuer wird letztendlich vom Endverbraucher (Privatkunden) bezahlt.***
- ***Die Unternehmen werden durch die Umsatzsteuer nicht belastet.***

Wie entsteht die Mehrwertsteuer?

	Forstwirtschaft (Urerzeugnis)	Sägewerk	Möbelwerk	Großhandel	Einzelhandel	Endverbraucher (Privatkunde)
Einkaufspreis (Warenwert)	0,00 €	1 000,00 €	1 400,00 €	4 000,00 €	4 800,00 €	7 140,00 € (= 6 000,00 € + 19 % USt)
Verkaufspreis (Warenwert)	1 000,00 €	1 400,00 €	4 000,00 €	4 800,00 €	6 000,00 €	
Mehrwert ↓	1 000,00 € · 19 % =	400,00 € · 19 % =	2 600,00 € · 19 % =	800,00 € · 19 % =	1 200,00 € · 19 % =	6 000,00 € · 19 % =
Mehrwertsteuer	190,00 €	76,00 €	494,00 €	152,00 €	228,00 €	1 140,00 €

Gesamte Mehrwertsteuer: 1 140,00 €

Letztendlich bezahlt der Endverbraucher die gesamte Mehrwertsteuer als Umsatzsteuer.

Die ertragreichsten Steuerarten

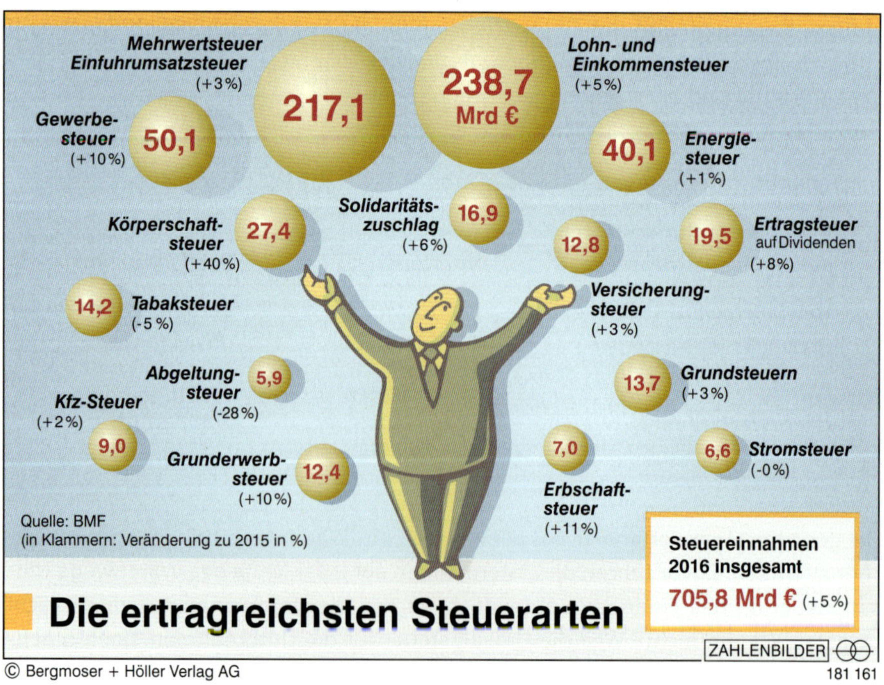

8.1 Umsatzsteuer beim Wareneinkauf

Eingangsrechnung (ER)

Der Wareneinkauf wird aufgrund der Eingangsrechnung (kurz „ER“) gebucht. Die Eingangsrechnung weist den Nettobetrag der bezogenen Ware, die darauf berechnete Umsatzsteuer und den Rechnungsbetrag einschließlich Umsatzsteuer gesondert aus.

Beispiel: Eingangsrechnung – vom Beleg zur Buchung

Die Schöner Wohnen GmbH kauft bei den Möbelwerken Bochum GmbH einen Relax-Sessel (netto 2 500,00 €):

	Wareneinkaufspreis (netto)	2 500,00 €
+	19 % Umsatzsteuer	+ 475,00 €
	Rechnungsbetrag (brutto)	**2 975,00 €**

Die Schöner Wohnen GmbH muss den Rechnungsbetrag – also den Betrag einschließlich Umsatzsteuer – an den Lieferanten begleichen. Allerdings entsteht auch eine Forderung an das Finanzamt in Höhe der ausgewiesenen Umsatzsteuer. Diese Forderung gegenüber dem Finanzamt wird auf dem Aktivkonto „260 Vorsteuer“ erfasst.

Möbelwerke Bochum

Möbelwerke Bochum, Industriestr. 756, 44879 Bochum

Schöner Wohnen GmbH
Gartenstraße 39
47001 Duisburg

Möbelwerke Bochum GmbH
Industriestraße 756
44879 Bochum

Rechnung

Rechnungsnummer 33456
Rechnungsdatum 22.07.20..
Lieferdatum 18.07.20..

Position	Menge	Mengeneinheit	Bezeichnung	Einzelpreis	Gesamtpreis (€)
01	1	Stück	Relax-Sessel	2 500,00	2 500,00
			Rechnungsbetrag netto		2 500,00
			+ 19 % Umsatzsteuer		475,00
			Rechnungsbetrag brutto		**2 975,00**

Zahlungsbedingung:
Zahlbar binnen 30 Tagen ohne Abzug.

→

→

Beleg → **Buchung**

1 Relax-Sessel, netto	2 500,00 €
+ 19 % Umsatzsteuer	+ 475,00 €
Rechnungsbetrag	2 975,00 €

200	Waren	2 500,00 €	
260	Vorsteuer	475,00 €	
	an 440 Verbindl. a. LL.		2 975,00 €

S	200 Waren		H
(A) 440	2 500,00		

S	260 Vorsteuer		H
(B) 440	475,00		

S	440 Verbindlichkeiten a. LL.		H
		(C) 200/260	2 975,00

(A) Der Wareneingang wird auf dem Aktivkonto „200 Waren" im Soll mit dem Warenwert 2 500,00 € gebucht. Es handelt sich um eine Vermögenszunahme.

(B) In der Eingangsrechnung werden 475,00 € Umsatzsteuer ausgewiesen, die die Schöner Wohnen GmbH zwar an den Lieferanten bezahlt, aber vom Finanzamt wieder erstattet bekommt. Die 475,00 € stellen eine Forderung gegenüber dem Finanzamt dar und werden auf dem Aktivkonto „260 Vorsteuer" gebucht.

(C) Der an den Lieferanten insgesamt zu zahlende Betrag in Höhe von 2 975,00 € wird auf dem Passivkonto „440 Verbindlichkeiten a. LL." im Haben gebucht.

Auswirkung der Buchung

Buchung → **Auswirkung**

200	Waren	2 500,00 €	
260	Vorsteuer	475,00 €	
	an 440 Verbindl. a. LL.		2 975,00 €

Warenvermögen nimmt um 2 500,00 € zu.
Forderung an das Finanzamt nimmt um 475,00 € zu.
Lieferantenschulden nehmen um 2 975,00 € zu.

[?!]

Buchen einer Eingangsrechnung (ER)

- ***Die in einer Eingangsrechnung (ER) ausgewiesene Umsatzsteuer stellt eine Forderung an das Finanzamt dar. Sie wird auf dem Aktivkonto „260 Vorsteuer" erfasst.***
- ***Die Umsatzsteuer ist für den Unternehmer ein durchlaufender Posten, weil der an den Lieferanten bezahlte Umsatzsteuerbetrag vom Finanzamt zurückgefordert wird. Er wird als „durchlaufender Posten" bezeichnet, weil er keine Auswirkung auf das Unternehmensergebnis hat.***

8.2 Umsatzsteuer beim Warenverkauf

Ausgangsrechnung (AR)

Der Warenverkauf wird aufgrund der Ausgangsrechnung (kurz „AR“) gebucht. Die Ausgangsrechnung weist den Nettobetrag der verkauften Ware, die darauf berechnete Umsatzsteuer und den Rechnungsbetrag einschließlich Umsatzsteuer gesondert aus.

Beispiel: Ausgangsrechnung – vom Beleg zur Buchung

Die Schöner Wohnen GmbH verkauft den von der Möbelwerke Bochum GmbH gekauften Relax-Sessel zum Nettopreis von 3 500,00 € an das Einzelhandelsunternehmen Max Schulte OHG:

Warenverkaufspreis (netto)	3 500,00 €
+ 19 % Umsatzsteuer	+ 665,00 €
Rechnungsbetrag (brutto)	**4 165,00 €**

Die Schöner Wohnen GmbH hat nun eine Forderung an das Einzelhandelsunternehmen Schulte in Höhe des Rechnungsbetrages von 4 165,00 €, also einschließlich der Umsatzsteuer. Der Ertrag aus dem Warenverkauf beträgt 3 500,00 €. Die im Rechnungsbetrag enthaltene Umsatzsteuer (665,00 €) stellt eine Verbindlichkeit gegenüber dem Finanzamt dar. Diese Umsatzsteuer-Verbindlichkeit wird auf das Passivkonto „480 Umsatzsteuer“ gebucht.

Schöner Wohnen GmbH

Schöner Wohnen GmbH • Gartenstraße 39 • 47001 Duisburg

Gartenstraße 39 • 47001 Duisburg
Tel.: 0203 79137-914 • Fax: 0203 79137-921

E-Mail: info@schoener-wohnen-wvd.de
Internet: schoener-wohnen-wvd.de

Max Schulte OHG
Neusser Landstraße 12
50735 Köln

Kundennummer 17 325
Bearbeiter
Lieferdatum 27.08.20..
Rechnungsdatum 28.08.20..

Rechnung Nr. 38521

Pos.	Menge	Einheit	Art.-Nr.	Bezeichnung	Einzelpreis €	Rabatt %	Gesamtpreis €
1	1	Stück	2323	Relax-Sessel	3500,00	–	3500,00
				Gesamt netto			3500,00
				zzgl. 19 % USt			665,00
				Gesamtbetrag brutto			**4165,00**

Zahlbar innerhalb von 30 Tagen.

→

Beleg → **Buchung**

Rechnungsbetrag	4 165,00 €
– 1 Relax-Sessel, netto	– 3 500,00 €
19 % Umsatzsteuer	665,00 €

240	Forderungen a. LL.	4 165,00 €	
	an 500 Umsatzerlöse WV		3 500,00 €
	an 480 Umsatzsteuer		665,00 €

S	240 Forderungen a. LL.	H
(A) 500/480	4 165,00	

S	500 Umsatzerlöse WV	H
	(B) 240	3 500,00

S	480 Umsatzsteuer	H
	(C) 240	665,00

(A) Aus dem Warenverkauf entsteht eine Forderung an den Kunden in Höhe von 4 165,00 €. Die Forderungen nehmen um diesen Betrag zu, auf dem Konto „240 Forderungen a. LL." ist im Soll zu buchen.

(B) An den Kunden wurden Waren zum Verkaufswert 3 500,00 € verkauft. Um diesen Betrag nimmt das Ertragskonto „500 Umsatzerlöse WV" zu. Die Ertragsbuchung erfolgt im Haben.

(C) Aus dem Warenverkauf entsteht eine Schuld an das Finanzamt in Höhe von 665,00 €. Diesen Betrag schuldet die Schöner Wohnen GmbH dem Finanzamt; das Passivkonto „480 Umsatzsteuer" wird im Haben gebucht.

Auswirkung der Buchung

Buchung → **Auswirkung**

240	Forderungen a. LL.	4 165,00 €	
	an 500 Umsatzerlöse WV		3 500,00 €
	an 480 Umsatzsteuer		665,00 €

Forderungen an Kunden nehmen um 4 165,00 € zu.
Umsatzerlöse WV (Erträge) nehmen um 3 500,00 € zu.
Schuld an das Finanzamt nimmt um 665,00 € zu.

[?!]

Buchen einer Ausgangsrechnung (AR)

- *Die in einer Ausgangsrechnung ausgewiesene Umsatzsteuer stellt eine Verbindlichkeit gegenüber dem Finanzamt dar. Sie wird auf dem Passivkonto „480 Umsatzsteuer" erfasst.*
- *Die Umsatzsteuer ist ein durchlaufender Posten, weil der vom Kunden erhaltene Umsatzsteuer-Betrag an das Finanzamt abgeführt wird. Er wird als „durchlaufender Posten" bezeichnet, weil er keine Auswirkung auf das Unternehmensergebnis hat.*

4850216

- ***Die Eingangsrechnung geht bei uns ein, wir müssen bezahlen.***
  Kurz: Ware und ER rein – Geld raus!
- ***Die Ausgangsrechnung geht bei uns raus, unser Kunde muss bezahlen.***
  Kurz: Ware und AR raus – Geld rein!

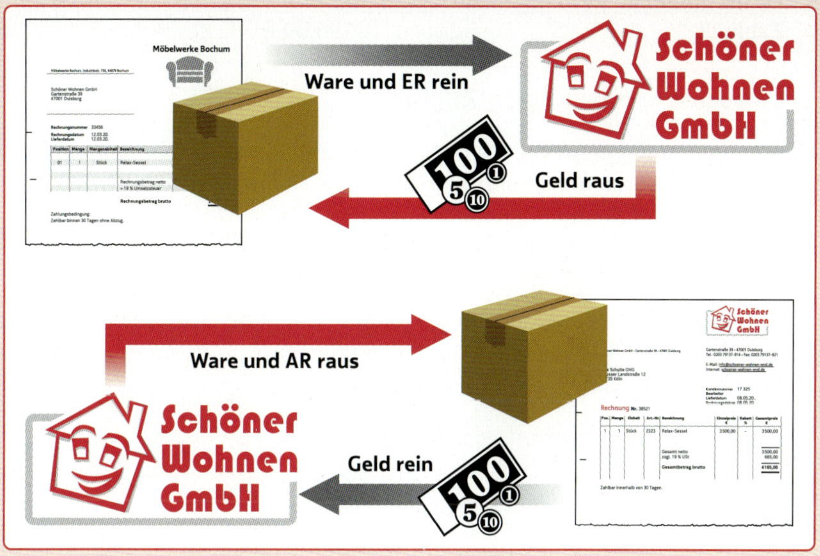

[?!]

Eingangsrechnung (ER) und Ausgangsrechnung (AR)

8.3 Ermittlung der Zahllast

Beispiel: Forderung bzw. Verbindlichkeit gegenüber dem Finanzamt

Mit dem Einkauf des Relax-Sessels entsteht für die Schöner Wohnen GmbH eine Forderung an das Finanzamt in Höhe der zu leistenden Vorsteuer, 475,00 €.

S	260 Vorsteuer	H
①	475,00	

Forderung an das Finanzamt:
Wir haben zu bekommen.

Umgekehrt entsteht mit dem Verkauf des Relax-Sessels für die Schöner Wohnen GmbH eine Umsatzsteuer-Schuld (Verbindlichkeit) an das Finanzamt in Höhe von 665,00 €.

S	480 Umsatzsteuer	H
	②	665,00

Schuld an das Finanzamt:
Wir haben zu zahlen.

Damit steht der Schuld an das Finanzamt (Konto „480 Umsatzsteuer") in Höhe von 665,00 € eine Forderung an das Finanzamt (Konto „260 Vorsteuer") in Höhe von 475,00 € gegenüber.

→

Zahllast

Es ist lediglich der Differenzbetrag zwischen der Umsatzsteuer beim Verkauf und der Umsatzsteuer beim Einkauf (= Vorsteuer) an das Finanzamt zu bezahlen. Den Differenzbetrag bezeichnet man als „Zahllast".

Schuld an das Finanzamt	665,00 €
– Forderungen an das Finanzamt	– 475,00 €
Zahllast	**190,00 €**

Buchhalterische Ermittlung der Zahllast

① Die Umsatzsteuer beim Wareneinkauf in Höhe von 475,00 € ist auf dem Konto „260 Vorsteuer" (Forderungen an das Finanzamt) zu buchen.

② Die Umsatzsteuer beim Warenverkauf in Höhe von 665,00 € ist auf dem Konto „480 Umsatzsteuer" (Schuld an das Finanzamt) zu buchen.

③ Die Forderung an das Finanzamt (475,00 €) ist mit der Schuld an das Finanzamt (665,00 €) zu verrechnen. Dazu wird das Konto „260 Vorsteuer" über das Konto „480 Umsatzsteuer" abgeschlossen

Buchungssatz:

480 Umsatzsteuer ..... 475,00 € an 260 Vorsteuer .... 475,00 €

④ Auf dem Konto „480 Umsatzsteuer" wird der Saldo (Unterschiedsbetrag) zwischen Umsatzsteuer beim Verkauf und Umsatzsteuer beim Einkauf (Vorsteuer) ermittelt und gegen Banküberweisung an das Finanzamt beglichen.

Buchungssatz:

480 Umsatzsteuer ..... 190,00 € an 280 Bank .... 190,00 €

S	260 Vorsteuer		H
①	475,00	③ 480	475,00

S	480 Umsatzsteuer		H
③ 260	475,00	②	665,00
④ 280	190,00		
	665,00		665,00

S	280 Bank		H
		④ 480	190,00

[?!]

Zahllast

Auf dem Konto „480 Umsatzsteuer" ergibt sich nach der Umbuchung der Vorsteuer ein Saldo. Dieser Saldo (Differenzbetrag) muss an das Finanzamt abgeführt werden. Man bezeichnet diesen Saldo auf dem Umsatzsteuerkonto als „Zahllast".

4850218

8.4 Belegbuchungen

Musteraufgabe: Belegbuchungen

Bilden Sie den Buchungssatz zum jeweiligen Buchungsbeleg.

Beleg 1: Eingangsrechnung

Möbelwerke Bochum

Möbelwerke Bochum, Industriestr. 756, 44879 Bochum

Schöner Wohnen GmbH
Gartenstraße 39
47001 Duisburg

Möbelwerke Bochum GmbH
Industriestraße 756
44879 Bochum

Rechnung

Rechnungsnummer 39217
Rechnungsdatum 26.10.20..
Lieferdatum 25.10.20..

Position	Menge	Mengeneinheit	Bezeichnung	Einzelpreis	Gesamtpreis (€)
01	1	Stück	Küchenfront Exquisit	8200,00	8200,00
			Rechnungsbetrag netto		8200,00
			+ 19 % Umsatzsteuer		1558,00
			Rechnungsbetrag brutto		**9758,00**

Zahlungsbedingung:
Zahlbar binnen 30 Tagen ohne Abzug.

Tel.: 0234 9339- 0
Fax: 0234 9339-21
E-Mail: moebelbochum-wvd.de

Geschäftsführer: Heino Gauber
Reg.-Gericht: Amtsgericht Bochum,
HRB 6558
USt-IdNr. DE 526983477

Sparkasse Bochum
Konto: 632 000 332, BLZ 430 500 01
BIC: WELADED1BO C
IBAN: DE54 4305 0001 0632 0003 32

Buchungssatz:

Lösung zu Beleg 1

200 Waren .... 8200,00 €
260 Vorsteuer .... 1558,00 € an 440 Verbindl. a. LL. ..... 9758,00 €

→

Beleg 2: Ausgangsrechnung

Schöner Wohnen GmbH

Schöner Wohnen GmbH • Gartenstraße 39 • 47001 Duisburg

Gartenstraße 39 • 47001 Duisburg
Tel.: 0203 79137-914 • Fax: 0203 79137-921

E-Mail: info@schoener-wohnen-wvd.de
Internet: schoener-wohnen-wvd.de

Möbeleinzelhandel
Manuela Bracht
Frankfurter Straße 63
74072 Heilbronn

Kundennummer 17 697
Bearbeiter
Lieferdatum 18.11.20..
Rechnungsdatum 20.11.20..

Rechnung Nr. 40235

Pos.	Menge	Einheit	Art.-Nr.	Bezeichnung	Einzelpreis €	Rabatt %	Gesamtpreis €
1	1			Küchenfront Exquisit nach beiliegender Detailbeschreibung	10000,00	–	10000,00
				Gesamt netto			10000,00
				zzgl. 19 % USt			1900,00
				Gesamtbetrag brutto			**11900,00**

Zahlbar innerhalb von 30 Tagen.

Bankverbindung: Deutsche Bank Duisburg
Konto: 768 412 213 • BLZ: 350 700 30
BIC: DEUTDEDE350 • IBAN: DE32 3507 0030 0768 4122 13

Geschäftsführer: Dr. Klaus Baumann
Amtsgericht Duisburg, HRB 12059
USt-IdNr.: DE 249 344 221

Lösung zu Beleg 2

Buchungssatz:

240	Forderungen a. LL. .	11900,00 €	an	500	Umsatzerlöse WV . .	10000,00 €
			an	480	Umsatzsteuer	1190,00 €

→

Beleg 3: Eingangsrechnung

Autohaus Franz GmbH

Autohaus Franz GmbH
Max-Peters-Str. 52
47059 Duisburg

Franz GmbH, Max-Peters-Str. 52, 47059 Duisburg

Schöner Wohnen GmbH
Gartenstraße 39
47001 Duisburg

Rechnung

Amt. Kennzeichen	Fahrzeugtyp	Fahrzeug-Ident-Nr.	Zul.-Datum	Annahmedatum	km-Stand
+++ siehe Spezifikation +++					

Rechnungs-Nr.	Rechnungsdatum	Ihre Bestellung vom	Unsere Lieferung vom
1584	05.11.20..	21.09.20..	05.11.20..

Leistungsbezeichnung/Warenbezeichnung	Preis in €	
1 Lkw 12 t lt. Spezifikation	80 000,00	*
+ 19 % USt	15 200,00	*
Rechnungsbetrag	95 200,00	**
zahlbar in 30 Tagen ohne Abzug		

Buchungssatz:

Lösung zu Beleg 3

084	Fuhrpark	80 000,00 €				
260	Vorsteuer	15 200,00 €	an	440	Verbindl. a. LL.	95 200,00 €

Beleg 4: Barverkaufsquittung

Quittung
Nr.

Netto € 300, ct 00
+ 19 % USt € 57, ct 00
Gesamt € 357, ct 00

Gesamtbetrag € in Worten
dreihundertsiebenundfünfzig — Cent wie oben

(Im Gesamtbetrag sind ____ % Umsatzsteuer enthalten)

von Schöner Wohnen GmbH
für 50 000 Blatt Kopierpapier

richtig erhalten zu haben, bestätigt
Ort Duisburg, Datum 11.09.20..
Buchungsvermerke
Stempel/Unterschrift des Empfängers
Bürozubehör Stark & Hartmann Duisburg Kölner Str. 52
Olbert

Buchungssatz:

Lösung zu Beleg 4

680	Büromaterial	300,00 €				
260	Vorsteuer	57,00 €	an	282	Kasse	357,00 €

9 Personalaufwendungen

Entgelt: Gehalt und Lohn

Den Arbeitnehmern wird für ihre Arbeitsleistung ein Entgelt bezahlt. Dieses Entgelt wird bei den Angestellten als „Gehalt“ und bei den Arbeitern als „Lohn“ bezeichnet. Für den Arbeitnehmer stellt das Entgelt Einkommen dar. Der Arbeitnehmer erhält aber nicht das gesamte Entgelt ausbezahlt, da noch Steuern und Sozialversicherungsbeiträge abgezogen werden.

Für den Arbeitgeber stellt das Entgelt eine Aufwendung dar, die in der GuV-Rechnung als Aufwand gebucht wird.

Vom Bruttogehalt zum Nettogehalt

	Bruttogehalt
–	***Steuern vom Lohn/Gehalt***
–	***Sozialversicherungsbeiträge des Arbeitnehmers***
=	***Nettogehalt***

9.1 Löhne und Gehälter

9.1.1 Steuerabzüge vom Bruttogehalt

Aus dem Bruttolohn/Bruttogehalt werden **die drei Steuerabzüge** berechnet:
- die Lohnsteuer
- die Kirchensteuer
- der Solidaritätszuschlag

Zur Berechnung dieser Steuerabzüge werden Tabellen und/oder EDV-Programme verwendet.

Lohnsteuerpflicht und Lohnsteuerklassen

Bruttolöhne und -gehälter unterliegen der Lohnsteuerpflicht. Die Steuerhöhe richtet sich dabei nach:
- der Höhe des Lohnes/Gehaltes
- der persönlichen Lohnsteuerklasse (diese ist abhängig von Familienstand und Kinderzahl)

Personenkreis	Steuerklasse
Ledige ohne Kinder	I
Ledige mit Kindern	II
Verheiratete, beide Partner in derselben Steuerklasse	IV
Verheiratete, ein Partner in Steuerklasse der andere Partner in Steuerklasse	III V
Zweit-Lohnsteuerkarte	VI

Kirchensteuer

Die Kirchensteuer ist von denjenigen Arbeitnehmern zu zahlen, die einer steuererhebenden Religionsgemeinschaft angehören. Der Kirchensteuersatz wird auf die Lohnsteuer bezogen. Er beträgt je nach Bundesland 8 % oder 9 % der Lohnsteuer.

Solidaritätszuschlag (SolZ)

Der Solidaritätszuschlag (abgekürzt „SolZ“) ist ein zeitlich begrenzter Zuschlag zur Finanzierung des Aufbaus der neuen Bundesländer. Der Solidaritätszuschlag beträgt 5,5 % der gezahlten Lohnsteuer.

Lohnsteuer, Kirchensteuer und Solidaritätszuschlag werden dem Arbeitnehmer vom Bruttolohn abgezogen. Der Arbeitgeber behält die Steuern ein und führt sie später an das Finanzamt ab.

Steuertabellen 2019

Lohn/Gehalt bis ...	Steuerklasse	Lohnsteuer	Ohne Kinderfreibetrag		Mit 1,0 Kinderfreibetrag	
			SolZ 5,5 %	Kirchensteuer 9 %[1]	SolZ 5,5 %	Kirchensteuer 9 %[1]
1 000,00 €	I	–	–	–	–	–
	III	–	–	–	–	–
1 500,00 €	I	76,25	–	6,86	–	–
	III	–	–	–	–	–
2 000,00 €	I	184,41	10,14	16,59	–	–
	III	5,50	–	0,49	–	–
2 300,00 €	I	252,66	13,89	22,73	2,26	8,30
	III	74,66	–	6,75	–	–
3 000,00 €	I	421,91	23,20	37,97	13,40	21,92
	III	179,66	3,53	16,16	–	5,76
3 500,00 €	I	556,08	30,58	50,04	19,96	32,66
	III	284,50	15,64	25,60	–	11,99
4 000,00 €	I	698,33	38,40	62,84	27,02	44,22
	III	392,83	21,60	35,35	12,88	21,08

Tabelle: Steuerabzüge vom Lohn/Gehalt (Monat), Werte der Abzüge jeweils in Euro

Beispiel:* *Vorläufige Gehaltsabrechnung – Abzug der Steuern

Vorläufige Gehaltsabrechnung des ledigen und kinderlosen Julian Schmadtke aus Duisburg, Fachkraft für Lagerlogistik, Lohnsteuerklasse I:

Bruttogehalt	**2 000,00 €**	
– Lohnsteuer	184,41 €	aus Tabelle oben, Zeile 2 000,00 €, Steuerklasse I
– Kirchensteuer	16,59 €	aus Tabelle oben, Zeile 2 000,00 €, Steuerklasse I
– Solidaritätszuschlag	10,14 €	aus Tabelle oben, Zeile 2 000,00 €, Steuerklasse I
...	...	

[1] In Baden-Württemberg und Bayern 8 %; in allen anderen Bundesländern 9 %

9.1.2 Sozialversicherungsabzüge vom Bruttogehalt

Anhand des Bruttogehalts werden die Sozialversicherungsbeiträge berechnet. Die Beiträge zu den Sozialversicherungen werden von Arbeitnehmer und Arbeitgeber getragen. Dabei gilt folgende Aufteilung (Stand 2019):

Sozialversicherung	insgesamt vom Bruttogehalt	vom Arbeitnehmer zu tragen (AN-Anteil)	vom Arbeitgeber zu tragen (AG-Anteil)
Gesetzliche Rentenversicherung	18,6 %	9,3 %	9,3 %
Arbeitslosenversicherung	2,5 %	1,25 %	1,25 %
Gesetzliche Pflegeversicherung	3,05 %	1,525 %	1,525 %
Gesetzliche Krankenversicherung – allgemeiner Beitrag – Zusatzbeitrag	 14,6 % z. B. 1,0 %	 7,3 % 0,5 %	 7,3 % 0,5 %

Aufteilung der Beiträge zu den Sozialversicherungen in AN-Anteil und AG-Anteil

Der Zusatzbeitrag zur gesetzlichen Krankenversicherung wird individuell von der jeweiligen Krankenkasse bestimmt. Die Beiträge der gesetzlichen Unfallversicherung sowie Beiträge für Geringverdiener muss der Arbeitgeber in voller Höhe allein bezahlen.

Rentenversicherung, Arbeitslosenversicherung, Pflegeversicherung, allgemeiner Krankenversicherungsbeitrag und Zusatzbeitrag zur Krankenversicherung werden dem Arbeitnehmer vom Bruttolohn abgezogen. Der Arbeitgeber behält diese Sozialversicherungsanteile der Arbeitnehmer ein und führt sie dann an die Sozialversicherungsträger ab.

Entgelt bis ...	Jeweiliger Arbeitnehmeranteil bzw. jeweiliger Arbeitgeberanteil				
	Rentenversicherung	Arbeitslosenversicherung	Pflegeversicherung	Krankenversicherung; allgemeiner Beitrag	Krankenversicherung und Zusatzbeitrag
795,00 €	73,94	9,94	12,12	58,04	3,98
1 000,00 €	93,00	12,50	15,25	73,00	5,00
1 500,00 €	139,50	18,75	22,88	109,50	7,50
2 000,00 €	186,00	25,00	30,50	146,00	10,00
2 300,00 €	213,90	28,75	35,08	167,90	11,50
3 000,00 €	279,00	37,50	45,75	219,00	15,00
3 500,00 €	325,50	43,75	53,38	255,50	17,50

Tabelle: Sozialversicherungsbeiträge (in €)

4850224

Gehaltsabrechnung des ledigen und kinderlosen Julian Schmadtke, Fachkraft für Lagerlogistik, Lohnsteuerklasse I:

Bruttogehalt		**2000,00 €**	
– Lohnsteuer	184,41 €	= 211,14 €	Steuern
– Kirchensteuer	16,59 €		
– Solidaritätszuschlag	10,14 €		
– Rentenversicherung (AN-Anteil)	186,00 €	= 397,50 €	Sozialversicherungen (AN-Anteil)
– Arbeitslosenversicherung (AN-Anteil)	25,00 €		
– Pflegeversicherung (AN-Anteil)	30,50 €		
– Krankenversicherung – allgemeiner Beitrag (AN-Anteil) – Zusatzbeitrag (AN-Anteil)	 146,00 € 10,00 €		
= **Nettogehalt** (wird an den Arbeitnehmer ausbezahlt)		= 1 391,36 €	

Beispiel: Gehaltsabrechnung nach Abzug von Steuern und Sozialversicherungen

Bruttogehalt	*... wird vom Arbeitgeber bereitgestellt.*
– Steuern	*... muss der Arbeitgeber an das Finanzamt abführen.*
– Sozialversicherungen Arbeitnehmeranteil	*... muss der Arbeitgeber an die Sozialversicherungsträger abführen.*
= Nettogehalt	*... wird an den Arbeitnehmer ausbezahlt.*

[?!]

Wer zahlt was?

Vom Bruttogehalt in Höhe von 2000,00 € ...

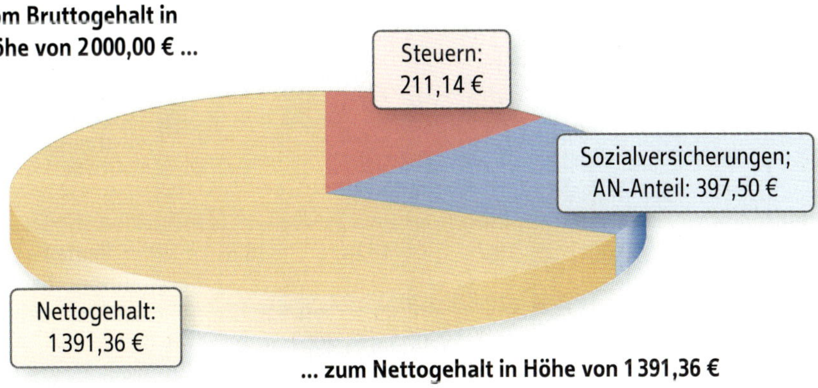

... zum Nettogehalt in Höhe von 1 391,36 €

Wie viel Netto bleibt vom Brutto?

9.1.3 Sozialversicherungsanteil des Arbeitgebers

Der Arbeitgeber muss sich an den Sozialversicherungsbeiträgen beteiligen. Er hat zusätzlich zu dem einbehaltenen Arbeitnehmer-Anteil die in der Tabelle in Kapitel 9.1.2 ausgewiesenen Prozentsätze für Sozialversicherungen (Arbeitgeber-Anteil, kurz „AG-Anteil") an die Sozialversicherungsträger zu überweisen.

9.1.4 Gehaltsabrechnung durchführen

Musteraufgabe: Gehaltsabrechnung anhand der Tabelle „Sozialversicherungsbeiträge"

Ein lediger, 22-jähriger Fachlagerist, Lohnsteuerklasse I, verdient im Monat 2 300,00 €. Erstellen Sie die vollständige Gehaltsabrechnung. Verwenden Sie die Tabellen auf den Seiten 211 und 212.

Bruttogehalt		2 300,00 €
– Lohnsteuer		252,66 €
– Kirchensteuer		22,73 €
– Solidaritätszuschlag		13,89 €
– Rentenversicherung	(AN-Anteil)	213,90 €
– Arbeitslosenversicherung	(AN-Anteil)	28,75 €
– Pflegeversicherung	(AN-Anteil)	35,08 €
– Krankenversicherung – allgemeiner Beitrag – Zusatzbeitrag	(AN-Anteil)	 167,90 € 11,50 €
= **Nettogehalt**		**1 553,59 €**

Entwicklung der Beitragssätze zur Sozialversicherung in Deutschland*
in % des Bruttoentgelts

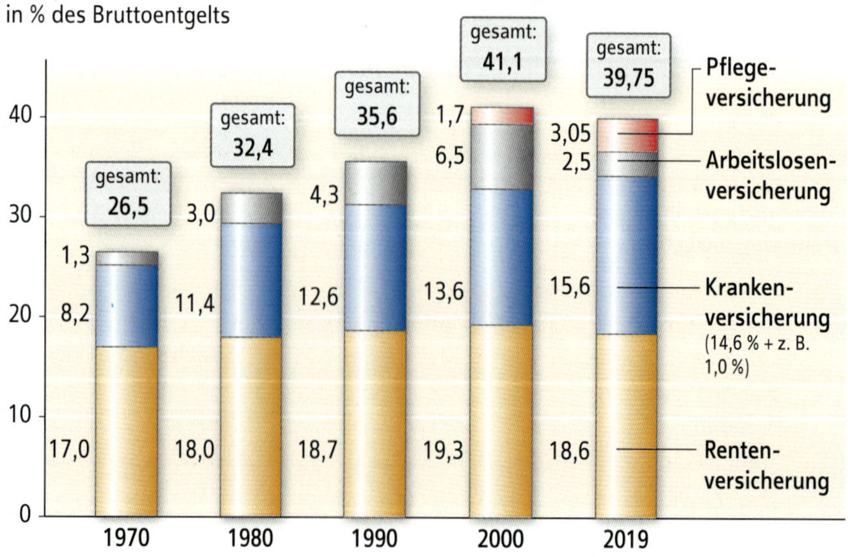

* vor 1990 alte Bundesländer, ab 1990 Deutschland Zahlen entnommen aus: www.sozialpolitik-aktuell.de

Entwicklung der Sozialversicherungsbeiträge

9.2 Buchung von Löhnen und Gehältern

9.2.1 Buchung der Gehaltsabrechnung

Bruttogehalt ist Aufwand

Bruttolohn und Bruttogehalt stellen Aufwendungen für das Unternehmen dar. Sie werden in der Aufwandskontenklasse 6 erfasst. Sie gehen in die GuV-Rechnung als Aufwendungen ein. Die Gehaltsabzüge des Arbeitnehmers für Steuern und Sozialversicherungen werden als Verbindlichkeiten gegenüber dem Finanzamt und als Verbindlichkeiten gegenüber den Sozialversicherungsträgern in der Kontenklasse 4 gebucht. Das verbleibende Nettogehalt wird dem Arbeitnehmer überwiesen.

[?!]

Bestandteile der Gehaltsrechnung

Bruttogehalt	***... stellt Aufwand dar.***
Nettogehalt	***... wird an den Arbeitnehmer überwiesen.***
Steuerabzüge	***... stellen Verbindlichkeiten dar.***
Sozialversicherungsbeiträge (AN-Anteil)	***... stellen Verbindlichkeiten dar.***

Musteraufgabe: Vom Beleg zur Buchung

Beleg → **Buchung**

Bruttogehalt		2 300,00 €	①
– Lohnsteuer		252,66 €	②
– Kirchensteuer		22,73 €	②
SolZ		13,89 €	②
– RV	AN-Anteil	213,90 €	③
– ALV	AN-Anteil	28,75 €	③
– PV	AN-Anteil	35,08 €	③
– KV	AN-Anteil		
	167,90 € + 11,50 €	179,40 €	③
= **Nettogehalt**		1 553,59 €	④

630	Gehälter	2 300,00 €	
	an 483 Verbindlichk.-FA		252,66 €
	an 483 Verbindlichk.-FA		22,73 €
	an 483 Verbindlichk.-FA		13,89 €
	an 484 Verbindlichk.-SV		213,90 €
	an 484 Verbindlichk.-SV		28,75 €
	an 484 Verbindlichk.-SV		35,08 €
	an 484 Verbindlichk.-SV		179,40 €
	an 280 Bank		1 553,59 €

Losungsweg

① Das Bruttogehalt stellt für den Unternehmer Gehaltsaufwand dar. Er wird in der Aufwandskontenklasse 6 auf dem Konto „630 Gehälter“ im Soll gebucht.

② Der Arbeitgeber muss die Lohnsteuer, die Kirchensteuer und den Solidaritätszuschlag später an das Finanzamt überweisen. Bis zu dieser Überweisung stellt der Lohnsteuerbetrag eine Verbindlichkeit dar. Diese Verbindlichkeit wird auf dem Konto „483 Verbindlichkeiten Finanzamt“ gebucht.

③ Der Arbeitgeber muss den AN-Anteil an der Rentenversicherung (RV), an der Arbeitslosenversicherung (ALV), an der Pflegeversicherung (PV) und an der Krankenversicherung (KV) später an den Sozialversicherungsträger abführen. Bis zu dieser Überweisung stellen die Sozialversicherungsanteile eine Verbindlichkeit dar. Diese Verbindlichkeit wird auf dem Konto „484 Verbindlichkeiten Sozialversicherungsträger“ gebucht.

④ Das Nettogehalt wird dem Arbeitnehmer überwiesen. Das Bankkonto (Vermögenskonto) des Unternehmens nimmt ab; es wird deshalb im Haben gebucht.

9.2.2 Buchung der Arbeitgeberanteile an den Sozialversicherungen

Arbeitgeber beteiligt sich an den Sozialversicherungen

Nach der Buchung der Lohn- und Gehaltsabrechnungen muss der Arbeitgeber seinen Anteil an den Sozialversicherungsbeiträgen berechnen, buchen und an die Sozialversicherungsträger abführen (überweisen). Für Rentenversicherung, Arbeitslosenversicherung, Krankenversicherung, Zusatzbeitrag zur Krankenversicherung und Pflegeversicherung muss der Arbeitgeber denselben Betrag zahlen wie der Arbeitnehmer.

Beispiel: Arbeitgeberanteile an der Sozialversicherung

Auf das Beispiel in Kapitel 9.1.4 bezogen fallen folgende Arbeitgeber-Anteile an der Sozialversicherung an, berechnet von 2300,00 € Bruttogehalt:

Bruttogehalt		**2300,00 €**
Rentenversicherung	AG-Anteil	213,90 €
Arbeitslosenversicherung	AG-Anteil	28,75 €
Pflegeversicherung	AG-Anteil	35,08 €
Krankenversicherung insgesamt	AG-Anteil	179,40 €
insgesamt AG-Anteil		**457,13 €**

Lohnnebenkosten

Die Arbeitgeberanteile an der Sozialversicherung stellen für das Unternehmen Aufwand dar. Dieser Aufwand wird auch als „Lohnnebenkosten“ bezeichnet, da er zum Bruttolohn/-gehalt hinzukommt. Da die Arbeitgeberanteile später an die Sozialversicherungsträger abgeführt werden müssen, werden sie zunächst als Verbindlichkeiten gegenüber den Sozialversicherungsträgern gebucht.

640 AG-Anteil SV .... 457,13 € an 484 Verbindlich.-SV...... 457,13 €

Später werden die gebuchten Arbeitgeber-Anteile an die Sozialversicherungsträger überwiesen. Mit dieser Überweisung nehmen die Verbindlichkeiten an die Sozialversicherungsträger und das Bankkonto ab.

484 Verbindlichk.-SV .... 457,13 € an 280 Bank .... 457,13 €

9.2.3 Buchung der Gehaltsabrechnung und der Arbeitgeberanteile

In vier Schritten sind die Gehaltsabrechnung und die Arbeitgeberanteile an der Sozialversicherung zu buchen:

[?!]

Schritte der Gehaltsbuchung

*1. Schritt: **Buchung der Gehaltsabrechnung***
*2. Schritt: **Buchung der Sozialversicherungs-Anteile des Arbeitgebers***
*3. Schritt: **Buchung der Banküberweisung der Steuern an das Finanzamt***
*4. Schritt: **Buchung der Banküberweisung der Sozialversicherungs-Anteile an die Sozialversicherungsträger***

4850228

9.3 Buchung von Vorschüssen

Benötigt ein Mitarbeiter vor Fälligkeit der nächsten Lohnzahlung Geld, kann er sich einen Vorschuss auszahlen lassen. Dieser Vorschuss wird dann mit der nächsten Lohnabrechnung verrechnet. Mit der Vorschussauszahlung entsteht einerseits eine Forderung des Unternehmens an den Mitarbeiter, andererseits nimmt die Kasse entsprechend ab.

Vorschussbuchung

265 Forderungen Vorschuss	an	282 Kasse

Vorschussverrechnung

Bei der nächsten Lohnabrechnung wird der Vorschuss verrechnet:

Bruttolohn
– Steuerabzüge
– Sozialvers. Abzüge AN
= **Nettolohn**
– Vorschuss
= **Auszahlungsbetrag**

9.4 Vollständige Lohn- und Gehaltsabrechnung

Musteraufgabe 1: Abzug von Sozialversicherungsbeiträgen

Die Auszubildende Verena Kurz erhält monatlich 795,00 € Ausbildungsvergütung. Buchen Sie die nachstehende Abrechnung.

Ausbildungsvergütung		795,00 €
– Rentenversicherung	(AN-Anteil)	73,94 €
– Arbeitslosenversicherung	(AN-Anteil)	9,94 €
– Pflegeversicherung	(AN-Anteil)	12,12 €
– Krankenversicherung	(AN-Anteil)	
– allgemeiner Beitrag		58,04 €
– Zusatzbeitrag		3,98 €
– **Netto**		**636,98 €**

Bruttogehalt		795,00 €	①
– RV	AN-Anteil	73,94 €	②
– ALV	AN-Anteil	9,94 €	②
– PV	AN-Anteil	12,12 €	②
– KV	AN-Anteil		
	58,04 € + 3,98 €	62,02 €	②
= **Nettogehalt**		636,98 €	③

630 Gehälter		795,00 €	
	an 484 Verbindlichk.-SV		73,94 €
	an 484 Verbindlichk.-SV		9,94 €
	an 484 Verbindlichk.-SV		12,12 €
	an 484 Verbindlichk.-SV		62,02 €
	an 280 Bank		636,98 €

Lösungsweg

① Der Bruttobetrag stellt für den Unternehmer Gehaltsaufwand dar. Er wird in der Aufwandskontenklasse 6 auf dem Konto „630 Gehälter" im Soll gebucht.

② Der Arbeitgeber muss den AN-Anteil an der Rentenversicherung, an der Arbeitslosenversicherung, an der Pflegeversicherung und an der Krankenver-

→

→

sicherung später an den Sozialversicherungsträger abführen. Bis zu dieser Überweisung stellen alle Sozialversicherungsanteile eine Verbindlichkeit dar. Diese Verbindlichkeit wird auf dem Konto „484 Verbindlichkeiten Sozialversicherungsträger" gebucht.

③ Der Nettobetrag wird dem Arbeitnehmer überwiesen. Das Bankkonto (Vermögenskonto) des Unternehmens nimmt ab; es wird deshalb im Haben gebucht.

Musteraufgabe 2: Abzug von Steuern und Sozialversicherungen

Gehaltsabrechnung für den 45-jährigen, verheirateten Lagerleiter Hans Schuhmann, der Schöner Wohnen GmbH, Hans Schuhmann hat zwei erwachsene Kinder:

Bruttogehalt		**3500,00 €**
– Lohnsteuer		284,50 €
– Kirchensteuer		25,60 €
– Solidaritätszuschlag		15,64 €
– Rentenversicherung	(AN-Anteil)	325,50 €
– Arbeitslosenversicherung	(AN-Anteil)	43,75 €
– Pflegeversicherung	(AN-Anteil)	53,38 €
– Krankenversicherung – allgemeiner Beitrag – Zusatzbeitrag	(AN-Anteil)	 255,50 € 17,50 €
= **Nettogehalt**		**2478,63 €**

Bruttogehalt		3500,00 € ①
– Lohnsteuer		284,50 € ②
– Kirchensteuer		25,60 € ②
– SolZ		15,64 € ②
– RV	AN-Anteil	325,50 € ③
– ALV	AN-Anteil	43,75 € ③
– PV	AN-Anteil	53,38 € ③
– KV	AN-Anteil	
	255,50 € + 17,50 €	273,00 € ③
= **Nettogehalt**		2478,63 € ④

630	Gehälter	3500,00 €	
	an 483 Verbindlichk.-FA		284,50 €
	an 483 Verbindlichk.-FA		25,60 €
	an 483 Verbindlichk.-FA		15,64 €
	an 484 Verbindlichk.-SV		325,50 €
	an 484 Verbindlichk.-SV		43,75 €
	an 484 Verbindlichk.-SV		53,38 €
	an 484 Verbindlichk.-SV		273,00 €
	an 280 Bank		2478,63 €

Lösungsweg

① Das Bruttogehalt stellt für den Unternehmer Gehaltsaufwand dar. Er wird in der Aufwandskontenklasse 6 auf dem Konto „630 Gehälter" im Soll gebucht.

② Der Arbeitgeber muss die Lohnsteuer, die Kirchensteuer und den Solidaritätszuschlag später an das Finanzamt überweisen. Bis zu dieser Überweisung stellen die Steuerbeträge Verbindlichkeiten dar. Diese werden auf dem Konto „483 Verbindlichkeiten Finanzamt" gebucht.

→

③ Der Arbeitgeber muss den AN-Anteil an der Rentenversicherung, an der Arbeitslosenversicherung, an der Pflegeversicherung und an der Krankenversicherung (hier: 255,50 € + 17,50 €) später an den Sozialversicherungsträger abführen. Bis zu dieser Überweisung stellen die Sozialversicherungsanteile eine Verbindlichkeit dar. Diese Verbindlichkeit wird auf dem Konto „484 Verbindlichkeiten Sozialversicherungsträger" gebucht.

④ Das Nettogehalt wird dem Arbeitnehmer überwiesen. Das Bankkonto (Vermögenskonto) des Unternehmens nimmt ab; es wird deshalb im Haben gebucht.

9.5 Belegbuchungen

Beleg 1: Abrechnung der Ausbildungsvergütung

Ausbildungsvergütung des Auszubildenden Marcel Fröhlich, ledig, Steuerklasse I

Schöner Wohnen GmbH • Gartenstr. 39 • 47001 Duisburg

Herrn
Marcel Fröhlich
Schillerstraße 79
47020 Duisburg

Entgeltabrechnung 11/20..

Personal-Nr.:	171/10
Krankenkasse:	Novitas BKK
SV-Nummer:	02120894F495
Steuer-IdNr.	12 345 679 914

Bankverbindung des Arbeitnehmers:
Volksbank Niederrhein
Konto-Nr. 29 292 999, BLZ 354 611 06

Steuerklasse 1/0		**Konfession** ev		
Bezeichnung				**Betrag (€)**
Ausbildungsvergütung				820,00
Abzüge				
RV AN	(9,3 %)	Rentenversicherung Arbeitnehmeranteil	76,26	
ALV AN	(1,25 %)	Arbeitslosenversicherung Arbeitnehmeranteil	10,75	
PV AN	(1,525 %)	Pflegeversicherung Arbeitnehmeranteil	12,51	
KV AN	(7,3 % + 0,5 %)	Krankenversicherung Arbeitnehmeranteil	63,96	– 162,98
Nettovergütung/Überweisungsbetrag				**657,02**

Der Arbeitgeberanteil an der Sozialversicherung des Arbeitnehmers beträgt insgesamt 162,98 €.

Im Einzelnen:	*RV AG*	*(9,3 %)*	*76,26 €*
	ALV AG	*(1,25 %)*	*10,25 €*
	PV AG	*(1,525 %)*	*12,51 €*
	KV AG	*(7,3 + 0,5 %)*	*63,96 €*

Ausbildungsvergütung

Anmerkung: Der Arbeitgeberanteil an der Sozialversicherung beträgt 162,98 €.

Vorzunehmende Buchungen Ausbildungsvergütungsabrechnung:

630 Gehälter	820,00 €	an	484 Verbindlichk.-SV	76,26 €
		an	484 Verbindlichk.-SV	10,25 €
		an	484 Verbindlichk.-SV	12,51 €
		an	484 Verbindlichk.-SV	63,96 €
		an	280 Bank	657,02 €

Vorzunehmende Buchungen Arbeitgeberanteile:

640 AG-Anteil SV	162,98 €	an	484 Verbindlichk.-SV	162,98 €

Beleg 2: Überweisung der Sozialversicherungsabgaben (AN-Anteil) zu Beleg 1

€uro-Überweisung (SEPA)

Für Überweisungen in Deutschland, in andere EU-/EWR-Staaten und in die Schweiz in Euro.
Kontoinhaber trägt Entgelte bei seinem Kreditinstitut; Zahlungsempfänger trägt die übrigen Entgelte.

Angaben zum Zahlungsempfänger: Name, Vorname/Firma (max. 27 Stellen, bei maschineller Beschriftung max. 35 Stellen)
Novitas BKK, Rechtskreis West

IBAN
DE97 3501 0111 1472 1874 00

BIC des Kreditinstituts/Zahlungsdienstleisters (8 oder 11 Stellen)
ESSEDE5F3500

SEPA-Überweisung €

Betrag: Euro, Cent
162,98-

Kunden-Referenznummer - Verwendungszweck, ggf. Name und Anschrift des Zahlers - (nur für Zahlungsempfänger)
Sozialversicherungsbeiträge AN-Anteil

noch Verwendungszweck (insgesamt max. 2 Zeilen á 27 Stellen, bei maschineller Beschriftung max. 2 Zeilen á 35 Stellen)
M. Fröhlich, SV-Nr. 02120894F495

Angaben zum Kontoinhaber: Name, Vorname/Firma, Ort (max. 27 Stellen, keine Straßen- oder Postfachangaben)
Schöner Wohnen GmbH, Duisburg

IBAN
DE 32 3507 0030 0768 4122 13 16

SEPA-Überweisung €uro

Datum
14.11.20..

Unterschrift(en)
i. A. H.-P. Göbel

Arbeitgeber überweist den AN-Anteil an den Sozialversicherungen

Vorzunehmende Buchungen bei Überweisung der Arbeitnehmeranteile:

484	Verbindlichk.-SV	162,98 €	an	280 Bank	162,98 €

Beleg 3: Überweisung der Sozialversicherungsabgaben (AG-Anteil) zu Beleg 1

€uro-Überweisung (SEPA)

Für Überweisungen in Deutschland, in andere EU-/EWR-Staaten und in die Schweiz in Euro.
Kontoinhaber trägt Entgelte bei seinem Kreditinstitut; Zahlungsempfänger trägt die übrigen Entgelte.

Angaben zum Zahlungsempfänger: Name, Vorname/Firma (max. 27 Stellen, bei maschineller Beschriftung max. 35 Stellen)
Novitas BKK, Rechtskreis West

IBAN
DE97 3501 0111 1472 1874 00

BIC des Kreditinstituts/Zahlungsdienstleisters (8 oder 11 Stellen)
ESSEDE5F3500

SEPA-Überweisung €

Betrag: Euro, Cent
162,98-

Kunden-Referenznummer - Verwendungszweck, ggf. Name und Anschrift des Zahlers - (nur für Zahlungsempfänger)
Sozialversicherungsbeiträge AG-Anteil

noch Verwendungszweck (insgesamt max. 2 Zeilen á 27 Stellen, bei maschineller Beschriftung max. 2 Zeilen á 35 Stellen)
M. Fröhlich, SV-Nr. 02120894F495

Angaben zum Kontoinhaber: Name, Vorname/Firma, Ort (max. 27 Stellen, keine Straßen- oder Postfachangaben)
Schöner Wohnen GmbH, Duisburg

IBAN
DE 32 3507 0030 0768 4122 13 16

SEPA-Überweisung €uro

Datum
14.11.20..

Unterschrift(en)
i. A. H.-P. Göbel

Arbeitgeber überweist den AG-Anteil an den Sozialversicherungen

Vorzunehmende Buchungen bei Überweisung der Arbeitgeberanteile:

484	Verbindlichk.-SV	162,98 €	an	280 Bank	162,98 €

Beleg 4: Gehaltsabrechnung Vertriebsleiter Dimitri Wall

Schöner Wohnen GmbH
Zentrallager West
Gartenstraße 39
47001 Duisburg

Schöner Wohnen GmbH • Gartenstr. 39 • 47001 Duisburg

Herrn
Dimitri Wall
Hafenstraße 85
47008 Duisburg

Entgeltabrechnung 11/20..

Personal-Nr.:	134/10
Krankenkasse:	Novitas BKK
SV-Nummer:	02010484W559
Steuer-IdNr.	24 887 635 775

Bankverbindung des Arbeitnehmers:
Commerzbank Duisburg
Konto-Nr. 43 334 434, BLZ 350 400 38

Steuerklasse 1/0			**Konfession** rk	
Bezeichnung				**Betrag (€)**
Gehalt				3000,00
Abzüge				
Lohnsteuer			421,91	
Kirchensteuer			37,97	
SolZ		Solidaritätszuschlag	23,20	
RV AN	(9,3 %)	Rentenversicherung Arbeitnehmeranteil	279,00	
ALV AN	(1,25 %)	Arbeitslosenversicherung Arbeitnehmeranteil	37,50	
PV AN	(1,525 %)	Pflegeversicherung Arbeitnehmeranteil	45,75	
KV AN	(7,3 % + 0,5 %)	Krankenversicherung Arbeitnehmeranteil	234,00	– 1079,33
Nettogehalt/Überweisungsbetrag				**1920,67**

Der Arbeitgeberanteil an der Sozialversicherung des Arbeitnehmers beträgt insgesamt 596,25 €.

Im Einzelnen:	*RV AG*	*(9,3 %)*	*279,00 €*
	ALV AG	*(1,25 %)*	*37,50 €*
	PV AG	*(1,525 %)*	*45,75 €*
	KV AG	*(7,3 + 0,5 %)*	*234,00 €*

Gehaltsabrechnung

Anmerkung: Der Arbeitgeberanteil an der Sozialversicherung beträgt 596,25 €.

Vorzunehmende Buchungen Gehaltsabrechnung:

630	Gehälter	3000,00 €	an	483	Verbindlichk.-FA	421,91 €
			an	483	Verbindlichk.-FA	37,97 €
			an	483	Verbindlichk.-FA	23,20 €
			an	484	Verbindlichk.-SV	279,00 €
			an	484	Verbindlichk.-SV	37,50 €
			an	484	Verbindlichk.-SV	45,75 €
			an	484	Verbindlichk.-SV	234,00 €
			an	280	Bank	1920,67 €

Vorzunehmende Buchungen Arbeitgeberanteile:

640	AG-Anteil SV	596,25 €	an	484	Verbindlichk.-SV	596,25 €

Beleg 5: Überweisung der Steuern an das Finanzamt zu Beleg 4

Arbeitgeber überweist die Steuern an das Finanzamt

€uro-Überweisung (SEPA)

Für Überweisungen in Deutschland, in andere EU-/EWR-Staaten und in die Schweiz in Euro.
Kontoinhaber trägt Entgelte bei seinem Kreditinstitut; Zahlungsempfänger trägt die übrigen Entgelte.

Angaben zum Zahlungsempfänger: Name, Vorname/Firma (max. 27 Stellen, bei maschineller Beschriftung max. 35 Stellen)
Finanzamt Duisburg Süd

IBAN
DE65 3505 0000 0200 4030 20

BIC des Kreditinstituts/Zahlungsdienstleisters (8 oder 11 Stellen)
DUISDE33

SEPA-Überweisung €

Betrag: Euro, Cent
483,08

Kunden-Referenznummer - Verwendungszweck, ggf. Name und Anschrift des Zahlers - (nur für Zahlungsempfänger)
LSt 421,91 - KiSt 37,97 + SolZu 23,20 für

noch Verwendungszweck (insgesamt max. 2 Zeilen à 27 Stellen, bei maschineller Beschriftung max. 2 Zeilen à 35 Stellen)
St.-IdNr. 24 887 635 775, Dimitri Wall

Angaben zum Kontoinhaber: Name, Vorname/Firma, Ort (max. 27 Stellen, keine Straßen- oder Postfachangaben)
Schöner Wohnen GmbH, Duisburg

IBAN
DE32 3507 0030 0768 4122 13

16

SEPA-Überweisung €uro

Datum: 14.11.20..

Unterschrift(en): i. A. H.-P. Göbel

Vorzunehmende Buchung bei der Überweisung der Steuern:

483 Verbindlichk.-FA	483,08 €	an	280 Bank	483,08 €

Beleg 6: Überweisung der Sozialversicherungsabgaben (AN-Anteil) zu Beleg 4

Arbeitgeber überweist den AN-Anteil an den Sozialversicherungen

€uro-Überweisung (SEPA)

Für Überweisungen in Deutschland, in andere EU-/EWR-Staaten und in die Schweiz in Euro.
Kontoinhaber trägt Entgelte bei seinem Kreditinstitut; Zahlungsempfänger trägt die übrigen Entgelte.

Angaben zum Zahlungsempfänger: Name, Vorname/Firma (max. 27 Stellen, bei maschineller Beschriftung max. 35 Stellen)
Novitas BKK, Rechtskreis West

IBAN
DE97 3501 0111 1472 1874 00

BIC des Kreditinstituts/Zahlungsdienstleisters (8 oder 11 Stellen)
ESSEDE5F3500

SEPA-Überweisung €

Betrag: Euro, Cent
596,25

Kunden-Referenznummer - Verwendungszweck, ggf. Name und Anschrift des Zahlers - (nur für Zahlungsempfänger)
Sozialversicherungsbeiträge AN-Anteil

noch Verwendungszweck (insgesamt max. 2 Zeilen à 27 Stellen, bei maschineller Beschriftung max. 2 Zeilen à 35 Stellen)
D. Wall, SV-Nr. 02010484W559

Angaben zum Kontoinhaber: Name, Vorname/Firma, Ort (max. 27 Stellen, keine Straßen- oder Postfachangaben)
Schöner Wohnen GmbH, Duisburg

IBAN
DE 32 3507 0030 0768 4122 13

16

SEPA-Überweisung €uro

Datum: 14.11.20..

Unterschrift(en): i. A. H.-P. Göbel

Vorzunehmende Buchungen bei Überweisung der Arbeitnehmeranteile:

484 Verbindlichk.-SV	596,25 €	an	280 Bank	596,25 €

4850234

Beleg 7: Überweisung der Sozialversicherungsabgaben (AG-Anteil) zu Beleg 4

€uro-Überweisung (SEPA)

Für Überweisungen in Deutschland, in andere EU-/EWR-Staaten und in die Schweiz in Euro.
Kontoinhaber trägt Entgelte bei seinem Kreditinstitut; Zahlungsempfänger trägt die übrigen Entgelte.

Angaben zum Zahlungsempfänger: Name, Vorname/Firma (max. 27 Stellen, bei maschineller Beschriftung max. 35 Stellen)
Novitas BKK, Rechtskreis West

IBAN
DE97 3501 0111 1472 1874 00

BIC des Kreditinstituts/Zahlungsdienstleisters (8 oder 11 Stellen)
ESSEDE5F3500

SEPA-Überweisung €

Betrag: Euro, Cent
596,25

Kunden-Referenznummer - Verwendungszweck, ggf. Name und Anschrift des Zahlers - (nur für Zahlungsempfänger)
Sozialversicherungsbeiträge AG-Anteil

noch Verwendungszweck (insgesamt max. 2 Zeilen à 27 Stellen, bei maschineller Beschriftung max. 2 Zeilen à 35 Stellen)
D. Wall, SV-Nr. 02010484W559

Angaben zum Kontoinhaber: Name, Vorname/Firma, Ort (max. 27 Stellen, keine Straßen- oder Postfachangaben)
Schöner Wohnen GmbH, Duisburg

IBAN
DE 32 3507 0030 0768 4122 13 16

SEPA-Überweisung €uro

Datum
14.11.20..

Unterschrift(en)
i. A. H.-P. Göbel

Arbeitgeber überweist den AG-Anteil an den Sozialversicherungen

Vorzunehmende Buchungen bei Überweisung der Arbeitgeberanteile:

484 Verbindlichk.-SV	596,25 €	an	280 Bank	596,25 €

10 Abschreibungen

Ursachen der Abschreibung

Abnutzbare Anlagegüter wie z. B. Lagergebäude, Gabelstapler, Lagereinrichtung sind dazu bestimmt, den Unternehmen langfristig zu dienen. Der Wert der Sachanlagen mindert sich jedoch ...

- durch Gebrauch (Beanspruchung, Nutzung),
- durch natürlichen Verschleiß,
- durch technischen Fortschritt.

Abschreibungen sollen diese Wertminderung, die bei Anlagegütern entsteht, erfassen. Sie stellen Aufwand dar und vermindern den Gewinn des Unternehmens und damit auch die gewinnabhängigen Steuern.

> ***Die Wertminderung der abnutzbaren Anlagegüter werden durch Abschreibungen erfasst. Abschreibungen mindern als Aufwand den Gewinn.***

[?!]
Abschreibungen

In der Kalkulation der Warenverkaufspreise werden die Abschreibungen als Kosten eingesetzt. Über die Umsatzerlöse fließen die einkalkulierten Abschreibungsbeträge in Form von Geld (liquiden Mitteln) in das Unternehmen zurück. Die zurückgeflossenen Mittel stehen nun wiederum für Anschaffungen (Investitionen) im Anlagevermögen zur Verfügung. Das Unternehmen finanziert somit die Anschaffung von Sachanlagegütern in erster Linie aus Abschreibungsrückflüssen. Die Abschreibung stellt deshalb ein bedeutendes Mittel der Finanzierung dar.

[?!] *Abschreibungen*

Abschreibungen werden in die Warenverkaufspreise einkalkuliert.

Abschreibungen fließen über die Umsatzerlöse in das Unternehmen zurück.

Abschreibungen finanzieren Investitionen.

10.1 Berechnung der linearen Abschreibung

Lineare Abschreibung

Grundsätzlich werden abnutzbare Anlagegüter „linear" abgeschrieben, d. h., dass die Abschreibung gleichmäßig auf die Nutzungsjahre verteilt wird. Um die lineare Abschreibung eines Gegenstandes berechnen zu können, muss man folgende Faktoren kennen:

- die Anschaffungskosten (Anschaffungskosten sind immer ohne Umsatzsteuer!)
- die Nutzungsdauer des Gegenstandes

Nutzungsdauer

Das Bundesfinanzministerium veröffentlicht in amtlichen Abschreibungs-Tabellen die gewöhnliche Nutzungsdauer nahezu aller Arten von Anlagegütern.

Jährlicher Abschreibungsbetrag

$$\text{Jährlicher Abschreibungsbetrag} = \frac{\text{Anschaffungskosten}}{\text{Nutzungsdauer}}$$

Beim jährlichen Abschreibungsbetrag werden die Anschaffungskosten gleichmäßig auf die Nutzungsdauer verteilt.

Jährlicher Abschreibungssatz

$$\text{Jährlicher Abschreibungssatz} = \frac{100\,\%}{\text{Nutzungsdauer}}$$

100 % der Abschreibungen werden gleichmäßig auf die Nutzungsdauer verteilt, dadurch ergibt sich der jährliche Abschreibungssatz.

Berechnung des jährlichen Abschreibungsbetrags mithilfe des Abschreibungssatzes

$$\text{Jährlicher Abschreibungsbetrag} = \text{Anschaffungskosten} \cdot \text{jährlicher Abschreibungssatz}$$

[?!]

Lineare Abschreibung

Lineare Abschreibung bedeutet:

- ***Abschreibung erfolgt von den Anschaffungskosten (immer ohne Umsatzsteuer, also vom Nettowert!)***
- ***gleichmäßige Verteilung der Abschreibung auf die Nutzungsdauer***
- ***Wird das Anlagegut über die geplante Nutzungsdauer hinaus genutzt, dann wird das Anlagegut mit einem Erinnerungswert von 1,00 € in der Bilanz ausgewiesen.***

Auszug aus der Abschreibungs-Tabelle

Anlagegut	Nutzungsdauer in Jahren	Daraus ergibt sich so ...	... der jährliche lineare Abschreibungssatz
Pkw	6	100 % : 6	16,67 %
Büromöbel	13	100 % : 13	7,69 %
PC	3	100 % : 3	33,33 %
Gitterboxpalette	15	100 % : 15	6,67 %
Hubwagen	8	100 % : 8	12,5 %
Gabelstapler	8	100 % : 8	12,5 %

Musteraufgabe: Abschreibungsbetrag, Abschreibungssatz und Abschreibungsverlauf

Eine Palettenumreifungsmaschine mit Anschaffungskosten von 200 000,00 € soll während der Nutzungsdauer von acht Jahren abgeschrieben werden.

a) Berechnen Sie den jährlichen Abschreibungsbetrag.
b) Berechnen Sie den jährlichen Abschreibungssatz.
c) Stellen Sie den Abschreibungsverlauf während der Nutzungszeit tabellarisch dar.

Lösung zu a) Jährlicher Abschreibungsbetrag

$$\text{Jährlicher Abschreibungsbetrag} = \frac{200\,000{,}00\ €}{8} = 25\,000{,}00\ €$$

Jährlich werden 25 000,00 € abgeschrieben.

Lösung zu b) Jährlicher Abschreibungssatz

$$\text{Jährlicher Abschreibungssatz} = \frac{100\ \%}{8} = 12{,}5\ \%$$

Der jährliche Abschreibungssatz beträgt 12,5 %. Mithilfe des Abschreibungssatzes lässt sich der jährliche Abschreibungsbetrag auch so berechnen:

$$\text{Jährlicher Abschreibungsbetrag} = 200\,000{,}00\ € \cdot 12{,}5\ \% = 25\,000{,}00\ €$$

→

Lösung zu c)
Abschreibungsverlauf

Buchwert	Ermittlung der Buchwerte bei einem jährlichen Abschreibungsbetrag von 25 000,00 €
Anschaffungswert (Anschaffungskosten) – Abschreibung im 1. Jahr	200 000,00 € – 25 000,00 €
= Buchwert Ende 1. Jahr – Abschreibung im 2. Jahr	175 000,00 € – 25 000,00 €
= Buchwert Ende 2. Jahr – Abschreibung im 3. Jahr	150 000,00 € – 25 000,00 €
= Buchwert Ende 3. Jahr – Abschreibung im 4. Jahr	125 000,00 € – 25 000,00 €
= Buchwert Ende 4. Jahr – Abschreibung im 5. Jahr	100 000,00 € – 25 000,00 €
= Buchwert Ende 5. Jahr – Abschreibung im 6. Jahr	75 000,00 € – 25 000,00 €
= Buchwert Ende 6. Jahr – Abschreibung im 7. Jahr	50 000,00 € – 25 000,00 €
= Buchwert Ende 7. Jahr – Abschreibung im 8. Jahr	25 000,00 € – 25 000,00 €
= Buchwert Ende 8. Jahr	0,00 € bzw. 1,00 €

Am Ende der Nutzungsdauer ist die Maschine vollständig abgeschrieben. Sollte die vollständig abgeschriebene Maschine weiterhin im Unternehmen genutzt werden, so wird sie mit einem Erinnerungswert von 1,00 € im Anlagevermögen ausgewiesen.

Monatsgenaue Abschreibung im ersten Nutzungsjahr

Wird das Anlagegut während des laufenden Geschäftsjahres angeschafft, kann im ersten Jahr nur der Zeitraum bis zum letzten Monat des Geschäftsjahres abgeschrieben werden. Der Abschreibungsbetrag errechnet sich in Abhängigkeit von den Monaten der Nutzung.

Monatsgenaue Abschreibung

$$\textit{Abschreibungsbetrag im 1. Jahr für x Monate} = \frac{\textit{Anschaffungskosten}}{\textit{Nutzungsdauer}} \cdot \frac{x}{12}$$

Beispiel:
Monatsgenaue Abschreibung im ersten Nutzungsjahr

Wird das Anlagegut während des laufenden Geschäftsjahres angeschafft, z. B. im Juli, kann im ersten Jahr nur der Zeitraum Juli bis Dezember, also sechs Monate, abgeschrieben werden. In diesem Fall wird zunächst die jährliche Abschreibung berechnet. Da aber im ersten Jahr nur sechs Monate abgeschrieben werden, muss man den jährlichen Abschreibungsbetrag durch zwölf teilen (der Betrag entspricht dann dem für einen Monat) und anschließend mit sechs multiplizieren, da die Nutzung im ersten Jahr über sechs Monate ging.

Abschreibungsbetrag im 1. Jahr für 6 Monate =

$$\frac{\text{Anschaffungskosten}}{\text{Nutzungsdauer}} \cdot \frac{6}{12}$$

Beispiel: Abschreibung im ersten Nutzungsjahr

Ein Gabelstapler mit 50 000,00 € Anschaffungskosten und einer Nutzungsdauer von acht Jahren wird im Oktober angeschafft.

Zeitraum Oktober bis Dezember: 3 Monate
Nutzungsdauer Gabelstapler: 8 Jahre

Abschreibungsbetrag im 1. Jahr für 3 Monate =

$$\frac{50\,000{,}00\ €}{8} \cdot \frac{3}{12} = 1\,562{,}50\ €$$

Abschreibung ab dem zweiten Jahr:

$$\text{Jährlicher Abschreibungsbetrag} = \frac{50\,000{,}00\ €}{8} = 6\,250{,}00\ €$$

10.2 Buchung der Abschreibung

Abschreibungen werden für Abnutzung, den Werteverzehr, die Alterung des Vermögens angesetzt. Abschreibungen stellen Aufwendungen dar; gleichzeitig wird das Vermögen durch vorgenommene Abschreibungen mit einem geringeren Wert angesetzt. Neben der Buchung der linearen Abschreibung sind Sonderregelungen für die Buchung bei einer Nutzung über den Abschreibungszeitraum hinaus und für die Buchung sogenannter Geringwertiger Wirtschaftsgüter (GWG) zu beachten.

10.2.1 Lineare Abschreibung bei Anlagegütern

Die Abschreibung wird auf dem Aufwandskonto „650 Abschreibungen" im Soll gebucht. Gleichzeitig wird das entsprechende Anlagenkonto im Haben um den Betrag der Abschreibung vermindert.

Beispiel: Abschreibung auf Fuhrpark

Buchungssatz für die Abschreibung auf Fuhrpark:

650 Abschreibungen	an	084 Fuhrpark
↓		↓
Aufwand mindert den Gewinn.		Vermögen nimmt ab.
↓		↓
... wird über GuV-Konto abgeschlossen.		... wird über Bilanzkonto abgeschlossen.

Musteraufgabe 1: Buchung der linearen Abschreibung

Die Schöner Wohnen GmbH hat eine Krananlage angeschafft.

a) Berechnen Sie für diese Krananlage mit 100 000,00 € Anschaffungskosten und einer Nutzungsdauer von acht Jahren die jährliche Abschreibung.
b) Bilden Sie den Buchungssatz für die jährliche Abschreibung.

Lösung zu a)

$$\text{Jährlicher Abschreibungsbetrag} = \frac{100\,000{,}00\ €}{8} = 12\,500{,}00\ €$$

Lösung zu b)

650 Abschreibungen .. 12 500,00 € an 070 Techn. Anlagen .. 12 500,00 €

Musteraufgabe 2: Buchung der linearen Abschreibung

Ein Lkw mit Anschaffungskosten in Höhe von 150 000,00 € wird am 2. Januar von der Schöner Wohnen GmbH angeschafft. Die Nutzungsdauer beträgt zehn Jahre.

a) Berechnen Sie die Abschreibung im ersten Jahr.
b) Bilden Sie den Buchungssatz für die Abschreibung im ersten Jahr.
c) Wie wirkt sich die Abschreibungsbuchung auf den Gewinn aus?
d) Wir wirkt sich die Abschreibungsbuchung auf das Vermögen aus?

Lösung zu a)

$$\text{Jährlicher Abschreibungsbetrag} = \frac{150\,000{,}00\ €}{10} = 15\,000{,}00\ €$$

Lösung zu b)

650 Abschreibungen .. 15 000,00 € an 084 Fuhrpark .... 15 000,00 €

Lösung zu c)

Abschreibungen stellen Aufwand dar. Dieser Aufwand mindert in der GuV-Rechnung den Gewinn des Unternehmens.

Lösung zu d)

Die Vermögensposition „084 Fuhrpark" wird im Haben gebucht. Folglich nimmt das Vermögen ab.

4850240

Musteraufgabe 3: Buchung der linearen Abschreibung

Die Schöner Wohnen GmbH schafft am 2. Januar einen Lkw zum Nettokaufpreis von 200 000,00 € an. Die Umsatzsteuer (19 % von 200 000,00 €) beträgt 38 000,00 €. Der Lkw wird acht Jahre genutzt.

a) Wie hoch sind die Anschaffungskosten für den Lkw?
b) Mit welchem Betrag wird der Lkw bei der Anschaffung auf dem Konto „084 Fuhrpark" erfasst?
c) Berechnen Sie die Abschreibung im ersten Jahr.
d) Bilden Sie den Buchungssatz für die Abschreibung im ersten Jahr.
e) Wie wirkt sich die Abschreibungsbuchung auf den Gewinn aus?
f) Wir wirkt sich die Abschreibungsbuchung auf das Vermögen aus?

Lösung zu a)

Anschaffungskosten entsprechen dem Nettobetrag des Kaufpreises, also ohne Umsatzsteuer. Sie betragen folglich 200 000,00 €.

Lösung zu b)

Anschaffungskosten: 200 000,00 €

Lösung zu c)

$$\text{Jährlicher Abschreibungsbetrag} = \frac{200\,000{,}00\ €}{8} = 25\,000{,}00\ €$$

Lösung zu d)

650 Abschreibungen .. 25 000,00 € an 084 Fuhrpark .... 25 000,00 €

Lösung zu e)

Abschreibungen stellen Aufwand dar. Dieser Aufwand mindert in der GuV-Rechnung den Gewinn des Unternehmens.

Lösung zu f)

Die Vermögensposition „Fuhrpark" wird im Haben gebucht. Folglich nimmt das Vermögen ab.

Musteraufgabe 4: Buchung der linearen Abschreibung

Die Schöner Wohnen GmbH schafft im April eine Umreifungsmaschine an; Anschaffungskosten 14 400,00 €, Nutzungsdauer sechs Jahre.

a) Berechnen Sie die Abschreibung im Jahr der Anschaffung.
b) Bilden Sie den Buchungssatz für die Abschreibung im Jahr der Anschaffung.
c) Welchen Buchwert hat die Umreifungsmaschine am Ende des ersten Jahres?
d) Berechnen Sie die jährliche Abschreibung ab dem zweiten Jahr.
e) Bilden Sie den Buchungssatz für die jährliche Abschreibung im zweiten Jahr.
f) Welchen Buchwert hat die Umreifungsmaschine am Ende des zweiten Jahres?

Lösung zu a)

Zeitraum April bis Dezember: 9 Monate
Nutzungsdauer: 6 Jahre

Abschreibungsbetrag im 1. Jahr für 9 Monate =

$$\frac{14\,400{,}00\ €}{6} \cdot \frac{9}{12} = 1\,800{,}00\ €$$

→

Lösung zu b)

650 Abschreibungen .... 1800,00 € an 081 Betriebsausst. ... 1800,00 €

Lösung zu c)

	Anschaffungskosten im April:	14400,00 €
–	Abschreibung im Anschaffungsjahr	– 1800,00 €
=	Buchwert am Ende des 1. Jahres	12600,00 €

Lösung zu d)

$$\text{Jährlicher Abschreibungsbetrag} = \frac{14400{,}00\ €}{6} = 2400{,}00\ €$$

Lösung zu e)

650 Abschreibungen .... 2400,00 € an 081 Betriebsausst. ... 2400,00 €

Lösung zu f)

	Buchwert am Ende des 1. Jahres	12600,00 €
–	Abschreibung im 2. Jahr	– 2400,00 €
=	Buchwert am Ende des 2. Jahres	10200,00 €

10.2.2 Nutzung über die Abschreibungsdauer hinaus

Erinnerungswert

Am Ende der geplanten Nutzungsdauer ist das Anlagegut normalerweise vollständig abgeschrieben. Wird das Anlagegut jedoch nach dieser Zeit weiterhin im Betrieb genutzt, so wird das Anlagegut nicht vollständig abgeschrieben, sondern mit einem Erinnerungswert von 1,00 € in den Anlagekonten ausgewiesen. Dieser Wert zeigt an, dass der Betrieb mit bereits abgeschriebenen Anlageposten weiterhin arbeitet.

Musteraufgabe

Die Schöner Wohnen GmbH hat im Januar eine vollautomatische Umreifungsmaschine angeschafft; Anschaffungskosten 30000,00 €. Die Umreifungsmaschine soll während der geplanten betrieblichen Nutzungsdauer von vier Jahren abgeschrieben werden.

a) Berechnen Sie den jährlichen Abschreibungssatz.
b) Berechnen Sie den jährlichen Abschreibungsbetrag.
c) Bilden Sie den Buchungssatz für die Abschreibung im ersten Jahr.
d) Welchen Buchwert hat die Umreifungsmaschine zu Beginn des vierten Jahres?
e) Berechnen Sie den Abschreibungsbetrag im vierten Jahr, wenn die Umreifungsmaschine auch in den nächsten Jahren betrieblich genutzt werden soll.
f) Welchen Buchwert hat die Umreifungsmaschine zu Beginn des fünften Jahres?
g) Stellen Sie den Abschreibungsverlauf tabellarisch dar.

Lösung zu a)

$$\text{Jährlicher Abschreibungssatz} = \frac{100\ \%}{4} = 25\ \%$$

Der jährliche Abschreibungssatz beträgt 25 %.

Jährlicher Abschreibungsbetrag = 30000,00 € · 25 % = 7500,00 €

Lösung zu b)

650 Abschreibungen .... 7500,00 € an 081 Betriebsausst. ... 7500,00 €

Lösung zu c)

	Anschaffungskosten	30000,00 €
–	Abschreibung im 1., 2. und 3. Jahr (3 · 7500,00 €)	– 22500,00 €
=	Buchwert zu Beginn des 4. Jahres	7500,00 €

Lösung zu d)

	Normale Abschreibung im 4. Jahr (letztes Abschreibungsjahr)	7500,00 €
–	1,00 € Restwert (wird weiterhin in Bilanz ausgewiesen)	– 1,00 €
=	Abschreibungsbetrag im 4. Jahr	7499,00 €

Lösung zu e)

Der Buchwert zu Beginn des fünften Jahres beträgt 1,00 €.

Lösung zu f)

Lösung zu g)

Jahr	Buchwert zum Jahresanfang	Abschreibungen
1	30000,00 €	7500,00 €
2	22500,00 €	7500,00 €
3	15000,00 €	7500,00 €
4	7500,00 €	7499,00 €
5	1,00 €	–

10.2.3 Geringwertige Wirtschaftsgüter (GWG) – Sofortabschreibung

Aus Vereinfachungsgründen dürfen bewegliche abnutzbare Anlagegüter **im Jahr der Anschaffung in voller Höhe abgeschrieben werden,** wenn die **Anschaffungskosten zwischen 250,00 € und 800,00 €** betragen. Solche Güter werden als „Geringwertige Wirtschaftsgüter (Sofortabschreibung)" kurz „GWG (Sofortabschreibung)" bezeichnet.

Die Anschaffungskosten werden dann im Anschaffungsjahr in voller Höhe abgeschrieben.

Musteraufgabe 1

Die Schöner Wohnen GmbH schafft am 2. Januar 2019 einen Aktenvernichter an. Er hat eine Nutzungsdauer von acht Jahren. Die Anschaffungskosten betragen 600,00 €. GWG werden hier als Sofortabschreibung behandelt.

a) Berechnen Sie die Abschreibung im ersten Jahr.
b) Buchen Sie die Abschreibung im ersten Jahr.

Lösung zu a)

Die Anschaffungskosten liegen zwischen 250,00 € und 800,00 €; deshalb ist eine GWG-Sofortabschreibung möglich.

→

Abschreibungsbetrag im Anschaffungsjahr bei GWG (Sofortabschreibung)	= 600,00 €

Lösung zu b)

650 Abschreibungen .... 600,00 € an 090 GWG (Sofortabschreibung) .. 600,00 €.

Abschreibung bei GWG-Sofortabschreibung

- Unabhängig von der tatsächlichen Nutzungsdauer werden GWG bei der Sofortabschreibung im Jahr der Anschaffung vollständig abgeschrieben.
- GWG (Sofortabschreibung) werden bei der Anschaffung auf das Sammelkonto „090 GWG (Sofortabschreibung)" gebucht. Diese Zusammenfassung erfolgt für das ganze Geschäftsjahr.
- Am Jahresende wird der vollständige Betrag auf dem Sammelkonto „090 GWG (Sofortabschreibung)" abgeschrieben.
- Man muss sich entscheiden: Entweder die GWG werden nach der Sofortabschreibung oder nach der Poollösung gebucht und abgeschrieben.

Musteraufgabe 2

Die Schöner Wohnen GmbH hat im Juli 2019 ein Etikettiergerät angeschafft. Er hat eine Nutzungsdauer von sieben Jahren. Die Anschaffungskosten betragen 770,00 €. GWG werden hier als Sofortabschreibung behandelt.

a) Berechnen Sie die Abschreibung im ersten Jahr.
b) Buchen Sie die Abschreibung im ersten Jahr.

Lösung zu a)

Die Anschaffungskosten liegen zwischen 250,00 € und 800,00 €; deshalb ist eine GWG-Sofortabschreibung möglich.

Abschreibungsbetrag im Anschaffungsjahr bei GWG (Sofortabschreibung)	= 770,00 €

Lösung zu b)

650 Abschreibungen..... 770,00 € an 090 GWG (Sofortabschreibung) .. 770,00 €.

10.2.4 Geringwertige Wirtschaftsgüter (GWG) – Sammelposten

Aus Vereinfachungsgründen dürfen bewegliche abnutzbare Anlagegüter innerhalb von fünf Jahren abgeschrieben werden, wenn die Anschaffungskosten zwischen 250,00 € und 1000,00 € betragen. Solche Güter werden als „Geringwertige Wirtschaftsgüter (Sammelposten bzw. Poollösung)", kurz: „GWG (Sammelposten)" oder „(GWG-Poollösung)" bezeichnet.

Die pauschale Abschreibung über fünf Jahre wird linear mit jeweils 20 % jährlich vorgenommen. Die monatsgenaue Abschreibung im Anschaffungsjahr entfällt, da bei GWG (Sammelposten) immer das vollständige Jahr abgeschrieben wird.

GWG-Abschreibung (Sammelposten)

$$\text{Jährliche Abschreibung bei Sammelposten (GWG)} = \frac{\text{Anschaffungskosten}}{5}$$

Musteraufgabe 1

Die Schöner Wohnen GmbH schafft am 2. Januar 2019 einen Aktenvernichter an. Er hat eine Nutzungsdauer von acht Jahren. Die Anschaffungskosten betragen 600,00 €. GWG werden hier nach der Sammelpostenmethode gebucht.

a) Berechnen Sie die Abschreibung im ersten Jahr.
b) Buchen Sie die Abschreibung im ersten Jahr.

Lösung zu a)

Die Anschaffungskosten liegen zwischen 250,00 € und 1 000,00 €; deshalb ist der Ansatz als eine GWG (Poollösung) möglich.

$$\text{Jährlicher Abschreibungsbetrag bei GWG (Sammelposten)} = \frac{600{,}00\ €}{5} = 120{,}00\ €$$

Lösung zu b)

650 Abschreibungen . . . 120,00 € an 086 Sammelp. GWG 2019 . . 120,00 €

[?!]

Abschreibung bei GWG-Sammelpostenmethode

- *Unabhängig von der tatsächlichen Nutzungsdauer werden GWG (Sammelposten) in fünf Jahren abgeschrieben.*
- *GWG (Sammelposten bzw. Poollösung) werden bei der Anschaffung in einem Sammelkonto für GWG („Pool") zusammengefasst. Diese Zusammenfassung erfolgt für das ganze Geschäftsjahr. Das Sammelkonto wird in der Kontenklasse 0 (Sachanlagevermögen) geführt.*
- *Bei der Anschaffung von GWG (Sammelposten) im Jahr 2019 wird die Anschaffung auf das Konto „085 Sammelposten GWG 2019" gebucht.*
- *Bei der jährlichen Abschreibung in Höhe von 20 % wird das Sammelkonto im Haben gebucht, also durch die Abschreibung vermindert.*
- ***Man muss für ein Geschäftsjahr entscheiden: Entweder werden die GWG nach der Sofortabschreibung oder nach der Sammelpostenmethode gebucht und abgeschrieben.***

[!]

Musteraufgabe 2

Die Schöner Wohnen GmbH hat im Juli 2019 ein Etikettiergerät angeschafft. Es hat eine Nutzungsdauer von sieben Jahren. Die Anschaffungskosten betragen 770,00 €. GWG werden hier nach der Sammelpostenmethode gebucht.

a) Berechnen Sie die Abschreibung im ersten Jahr.
b) Buchen Sie die Abschreibung im ersten Jahr.

Lösung zu a)

Die Anschaffungskosten liegen zwischen 250,00 € und 1 000,00 €; deshalb ist der Ansatz als eine GWG (Sammelposten) möglich.

$$\text{Jährlicher Abschreibungsbetrag bei GWG (Sammelposten)} = \frac{770{,}00\ €}{5} = 154{,}00\ €$$

Lösung zu b)

650 Abschreibungen . . . 154,00 € an 086 Sammelp. GWG 2019 . . 154,00 €

Musteraufgabe 3

Die Schöner Wohnen GmbH hat im November 2019 einen Aktenschrank angeschafft. Er hat eine Nutzungsdauer von vier Jahren. Die Anschaffungskosten betragen 920,00 €. GWG werden hier nach der Sammelpostenmethode gebucht.

a) Berechnen Sie die Abschreibung im ersten Jahr.
b) Buchen Sie die Abschreibung im ersten Jahr.

Lösung zu a)

Obwohl der Aktenschrank eine Nutzungsdauer von vier Jahren hat, muss er als GWG (Sammelposten) über fünf Jahre abgeschrieben werden.

$$\text{Jährlicher Abschreibungsbetrag bei GWG (Sammelposten)} = \frac{920{,}00\ €}{5} = 184{,}00\ €$$

Lösung zu b)

650 Abschreibungen . . . 184,00 € an 086 Sammelp. GWG 2019 . . 184,00 €

10.3 Belegbuchungen für Abschreibungen

Musteraufgabe 1

a) Wie hoch sind die Anschaffungskosten der neuen Geräte für die Schöner Wohnen GmbH?
b) Ermitteln Sie zu Beleg 1 und Beleg 3 die jährliche Abschreibung bei einer Nutzungsdauer von acht Jahren und zu Beleg 2 und 4 die Abschreibung im ersten Jahr bei einer Nutzungsdauer von acht Jahren.
c) Bilden Sie den Buchungssatz für die Abschreibung im ersten Jahr.
d) Ermitteln Sie zu Beleg 1 und Beleg 3 den jährlichen Abschreibungssatz.

Beleg 1: Rechnung Hubwagen

Lagerzubehör GmbH

- **Miet-, Neu- und Gebrauchtstapler**
- **Regalsysteme**
- **Service**
- **Fördertechnik**

Lagerzubehör GmbH • Neuendorfer Str. 46 • 13585 Berlin

Neuendorfer Str. 46
13585 Berlin

Schöner Wohnen GmbH
Gartenstraße 39
47001 Duisburg

Rechnung/Lieferschein vom 02.01.20..

Wir lieferten Ihnen heute für Ihre Rechnung und auf Ihre Gefahr

Pos.	Anzahl	Gegenstand	Betrag in €
01	1	Hubwagen lt. beigefügter Beschreibung	1 600,00
		zzgl. 19 % USt	304,00
		Rechnungsbetrag	**1 904,00**

→

4850246

Beleg 2: Rechnung Palettenumreifungsmaschine

Lagerzubehör GmbH

- **Miet-, Neu- und Gebrauchtstapler**
- **Regalsysteme**
- **Service**
- **Fördertechnik**

Lagerzubehör GmbH • Neuendorfer Str. 46 • 13585 Berlin

Neuendorfer Str. 46
13585 Berlin

Schöner Wohnen GmbH
Gartenstraße 39
47001 Duisburg

Rechnung/Lieferschein vom 01.12.20..

Wir lieferten Ihnen heute für Ihre Rechnung und auf Ihre Gefahr

Pos.	Anzahl	Gegenstand	Betrag in €
01	1	Palettenumreifungsmaschine lt. unserem Angebot vom 15. Oktober 20..	150000,00
		zzgl. 19 % USt	28500,00
		Rechnungsbetrag	**178500,00**

Beleg 3: Rechnung Niederhubwagen EJE 220

Lagerlogistikfahrzeuge GmbH • Essen

Lagerlogistikfahrzeuge GmbH, Manderscheidstraße 72, 45141 Essen

Lagerlogistikfahrzeuge GmbH
Manderscheidstraße 72
45141 Essen

Schöner Wohnen GmbH
Gartenstraße 39
47001 Duisburg

Rechnung 02.01.20..

Anzahl	Gegenstand	Betrag in €
1	Niederhubwagen EJE 220 nach detaillierter Spezifikation (siehe Anlage)	10000,00
	zzgl. ges. USt 19 %	1900,00
	Rechnungsbetrag	**11900,00**

Beleg 4: Rechnung Schwenkkran

Lagerzubehör GmbH

- **Miet-, Neu- und Gebrauchtstapler**
- **Regalsysteme**
- **Service**
- **Fördertechnik**

Lagerzubehör GmbH • Neuendorfer Str. 46 • 13585 Berlin

Neuendorfer Str. 46
13585 Berlin

Schöner Wohnen GmbH
Gartenstraße 39
47001 Duisburg

Rechnung/Lieferschein vom 01.10.20..

Wir lieferten Ihnen heute für Ihre Rechnung und auf Ihre Gefahr

Pos.	Anzahl	Gegenstand	Betrag in €
01	1	Schwenkkran lt. beigefügter Beschreibung	15 000,00
		zzgl. 19 % USt	2 850,00
		Rechnungsbetrag	**17 850,00**

Lösungen zu Beleg 1 a) Anschaffungskosten: 1 600,00 €

b)

$$\text{Jährlicher Abschreibungsbetrag} = \frac{1\,600{,}00\ €}{8} = 200{,}00\ €$$

c) 650 Abschreibungen .... 200,00 € an 083 Lager- u. Transp.-einr. 200,00 €

d)

$$\text{Jährlicher Abschreibungssatz} = \frac{100\ \%}{8} = 12{,}5\ \%$$

Lösungen zu Beleg 2 a) Anschaffungskosten: 150 000,00 €

b) Zeitraum Dezember: 1 Monat

Abschreibungsbetrag im 1. Jahr für 1 Monat =

$$\frac{150\,000{,}00\ €}{8} \cdot \frac{1}{12} = 1\,562{,}50\ €$$

c) 650 Abschreibungen .... 1 562,50 € an 083 Lager- u. Transp.-einr. 1 562,50 €

4850248

Lösungen zu Beleg 3 a)

Anschaffungskosten: 10 000,00 €

b)

$$\text{Jährlicher Abschreibungsbetrag} = \frac{10\,000{,}00\ €}{8} = 1\,250{,}00\ €$$

c)

650 Abschreibungen .... 1 250,00 € an 083 Lager- u. Transp.-einr. 1 250,00 €

d)

$$\text{Jährlicher Abschreibungssatz} = \frac{100\ \%}{8} = 12{,}5\ \%$$

Lösungen zu Beleg 4 a)

Anschaffungskosten: 15 000,00 €

b)

Zeitraum Oktober bis Dezember: 3 Monate

c)

Abschreibungsbetrag im 1. Jahr für 3 Monate =

$$\frac{15\,000{,}00\ €}{8} \cdot \frac{3}{12} = 468{,}75\ €$$

d)

650 Abschreibungen .... 468,75 € an 083 Lager- u. Transp.-einr. 468,75 €

Musteraufgabe 2

Die Schöner Wohnen GmbH hat zwei Gitterboxpaletten und eine neue Schneidemaschine angeschafft (s. Belege 5, 6 und 7).

a) Wie hoch sind die Anschaffungskosten?

b) Begründen Sie, ob bei den Anschaffungen die GWG (Sofortabschreibung) möglich ist oder nicht.

c) Ermitteln Sie den Abschreibungsbetrag bei GWG-Sofortabschreibung im ersten Nutzungsjahr.

d) Buchen Sie die Abschreibung im ersten Jahr.

Beleg 5: Rechnung Gitterbox-Stapelpalette, verzinkt

Lagerzubehör GmbH

- **Miet-, Neu- und Gebrauchtstapler**
- **Regalsysteme**
- **Service**
- **Fördertechnik**

Lagerzubehör GmbH • Neuendorfer Str. 46 • 13585 Berlin

Neuendorfer Str. 46
13585 Berlin

Schöner Wohnen GmbH
Gartenstraße 39
47001 Duisburg

Rechnung/Lieferschein vom 02.01.2018

Wir lieferten Ihnen heute für Ihre Rechnung und auf Ihre Gefahr

Pos.	Anzahl	Gegenstand	Betrag in €
01	1	Gitterbox-Stapelpalette, verzinkt Maße wie Katalogseite 256	700,00
		zzgl. 19 % USt	133,00
		Rechnungsbetrag	**833,00**

Beleg 6: Rechnung Gitterboxpalette, faltbar

Lagerzubehör GmbH

- **Miet-, Neu- und Gebrauchtstapler**
- **Regalsysteme**
- **Service**
- **Fördertechnik**

Lagerzubehör GmbH • Neuendorfer Str. 46 • 13585 Berlin

Neuendorfer Str. 46
13585 Berlin

Schöner Wohnen GmbH
Gartenstraße 39
47001 Duisburg

Rechnung/Lieferschein vom 02.07.2018

Wir lieferten Ihnen heute für Ihre Rechnung und auf Ihre Gefahr

Pos.	Anzahl	Gegenstand	Betrag in €
01	1	Gitterboxpalette, faltbar Maße wie Katalogseite 273	280,00
		zzgl. 19 % USt	53,20
		Rechnungsbetrag	**333,20**

Beleg 7: Rechnung PC

BÜROAUSSTATTUNG DUISBURG

Büroausstattung Duisburg • Beekstr. 113 • 47051 Duisburg

Schöner Wohnen GmbH
Gartenstraße 39
47001 Duisburg

RECHNUNG

Rechnungsdatum: 05.01.2018

Wir lieferten Ihnen heute

Pos.	Anzahl	Artikel	Betrag in €
1	1	Schneidemaschine XS 200 lt. Beschreibung (siehe Beiblatt)	800,00
		zzgl. 19 % USt	152,00
		Rechnungsbetrag	**952,00**

Lösungen zu Beleg 5 a)

Anschaffungskosten: 700,00 €

b)

Eine GWG (Sofortabschreibung) ist möglich, da die Anschaffungskosten zwischen 250,00 € und 800,00 € liegen.

c)

Abschreibung bei GWG (Sofortabschreibung) im Jahr der Anschaffung in voller Höhe

Abschreibungsbetrag im Anschaffungsjahr bei GWG (Sofortabschreibung)	= 700,00 €

d)

650 Abschreibungen ...... 700,00 € an 090 GWG (Sofortabschreibung)... 700,00 €

Lösungen zu Beleg 6 a)

Anschaffungskosten: 280,00 €

b)

Eine GWG (Sofortabschreibung) ist möglich, da die Anschaffungskosten zwischen 250,00 € und 800,00 € liegen.

c)

Abschreibung bei GWG (Sofortabschreibung) im Jahr der Anschaffung in voller Höhe

Abschreibungsbetrag im Anschaffungsjahr bei GWG (Sofortabschreibung)	= 280,00 €

→

d) 650 Abschreibungen ...... 280,00 € an 090 GWG (Sofortabschreibung) ... 280,00 €

Lösungen zu Beleg 7 a) Anschaffungskosten: 800,00 €

b) Eine GWG (Sammelposten) ist möglich, da die Anschaffungskosten zwischen 250,00 € und 800,00 € liegen.

c) Abschreibung bei GWG (Sofortabschreibung) im Jahr der Anschaffung in voller Höhe

Abschreibungsbetrag im Anschaffungsjahr bei GWG (Sofortabschreibung)	= 800,00 €

d) 650 Abschreibungen ..... 800,00 € an 090 GWG (Sofortabschreibung) ... 800,00 €

11 Ermittlung der Anschaffungskosten

Gekaufte Anlagegegenstände werden bei der Anschaffung zu Anschaffungskosten in das Anlagevermögen gebucht. Die Anschaffungskosten bilden die Basis (Bemessungsgrundlage) für die Abschreibungen.

Anschaffungskosten

Anschaffungskosten dürfen nicht mit Anschaffungspreis oder Kaufpreis verwechselt werden. Denn im Kaufpreis ist die Umsatzsteuer enthalten. Die Umsatzsteuer zählt aber nicht zu den Anschaffungskosten, da die Umsatzsteuer erfolgsneutral ist und für den Unternehmer einen durchlaufenden Posten darstellt [▸ Kapitel 8].

Die Anschaffungskosten werden gemäß §§ 253 und 255 HGB folgendermaßen berechnet:

[?!] *Berechnung der Anschaffungskosten*

	Anschaffungspreis (ohne Umsatzsteuer)	*Kaufpreis, ohne Umsatzsteuer*
+	*einmalige Anschaffungsnebenkosten*	*z. B. Überführungskosten Kfz*
–	*Anschaffungspreisminderungen*	*z. B. Rabatt, Skonto*
=	*Anschaffungskosten*	

[?!] *Anschaffungskosten*

Anschaffungskosten stellen die Ausgangsbasis zur Berechnung der Abschreibungen dar.

Musteraufgabe

Die Schöner Wohnen GmbH hat einen neuen Gabelstapler angeschafft (s. Eingangsrechnung).

a) Bilden Sie den Buchungssatz zur Eingangsrechnung.

b) Ermitteln Sie die jährliche Abschreibung bei einer Nutzungsdauer von elf Jahren.

c) Bilden Sie den Buchungssatz für die Abschreibung im ersten Jahr.

d) Bilden Sie den Buchungssatz für die Bezahlung des Gabelstaplers im März durch Banküberweisung.

Beleg: Eingangsrechnung Gabelstapler

Lagerlogistikfahrzeuge GmbH • Essen

Lagerlogistikfahrzeuge GmbH, Manderscheidstraße 72, 45141 Essen

Lagerlogistikfahrzeuge GmbH
Manderscheidstraße 72
45141 Essen

Schöner Wohnen GmbH
Gartenstraße 39
47001 Duisburg

Rechnung

05.01.20..

Anzahl	Gegenstand	Betrag in €
1	Gabelstapler lt. Anlage, Listenpreis	35 000,00
	abzgl. Rabatt	2 000,00
	Summe	33 000,00
	zzgl. ges. USt 19 %	6 270,00
	Rechnungsbetrag	**39 270,00**
	Zahlbar bis 15. März netto Kasse.	

Lösung zu a)

081	Betriebsausst.	33 000,00 €				
260	Vorsteuer	6 270,00 €	an	440	Verbindl. a. LL.	39 270,00 €

Lösung zu b)

$$\text{Jährliche Abschreibung} = \frac{33\,000{,}00\text{ €}}{11} = 3\,000{,}00\text{ €}$$

Lösung zu c)

650	Abschreibungen	3 000,00 €	an	081	Betriebsausst.	3 000,00 €

Lösung zu d)

440	Verbindl. a. LL.	39 270,00 €	an	280	Bank	39 270,00 €

12 Der Jahresabschluss

Bilanz: Eröffnungs- und Schlussbilanz

Der Kaufmann hat am Geschäftsjahresende einen Abschluss zu erstellen. Dieser Abschluss muss das Vermögen und die Schulden am Anfang und am Ende des Geschäftsjahres darstellen. Dies geschieht mit der Eröffnungs- und Schlussbilanz.

GuV-Rechnung

Weiterhin muss der Kaufmann für das Geschäftsjahr eine Gegenüberstellung der Aufwendungen und Erträge vornehmen. Diese Gegenüberstellung der Aufwendungen und Erträge erfolgt in der Gewinn- und Verlustrechnung.

Jahresabschluss

Die Bilanz und die Gewinn- und Verlustrechnung bilden den Jahresabschluss.

[?!]

Jahresabschluss

Der Jahresabschluss besteht aus:

- ***Eröffnungsbilanz zu Beginn des Geschäftsjahres***
- ***Schlussbilanz zum Ende des Geschäftsjahres***
- ***Gewinn- und Verlustrechnung***

Musteraufgabe: Geschäftsjahresabschluss

Nachfolgend sehen Sie die Kontenstände der Schöner Wohnen GmbH, die sich aus den Buchungen für das Geschäftsjahr vor den Abschlussbuchungen ergeben haben.

① Schließen Sie das Vorsteuerkonto über das Umsatzsteuerkonto ab.

② Ermitteln Sie die Zahllast und schließen Sie das Umsatzsteuerkonto über die Schlussbilanz ab.

③ Die Abschreibungen auf Fuhrpark des Geschäftsjahres betragen 25 000,00 €. Buchen Sie die Abschreibungen.

④ Der Warenendbestand beträgt 18 000,00 €. Buchen Sie den Warenendbestand.

⑤ Schließen Sie das Konto „200 Waren" ab, indem Sie den Wareneinsatz als Saldo ermitteln und auf das Konto „600 Aufwendungen für Waren" buchen.

⑥ Schließen Sie das Konto „500 Umsatzerlöse" über das Gewinn- und Verlustkonto ab.

⑦ Schließen Sie alle übrigen Erfolgskonten über das Gewinn- und Verlustkonto ab.

⑧ Schließen Sie das Gewinn- und Verlustkonto über das Eigenkapitalkonto ab, indem Sie den Gewinn ermitteln.

⑨ Schließen Sie alle Bestandskonten über das Schlussbilanzkonto ab.

→

Kontostände vor Abschlussbuchungen

S	084 Fuhrpark		H
	275 000,00		

S	300 Eigenkapital		H
			90 000,00

S	200 Waren		H
	430 000,00		

S	440 Verbindlichkeiten a. LL.		H
			160 280,00

S	240 Forderungen a. LL.		H
	110 000,00		

S	480 Umsatzsteuer		H
			133 000,00

S	260 Vorsteuer		H
	78 280,00		

S	500 Umsatzerlöse WV		H
			700 000,00

S	280 Bank		H
	30 000,00		

S	600 Aufwendungen für Waren		H

S	620 Löhne		H
	160 000,00		

S	650 Abschreibungen		H

Lösungen

S	084 Fuhrpark		H
AB	275 000,00	③ 650	25 000,00
		⑨ SB	250 000,00
	275 000,00		275 000,00

S	300 Eigenkapital		H
⑨ SB	193 000,00	AB	90 000,00
		⑧ GuV	103 000,00
	193 000,00		193 000,00

S	200 Waren		H
AB	430 000,00	④ ⑨ SB	18 000,00
		⑤ 600	412 000,00
	430 000,00		430 000,00

S	440 Verbindlichkeiten a. LL.		H
⑨	160 280,00	AB	160 280,00

S	240 Forderungen a. LL.		H
AB	110 000,00	⑨ SB	110 000,00

S	480 Umsatzsteuer		H
① 260	78 280,00	AB	133 000,00
② ⑨	54 720,00		
	133 000,00		133 000,00

S	260 Vorsteuer		H
AB	78 280,00	① 480	78 280,00

S	500 Umsatzerlöse WV		H
⑥	700 000,00		700 000,00

S	280 Bank		H
AB	30 000,00	⑨ SB	30 000,00

S	620 Löhne		H
	160 000,00	⑦ GuV	160 000,00

S	600 Aufwendungen f. Waren		H
⑤ 200	412 000,00	⑦ GuV	412 000,00

S	650 Abschreibungen		H
③ 084	25 000,00	⑦ GuV	25 000,00

Soll (Aufwand)	Gewinn- und Verlustkonto		Haben (Ertrag)
⑦ Aufw. für Waren	412 000,00	⑥ Umsatzerlöse WV	700 000,00
⑦ Abschreibungen	25 000,00		
⑦ Löhne	160 000,00		
⑧ Gewinn (EK)	103 000,00		
	700 000,00		700 000,00

Aktiva	Schlussbilanzkonto		Passiva
⑧ Fuhrpark	250 000,00	⑨ Eigenkapital	193 000,00
④ Waren	18 000,00	⑨ Verbindlichkeiten a. LL.	160 280,00
⑨ Forderungen a. LL.	110 000,00	② Umsatzsteuer	54 720,00
⑨ Bank	30 000,00		
	408 000,00		408 000,00

①	480	Umsatzsteuer	78 280,00 €	an	260	Vorsteuer	78 280,00 €
②	480	Umsatzsteuer	54 720,00 €	an		Schlussbilanzkonto	54 720,00 €
③	650	Abschreibungen	25 000,00 €	an	084	Fuhrpark	25 000,00 €
④		Schlussbilanzkonto	18 000,00 €	an	200	Waren	18 000,00 €
⑤	600	Aufwendungen für Waren	412 000,00 €	an	200	Waren	412 000,00 €
⑥	500	Umsatzerlöse WV	700 000,00 €	an		GuV-Konto	700 000,00 €
⑦		GuV-Konto	412 000,00 €	an	600	Aufwendungen für Waren	412 000,00 €
		GuV-Konto	160 000,00 €	an	620	Löhne	160 000,00 €
		GuV-Konto	25 000,00 €	an	650	Abschreibungen	25 000,00 €
⑧		GuV-Konto	103 000,00 €	an	300	Eigenkapital	103 000,00 €
⑨		Schlussbilanzkonto	250 000,00 €	an	084	Fuhrpark	250 000,00 €
		Schlussbilanzkonto	110 000,00 €	an	240	Forderungen a. LL.	110 000,00 €
		Schlussbilanzkonto	30 000,00 €	an	280	Bank	30 000,00 €
	300	Eigenkapital	193 000,00 €	an		Schlussbilanzkonto	193 000,00 €
	440	Verbindlichkeiten a. LL.	160 280,00 €	an		Schlussbilanzkonto	160 280,00 €
	480	Umsatzsteuer	54 720,00 €	an		Schlussbilanzkonto	54 720,00 €

4850256

13 Jahresabschluss und Kennzahlenauswertung

Musteraufgabe

Die Bestandskonten der Schöner Wohnen GmbH weisen zu Beginn des Geschäftsjahres folgende Beträge aus:

Aktiva	Eröffnungsbilanz		Passiva
I. Anlagevermögen		**I. Eigenkapital**	**1 800 000,00**
1. Gebäude	500 000,00	**II. Fremdkapital**	
2. Technische Anlagen	2 000 000,00	1. Darlehen	1 600 000,00
3. BGA	600 000,00	2. Verbindl. a. LL.	450 000,00
4. Fuhrpark	400 000,00	3. Verbindlichk.-FA	29 000,00
II. Umlaufvermögen		4. Verbindlichk.-SV	20 000,00
1. Waren	80 000,00	5. Umsatzsteuer	70 000,00
2. Forderungen a. LL.	220 000,00		
3. Vorsteuer	40 000,00		
4. Bank	120 600,00		
5. Kasse	8 400,00		
	3 969 000,00		**3 969 000,00**

Die Schöner Wohnen GmbH verwendet folgende Erfolgskonten:
Umsatzerlöse, Zinserträge, Aufwendungen für Waren, Gehälter, Arbeitgeberanteil Sozialversicherung, Abschreibungen.

a) Tragen Sie die jeweiligen Anfangsbestände der Bestandskonten ein.

b) Bilden Sie die Buchungssätze zu den Belegen 1 bis 12 und nehmen Sie die Buchungen auf den entsprechenden Konten vor.

c) Schließen Sie das Vorsteuerkonto über das Umsatzsteuerkonto ab ⑬.

d) Ermitteln Sie die Zahllast und schließen Sie das Umsatzsteuerkonto über die Schlussbilanz ab ⑭.

e) Die Abschreibungen des Geschäftsjahres auf Fuhrpark betragen 50 000,00 €. Buchen Sie die Abschreibung ⑮.

f) Der Warenendbestand beträgt 75 000,00 €; vgl. Beleg 12.

g) Schließen Sie das Konto „200 Waren“ ab, indem Sie den Wareneinsatz als Saldo ermitteln und auf das Konto „600 Aufwendungen für Waren“ buchen ⑯.

h) Schließen Sie das Konto „500 Umsatzerlöse“ über das Gewinn- und Verlustkonto ab ⑰.

i) Schließen Sie alle übrigen Erfolgskonten über das Gewinn- und Verlustkonto ab ⑱. Ermitteln Sie im GuV-Konto den Gewinn oder den Verlust.

j) Buchen Sie den Betrag über das Eigenkapitalkonto ⑲.

k) Schließen Sie alle übrigen Bestandskonten über das Schlussbilanzkonto ab ⑳.

→

Beleg 1: Eingangsrechnung Hubwagen

Lagerzubehör GmbH

- **Miet-, Neu- und Gebrauchtstapler**
- **Regalsysteme**
- **Service**
- **Fördertechnik**

Lagerzubehör GmbH • Neuendorfer Str. 46 • 13585 Berlin

Neuendorfer Str. 46
13585 Berlin

Schöner Wohnen GmbH
Gartenstraße 39
47001 Duisburg

Rechnung/Lieferschein vom 03.01.20..

Wir lieferten Ihnen heute für Ihre Rechnung und auf Ihre Gefahr

Pos.	Anzahl	Gegenstand	Betrag in €
01	1	Hubwagen lt. beigefügter Beschreibung	2000,00
		zzgl. 19 % USt	380,00
		Rechnungsbetrag	**2380,00**
		Zahlungsbedingung:	
		Zahlbar binnen 30 Tagen ohne Abzug.	

Beleg 2: Eingangsrechnung Küchenteile

Möbelwerke Bochum

Möbelwerke Bochum, Industriestr. 756, 44879 Bochum

Schöner Wohnen GmbH
Gartenstraße 39
47001 Duisburg

Möbelwerke Bochum GmbH
Industriestraße 756
44879 Bochum

Rechnung

Rechnungsnummer 33501
Rechnungsdatum 12.02.20..
Lieferdatum 12.02.20..

Position	Menge	Mengeneinheit	Bezeichnung	Einzelpreis	Gesamtpreis (€)
01			div. Küchenschränke		
			und -teile lt. Aufstellung		35000,00
			+ 19 % Umsatzsteuer		6650,00
			Rechnungsbetrag brutto		**41650,00**

Zahlungsbedingung: Zahlbar binnen 2 Monaten ohne Abzug.

Beleg 3: Ausgangsrechnung Elektrowerkzeuge

Schöner Wohnen GmbH

Schöner Wohnen GmbH • Gartenstraße 39 • 47001 Duisburg

Gartenstraße 39 • 47001 Duisburg
Tel.: 0203 79137-914 • Fax: 0203 79137-921

E-Mail: info@schoener-wohnen-wvd.de
Internet: schoener-wohnen-wvd.de

Max Schulte OHG
Neusser Landstraße 12
50735 Köln

Kundennummer 17 325
Bearbeiter
Lieferdatum siehe Einzelrechnungen
Rechnungsdatum 24.03.20..

Rechnung Nr. 38778 (Sammelrechnung)

Pos.	Menge	Einheit	Art.-Nr.	Bezeichnung	Einzelpreis €	Rabatt %	Gesamtpreis €
				div. Elektrowerkzeuge lt. beigefügter Einzelbelege			
1				Rechn.-Nr. 35156			126 300,00
2				Rechn.-Nr. 35366			23 500,00
3				Rechn.-Nr. 35418			217,90
4				Rechn.-Nr. 35420			133,20
5				Rechn.-Nr. 36198			69 225,00
6				Rechn.-Nr. 36325			226 899,00
7				Rechn.-Nr. 36533			430 000,00
8				Rechn.-Nr. 36721			269,90
9				Rechn.-Nr. 37023			117 100,00
10				Rechn.-Nr. 37263			6 325,00
11				Rechn.-Nr. 37922			380 500,00
12				Rechn.-Nr. 38763			17 530,00
				Gesamt netto			1 200 000,00
				zzgl. 19 % USt			228 000,00
				Gesamtbetrag brutto			**1 428 000,00**

Zahlbar innerhalb von 30 Tagen.

Bankverbindung: Deutsche Bank Duisburg
Konto: 768 412 213 • BLZ: 350 700 30
BIC: DEUTDEDE350 • IBAN: DE32 3507 0030 0768 4122 13

Geschäftsführer: Dr. Klaus Baumann
Amtsgericht Duisburg, HRB 12059
USt-IdNr.: DE 249 344 221

Beleg 4: Bankbeleg Überweisung an Lieferanten

€uro-Überweisung (SEPA)

Für Überweisungen in Deutschland, in andere EU-/EWR-Staaten und in die Schweiz in Euro.
Kontoinhaber trägt Entgelte bei seinem Kreditinstitut; Zahlungsempfänger trägt die übrigen Entgelte.

Angaben zum Zahlungsempfänger: Name, Vorname/Firma (max. 27 Stellen, bei maschineller Beschriftung max. 35 Stellen)
Möbelwerke Bochum GmbH

IBAN
DE75 4305 0001 0632 0003 32

BIC des Kreditinstituts/Zahlungsdienstleisters (8 oder 11 Stellen)
WELADED1BOC

SEPA-Überweisung €

Betrag: Euro, Cent
41 650,00

Kunden-Referenznummer - Verwendungszweck, ggf. Name und Anschrift des Zahlers - (nur für Zahlungsempfänger)
Re.-Nr. 33501 vom 12.02.20..

noch Verwendungszweck (insgesamt max. 2 Zeilen à 27 Stellen, bei maschineller Beschriftung max. 2 Zeilen à 35 Stellen)
Netto: 35 000,00 + 6 650,00 USt

Angaben zum Kontoinhaber: Name, Vorname/Firma, Ort (max. 27 Stellen, keine Straßen- oder Postfachangaben)
Schöner Wohnen GmbH, Duisburg

IBAN
DE 32 3507 0030 0768 4122 13 — 16

Datum
12.04.20..

Unterschrift(en)
i. A. H.-P. Göbel

SEPA-Überweisung Euro

Beleg 5: Abrechnung der Ausbildungsvergütung

Schöner Wohnen GmbH
Zentrallager West
Gartenstraße 39
47001 Duisburg

Schöner Wohnen GmbH • Gartenstr. 39 • 47001 Duisburg

Frau
Saskia Haufe
Marktstraße 48
46045 Oberhausen

Entgeltabrechnung 11/20..

Personal-Nr.:	75/10
Krankenkasse:	AOK
SV-Nummer:	02010492H327
Steuer-IdNr.	24 887 635 414

Bankverbindung des Arbeitnehmers:
Commerzbank Duisburg
Konto-Nr. 43 178 212, BLZ 350 400 38

Steuerklasse 1/0		**Konfession** rk		
Bezeichnung				**Betrag (€)**
Ausbildungsvergütung				850,00
Abzüge				
RV AN	(9,3 %)	Rentenversicherung Arbeitnehmeranteil	79,05	
ALV AN	(1,25 %)	Arbeitslosenversicherung Arbeitnehmeranteil	10,63	
PV AN	(1,525 %)	Pflegeversicherung Arbeitnehmeranteil	12,96	
KV AN	(7,3 + 0,5 %)	Krankenversicherung Arbeitnehmeranteil	66,30	– 168,94
Nettovergütung/Überweisungsbetrag				**681,06**

Der Arbeitgeberanteil an der Sozialversicherung des Arbeitnehmers beträgt insgesamt 168,94 €.

Im Einzelnen:	*RV AG*	*(9,3 %)*	*79,05 €*
	ALV AG	*(1,25 %)*	*10,63 €*
	PV AG	*(1,525 %)*	*12,96 €*
	KV AG	*(7,3 + 0,5 %)*	*66,30 €*

Beleg 6: Bankbeleg Zinsgutschrift

Konto-Nr. 768 412 213 BLZ 350 700 30 — Kontoauszug 130
Bank Duisburg UST-ID DE 114 103 379 — Blatt 1

Datum	Erläuterungen		Betrag
Kontostand in EUR am 06.06.20.., 16:30 Uhr			120300,00 +
07.06.20..	**Zinsgutschrift PN 3522**	**Wert: 07.06.20..**	**2400,00 +**
Kontostand in EUR am 07.06.20.., 10:15 Uhr			122700,00 +

Schöner Wohnen GmbH
Zentrallager West
Gartenstraße 39
47001 Duisburg

IBAN: DE32 3507 0030 0768 4122 13
BIC: DEUTDEDE350

Beleg 7: Eingangsrechnung Einbauküchen

Schöner Wohnen GmbH
Gartenstraße 39
47001 Duisburg

Möbelwerke Bochum GmbH
Industriestraße 756
44879 Bochum

Rechnung

Rechnungsnummer 33457
Rechnungsdatum 22.07.20..
Lieferdatum 18.07.20..

Position	Menge	Mengeneinheit	Bezeichnung	Einzelpreis	Gesamtpreis (€)
01			Elektrokomponenten für Einbauküche lt. Stückliste		1 000 000,00
			+ 19 % Umsatzsteuer		190 000,00
			Rechnungsbetrag brutto		**1 190 000,00**

Beleg 8: Rechnung Niederhubwagen

Lagerlogistikfahrzeuge GmbH, Manderscheidstraße 72, 45141 Essen

Lagerlogistikfahrzeuge GmbH
Manderscheidstraße 72
45141 Essen

Schöner Wohnen GmbH
Gartenstraße 39
47001 Duisburg

Rechnung 04.10.20..

Anzahl	Gegenstand	Betrag in €
1	Niederhubwagen EJE 220 nach detaillierter Spezifikation (siehe Anlage)	9 000,00
	zzgl. ges. USt 19 %	1 710,00
	Rechnungsbetrag	**10 710,00**

Beleg 9: Eingangsrechnung Haustüren

Schöner Wohnen GmbH
Gartenstraße 39
47001 Duisburg

Möbelwerke Bochum GmbH
Industriestraße 756
44879 Bochum

Rechnung

Rechnungsnummer 34553
Rechnungsdatum 11.09.20..
Lieferdatum 11.09.20..

Position	Menge	Mengeneinheit	Bezeichnung	Einzelpreis	Gesamtpreis (€)
01	1 000	St.	Rohelemente für Haustür Modell „Malibu"	922,00	922 000,00
			+ 19 % Umsatzsteuer		175 180,00
			Rechnungsbetrag brutto		**1 097 180,00**

Beleg 10: Ausgangsrechnung Elektrowerkzeuge

Schöner Wohnen GmbH • Gartenstraße 39 • 47001 Duisburg

Gartenstraße 39 • 47001 Duisburg
Tel.: 0203 79137-914 • Fax: 0203 79137-921

E-Mail: info@schoener-wohnen-wvd.de
Internet: schoener-wohnen-wvd.de

Max Schulte OHG
Neusser Landstraße 12
50735 Köln

Kundennummer 17 325
Bearbeiter
Lieferdatum 26.10.20..
Rechnungsdatum 26.10.20..

Rechnung Nr. 42558

Pos.	Menge	Einheit	Art.-Nr.	Bezeichnung	Einzelpreis €	Rabatt %	Gesamtpreis €
1				div. Elektrowerkzeuge lt. beigefügter Liste		–	900 000,00
				zzgl. 19 % USt			171 000,00
				Gesamtbetrag brutto			**1071 000,00**

Zahlbar innerhalb von 30 Tagen.

Beleg 11: Gehaltsabrechnung Vertriebsleiter Dimitri Wall

Schöner Wohnen GmbH
Zentrallager West
Gartenstraße 39
47001 Duisburg

Schöner Wohnen GmbH • Gartenstr. 39 • 47001 Duisburg

Herrn
Dimitri Wall
Hafenstraße 85
47008 Duisburg

Entgeltabrechnung 11/20..

Personal-Nr.:	134/10
Krankenkasse:	Novitas BKK
SV-Nummer:	02010484W559
Steuer-IdNr.	24 887 635 775

Bankverbindung des Arbeitnehmers:
Commerzbank Duisburg
Konto-Nr. 43 334 434, BLZ 350 400 38

Steuerklasse 1/0		**Konfession** rk		
Bezeichnung				**Betrag (€)**
Gehalt				3.000,00
Abzüge				
Lohnsteuer			421,91	
Kirchensteuer			37,97	
SolZ		Solidaritätszuschlag	23,20	
RV AN	(9,3 %)	Rentenversicherung Arbeitnehmeranteil	279,00	
ALV AN	(1,25 %)	Arbeitslosenversicherung Arbeitnehmeranteil	37,50	
PV AN	(1,525 %)	Pflegeversicherung Arbeitnehmeranteil	45,75	
KV AN	(7,3 + 0,5 %)	Krankenversicherung Arbeitnehmeranteil	234,00	– 1094,33
Nettogehalt/Überweisungsbetrag				**1920,67**

Der Arbeitgeberanteil an der Sozialversicherung des Arbeitnehmers beträgt insgesamt 596,25 €.

Im Einzelnen:	*RV AG*	*(9,3 %)*	*279,00 €*
	ALV AG	*(1,25 %)*	*37,50 €*
	PV AG	*(1,525 %)*	*45,75 €*
	KV AG	*(7,3 %)*	*234,00 €*

4850262

Beleg 12: Inventurbeleg am 31.12.20..

Inventurbeleg

Schöner Wohnen GmbH

Datum 31.12.20..

Artikel Handelswaren

Anfangsbestand zu Beginn des Geschäftsjahres am 01.01.20..

Anzahl	Einzelpreis	Gesamt
64	1250,00 €	80000,00 €

Endbestand am Geschäftsjahresende am 31.12.20..

Anzahl	Einzelpreis	Gesamt
60	1250,00 €	75000,00 €

Lösung zu b)

①	081	BGA	2000,00 €				
	260	Vorsteuer	380,00 €	an	440	Verbindl. a. LL.	2380,00 €
②	200	Waren	35000,00 €				
	260	Vorsteuer	6650,00 €	an	440	Verbindl. a. LL.	41650,00 €
③	240	Forderungen a. LL.	1428000,00 €	an	500	Umsatzerlöse WV	1200000,00 €
				an	480	Umsatzsteuer	228000,00 €
④	440	Verbindl. a. LL.	41650,00 €	an	280	Bank	41650,00 €
⑤	630	Gehälter	850,00 €	an	484	Verbindlichk.-SV	168,94 €
				an	280	Bank	681,08 €
	640	AG-Anteil SV	168,94 €	an	484	Verbindlichk.-SV	168,94 €
⑥	280	Bank	2400,00 €	an	571	Zinserträge	2400,00 €
⑦	200	Waren	1000000,00 €				
	260	Vorsteuer	190000,00 €	an	440	Verbindl. a. LL.	1190000,00 €
⑧	081	BGA	9000,00 €				
	260	Vorsteuer	1710,00 €	an	440	Verbindl. a. LL.	10710,00 €
⑨	200	Waren	922000,00 €				
	260	Vorsteuer	175180,00 €	an	440	Verbindl. a. LL.	1097180,00 €
⑩	240	Forderungen a. LL.	1071000,00 €	an	500	Umsatzerlöse WV	900000,00 €
				an	480	Umsatzsteuer	171000,00 €
⑪	630	Gehälter	3000,00 €	an	483	Verbindlichk.-FA	483,08 €
				an	484	Verbindlichk.-SV	596,25 €
				an	280	Bank	1920,67 €
	640	AG-Anteil SV	596,25 €	an	484	Verbindlichk.-SV	596,25 €
⑫		Schlussbilanz	75000,00 €	an	200	Waren	75000,00 €

Lösungen zu a) bis g)

S 051 Gebäude H

S		H	
AB	500 000,00	⑳ SB	500 000,00

S 300 Eigenkapital H

S		H	
⑳ SB	1 885 784,81	AB	1 800 000,00
		⑲ GuV	85 784,81
	1 885 784,81		1 885 784,81

S 070 Technische Anlagen H

S		H	
AB	2 000 000,00	⑳ SB	2 000 000,00

S 412 Darlehen H

S		H	
⑳ SB	1 600 000,00	AB	1 600 000,00

S 081 BGA H

S		H	
AB	600 000,00	⑳ SB	611 000,00
① 440	2 000,00		
⑧ 440	9 000,00		
	611 000,00		611 000,00

S 440 Verbindl. a. LL. H

S		H	
④ 280	41 650,00	AB	450 000,00
⑳ SB	2 750 270,00	① 081/260	2 380,00
		② 200/260	41 650,00
		⑦ 200/260	1 190 000,00
		⑧ 081/260	10 710,00
		⑨ 200/260	1 097 180,00
	2 791 920,00		2 791 920,00

S 084 Fuhrpark H

S		H	
AB	400 000,00	⑮ 650	50 000,00
		⑳ SB	350 000,00
	400 000,00		400 000,00

S 483 Verbindlich.-FA H

S		H	
⑳ SB	29 483,08	AB	29 000,00
		⑪ 630	483,08
	29 483,08		29 483,08

S 200 Waren H

S		H	
AB	80 000,00	⑫ SB	75 000,00
② 440	35 000,00	⑯ 600	1 962 000,00
⑦ 440	1 000 000,00		
⑨ 440	922 000,00		
	2 037 000,00		2 037 000,00

S 484 Verbindlich.-SV H

S		H	
⑳ SB	21 530,38	AB	20 000,00
		⑤ 630	168,94
		⑤ 640	168,94
		⑪ 630	596,25
		⑪ 640	596,25
	21 530,38		21 530,38

S 240 Forderungen a. LL. H

S		H	
AB	220 000,00	⑳ SB	2 719 000,00
③ 480/500	1 428 000,00		
⑩ 480/500	1 071 000,00		
	2 719 000,00		2 719 000,00

S 480 Umsatzsteuer H

S		H	
⑬ 260	413 920,00	AB	70 000,00
⑭ SB	55 080,00	③ 240	228 000,00
		⑩ 240	171 000,00
	469 000,00		469 000,00

S 260 Vorsteuer H

S		H	
AB	40 000,00	⑬ 480	413 920,00
① 440	380,00		
② 440	6 650,00		
⑦ 440	190 000,00		
⑧ 440	1 710,00		
⑨ 440	175 180,00		
	413 920,00		413 920,00

S 500 Umsatzerlöse WV H

S		H	
⑰ GuV	2 100 000,00	③ 240	1 200 000,00
		⑩ 240	900 000,00
	2 100 000,00		2 100 000,00

→

S	280 Bank		H
AB	120600,00	④ 440	41650,00
⑥ 571	2400,00	⑤ 630	681,06
		⑪ 630	1920,67
		⑳ SB	78748,27
	123000,00		123000,00

S	571 Zinserträge		H
⑱ GuV	2400,00	⑥ 280	2400,00

S	282 Kasse		H
AB	8400,00	⑳ SB	8400,00

S	600 Aufw. f. Waren (Wareneinsatz)		H
⑯ 200	1962000,00	⑱ GuV	1962000,00

S	630 Gehälter		H
⑤ 280/484	850,00	⑱ GuV	3850,00
⑪ 280/483/484	3000,00		
	3850,00		3850,00

S	640 AG-Anteil SV		H
⑤ 484	168,94	⑱ GuV	765,19
⑪ 484	596,25		
	765,19		765,19

S	650 Abschreibungen		H
⑮ 084	50000,00	⑱ GuV	50000,00

Lösungen zu h) bis j): Gewinn- und Verlustkonto

Soll (Aufwand)		Gewinn- und Verlustkonto			Haben (Ertrag)
Aufw. f. Waren	⑱	1962000,00	Umsatzerlöse WV	⑰	2100000,00
Gehälter	⑱	3850,00	Zinserträge	⑱	2400,00
AG-Anteil SV	⑱	765,19			
Abschreibungen	⑱	50000,00			
Gewinn (EK)	⑲	85784,81			
		2102400,00			2102400,00

Lösungen zu k): Schlussbilanz

Aktiva		Schlussbilanzkonto			Passiva
I. Anlagevermögen			**I. Eigenkapital**	⑳	**1885784,81**
Gebäude	⑳	500000,00	**II. Fremdkapital**		
Technische Anlagen	⑳	2000000,00	Darlehen	⑳	1600000,00
BGA	⑳	611000,00	Verbindl. a. LL.	⑳	2750270,00
Fuhrpark	⑳	350000,00	Verbindlich.-FA	⑳	29483,08
II. Umlaufvermögen			Verbindlich.-SV	⑳	21530,38
Waren	⑫	75000,00	Umsatzsteuer	⑭	55080,00
Forderungen a. LL.	⑳	2719000,00			
Bank	⑳	78748,27			
Kasse	⑳	8400,00			
		6342148,27			6342148,27

Auswertung des Jahresabschlusses mithilfe von Kennzahlen

Kennzahlen

Bilanz und GuV-Rechnung sind Bestandteile des Jahresabschlusses. Auf der Basis des Jahresabschlusses lassen sich rückblickend die wirtschaftlichen Verhältnisse eines Unternehmens beurteilen. Dabei verwendet man üblicherweise Kennzahlen. Kennzahlen sind Zahlen, die sich auf betriebswirtschaftliche Tatbestände beziehen.

Anhand von sechs Kennzahlen – Eigenkapitalrentabilität, Umsatzrentabilität, Eigenkapitalquote, Fremdkapitalquote, Anlagendeckung I und Anlagendeckung II – wird nachfolgend der in der Musteraufgabe ermittelte Jahresabschluss der Schöner Wohnen GmbH analysiert.

Eigenkapitalrentabilität

Die Kennzahl der Eigenkapitalrentabilität zeigt an, ob sich das eingesetzte Eigenkapital lohnt, „sich rentiert“ .

$$\textit{Eigenkapitalrentabilität} = \frac{\textit{Gewinn} \cdot 100}{\textit{Eigenkapital}}$$

Bei Bilanzwerten wird hier als Eigenkapital ausschließlich der Wertansatz der Schlussbilanz zugrunde gelegt. Möglich wäre aber auch der Bezug auf die Eröffnungsbilanz.

Beispiel: Eigenkapitalquote der Schöner Wohnen GmbH

Das Eigenkapital der Schöner Wohnen GmbH betrug 1 885 807,91 €, der Gewinn 85 807,91 €.

$$\text{Eigenkapitalrentabilität} = \frac{85\,784{,}81\ € \cdot 100}{1\,885\,784{,}81\ €} = 4{,}55\ \%$$

Das eingesetzte Eigenkapital wird mit 4,55 % verzinst. Dieses Ergebnis vergleicht der Unternehmer mit dem Zinssatz, den eine Bank für angelegtes Kapital bietet. Liegt die Eigenkapitalrentabilität über dem Bankzinssatz, hat der Unternehmer mit seiner betrieblichen Aktivität eine höhere Kapitalverzinsung erreicht als mit der Geldanlage bei einer Bank.

Umsatzrentabilität

Die Kennzahl für die Umsatzrentabilität gibt an, wie viel Prozent des Umsatzes auf den Gewinn entfallen; sie bewertet, ob sich der Umsatz rentiert.

$$\textit{Umsatzrentabilität} = \frac{\textit{Gewinn} \cdot 100}{\textit{Umsatzerlöse}}$$

Beispiel: Umsatzrentabilität der Schöner Wohnen GmbH

Die Umsatzerlöse der Schöner Wohnen GmbH betrugen 2100000,00 € bei einem Gewinn von 85804,06 €.

$$\text{Umsatzrentabilität} = \frac{85784{,}81\ € \cdot 100}{2100000{,}00\ €} = 4{,}09\ \%$$

Die Umsatzrentabilität gibt an, wie viel Prozent des Umsatzes auf den Gewinn entfallen. 4,09 % des Umsatzes stellen Gewinn dar. Oder anders formuliert: Bei einem Umsatz von 100,00 € erzielt das Unternehmen einen Gewinn von 4,09 €. Die Höhe der Umsatzrentabilität ist branchenabhängig. So liegt beim Lebensmitteleinzelhandel die Umsatzrentabilität im Bereich von 1 %, beim Großhandel liegt sie eher bei 1,5 %, bei Industriebetrieben liegt sie zwischen 3 % und 6 %.

Eigenkapitalquote

Die Kennzahl für die Eigenkapitalquote gibt an, wie viel Prozent des Kapitals Eigenkapital ist. (Das „Gesamtkapital" entspricht in der Formel der Bilanzsumme, also Eigenkapital plus Fremdkapital.)

$$\textit{Eigenkapitalquote} = \frac{\textit{Eigenkapital} \cdot 100}{\textit{Gesamtkapital}}$$

Beispiel: Eigenkapitalrentabilität der Schöner Wohnen GmbH

Das Eigenkapital der Schöner Wohnen GmbH betrug 1885784,81 €. Das Gesamtkapital (Eigenkapital + Fremdkapital) entspricht der Bilanzsumme von 6342167,52 €.

$$\text{Eigenkapitalquote} = \frac{1885784{,}81\ € \cdot 100}{6342148{,}27\ €} = 29{,}73\ \%$$

Die Eigenkapitalquote gibt an, wie viel Prozent des Gesamtkapitals auf das Eigenkapital entfallen. Je höher die Eigenkapitalquote ist, desto sicherer und unabhängiger ist das Unternehmen.

Fremdkapitalquote

Die Kennzahl für die Fremdkapitalquote gibt an, wie viel Prozent des Gesamtkapitals das Fremdkapital beträgt. (Das „Gesamtkapital" entspricht der Bilanzsumme, also Eigenkapital plus Fremdkapital.)

$$\textit{Fremdkapitalquote} = \frac{\textit{Fremdkapital} \cdot 100}{\textit{Gesamtkapital}}$$

Beispiel: Anlagendeckung II der Schöner Wohnen GmbH

Dem Fremdkapital von 4 456 363,46 € standen 6 342 148,27 € Gesamtkapital (Eigenkapital plus Fremdkapital) gegenüber.

$$\text{Fremdkapitalquote} = \frac{4\,456\,363{,}46\ € \cdot 100}{6\,342\,148{,}27\ €} = 70{,}27\ \%$$

Die Fremdkapitalquote gibt an, wie viel Prozent des Gesamtkapitals auf das Fremdkapital entfallen. Je höher die Fremdkapitalquote ist, desto unsicherer und abhängiger ist das Unternehmen.

Anlagendeckung I (Goldene Bilanzregel im engeren Sinne)

Die „Anlagendeckung I" – auch „Goldene Bilanzregel im engeren Sinne" genannt – gibt an, ob langfristiges Vermögen auch mit Eigenkapital finanziert ist.

$$\textit{Anlagendeckung I} = \frac{\textit{Eigenkapital} \cdot 100}{\textit{Anlagevermögen}}$$

Beispiel: Fremdkapitalquote der Schöner Wohnen GmbH

Das Anlagevermögen der Schöner Wohnen GmbH betrug 3 461 000,00 € (500 000,00 € + 2 000 000,00 € + 611 000,00 € + 350 000,00 €).

$$\text{Anlagendeckung I} = \frac{1\,885\,784{,}81\ € \cdot 100}{3\,461\,000{,}00\ €} = 54{,}49\ \%$$

Die Anlagendeckung I sagt aus, dass knapp 55 % des langfristig benötigten Vermögens (Anlagevermögen) durch eigenes Kapital gedeckt sind. Ideal wäre hier ein Prozentsatz von ca. 100 %. Jedoch ist mehr als die Hälfte des Anlagevermögens sicher durch Eigenkapital finanziert („gedeckt"). Damit ist die Kreditwürdigkeit des Unternehmens gegeben.

Anlagendeckung II (Goldene Bilanzregel im weiteren Sinne)

Die Anlagendeckung II – auch „Goldene Bilanzregel im weiteren Sinne" genannt – bewertet, ob langfristiges Vermögen auch mit langfristigem Kapital finanziert ist. Neben dem Eigenkapital sind auch aufgenommene Darlehen (Fremdkapital) langfristig verfügbar.

$$\textit{Anlagendeckung II} = \frac{\textit{Langfristig verfügbares Kapital} \cdot 100}{\textit{Anlagevermögen}}$$

4850268

Beispiel: Anlagendeckung II der Schöner Wohnen GmbH

Das langfristig verfügbare Kapital (Eigenkapital plus langfristiges Fremdkapital) der Schöner Wohnen GmbH betrug 1 885 784,81 € + 1 600 000,00 € = 1 485 784,81 €.

$$\text{Anlagendeckung II} = \frac{3\,485\,784{,}81\ € \cdot 100}{3\,461\,000{,}00\ €} = 100{,}72\ \%$$

Die Anlagendeckung II sagt aus, dass über 100 % des langfristig benötigten Vermögens (Anlagevermögen) durch langfristiges Kapital gedeckt sind. Langfristig benötigtes Vermögen muss langfristig finanziert sein – mit Eigenkapital und langfristigem Fremdkapital. Die Anlagendeckung II sollte deshalb mindestens 100 % betragen. Dieser Anspruch ist knapp erfüllt.

Kennzahlen der Spedition Müller – Die lila Logistik AG[1]

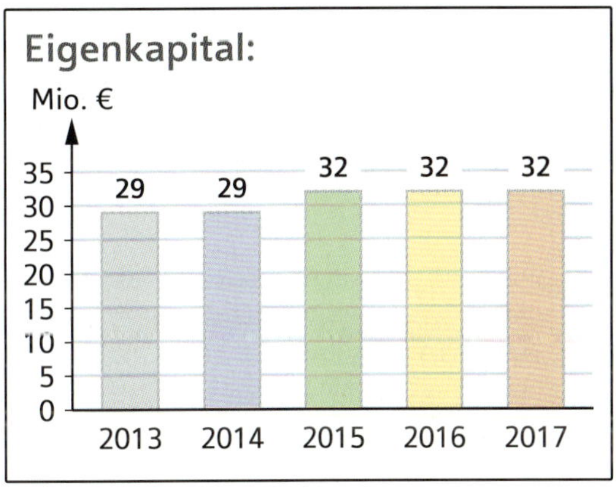

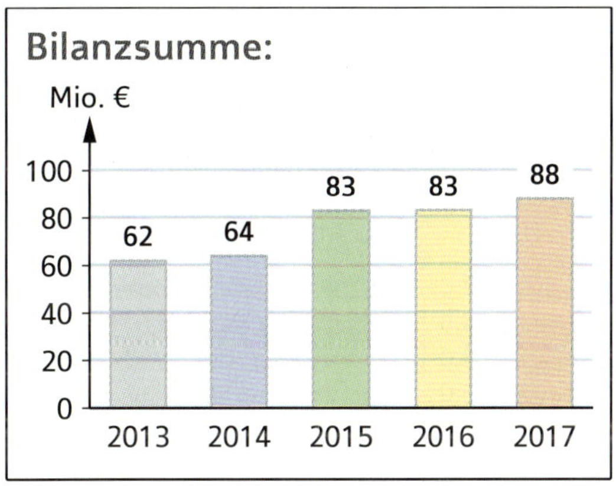

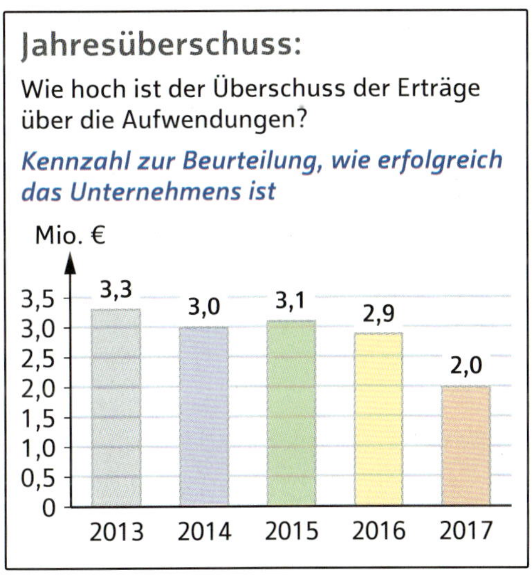

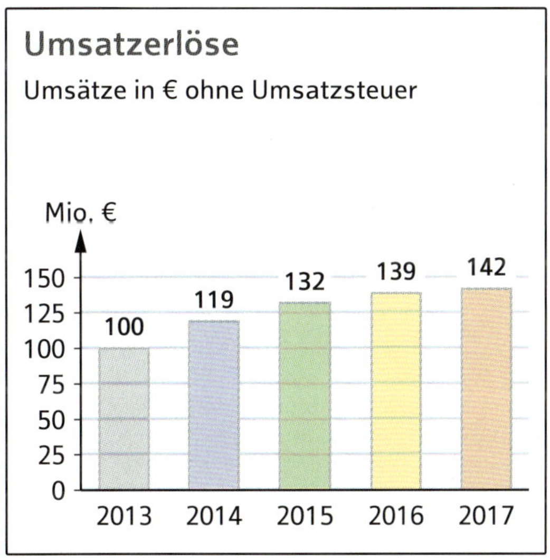

1 Vgl. Geschäftsberichte der Spedition Müller – Die lila Logistik AG

Eigenkapitalquote:

Wie viel Prozent beträgt das Eigenkapital am Gesamtkapital?

Kennzahl zur Beurteilung der Stabilität eines Unternehmens

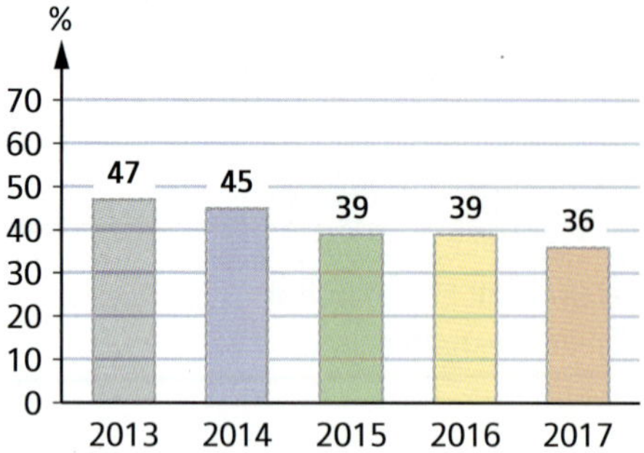

Fremdkapitalquote:

Wie viel Prozent beträgt das Fremdkapital am Gesamtkapital?

Kennzahl zur Beurteilung der Stabilität eines Unternehmens

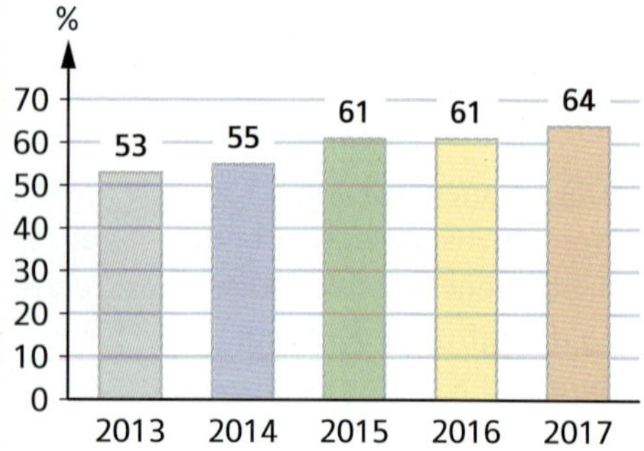

Eigenkapitalrentabilität:

Wie wird das Eigenkapital verzinst?

Kennzahl zur Beurteilung, wie sich der Eigenkapitalanteil lohnt

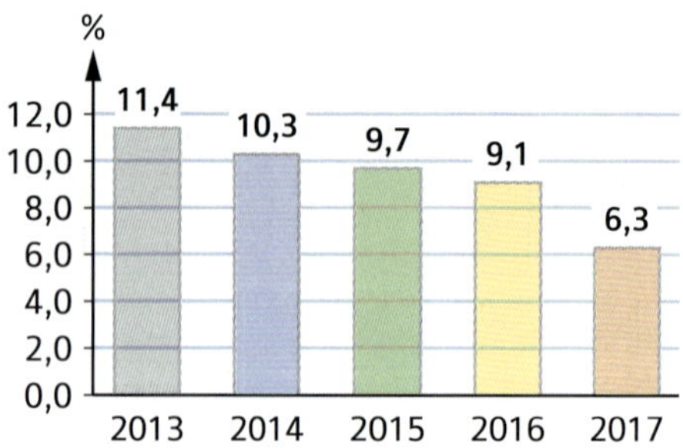

Umsatzrentabilität:

Wie viel Prozent Gewinn bringt der Umsatz?

Kennzahl zur Beurteilung, wie sich der Umsatz lohnt

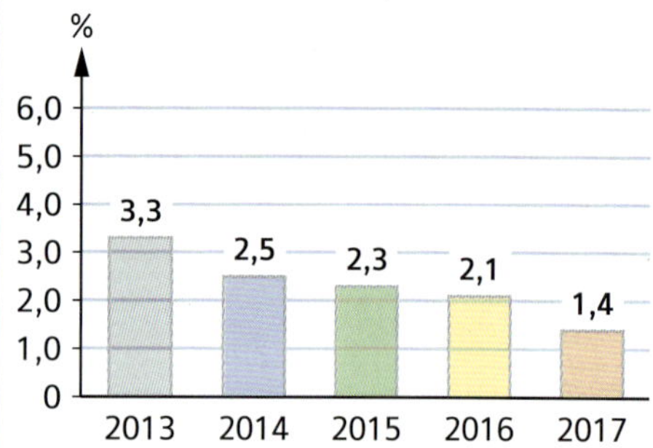

WiSo

WiSo

- **Grundlagen der sozialen Marktwirtschaft**
  - Merkmale der freien Marktwirtschaft und der Zentralverwaltungswirtschaft
  - Vor- und Nachteile der freien Marktwirtschaft und der Zentralverwaltungswirtschaft
  - Soziale Marktwirtschaft
- **Perspektiven der Berufs- und Lebenswelt**
  - Existenzgründung
  - Leben, Lernen und Arbeiten in Europa
- **Arbeitsteilung und Globalisierung**
  - Arten der Arbeitsteilung
  - Chancen und Risiken der Globalisierung
- **Maßnahmen zur Stärkung der Verbraucher**
  - Verbraucherschutz und Verbraucherberatung
  - Verbraucherkredite und Verschuldung
  - Schuldnerberatung und Verbraucherinsolvenz
- **Sicherung des Wettbewerbs**
  - Kooperation und Konzentration
  - Wettbewerbspolitik
- **Handelsrecht**
  - Kaufmann laut Handelsgesetzbuch
  - Firma und Handelsregister
  - Rechtsformen der Unternehmen
- **Grundzüge der Wirtschaftspolitik**
  - Konjunkturphasen und Konjunkturindikatoren
  - Wirtschaftspolitische Ziele
  - Wirtschaftspolitische Instrumente des Staates
  - Angebots- und Nachfrageorientierung als Grundkonzeptionen staatlicher Wirtschaftspolitik
  - Arbeitslosigkeit und Arbeitsmarktpolitik
  - Wirtschaftspolitische Instrumente der Europäischen Zentralbank

1 Grundlagen der sozialen Marktwirtschaft

Wirtschaftsordnung

In jeder Volkswirtschaft läuft das Wirtschaftsgeschehen nach bestimmten Spielregeln ab. Die Summe aller Spielregeln macht die Wirtschaftsordnung eines Landes aus. Wesentliche Merkmale einer Wirtschaftsordnung betreffen drei Fragen:

Eigentumsordnung	Wem gehören die Produktionsmittel?
Rolle des Staates	Wer trifft die wirtschaftlichen Entscheidungen?
Wirtschaftliche Zielsetzungen	Welche wirtschaftlichen Ziele haben Vorrang?

Die Wirtschaftsordnung in Deutschland wird als „soziale Marktwirtschaft" bezeichnet. Die freie Marktwirtschaft wird dabei durch gesetzliche Regelungen und direkte staatliche Eingriffe reguliert. Die Idee der sozialen Marktwirtschaft wird am besten deutlich, wenn man die dahinterstehenden Modelle der freien Marktwirtschaft und der Zentralverwaltungswirtschaft versteht.

1.1 Merkmale der freien Marktwirtschaft und der Zentralverwaltungswirtschaft

Modelle von Wirtschaftsordnungen

Zwei grundlegend verschiedene Modelle von Wirtschaftsordnungen lassen sich unterscheiden: die freie Marktwirtschaft und die Zentralverwaltungswirtschaft.

Freie Marktwirtschaft	Zentralverwaltungswirtschaft
Die Produktionsmittel (Maschinen, Anlagen) sind in privatem Eigentum.	Die Produktionsmittel sind in staatlichem Eigentum.
Art, Menge und Preis der Güter werden von Verbrauchern und Unternehmen über den Markt reguliert.	Art, Menge und Preis der Güter werden durch den Staat im Voraus geplant.
Die Erwirtschaftung von privatem Gewinn und ein möglichst hohes Wirtschaftswachstum sind die wichtigsten wirtschaftlichen Ziele.	Oberste Zielsetzung der Wirtschaft ist die Erfüllung der durch den Staat vorgegebenen Pläne.
Es besteht der Grundsatz der freien Berufs und Arbeitsplatzwahl.	Der Staat nimmt Einfluss auf die Berufswahl und teilt die Arbeitsplätze zu.
Unternehmen und Verbraucher entscheiden, welche Güter importiert bzw. exportiert werden.	Der Staat entscheidet, was importiert und was exportiert werden darf, er hat ein Monopol auf den Außenhandel.

Die Idee der freien Marktwirtschaft wurde im 19. Jahrhundert von Adam Smith theoretisch begründet, die Idee der Zentralverwaltungswirtschaft von Karl Marx.

Die freie Marktwirtschaft und die Zentralverwaltungswirtschaft sind Modelle einer Wirtschaftsordnung. Sie kommen in der Wirklichkeit nicht vor. Die tatsächlich vorhandenen Wirtschaftsordnungen sind Mischformen aus der freien Marktwirtschaft und der Zentralverwaltungswirtschaft.

4850272

Zahlreiche Elemente der Zentralverwaltungswirtschaft sind vor allem in den Wirtschaftsordnungen kommunistischer Staaten vorhanden. Beispiele hierfür sind Kuba sowie die Wirtschaftsordnungen Chinas vor 1992 und der ehemaligen DDR.

1.2 Vor- und Nachteile der freien Marktwirtschaft und der Zentralverwaltungswirtschaft

Freie Marktwirtschaft

Viele Elemente dieser Wirtschaftsordnung waren in den kapitalistisch ausgerichteten Volkswirtschaften im 19. und zu Beginn des 20. Jahrhunderts verwirklicht. Dies führte zu großen technischen und wirtschaftlichen Erfolgen. Andererseits kam es zu ökonomischen und sozialen Missständen, denen der Staat fast tatenlos zusah. Auch in heutiger Zeit findet man noch Elemente der damaligen Missstände. Jeder von uns kennt z. B. die Bilder von schwer arbeitenden Kindern in den Ländern der Dritten Welt.

Freie Marktwirtschaft	
Erfolge	**Missstände**
• Kapital, Energie und Ideen wurden freigesetzt und die Industrialisierung schnell vorangetrieben. • Durch Massenproduktion wurden immer mehr Produkte für die Bürger erschwinglich. • Die Ernährungslage der wachsenden Bevölkerung wurde verbessert. • Neue Verkehrswege (z. B. Eisenbahnnetze) entstanden und neue Märkte in Übersee wurden erschlossen.	• Die Arbeiterklasse verelendete durch ständig fallende Löhne. • Die kleinen Unternehmen wurden durch große Unternehmen vom Markt verdrängt. • Monopole entstanden, die die Preise diktierten und überhöhte Gewinne erwirtschafteten. • Kinderarbeit wurde zu einer alltäglichen Erscheinung.

Zentralverwaltungswirtschaft

Im Vergleich zur freien Marktwirtschaft hat die Zentralverwaltungswirtschaft einige Vorteile. Diesen stehen jedoch erhebliche Nachteile gegenüber. Dies führte schließlich bei vielen ehemalig kommunistischen Staaten dazu, sich marktwirtschaftlich ausgerichteten Wirtschaftsordnungen anzunähern.

Zentralverwaltungswirtschaft	
Chancen	**Risiken**
• Wirtschaftskrisen, wie z. B. Massenarbeitslosigkeit, lassen sich mithilfe der zentralen Wirtschaftsplanung vermeiden. • Es besteht eine bessere Chancengleichheit – z. B. in Bezug auf Bildung – als in der freien Marktwirtschaft. • Die Wirtschaftsentwicklung verläuft gleichmäßiger und leidet nicht unter starken Konjunkturschwankungen.	• Fehlplanungen führen häufig zu Engpässen bei Rohstoffen und Fertigprodukten. Konsumgüter werden knapp. • Versorgungsengpässe der Bevölkerung führen zu mangelndem Leistungswillen und niedriger Produktivität. • Misswirtschaft entsteht. Betriebe sind zu unflexibel, um Versorgungslücken bei der Bevölkerung zu decken.

1.3 Soziale Marktwirtschaft

Die soziale Marktwirtschaft entstand nach dem Zweiten Weltkrieg. Ihre Begründer waren der spätere Bundeskanzler Dr. Ludwig Erhard und sein Staatssekretär Dr. Alfred Müller-Armack. Durch die Verbindung einer marktwirtschaftlich organisierten Wirtschaft mit planwirtschaftlichen Elementen sollten die Nachteile der beiden Modelle vermieden werden. In der sozialen Marktwirtschaft sorgt der Staat für die Einhaltung der Spielregeln und den Schutz der Schwächeren.

Merkmale der sozialen Marktwirtschaft
Produktionsmittel sind Privateigentum.
Aber: Auch staatliches Eigentum ist möglich, z. B. Deutsche Bahn.
Güterangebot und -nachfrage werden über den Markt reguliert.
Aber: Der Staat reguliert den Wettbewerb und greift korrigierend ein, z. B. Angebot von öffentlichem Nahverkehr.
Privater Gewinn und hohes Wirtschaftswachstum sind wichtige Ziele.
Aber: Der Staat sorgt für soziale Korrekturen, z. B. durch eine soziale Gestaltung der Arbeitsbedingungen.
Unternehmen und Verbraucher entscheiden über Importe und Exporte.
Aber: Der Staat kontrolliert den Außenhandel und verbietet z. B. den Export bestimmter Rüstungsgüter.
Es besteht der Grundsatz der freien Berufs- und Arbeitsplatzwahl.
Die Geldwertstabilität wird durch die Europäische Zentralbank (EZB) gesichert. Die EZB ist unabhängig gegenüber den Weisungen der Regierungen der einzelnen europäischen Staaten.

In der sozialen Marktwirtschaft greift der Staat aktiv in das Wirtschaftsgeschehen ein.

Aufgaben des Staates in der sozialen Marktwirtschaft			
Schutz der Marktregeln	**Regulierung konjunktureller und struktureller Fehlentwicklungen**	**Soziale Korrekturen**	**Schutz der Umwelt**
• Stärkung der Verbraucher durch Information, Vor-schriften und Kontrollen • Verhinderung von zu großer Marktmacht und unfairem Wettbewerb durch Kartellverbote und Wettbewerbskontrolle • Verbot von Wuchergeschäften	• Beeinflussung des Konjunkturverlaufs durch wirtschaftspolitische Eingriffe • Beeinflussung der Wirtschaftsstruktur durch Subventionen und Gestaltung der Infrastruktur • Öffentliche Unternehmen nehmen Aufgaben wahr, die geringe Gewinne versprechen (Kindergärten, Müllentsorgung).	• Schutz der Schwächeren durch steuerpolitische Maßnahmen (z. B. niedriger Steuersatz für Geringverdienende) • Schutz vor Arbeitslosigkeit, Krankheit, Unfallfolgen und Armut durch gesetzliche Sozialversicherung und Hilfe zum Lebensunterhalt • Schutz von Müttern und Familien, z. B. Mutterschutz, Elternzeit	• Verbot umweltzerstörender Produkte und Produktionsverfahren • Förderung der Kreislaufwirtschaft

Die politischen Entscheidungen müssen dafür sorgen, dass eine Balance zwischen sozialen und marktwirtschaftlichen Elementen der Wirtschaftsordnung gehalten wird.

2 Arbeitsteilung und Globalisierung

Junge Menschen haben die Wahl zwischen vielen Ausbildungsberufen und Studiengängen. Danach können sie sich weiter spezialisieren. Auch Unternehmen spezialisieren sich auf bestimmte Produkte, Dienstleistungen oder Prozessschritte. Die weit fortgeschrittene Arbeitsteilung ist ein wesentliches Merkmal unserer heutigen Wirtschaftsweise. Ohne Arbeitsteilung gäbe es keine Wissenschaft und keinen Wohlstand. Andererseits empfinden viele Menschen in Deutschland die schnell wachsende internationale Arbeitsteilung als Bedrohung.

2.1 Arten der Arbeitsteilung

Je nachdem, ob man den einzelnen Betrieb, die Volkswirtschaft eines Landes oder die Weltwirtschaft betrachtet, lassen sich verschiedene Formen der Arbeitsteilung unterscheiden:

- **Berufliche Arbeitsteilung:** Menschen werden Fachleute für bestimmte Tätigkeiten.
- **Betriebliche Arbeitsteilung:** Innerhalb eines Betriebes wird die Arbeit in Teilschritte zerlegt und auf verschiedene Personen verteilt.
- **Volkswirtschaftliche Arbeitsteilung:** Die Betriebe in einem Land spezialisieren sich auf unterschiedliche Produkte und Dienstleistungen.
- **Internationale Arbeitsteilung:** Die Produktion von Gütern und Dienstleistungen findet in den dafür besonders geeigneten Ländern statt oder wird auf mehrere Länder verteilt.

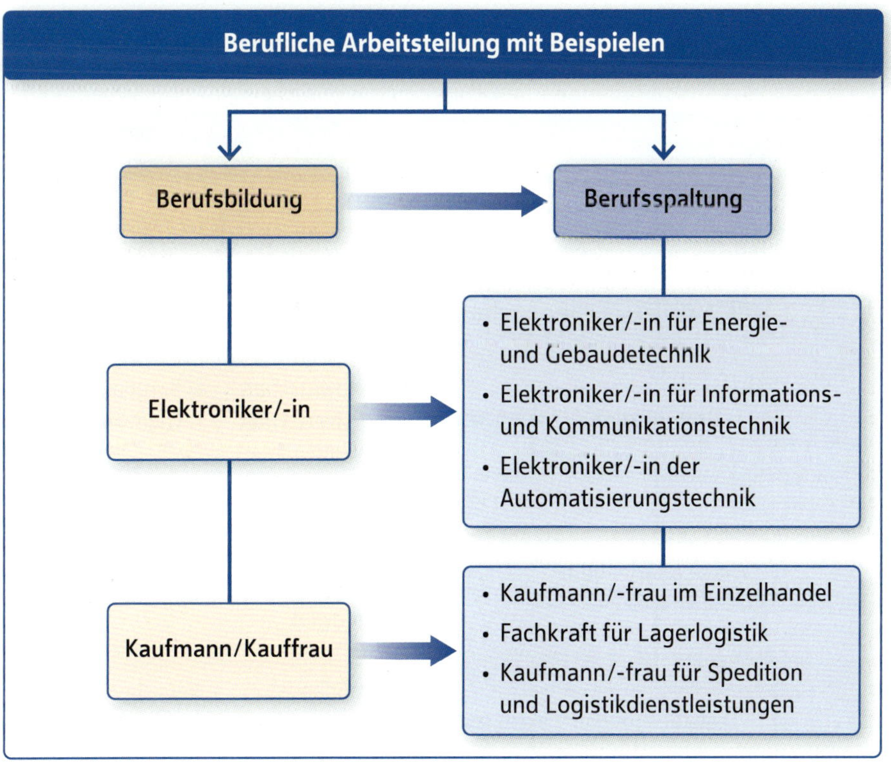

Berufliche Arbeitsteilung

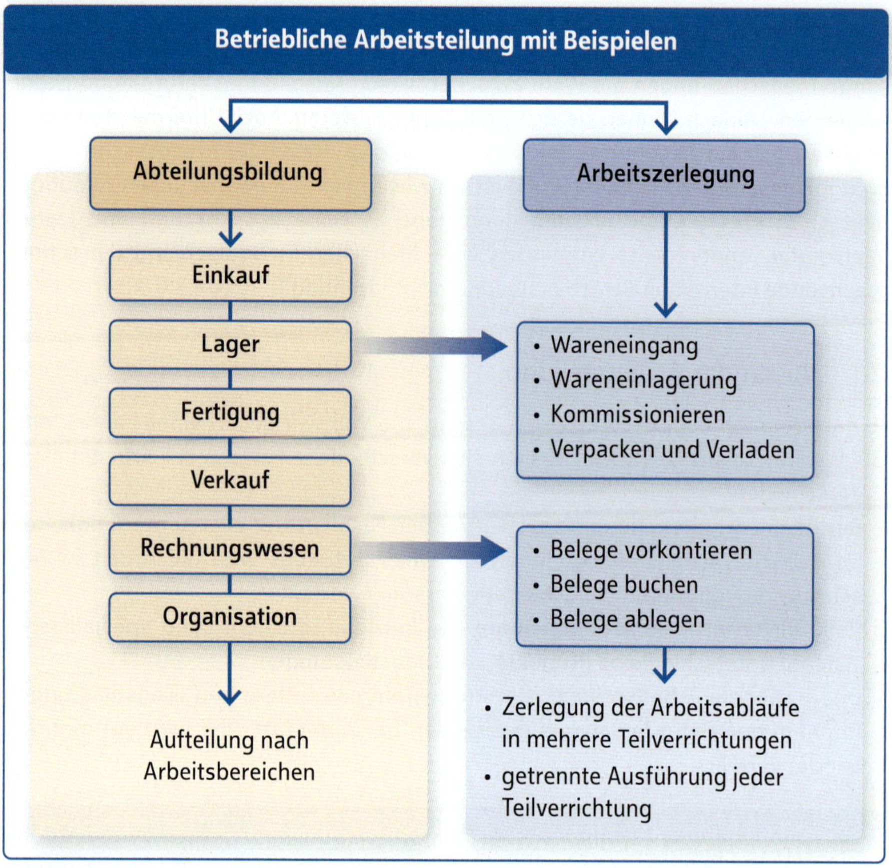

Betriebliche Arbeitsteilung

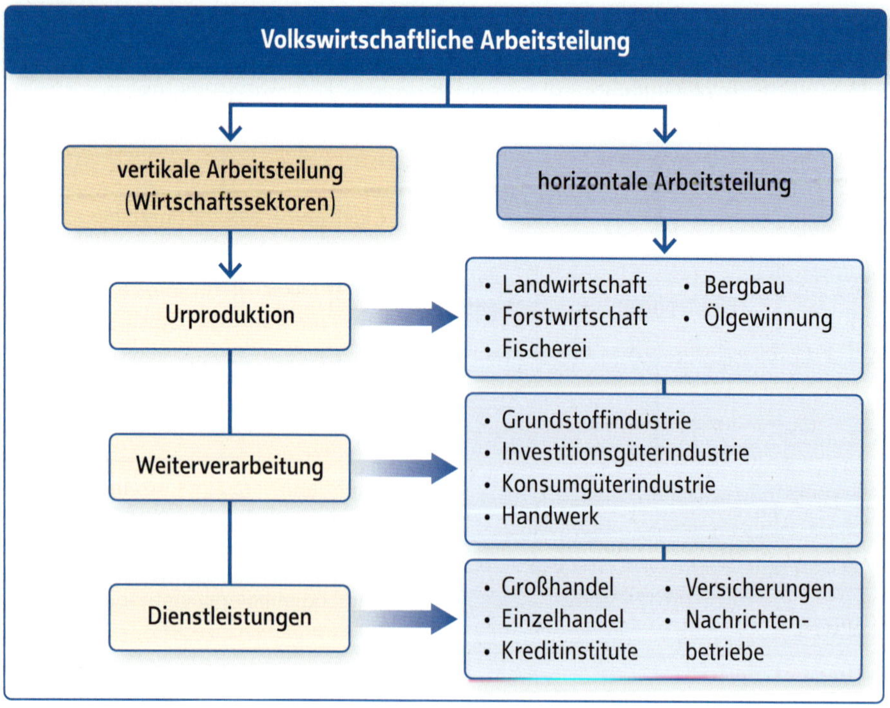

Volkswirtschaftliche Arbeitsteilung

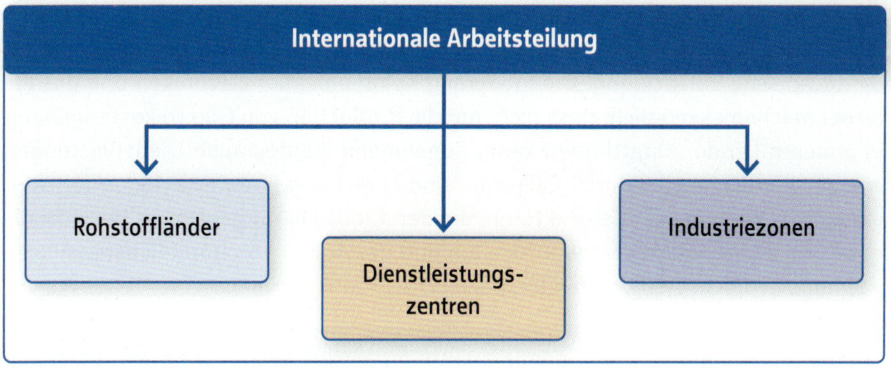

Internationale Arbeitsteilung

Hintergrund der internationalen Arbeitsteilung ist das Streben nach dem kostengünstigsten Produktionsstandort. Die fortgeschrittene internationale Arbeitsteilung wird auch als „Globalisierung" bezeichnet.

2.2 Chancen und Risiken der Globalisierung

Die Globalisierung ist eine weit fortgeschrittene Form der internationalen Arbeitsteilung. Sie zeigt sich in einem stetigen Anwachsen der Kapital- und Warenströme zwischen den Staaten. Unternehmen und Märkte sind immer stärker weltweit verflochten. Güter und Dienstleistungen werden dort produziert, wo die Kosten am niedrigsten sind. So wird zum Beispiel eine elektrische Zahnbürste in den Niederlanden konstruiert, die Bestandteile des Akkus kommen aus Malaysia, Japan und Frankreich, die Platine für die Steuerung aus China, die Kunststoff-Formteile aus Österreich. Die Montage erfolgt in den USA, verkauft wird das Produkt weltweit.

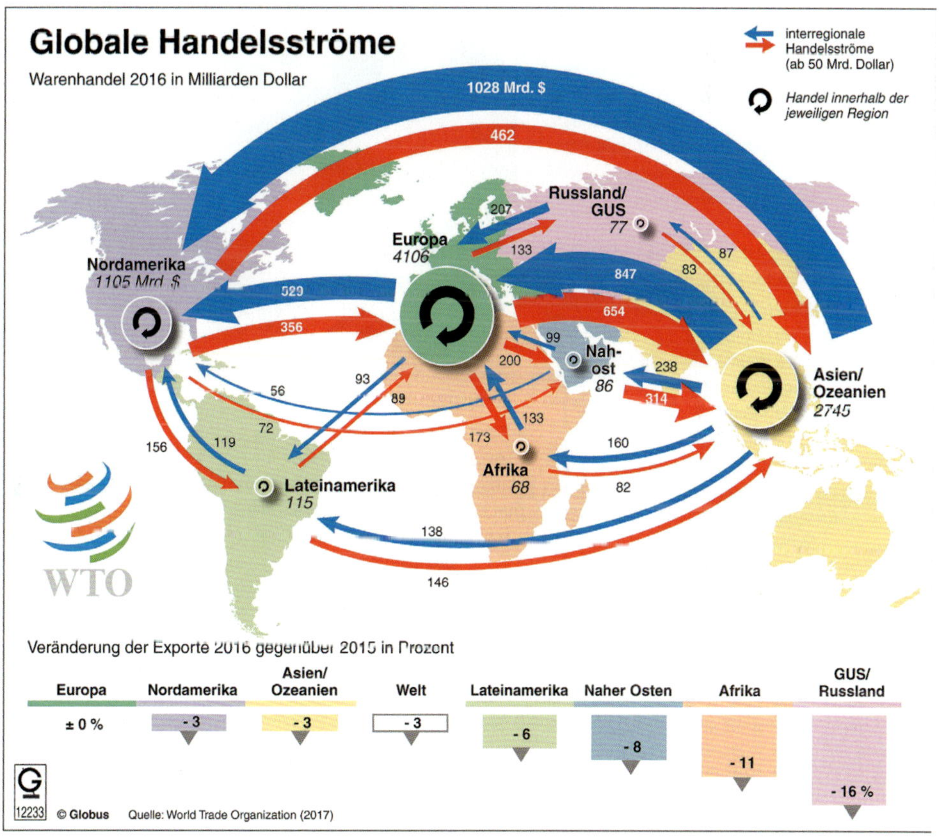

Globale Handelsströme

Weltweiten Handel gibt es seit mehr als 500 Jahren. In den letzten 20 Jahren hat sich die Entwicklung allerdings stark beschleunigt. Eine wesentliche Ursache dafür ist die technische Entwicklung. Die modernen Kommunikationstechniken und das Internet machen es möglich, dass nicht nur die Produktion von Gütern kostengünstig in anderen Ländern stattfinden kann. Zunehmend werden auch Dienstleistungen wie der Kundenservice durch Callcenter und Forschung und Entwicklung weltweit exportiert. Weitere wichtige Faktoren, die den Globalisierungsprozess beschleunigen, sind die günstigen Transportkosten und der Abbau von Handelshemmnissen wie Importvorschriften und länderspezifische Produktnormen.

Ursachen der fortschreitenden Globalisierung

Die fortschreitende Globalisierung lässt den Welthandel von Rekord zu Rekord eilen. Folgende Gründe sind für diese veränderte Situation in der Weltwirtschaft verantwortlich:

Abbau von Handelshemmnissen

Internationale Vereinbarungen, wie z. B. solche, die durch die Welthandelsorganisation (WTO) getroffen werden, haben dazu geführt, dass die Länder ihre nationalen Märkte für den globalen Handel weiter geöffnet haben. So wurden z. B. Einfuhrbeschränkungen und Einfuhrzölle in den vergangenen Jahren in immer größerem Umfang abgebaut.

Informations- und Kommunikationstechnik

Entscheidend vorangetrieben wurde die Globalisierung durch den technischen Fortschritt im Bereich der Informations-und Kommunikationstechnik. Die Welt ist quasi zu einem globalen Dorf geworden. Vor allem für die multinationalen Konzerne steht die Zeit nicht mehr still. Ihre Geschäfte laufen rund um die Uhr und um die ganze Welt. Besonders die Satellitentechnik und das Internet haben diese Entwicklung möglich gemacht.

hohes Lohngefälle

Das bestehende Lohngefälle ist ein besonders wichtiger Grund für das Wachstum des Welthandels. So sind z. B. die Computerfachleute im indischen Bangalore ähnlich gut qualifiziert wie in Deutschland. Allerdings haben sie ein Monatseinkommen, das weniger als die Hälfte des Einkommens ihrer deutschen Kollegen beträgt.

niedrige Transportkosten

Die Transportkosten sind in den letzten Jahrzehnten stark gesunken. Im Schiffsverkehr wurde dies ermöglicht durch die große Ladekapazität der Schiffe und die kostensparende Containertechnik.

globalisierte Kapitalmärkte

Nirgendwo hat sich die Globalisierung so stark bemerkbar gemacht wie auf den Kapitalmärkten. Seitdem hier kaum noch Beschränkungen bestehen, können Anleger sekundenschnell ihr Geldvermögen international umschichten. Eine Anlage ihrer finanziellen Mittel in einer der gewünschten Währungen ist heute kaum noch ein Problem.

Die Globalisierung beinhaltet Entwicklungschancen für einige Länder, deren Wirtschaft bisher unterentwickelt ist. Von den 7,3 Milliarden Menschen auf der Erde leben 76 % in Reform- und Entwicklungsländern. Diese Länder haben einen Anteil von 40 % an der weltweiten Wirtschaftsleistung und von 48 % am Welthandel. Die Globalisierung könnte ihren Anteil am Welthandel und an der Weltwirtschaftsleistung erhöhen und für mehr Wohlstand sorgen. Sie bringt für Unternehmen und Verbraucher in den Industrieländern Vorteile durch niedrigere Kosten und eine größere Vielfalt an Produkten zu günstigen Preisen. Risiken bestehen insbesondere für die Umwelt und die Arbeitnehmer. Beispielgebende Standards des Umweltschutzes, des Arbeitsschutzes, der Entlohnung und der sozialen Sicherheit geraten durch die zunehmende weltweite Konkurrenz unter Druck.

Globalisierung	
Chancen	**Risiken**
• Kostenvorteile für die Unternehmen durch Wahl des günstigsten Standorts • Entwicklungschancen für Reform- und Entwicklungsländer. Zu den Globalisierungsgewinnern zählen China, Thailand, Südkorea, Chile und Mexiko. • Produkte aus aller Welt zu günstigen Preisen für die Verbraucher • wachsende kulturelle Akzeptanz durch weltweiten Handel und weltweit erhältliche Produkte • Abbau der Gefahr von Kriegen durch weltweiten Handel	• Standards der sozialen Sicherheit und des Umweltschutzes sind bedroht. • Machtverlust der Regierungen der Nationalstaaten durch den wachsenden Einfluss weltweit operierender Konzerne • erheblicher Druck auf die Löhne und erreichte Arbeitsschutzstandards • Traditionelle Kulturen, Produkte und Bräuche sind in ihrer Existenz bedroht. • Wirtschaftskrisen wirken sich weltweit aus, da die wirtschaftliche Abhängigkeit der Staaten untereinander ständig zunimmt.

3 Sicherung des Wettbewerbs

Eine Grundidee der sozialen Marktwirtschaft ist der faire Wettbewerb der Unternehmen. Der Verbraucher soll zwischen verschiedenen Anbietern wählen können, die Konkurrenz soll zu besseren Produkten und günstigeren Preisen führen. Die Zusammenarbeit von Unternehmen kann die Verbraucher benachteiligen, z. B. wenn Preise untereinander abgesprochen werden. Durch den Zusammenschluss von Unternehmen verringert sich die Zahl der Anbieter. Deshalb werden die Kooperation und Konzentration von Unternehmen gesetzlich eingeschränkt.

3.1 Kooperation und Konzentration

Die Zusammenarbeit der Unternehmen kann auf vielen Gebieten und in vielfältigen Rechtsformen stattfinden. Unternehmen können z. B. in der Forschung, bei der Werbung oder im Vertrieb miteinander kooperieren. Mehrere kleine Unternehmen können sich zu einem größeren zusammenschließen, ein finanzkräftiges Unternehmen kann seinen Konkurrenten aufkaufen. Zusammenarbeit und Zusammenschluss von Unternehmen werden als „Kooperation“ und als „Konzentration“ bezeichnet.

Kooperation findet statt, wenn jedes der beteiligten Unternehmen rechtlich und wirtschaftlich selbstständig bleibt. *Kooperation*

Konzentration findet statt, wenn mindestens eines der beteiligten Unternehmen seine rechtliche und/oder seine wirtschaftliche Selbstständigkeit aufgibt. *Konzentration*

Neben der Einsparung von Kosten für Produktion, Werbung und Vertrieb gibt es zahlreiche andere Gründe für Kooperationen und Zusammenschlüsse von Unternehmen:
- Verringerung hoher Forschungs-/Entwicklungskosten
- Verbreiterung der Kapitalbasis
- Streuung des unternehmerischen Risikos
- Ausnutzung von Rationalisierungsvorteilen
- Erhöhung des Auslastungsgrades der Produktionsanlagen
- Erschließung neuer Beschaffungs- oder Absatzmärkte
- Begrenzung des Wettbewerbs/Aufteilung von Märkten

Formen der Kooperation

Bei allen Formen der Kooperation behalten die beteiligten Unternehmen ihre rechtliche und wirtschaftliche Selbstständigkeit. Die verschiedenen Formen unterscheiden sich in der Intensität der Zusammenarbeit und darin, wie stark der Entscheidungsspielraum der Beteiligten durch die Kooperation eingeschränkt wird.

- **Arbeitsgemeinschaft:** Die Unternehmen arbeiten in ausgewählten Teilbereichen – in der Regel in Form einer vertraglichen Vereinbarung – zusammen, z. B. Bildung einer Werbegemeinschaft in einer Fußgängerzone. Die beteiligten Unternehmen behalten ihre rechtliche, größtenteils auch ihre wirtschaftliche Selbstständigkeit.
- **Zentrales Einkaufssystem:** Mehrere Groß- oder Einzelhändler schließen sich zu einer Einkaufsgemeinschaft zusammen. Dadurch können sie als starker Nachfrager gegenüber den Herstellern auftreten und Preisvorteile durchsetzen.
- **Depotsystem:** Der Händler verpflichtet sich, das ganze Sortiment eines Herstellers bereitzuhalten. Im Gegenzug unterstützt der Hersteller den Händler beim Absatz, beispielsweise durch Werbeaktionen.
- **Freiwillige Ketten:** Großhändler und Einzelhändler arbeiten eng zusammen. Die Einzelhändler beziehen einen Großteil ihrer Waren von dem Kettengroßhändler. Sie bleiben aber wirtschaftlich und rechtlich unabhängig. Durch gemeinsame Werbemaßnahmen und Handelsmarken können so Vorteile beim Absatz und auf der Kostenseite erzielt werden.
- **Rack-Jobbing-System:** Ein Hersteller oder Großhändler mietet Regalfläche im Einzelhandel. Hersteller oder Händler füllen die Regale auf, beachten Mindesthaltbarkeitsdaten und nehmen unverkaufte Ware unentgeltlich zurück. Auf diese Weise kann der Händler sein Angebot erweitern. Der Hersteller oder Großhändler vergrößert seine Absatzmöglichkeiten.
- **Franchising:** Der Franchisenehmer erhält vom Franchisegeber Waren, Markenzeichen, Ausstattung sowie Unterstützung in Fragen des Absatzes. Er muss den Franchisegeber dafür bezahlen und ist an ihn vertraglich eng gebunden. Er verpflichtet sich, die vereinbarten Bedingungen, beispielsweise bei Zubereitung und Verkauf der Waren, genau einzuhalten.
- **Konsortium:** Unternehmen schließen sich für einen begrenzten Zeitraum zusammen, z. B. in Form einer BGB-Gesellschaft, um ein gemeinsames Projekt, beispielsweise den Bau einer Autobahntrasse, durchzuführen. Der wirtschaftliche Entscheidungsspielraum wird nur in sehr geringem Umfang begrenzt.
- **Interessengemeinschaft:** Unternehmen schließen sich zusammen, z. B. in Form einer BGB-Gesellschaft, um gemeinsam unternehmerische Tätigkeitsfelder, beispielsweise Forschungsprojekte, zu bearbeiten. Der wirtschaftliche Entscheidungsspielraum wird dadurch eingeschränkt.
- **Kartell:** Rechtlich selbstständige Unternehmen schließen einen Vertrag mit dem Ziel, den Wettbewerb zu beeinflussen oder auszuschalten. Kartelle können sich auf Preise, Lieferbedingungen, Vertriebsgebiete oder technische Entwicklungen beziehen.

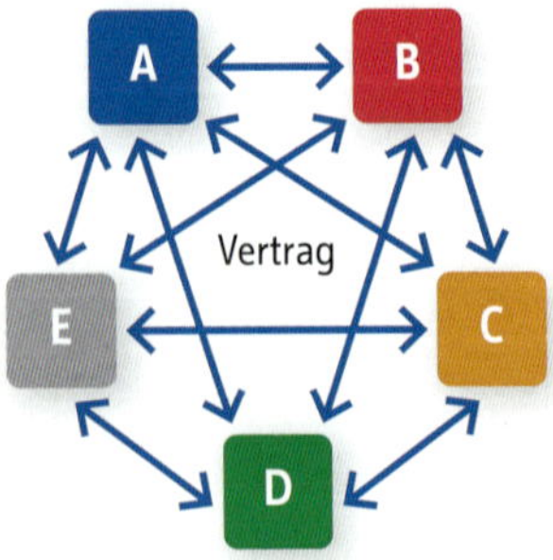

Kartell

Formen der Konzentration

Konzentration findet statt, wenn ein Unternehmen von einem anderen übernommen wird und seine rechtliche und/oder wirtschaftliche Selbstständigkeit aufgibt. Ein Unternehmenszusammenschluss kann durch Bildung eines Konzerns oder in Form einer Fusion erfolgen.

Konzentration

Konzern	Fusion
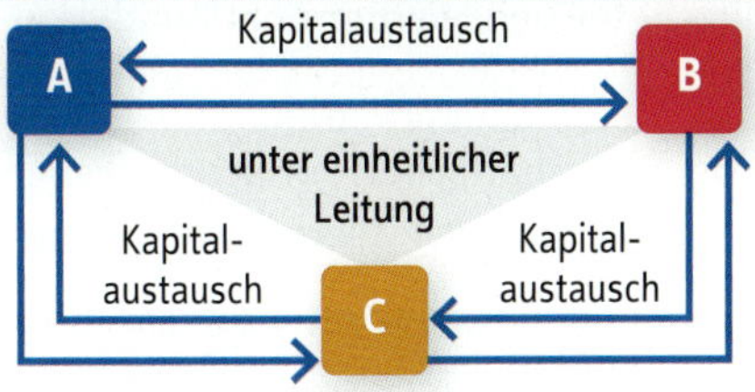	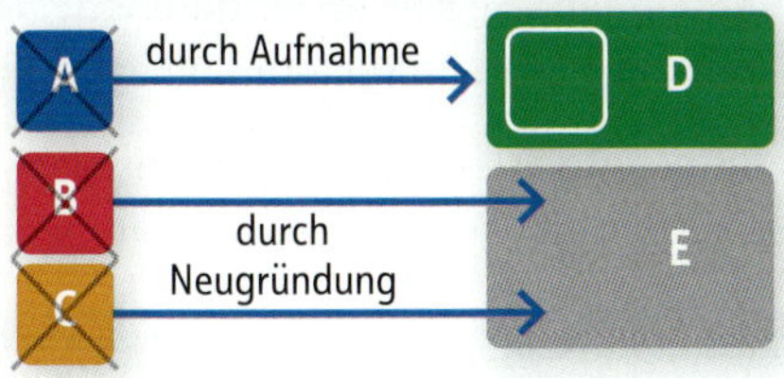
Die Unternehmen schließen sich unter einheitlicher Leitung zusammen und behalten dabei ihre rechtliche Selbstständigkeit, verlieren jedoch völlig ihre wirtschaftliche Selbstständigkeit. Eine besondere wirtschaftliche und politische Bedeutung erlangen die sogenannten Multis (multinationale Konzerne).	Ehemals rechtlich und wirtschaftlich selbstständige Unternehmen schließen sich zu einem (neuen) Unternehmen zusammen. Beispiel: Verschmelzen eines deutschen und eines ausländischen Automobilunternehmens.

Die verschiedenen Möglichkeiten von Unternehmenszusammenschlüssen werden auch danach unterschieden, ob die Unternehmen auf der gleichen Wirtschaftsstufe tätig sind oder verschiedenen Wirtschaftsstufen angehören.

- **Horizontaler Zusammenschluss:** Unternehmen der gleichen Wirtschaftsstufe schließen sich zusammen. Beispiel: Fusion zweier Bankinstitute.
- **Vertikaler Zusammenschluss:** Die beteiligten Unternehmen gehören zu vor- oder nachgelagerten Produktions- oder Handelsstufen. Beispiel: Ein Automobilhersteller übernimmt einen Gussbetrieb.
- **Diagonaler/lateraler Zusammenschluss:** Branchenfremde Unternehmen schließen sich zusammen. Beispiel: Ein Automobilkonzern fusioniert mit einer Bank.

3.2 Wettbewerbspolitik

Das Modell der Marktwirtschaft geht von einem funktionierenden Wettbewerb aus, bei dem Angebot und Nachfrage die Preise bestimmen. In der Realität schränken viele Faktoren den Wettbewerb ein. So haben große Konzerne eine größere Marktmacht als kleine Anbieter. Deshalb muss der Staat aktive Wettbewerbspolitik betreiben, um z. B. auf Unternehmenszusammenschlüsse zu reagieren.

Kartellkontrolle

Das Gesetz gegen Wettbewerbsbeschränkungen verbietet Kartelle, wenn durch sie der Wettbewerb eingeschränkt wird.

Verbotene Kartelle: Beispiele	
Verbotene Kartelle gleichartiger Unternehmen	**Verbotene Kartelle verschiedenartiger Unternehmen**
Preiskartell: Mehrere Kaffeeröster treffen Absprachen über die Verkaufspreise ihrer Produkte.	**Vertikales Preiskartell:** Ein Lebensmittelhersteller vereinbart mit mehreren Einzelhandelsketten feste Preise für Markenprodukte.
Gebietskartell: Drei Zementhersteller teilen die Absatzgebiete untereinander auf.	**Konditionenkartell:** Mehrere Hersteller von chemischen Grundstoffen vereinbaren mit Chemikaliengroßhändlern gleiche Rabatte und Lieferbedingungen.

Unternehmen, die sich an verbotenen Kartellen beteiligen, werden vom Bundeskartellamt mit hohen Bußgeldern belegt.

Erlaubt sind Kartelle, die dem technischen oder wirtschaftlichen Fortschritt dienen. Dies betrifft insbesondere die Zusammenarbeit kleinerer und mittlerer Unternehmen.

Erlaubte Kartelle: Beispiele	
Kartell zur Förderung des technischen Fortschritts: Zwei Telekommunikationsunternehmen schließen einen Kooperationsvertrag zum Aufbau eines Hochgeschwindigkeitsnetzes.	**Kartell zur Förderung des wirtschaftlichen Fortschritts:** Fünf regionale Stromanbieter schließen einen Kooperationsvertrag, um zu günstigeren Konditionen Strom und Gas einkaufen zu können.

Missbrauch einer marktbeherrschenden Stellung

Marktbeherrschende Stellung

Das Bundeskartellamt und die Europäische Kommission überwachen, ob durch eine Konzernbildung oder eine Fusion eine zu große Marktmacht entsteht. So verbot das Bundeskartellamt der Edeka-Gruppe, 450 Filialen der Lebensmittelkette Kaiser's Tengelmann in Berlin, Bayern und Nordrhein-Westfalen zu übernehmen. Eine marktbeherrschende Stellung wird vermutet, wenn der Marktanteil eines Unternehmens mindestens ein Drittel beträgt oder mehrere Unternehmen zusammen mindestens 50 % des Gesamtmarktes abdecken.

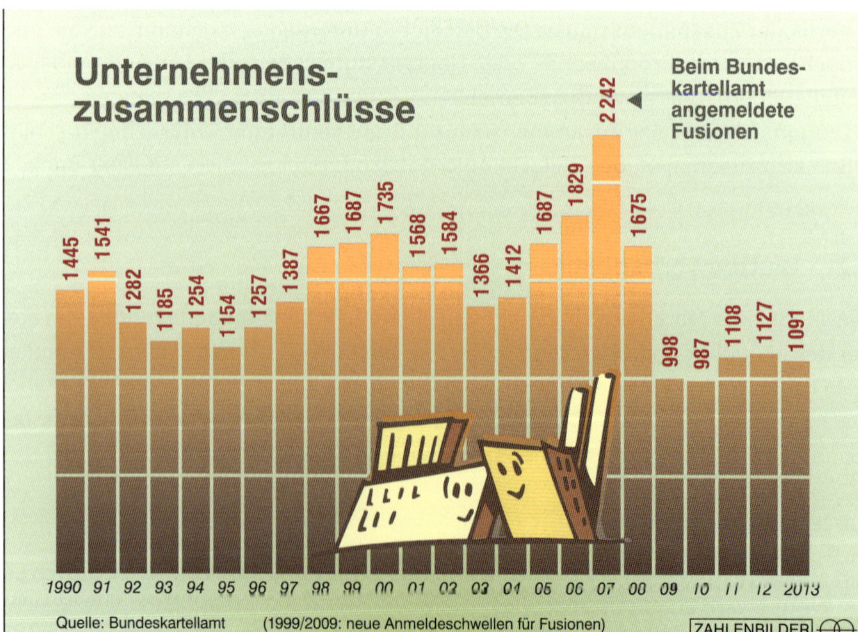

 227 003

Unternehmenszusammenschlüsse in Deutschland

4850282

4 Grundzüge der Wirtschaftspolitik

Der Staat hat vielfältige Instrumente, um die Wirtschaft zu beeinflussen. Er tritt als Nachfrager von Gütern und Leistungen auf, er kann bestimmte Entwicklungen durch Subventionen fördern oder gesetzlich erzwingen. Durch eine Erhöhung der Steuern kann die private Nachfrage gedämpft oder durch eine Steuersenkung angeregt werden. Welche Instrumente eingesetzt werden und welche Wirkung sie entfalten, hängt davon ab, in welcher Phase sich die wirtschaftliche Entwicklung befindet, welche Ziele erreicht werden sollen und welchem wirtschaftspolitischen Konzept die Regierung folgt.

4.1 Konjunkturphasen und Konjunkturindikatoren

Konjunkturphasen

Konjunkturzyklus

Die wirtschaftliche Aktivität in einer Volkswirtschaft unterliegt unterschiedlich starken Schwankungen. Zu beobachten sind Auf- und Abwärtsbewegungen bei Beschäftigung, Produktion, Löhnen, Zinsen und Preisen. Das Auf und Ab dieser wirtschaftlichen Entwicklung wurde über Jahrzehnte gemessen und statistisch ausgewertet. Die dabei festgestellten Regelmäßigkeiten ließen es zu, die gewonnenen Datenreihen zum sogenannten Konjunkturphasenmodell zusammenzufassen. Die Wirtschaftswissenschaftler sprechen seitdem von einem Konjunkturzyklus, der in seiner Wellenbewegung die vier Konjunkturphasen Aufschwung, Hochkonjunktur, Abschwung und Konjunkturtief umfasst.

Bruttoinlandsprodukt (BIP)

Als Maßstab für den Konjunkturverlauf dient die Entwicklung des realen Bruttoinlandsprodukts (kurz BIP). Das Bruttoinlandsprodukt ist die Summe aller Güter und Dienstleistungen, die innerhalb eines Jahres im Inland hergestellt werden. Das reale Bruttoinlandsprodukt ist von Preisschwankungen bereinigt, damit unterschiedliche Perioden leichter verglichen werden können.

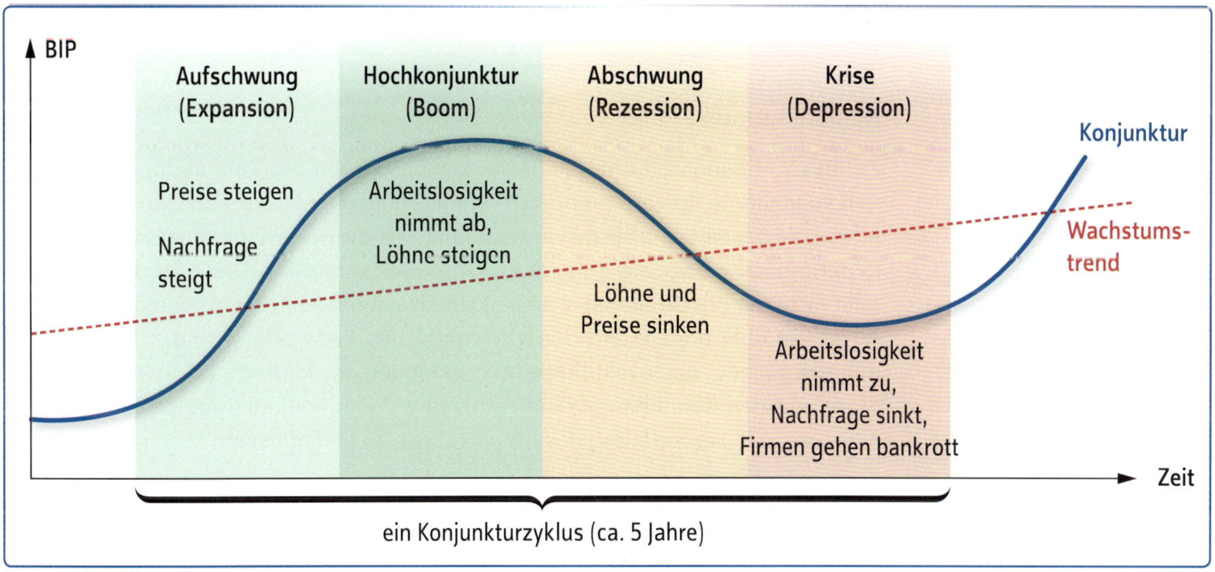

Konjunkturphasenmodell

Die Konjunkturphasen stellen sich in folgenden Entwicklungen auf den Gütermärkten, den Geld- und Kapitalmärkten und dem Arbeitsmarkt dar.

Konjunkturphasen und ihre charakteristischen Merkmale

Aufschwung (Expansion)	Hochkonjunktur (Boom)	Abschwung (Rezession)	Krise (Depression)
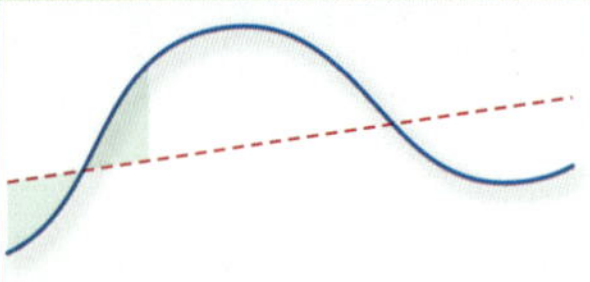	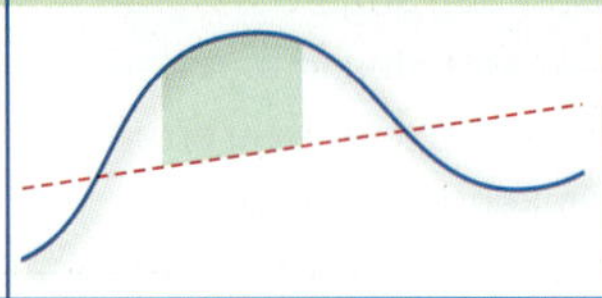	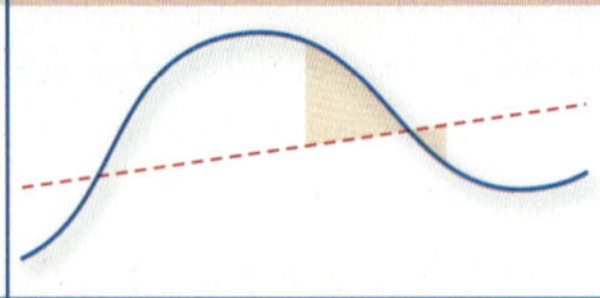	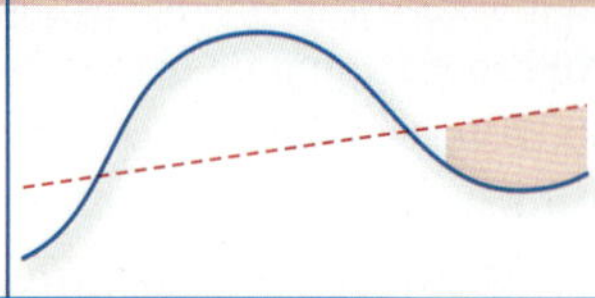
• Die Nachfrage der privaten Haushalte, der Unternehmen, des Staates und des Auslands steigt. • Die Preise steigen aufgrund der höheren Nachfrage. • Die Unternehmen weiten ihre Produktion aus. • Der Bedarf an Arbeitskräften steigt. • Die Nachfrage nach Investitionsgütern steigt, da die Unternehmen ihre Produktionskapazitäten ausweiten. • Die Nachfrage nach Krediten steigt aufgrund der Zunahme von Produktion und Konsum. • Höhere Löhne können in den Tarifverhandlungen durchgesetzt werden. • Die Gewinne der Unternehmen steigen.	• Die Produktionskapazitäten sind voll ausgelastet. • Es herrscht Vollbeschäftigung. • Einkommenszuwächse werden durch einen Anstieg der Preise aufgezehrt. • Der Markt ist gesättigt, weitere Investitionen führen zu einer Überproduktion.	• Die Nachfrage sinkt. • Die Produktionskapazitäten sind nicht ausgelastet. • Die Löhne sinken. Es kommt zu Kurzarbeit und Entlassungen. • Die Preise sinken aufgrund der zurückgehenden Nachfrage und des Überangebots. • Die Investitionen gehen zurück. • Die Kreditnachfrage und die Zinsen sinken.	• Das Bruttoinlandsprodukt sinkt, die Nachfrage erreicht ihr niedrigstes Niveau. • Die Kapazitätsauslastung ist sehr niedrig. • Die Löhne sinken weiter, die Arbeitslosigkeit wächst. • Die Zinsen sind sehr niedrig, da wenig investiert und viel gespart wird. • Die Zahl der Insolvenzen und Unternehmensschließungen erreicht ihren Höhepunkt. • In der Talsohle sind die Überkapazitäten bereinigt, die Löhne angepasst, es gibt erste Zeichen eines neuen Aufschwungs.

Konjunkturindikatoren

Zur Beschreibung und Analyse der einzelnen Phasen des Konjunkturverlaufs werden sogenannte Konjunkturindikatoren herangezogen. Dies sind charakteristische Merkmale der wirtschaftlichen Entwicklung, wie die Höhe der Kapazitätsauslastung in der Industrie oder die Höhe des Bruttoinlandsprodukts. Diese Merkmale haben aber nicht nur beschreibenden Charakter, sie dienen auch der Konjunkturprognose. Aussagen über die Zukunft der wirtschaftlichen Entwicklung sind z. B. für Unternehmen wichtig, um Investitionsentscheidungen abzusichern, oder sie dienen dem Staat, um den Konjunkturverlauf rechtzeitig durch konjunkturpolitische Maßnahmen, wie z. B. Veränderung des Steuersatzes, zu beeinflussen.

Man kann die Konjunkturindikatoren nach ihrer zeitlichen Beziehung zum Konjunkturverlauf einteilen in vorlaufende Indikatoren (Frühindikatoren), gleichlaufende Indikatoren (Gegenwartsindikatoren) und nachlaufende Indikatoren (Spätindikatoren).

Art des Konjunkturindikators	Beispiele
Frühindikator (vorlaufend)	• Geschäftserwartungen von Unternehmen • Entwicklung der Aktienkurse • Auftragseingänge in Unternehmen • Baugenehmigungen
Gegenwartsindikator (gleichlaufend)	• Kapazitätsauslastung in Industrieunternehmen • Höhe der industriellen Produktion • Einzelhandelsumsatz • Außenhandelsumsatz
Spätindikator (nachlaufend)	• Zahl der Beschäftigten bzw. Arbeitslosen • Zahl der Insolvenzen

4.2 Wirtschaftspolitische Ziele

In der sozialen Marktwirtschaft greift der Staat aktiv in das Wirtschaftsgeschehen ein. Die Zielsetzungen der staatlichen Wirtschaftspolitik werden in § 1 des Gesetzes zur Förderung der Stabilität und des Wachstums der Wirtschaft (Stabilitätsgesetz) formuliert.

[§]

§ 1 Wachstums- und Stabilitätsgesetz [Erfordernisse der Wirtschaftspolitik]

(1) Bund und Länder haben bei ihren wirtschafts- und finanzpolitischen Maßnahmen die Erfordernisse des gesamtwirtschaftlichen Gleichgewichts zu beachten.

(2) Die Maßnahmen sind so zu treffen, dass sie im Rahmen der marktwirtschaftlichen Ordnung gleichzeitig zur Stabilität des Preisniveaus, zu einem hohen Beschäftigungsstand und außenwirtschaftlichem Gleichgewicht bei stetigem und angemessenem Wirtschaftswachstum beitragen.

Das Magische Viereck

Als Oberziel der staatlichen Wirtschaftspolitik wird das gesamtwirtschaftliche Gleichgewicht genannt. Es soll durch vier Unterziele erreicht werden.

Oberziel

↓

Gesamtwirtschaftliches Gleichgewicht

wird erreicht durch

↓

Unterziele

Hoher Beschäftigungsgrad	Stabiles Preisniveau	Außenwirtschaftliches Gleichgewicht	Angemessenes und stetiges Wirtschaftswachstum

Ziel: Hoher Beschäftigungsstand

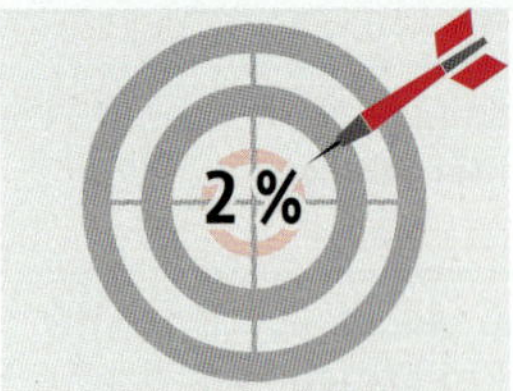

Arbeitslosigkeit unter 2 %

Arbeitslos zu sein, ist für die meisten Menschen ein harter Schicksalsschlag. Arbeitslose haben finanzielle Einbußen, das Selbstwertgefühl leidet. Oft ist der Verlust der Arbeit mit Spannungen in der Familie und psychischen Belastungen verbunden. Die gesellschaftlichen Kosten der Arbeitslosigkeit sind enorm. Der Staat muss Arbeitslosengeld zahlen. Es kommt zu Steuerausfällen und Beitragsausfällen in der Sozialversicherung in Milliardenhöhe.

Ein hoher Beschäftigungsstand bedeutet nicht absolute Vollbeschäftigung. Allein durch Wohnungswechsel, Kündigung oder das Schließen von Baustellen im Winter sind immer Tausende Arbeitnehmer ohne Beschäftigung. Ein hoher Beschäftigungsstand gilt als erreicht, wenn die Arbeitslosenquote unter 2 % liegt.

Ziel: Preisniveaustabilität

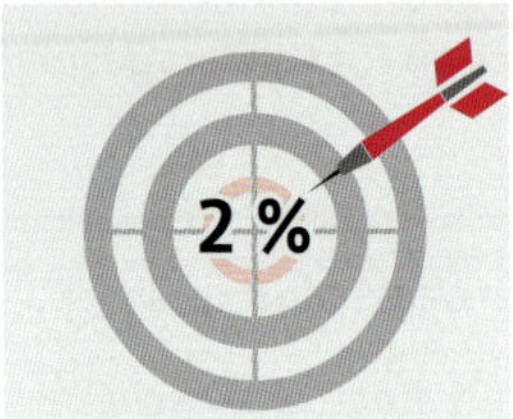

Inflationsrate von weniger als 2 %

Das Preisniveau gilt als stabil, wenn sich Preissteigerungen bei einigen Gütern und Preissenkungen bei anderen im Durchschnitt ausgleichen. Preisniveaustabilität darf aber nicht mit Preisstabilität verwechselt werden, denn das würde ja bedeuten, dass sich kein Preis ändert. Absolut stabile Preise kann es in einer Marktwirtschaft aber nicht geben, sie ändern sich ständig. Im Allgemeinen spricht man noch bei einer Inflationsrate (Teuerungsrate) von weniger als 2 % von Preisniveaustabilität.

Ziel: Außenwirtschaftliches Gleichgewicht

Exportüberschuss von 1 %

Ohne Außenwirtschaft käme die Wirtschaft ins Stocken: Sei es Rohöl, Erdgas, Südfrüchte, Fischkonserven oder Digitalkameras, alle diese Waren und noch viele andere mehr kommen aus dem Ausland. Sie müssen importiert werden. Ohne diese Importe würde unser aller Lebensstandard erheblich zurückgehen. Um diese Waren bezahlen zu können, müssen aber umgekehrt große Mengen der im Inland hergestellten Waren in das Ausland verkauft werden.

Exporte und Importe sollten möglichst ausgeglichen sein. Wird nämlich dauerhaft mehr importiert als exportiert, besteht die Gefahr, dass ständig Kredite im Ausland aufgenommen werden müssen, um den Importüberschuss zu bezahlen. Besteht ein ständiger Exportüberschuss, fließt zu viel Geld ins Inland, was zu einer Inflation führen kann.

Im Finanzplan der deutschen Bundesregierung wird dennoch ein Exportüberschuss von 1 % gefordert. Er ist notwendig, damit die internationalen Zahlungsverpflichtungen erfüllt werden können. Große Summen fließen z. B. aus Deutschland in die Entwicklungsländer und die Europäische Union. Für den regen Urlaubsverkehr wird ebenfalls ein dickes Devisenpaket benötigt, das über einen Exportüberschuss erst einmal beschafft werden muss.

Ziel: Angemessenes Wirtschaftswachstum

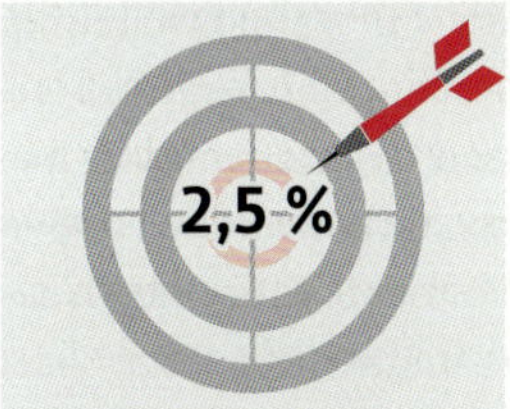

jährliche Zuwachsraten von 2,5 %

Wirtschaftswachstum zeigt sich rein statistisch in positiven Zuwachsraten des Bruttoinlandsprodukts (BIP). Bleibt das BIP konstant, liegt ein Nullwachstum vor, sinkt es, so ist ein negatives Wachstum gegeben. Als angemessen gilt das Wirtschaftswachstum dann, wenn es eine jährliche Zuwachsrate von 2,5 % aufweist.

Nun stellt sich die Frage: Warum ist es eigentlich so problematisch, wenn die Wirtschaft mal eine Wachstumspause einlegt? Die Antwort lautet: Die Unternehmen werden durch Innovationen (technische Erneuerungen) ständig produktiver. Sie benötigen deshalb immer weniger Arbeitskräfte für die gleiche Herstellungsmenge. Stiege die Wirtschaftsleistung nicht an, so würden immer mehr Arbeitsplätze überflüssig. Die Arbeitslosigkeit würde dramatisch zunehmen. Die Sozialsysteme müssten eine Belastung schultern, die sie nur für kurze Zeit tragen könnten. Das gilt besonders für Deutschland, wo immer weniger Erwerbstätigen eine wachsende Zahl von Rentnern gegenübersteht.

Das Magische Sechseck

Wirtschaftswachstum ist auch erforderlich, um das Bedürfnis der Menschen nach wachsendem Wohlstand zu erfüllen. Schaut man sich die Entwicklung in den Industriestaaten innerhalb der letzten Jahrzehnte an, so hat sich diese Erwartung größtenteils erfüllt. Die Wachstumskritiker bezweifeln aber, dass dies so weitergehen kann, da eine steigende Güterproduktion im Allgemeinen auch zu einer stärkeren Belastung der Umwelt führt und die Rohstoffreserven immer knapper werden. Neben den im Stabilitätsgesetz genannten Zielen sind inzwischen zwei weitere wirtschaftspolitische Ziele hinzugekommen. Aus dem Magischen Viereck wurde ein Magisches Sechseck.

Die sechs Ziele der Wirtschaftspolitik

Ziel: Schutz der natürlichen Umwelt

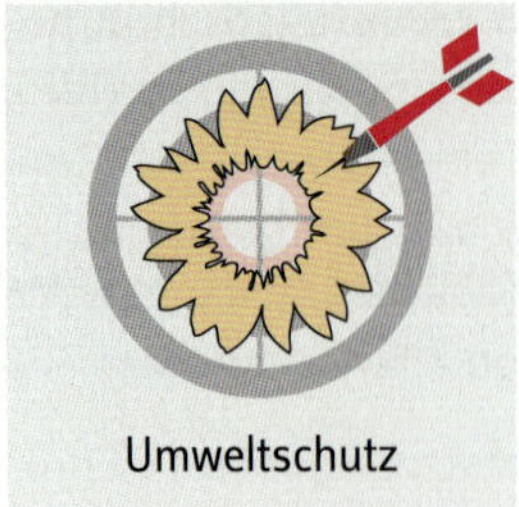

Bodenverseuchung, Waldsterben, Luftverschmutzung, Treibhauseffekt und Überschwemmungen sind nur einige Schlagworte, die den Zustand unserer Umwelt beschreiben. Kritiker unserer Wirtschaftsordnung stellen immer häufiger die Frage, was Vollbeschäftigung, Wirtschaftswachstum und Preisniveaustabilität noch wert sind, wenn die Umwelt kaputt ist, in der wir alle leben müssen.

Ziel: Gerechte Einkommens- und Vermögensverteilung

Auch in einer sozialen Marktwirtschaft können sich Vermögen anhäufen und hohe Einkommen bezogen werden, die viele als ungerecht empfinden. Der Staat hat die Aufgabe, für eine annähernd gerechte Einkommensverteilung zu sorgen.

Sind die Unterschiede bei Vermögen und Einkommen zu groß, kann es zu sozialen Konflikten kommen. Wie hoch aber ein Vermögen oder ein Einkommen sein darf, um noch als gerecht empfunden zu werden, ist nicht eindeutig zu klären. Je nach Interessenlage der Befragten fallen die Antworten sehr unterschiedlich aus.

Zielharmonie und Zielkonflikt

Alle sechs Ziele der Wirtschaftspolitik gleichzeitig zu erreichen, erfordert fast magische Kräfte. Zwischen den Zielen bestehen unterschiedliche Beziehungen:

Zielharmonie

Eine Zielharmonie besteht, wenn das Streben nach einem Ziel ein anderes Ziel begünstigt. Diese Beziehung besteht z. B. zwischen Wirtschaftswachstum und Vollbeschäftigung. Werden mehr Güter hergestellt, erfordert dies meist auch mehr Arbeitskräfte.

Zielkonflikt

Ein Zielkonflikt besteht, wenn ein „Mehr" bei der Verwirklichung des einen Ziels mit Abstrichen bei den anderen Zielen verbunden ist. Ein derartiger Konflikt kann z. B. auftreten zwischen Wirtschaftswachstum und Preisniveaustabilität. In einer wachsenden Wirtschaft ist die Nachfrage meist größer als das Angebot. Die Folge ist, dass die Preise steigen.

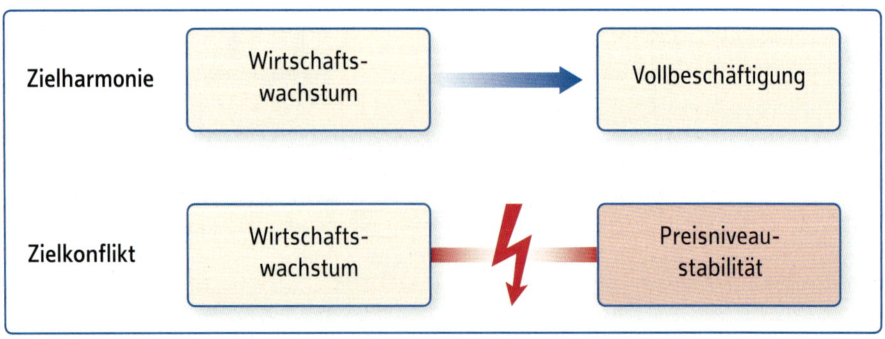

Beispiele für Zielharmonie und Zielkonflikt im Magischen Sechseck

4850288

4.3 Wirtschaftspolitische Instrumente des Staates

Das wirtschaftspolitische Instrumentarium umfasst die Gesamtheit aller Maßnahmen, die dem Staat zur Verfügung stehen, um die in § 1 des Stabilitätsgesetzes festgelegten Ziele zu erreichen.

Zentrale wirtschaftspolitische Instrumente des Staates[1]

konjunktur**fördernde** Wirkung auf	**Beispiele:**		**Beispiele:**	konjunktur**dämpfende** Wirkung auf
Unternehmen, z. B. Verbilligung der Produktion durch Verbesserung der Abschreibungsmöglichkeiten	← Abschaffung von Steuern/ Steuersenkung	**Steuerpolitik**	Einführung neuer Steuern/ Steuererhöhung →	**Unternehmen,** z. B. Verteuerung der Produktion durch Verschlechterung der Abschreibungsmöglichkeiten
	← Erhöhung der staatlichen Aufträge	**Nachfragepolitik**	Senkung der staatlichen Aufträge →	
Private Haushalte, z. B. Erhöhung der Konsumausgaben durch Steuersenkungen	← Abbau oder Verminderung von Sparprämien	**Sparpolitik**	Gewährung oder Erhöhung von Sparprämien →	**Private Haushalte,** z. B. Senkung der Konsumausgaben durch Steuererhöhungen
	← Erhöhung der staatlichen Kreditaufnahme	**Kreditpolitik**	Verminderung oder Verzicht auf Kreditaufnahme →	
Ausland, z. B. Verbilligung der Warenlieferungen ins Ausland durch Senkung von Steuern und staatlichen Abgaben	← Gewährung von Subventionen	**Subventionspolitik**	Abbau von Subventionen →	**Ausland,** z. B. Verteuerung der Warenlieferungen ins Ausland durch Erhöhung von Steuern und staatlichen Abgaben
	← Einführung von Abschreibungsvergünstigungen	**Abschreibungspolitik**	Abbau von Abschreibungsvergünstigungen →	

Der Einsatz dieser wirtschaftspolitischen Instrumente erfolgt im Rahmen der kurzfristigen **antizyklischen Konjunkturpolitik** und dient der langfristigen Gestaltung der **Strukturpolitik**. Die Strukturpolitik unterstützt durch gezielte Maßnahmen die Bewältigung des wirtschaftlichen und sozialen Wandels.

Staatliche Wirtschaftspolitik

kurzfristig

antizyklische Konjunkturpolitik

Beispiel:
In einer Wirtschaftskrise vergibt der Staat öffentliche Aufträge zum Ausbau des Autobahnnetzes.

langfristig

Strukturpolitik

Beispiel:
Im Bundestag wird der Ausstieg aus der Kernenergie beschlossen. Der Staat unterstützt diesen langfristigen Prozess durch Gewährung von Subventionen bei erneuerbaren Energien.

1 nach: Lötzerich, R./Schneider, P.-J./Zindel, M., Wegweiser Wirtschaft, Darmstadt 1991
aus: Böker, Jürgen u. a.: Wirtschaftspolitik/Wirtschaftsordnung, 3. Aufl., Darmstadt 2005, S. 33

4.4 Angebots- und Nachfrageorientierung als Grundkonzeptionen staatlicher Wirtschaftspolitik

Grundkonzeptionen staatlicher Wirtschaftspolitik

Angebotsorientierte Wirtschaftspolitik

Grundannahme

Die Verbesserung der gesamtwirtschaftlichen Angebotsbedingungen (effizientere Kostenstruktur) führt zum Angebot kostengünstiger Produkte. Das stärkt die Wettbewerbsfähigkeit (z. B. gegenüber dem Ausland) und führt längerfristig zu Wirtschaftswachstum.

Wirtschaftspolitische Maßnahmen

- Schaffung von rechtlichen Rahmenbedingungen, die zu Kosteneinsparungen im Unternehmen führen (z. B. Senkung von Lohnnebenkosten)
- Einschränkung der staatlichen Nachfrage
- Abbau staatlicher Subventionen
- Abbau des staatlichen Einflusses auf die Konjunkturpolitik, um langfristig Marktkräfte zu stärken

Nachfrageorientierte Wirtschaftspolitik

Grundannahme

Die Stärkung der gesamtwirtschaftlichen Nachfrage führt zur Ankurbelung der Produktion und damit zur Erhöhung des Wirtschaftswachstums.

Wirtschaftspolitische Maßnahmen

- Stärkung der Massenkaufkraft durch Erhöhung von Löhnen und Gehältern
- Erhöhung der staatlichen Nachfrage (z. B. durch gezielten Einsatz von speziellen Konjunktur- bzw. Beschäftigungsprogrammen)
- verstärkter Einsatz staatlicher Subventionen (z. B. zur Förderung alternativer Energien)
- antizyklische Konjunkturpolitik, um die Intensität der einzelnen Konjunkturausschläge abzumildern

Wirtschaftspolitik der Zukunft

Verbindung von angebots- und nachfrageorientierter Wirtschaftspolitik

4.5 Arbeitslosigkeit und Arbeitsmarktpolitik

Arbeitslosigkeit hat viele Ursachen. Zeiten der Arbeitslosigkeit können persönlich bedingt sein, wie die Arbeitslosigkeit im Anschluss an eine Phase der Aus- oder Weiterbildung. Sie kann konjunkturbedingt sein oder durch Veränderungen der Wirtschaftsstruktur entstehen. Insbesondere lang andauernde Arbeitslosigkeit hat gravierende Folgen für den Einzelnen und für die Gesellschaft. Langzeitarbeitslosigkeit liegt vor, wenn ein erwerbsfähiger Mensch länger als ein Jahr keine Arbeit findet.

Arten von Arbeitslosigkeit

Die Arbeitsmarktforschung unterscheidet vier Arten der Arbeitslosigkeit: friktionelle, saisonale, konjunkturelle und strukturelle Arbeitslosigkeit.

Friktionelle Arbeitslosigkeit

- **Friktionelle Arbeitslosigkeit** entsteht durch den Wechsel von einem Arbeitsplatz auf einen anderen. Die Suche nach einer neuen Stelle benötigt Zeit. Arbeitnehmer, die ihre Stelle verloren haben oder wechseln möchten, finden nicht sofort eine neue Stelle oder die neue Stelle kann erst einige Zeit später angetreten werden. Friktionelle Arbeitslosigkeit kann nicht völlig verhindert werden.

- **Saisonale Arbeitslosigkeit** entsteht durch Beschäftigungsschwankungen im Jahresverlauf. Im Tourismusgewerbe werden in der Hauptsaison mehr Arbeitskräfte benötigt als in den übrigen Monaten, im Baugewerbe und im Straßenbau finden im Winter weniger Menschen Beschäftigung als in den frostfreien Monaten. Auch in der Industrie gibt es saisonabhängige Beschäftigungsschwankungen, zum Beispiel bei der Süßwarenherstellung.

Saisonale Arbeitslosigkeit

- **Konjunkturelle Arbeitslosigkeit** entsteht durch die Schwankungen im Konjunkturverlauf. Wenn die Konjunktur sich abschwächt und aus einem Boom in eine Depression absinkt, verringert sich auch der Bedarf an Arbeitskräften. Im Aufschwung wird die konjunkturelle Arbeitslosigkeit wieder abgebaut, allerdings mit einer deutlichen zeitlichen Verzögerung.

Konjunkturelle Arbeitslosigkeit

- **Strukturelle Arbeitslosigkeit** hat verschiedene Ursachen. Sie kann regional bedingt sein, bestimmte Wirtschaftsregionen haben eine deutlich geringere Wirtschaftskraft und eine höhere Arbeitslosigkeit als andere. Die wichtigste Ursache struktureller Arbeitslosigkeit sind jedoch Veränderungen der Wirtschaftsstruktur. Bestimmte Industrien wie z. B. die Lederwaren- oder Textilherstellung wandern in andere Länder ab. Die bisher in diesen Branchen Beschäftigten können aufgrund ihrer Qualifikation und Berufserfahrung nicht einfach in andere Branchen wechseln. Strukturelle Arbeitslosigkeit ist lang anhaltend und sehr schwierig abzubauen.

Strukturelle Arbeitslosigkeit

Arbeitslosenquote

In den letzten 20 Jahren lag die Zahl der registrierten Arbeitslosen in Deutschland im Jahresdurchschnitt zwischen 4,8 und knapp 3 Millionen Menschen. Das im Wachstums- und Stabilitätsgesetz formulierte Ziel eines hohen Beschäftigungsstandes mit einer Arbeitslosenquote von unter 2 % wurde nicht erreicht. Die Arbeitslosenquote drückt aus, wie viele gemeldete Arbeitslose es im Verhältnis zu den erwerbsfähigen Personen gibt.

$$\textit{Arbeitslosenquote} = \frac{\textit{gemeldete Arbeitslose}}{\textit{abhängige Erwerbstätige} + \textit{Arbeitslose}}$$

Arbeitslosenquote

Abhängige Erwerbstätige sind alle Arbeiter, Angestellten und Beamten, dies sind etwa 35 Millionen Menschen in Deutschland. Selbstständige und mithelfende Familienangehörige zählen nicht dazu. Nicht in der Arbeitslosenstatistik erscheinen folgende Gruppen: Menschen, die aus eigenem Wunsch weniger als 15 Stunden pro Woche berufstätig sind; Arbeitssuchende in Maßnahmen der Fort- und Weiterbildung; Arbeitslose, die älter als 58 Jahre sind; Arbeitslose, die von privaten Arbeitsvermittlern betreut werden; Arbeitslose, die sich nicht mehr bei der Agentur für Arbeit melden.

Folgen der Arbeitslosigkeit

Für die Betroffenen hat Arbeitslosigkeit oft gravierende persönliche und soziale Konsequenzen:

- materielle Einschränkungen, Überschuldung
- Verlust der gesellschaftlichen Anerkennung, Selbstzweifel und geringes Selbstwertgefühl

- gesundheitliche Probleme, besonders häufig Rückenprobleme und depressive Erkrankungen
- erhöhter Drogenkonsum, Suchterkrankungen

Fehlende Arbeitsplätze haben auch gravierende Folgen für die Gesellschaft:
- Senkung der Konsumnachfrage, dadurch geringeres Bruttoinlandsprodukt
- Ausfall von Steuereinnahmen
- Ausfall von Beitragszahlungen zur Sozialversicherung, besonders betroffen ist die Rentenversicherung
- Transferzahlungen der Bundesagentur für Arbeit (Arbeitslosengeld, Beiträge zur Kranken-, Pflege- und Rentenversicherung)
- hohe Transferzahlungen des Staates (Hartz IV)
- Druck auf die Löhne der Beschäftigten
- soziale Spannungen durch das wachsende Einkommensgefälle zwischen Arbeitslosen und Geringverdienern einerseits sowie Erben und Topverdienern andererseits

Aufgrund der persönlichen und gesellschaftlichen Folgen sind die Verhinderung und der Abbau von Arbeitslosigkeit zentrale Themen der politisch Verantwortlichen.

Maßnahmen zur Verringerung von Arbeitslosigkeit

Arbeitslosigkeit hat zahlreiche und vielschichtige Ursachen. Deshalb stehen der Bundesagentur für Arbeit, den Jobcentern und der Politik viele Instrumente zur Verfügung, um Arbeitslosigkeit zu verhindern, zu verkürzen oder abzubauen. Die folgende Übersicht zeigt wichtige Hebel, an denen die Maßnahmen ansetzen.

Maßnahmen zur Verringerung von Arbeitslosigkeit	
Verkürzung friktioneller Arbeitslosigkeit	Verbesserung der Arbeitsvermittlung, Zulassung privater Arbeitsvermittler
Schaffung von Anreizen zur Arbeitsaufnahme	Verringerung der staatlichen Transferzahlung (kürzere Bezugsdauer für Arbeitslosengeld, geringes Arbeitslosengeld II)
Erleichterung der Arbeitsaufnahme	Übernahme von Bewerbungskosten, Umzugsbeihilfe, Fahrtkostenzuschüsse, Zuschüsse zur Arbeitsaufnahme, Zuschüsse zur Existenzgründung
Verbesserung der Qualifikation	Umschulung, Fortbildung, Qualifizierungsgutscheine, Arbeitsbeschaffungsmaßnahmen, Ein-Euro-Jobs
Verringerung saisonaler Arbeitslosigkeit	Kurzarbeitergeld, Saison-Kurzarbeitergeld
Abschwächung konjunktureller Arbeitslosigkeit	Konjunkturprogramme, verbesserte Abschreibungsmöglichkeiten und Steuersenkungen für Unternehmen, Senkungen von Steuern und Sozialabgaben zur Stärkung der Konsumnachfrage
Abbau struktureller Arbeitslosigkeit	Strukturpolitik der Länderregierungen, der Bundesregierung und der EU durch Investitionen in Infrastruktur, Projektförderungen, Subventionen
Umverteilung von Arbeit	Arbeitszeitverkürzung, Jobsharing

Herausforderungen für die Arbeitsmarktpolitik

Eine wichtige Herausforderung für die Arbeitsmarktpolitik der nächsten Jahre ist der demografische Wandel. Die Bevölkerung schrumpft und wird älter. Die Übereinstimmung zwischen den in den Ausbildungssystemen erworbenen Qualifikationen und

4850292

dem Fachkräftebedarf muss verbessert werden. Gelingt dies nicht, droht ein Fachkräftemangel bei gleichzeitig hoher Langzeitarbeitslosigkeit.

Eine weitere Herausforderung ist die Abnahme sozialversicherungspflichtiger Vollzeitstellen und die Zunahme befristeter Arbeitsverhältnisse mit geringem Verdienst. Dieses Problem kann bei der vorhandenen hohen Arbeitslosigkeit nicht von den Tarifpartnern allein gelöst werden.

4.6 Wirtschaftspolitische Instrumente der Europäischen Zentralbank

Der Euro ist die gemeinsame Währung derjenigen EU-Mitgliedsländer, die an der Währungsunion teilnehmen, der Eurozone. Die Europäische Zentralbank (EZB) hat die Aufgabe, den Wert dieser Währung stabil zu halten. Außerdem soll sie die Wirtschaftspolitik in den EU-Mitgliedstaaten unterstützen.

Europäische Zentralbank (EZB)

Die Europäische Zentralbank (EZB) ist eine unabhängige Institution mit eigener Rechtspersönlichkeit und eigenem Kapital, das von den Zentralbanken der Staaten der Eurozone eingezahlt wurde. Die Entscheidungen über die Geldpolitik trifft der Rat der Zentralbankpräsidenten. Mitglieder in diesem Gremium sind das sechsköpfige Direktorium der EZB und die Präsidenten der Nationalen Zentralbanken, für Deutschland also der Präsident der Deutschen Bundesbank.

Die EZB beobachtet und bewertet die wirtschaftliche Entwicklung in der Eurozone. Auf der Grundlage dieser Bewertung gibt sie vor, wie stark die Geldmenge wachsen darf. Die EZB hat verschiedene Möglichkeiten, die Geldmenge zu steuern. Zwei wichtige Instrumente sind die Mindestreservepolitik und die Leitzinsänderung.

Das Instrument der Mindestreservepolitik

Die Geschäftsbanken müssen einen bestimmten Prozentsatz der ihnen von ihren Kunden anvertrauten Gelder als Mindestreserve bei der EZB hinterlegen. Die als Mindestreserve hinterlegten Gelder können die Geschäftsbanken nicht verwenden, um neue Kredite zu geben. Durch eine Erhöhung der Mindestreserve wird also das Wachstum der Geldmenge verringert. Dies hat eine konjunkturdämpfende Wirkung. Umgekehrt wirkt sich eine Verringerung der Mindestreserve aus. Den Geschäftsbanken bleibt mehr Geld für ihre Kreditvergabe. Die Geldmenge kann schneller wachsen. Dies hat eine belebende Wirkung auf die Wirtschaft.

Das Instrument der Leitzinsänderung

Die Geschäftsbanken können sich Geld von der EZB beschaffen, das sie dann wieder an ihre Kunden gegen Zinsen verleihen können. Als Sicherheit müssen sie Wertpapiere bei der EZB hinterlegen. In einer Versteigerung geben die Geschäftsbanken Gebote ab, wie viel Geld sie sich zu welchem Zinssatz von der EZB leihen wollen. Die EZB legt einen Mindestzinssatz fest, den sie von den Geschäftsbanken fordert. Geschäftsbanken, deren Gebote über diesem Zinssatz liegen, haben eine größere Chance, alle ihre Kreditwünsche von der EZB erfüllt zu bekommen. Dieser Mindestbietungszinssatz wird oft als „Leitzins der EZB" bezeichnet.

Wird der Leitzins niedrig angesetzt, können sich die Geschäftsbanken zu niedrigen Zinsen Geld beschaffen, das sie wiederum zu niedrigen Zinsen an ihre Kunden verleihen können. Niedrige Leitzinsen haben also eine belebende Wirkung auf die Konjunktur. Verlangt die EZB einen hohen Mindestbietungszinssatz, müssen die Geschäftsbanken hohe Zinsen zahlen, um sich Geld zu beschaffen. Hohe Leitzinsen verteuern Kredite und schränken die Kreditvergabe der Geschäftsbanken ein. Dies hat eine dämpfende Wirkung auf die Konjunktur.

5 Handelsrecht

Für Unternehmen gibt es spezielle Rechtsvorschriften, in denen zum Beispiel die Buchführungspflicht geregelt ist oder die Pflicht, Waren genau zu kontrollieren, bevor man eine Lieferung annimmt. Es gibt auch Regelungen darüber, welchen Namen sich ein Unternehmen geben darf. Welche Vorschriften des Handelsrechts gelten, ist abhängig von der Rechtsform eines Unternehmens und davon, ob die Kaufmannseigenschaft vorliegt.

5.1 Kaufmann laut Handelsgesetzbuch

In der Umgangssprache werden diejenigen als „Kaufmann“ bezeichnet, die eine kaufmännische Ausbildung abgeschlossen haben. Hier geht es jedoch darum, für wen das Handelsgesetzbuch (HGB) gilt. Das Handelsgesetzbuch kennt drei verschiedene Arten von Kaufleuten.

Kaufmann laut Handelsgesetzbuch		
Istkaufmann (Kaufmann durch Art und Umfang des Geschäfts)	**Kannkaufmann** (Kaufmann durch Eintragung in das Handelsregister)	**Formkaufmann** (Kaufmann durch Rechtsform)

Istkaufmann

Das Handelsgesetzbuch definiert zwei Voraussetzungen für den Istkaufmann.

[§]

§ 1 HGB

(1) Kaufmann im Sinne dieses Gesetzbuchs ist, wer ein Handelsgewerbe betreibt.
(2) Handelsgewerbe ist jeder Gewerbebetrieb, es sei denn, dass das Unternehmen nach Art und Umfang einen in kaufmännischer Weise eingerichteten Geschäftsbetrieb nicht erfordert.

Wer einen Gewerbebetrieb betreibt, hat die Absicht, Gewinn zu erzielen. Nicht unter das HGB fallen daher die Angehörigen der freien Berufe (Ärzte, Rechtsanwälte), da nach dem Verständnis des Gesetzgebers die Gewinnerzielung hier nicht im Vordergrund steht. Auch nicht unter das HGB fallen diejenigen, die ein kleines Gewerbe (Kiosk, Imbiss), das keinen kaufmännischen Geschäftsbetrieb erfordert, betreiben.

Zur Beantwortung der Frage, wann ein kaufmännischer Geschäftsbetrieb vorliegt, werden verschiedene Kriterien herangezogen, z. B. die Höhe des Umsatzes und die Beschäftigtenzahl, die Zahl der Betriebsstätten, die Vielfalt der Geschäftsbeziehungen und die Höhe des Betriebsvermögens. Zu den Istkaufleuten zählen auch die Personengesellschaften Offene Handelsgesellschaft (OHG) und Kommanditgesellschaft (KG).

Kannkaufmann

Kleingewerbetreibende können sich in das Handelsregister eintragen lassen. Sie werden dadurch Kaufleute im Sinne des HGB. Ein Wahlrecht gilt auch für land- und forstwirtschaftliche Unternehmen.

Formkaufmann

Die Kommanditgesellschaft (KG), die Gesellschaft mit beschränkter Haftung (GmbH) und die Aktiengesellschaft (AG) sind erst mit Eintragung in das Handelsregister rechtswirksam gegründet. Somit sind sie sowie die Genossenschaften automatisch an das HGB gebunden.

Folgen der Kaufmannseigenschaft

Von eingetragenen Kaufleuten werden rechtliche Kenntnisse und eine erhöhte Sorgfalt bei der Geschäftsabwicklung erwartet. Deshalb gelten für sie z. B. folgende Vorschriften:
- Kaufleute können auch mündlich für den Kredit eines anderen bürgen.
- Kaufleute müssen angenommene Waren unverzüglich prüfen und Mängel rügen.
- Kaufleute sind zur Buchführung verpflichtet und müssen Inventare und Bilanzen aufstellen.
- Erhält ein Kaufmann einen Antrag, z. B. durch unverlangt zugesandte Ware, muss er annehmen oder ablehnen. Bei schon bestehenden Geschäftsbeziehungen gilt Schweigen als Annahme des Antrags.

5.2 Firma und Handelsregister

Firma

Die Firma eines Kaufmanns ist laut § 17 HGB der Name, unter dem er seine Geschäfte betreibt und die Unterschrift abgibt. Er kann unter seiner Firma klagen und verklagt werden.

Firmengrundsätze

Damit Firmen im Markt eindeutig unterscheidbar sind, wurden vom Gesetzgeber sogenannte Firmengrundsätze aufgestellt:
- **Firmenwahrheit, Firmenklarheit:** Der gewählte Name soll wahr sein. Er soll keine Angaben enthalten, die geeignet sind, über geschäftliche Verhältnisse des Unternehmens, die für die Öffentlichkeit maßgeblich sind, irrezuführen (§ 18 HGB).

Ein Kleinbetrieb darf also nicht unter einem Namen firmieren, der den Eindruck erweckt, es handele sich um ein Großunternehmen.

- **Firmenausschließlichkeit:** Jede neue Firma muss sich von allen an demselben Ort oder in derselben Gemeinde bereits bestehenden und in das Handelsregister eingetragenen Firmen deutlich unterscheiden (§ 30 HGB), damit eine Verwechslung für Außenstehende (z. B. Lieferanten, Banken) vermieden wird. Dies wird bei der Eintragung ins Handelsregister geprüft.
- **Firmenbeständigkeit:** Ändert sich der bürgerliche Name eines Kaufmanns oder wird das Unternehmen an ein anderes verkauft, so kann der alte Name des Unternehmens weitergeführt werden. Das bisherige positive Image des Unternehmens bleibt so erhalten.
- **Firmenöffentlichkeit:** Jeder Kaufmann ist laut § 29 HGB verpflichtet, seine Firma in das zuständige Handelsregister eintragen zu lassen. Die Firma muss auf Geschäftsbriefen korrekt angegeben werden.
- **Rechtsformzusatz:** Aus einem Zusatz beim Geschäftsnamen muss eindeutig hervorgehen, um welche Rechtsform es sich handelt, z. B.: OHG, KG, GmbH, AG, e. K., e. Kfm., e. Kffr.
- **Firmeneinheit:** Ein Kaufmann darf für ein und dasselbe Unternehmen nur eine Firma führen.

Bei der Wahl des Firmennamens sind die Firmengrundsätze einzuhalten. Der Rechtsformzusatz ist vorgeschrieben; für die Gestaltung des sogenannten Firmenkerns gibt es die folgenden Möglichkeiten.

Arten der Firma

- **Personenfirma:** besteht aus dem bürgerlichen Namen des Kaufmanns, z. B. Jürgen Roland e. Kfm.
- **Sachfirma:** weist auf den Unternehmensgegenstand hin, z. B. Deutsche Bank AG
- **Fantasiefirma:** benutzt einen einprägsamen, werbewirksamen Namen, z. B. Star Collection OHG
- **Mischfirma:** besteht aus Personennamen und Unternehmensgegenstand, z. B. Silke Holzhauer Kosmetikinstitut GmbH

Handelsregister

Jeder Kaufmann ist laut § 29 HGB verpflichtet, seine Firma im Handelsregister (öffentliches Verzeichnis aller Kaufleute) anzumelden. Gegenstand der Eintragung sind u. a.:

- Firma
- Sitz des Unternehmens
- Gegenstand des Unternehmens
- Inhaber
- Haftungsverhältnisse
- Rechtsform
- besondere Rechtsverhältnisse (z. B. Prokura)

Das zuständige Gericht (Amtsgericht) hat laut § 10 HGB die Eintragungen in das Handelsregister durch die Veröffentlichung im elektronischen Handelsregister bekannt zu machen. Damit wird Vertrauensschutz für Geschäftspartner (z. B. Gläubiger) geschaffen. Eintragungen genießen öffentlichen Glauben, d. h., jeder muss sie gegen sich gelten lassen (z. B. beim Rechtsstreit).

Das Handelsregister weist zwei Abteilungen auf:

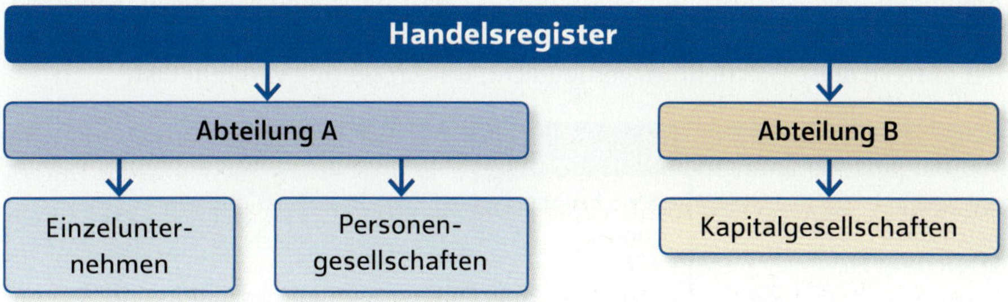

5.3 Rechtsformen der Unternehmen

Wahl der Rechtsform

Bevor eine oder mehrere Personen ein Unternehmen rechtlich gründen, müssen verschiedene Überlegungen zur Wahl der geeigneten Rechtsform angestellt werden:

- Kapitalaufbringung (Anzahl der Personen, Höhe der Kapitalsumme)
- Haftungsumfang (Voll- oder Teilhafter)
- steuerrechtliche Behandlung (z. B. des Gewinns)
- Entscheidungsbefugnisse (z. B. Geschäftsführung, Vertretung)
- Gewinn- und Verlustverteilung
- rechtliche Vorschriften zur Mitbestimmung

Das folgende Schaubild zeigt die wichtigsten Rechtsformen für Unternehmen in Deutschland.

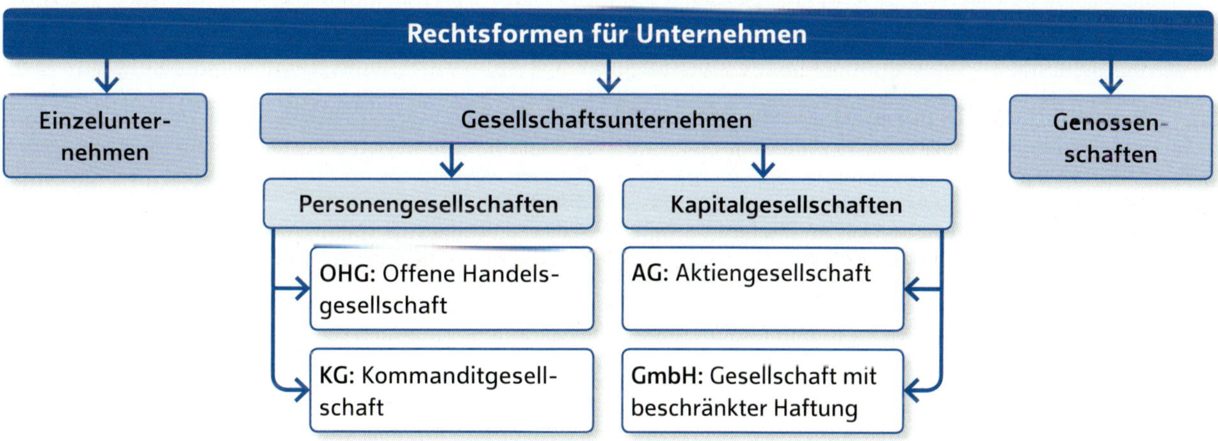

Einzelunternehmen und Personengesellschaften sind natürliche Personen, d. h., für sie handelt im juristischen Sinne (klagen, verklagt werden, Verträge schließen, Kündigungen aussprechen) der voll haftende Unternehmer selbst. Kapitalgesellschaften und Genossenschaften sind juristische Personen. Für sie handeln beauftragte Personen als Geschäftsführer oder Vorstand.

Das Einzelunternehmen

Die Rechtsform des Einzelunternehmens ist für kleinere und mittlere Unternehmen geeignet. Es ist erkennbar an dem Zusatz „e. K." oder „e. Kfm." für „eingetragener Kaufmann" oder „e. Kffr." für „eingetragene Kauffrau". Zahlreiche Existenzgründer wählen diese Rechtsform in der Anfangsphase ihres Unternehmens. Die Darstellung der Vorteile dieser Rechtsform verdeutlicht, warum sie weit verbreitet ist.

Vorteile	Nachteile
• Der Geschäftsinhaber entscheidet allein. • Entscheidungen werden zügig getroffen. • Gewinn steht allein dem Geschäftsinhaber zu. • Ein bestimmtes Mindestkapital ist nicht vorgeschrieben.	• Eine Erhöhung des Eigenkapitals ist nur begrenzt möglich. • Die Kreditwürdigkeit ist begrenzt. • Der Eigentümer haftet mit seinem gesamten Vermögen. • Manchmal gibt es Probleme, wenn ein Nachfolger gesucht wird.

OHG und KG

Zur Gruppe der Personengesellschaften zählen die OHG (Offene Handelsgesellschaft) und die KG (Kommanditgesellschaft). Die Vorschriften für diese Rechtsformen finden sich im Handelsgesetzbuch. Im Vergleich werden die Unterschiede zwischen den beiden Gesellschaftsformen deutlich.

Vergleich zwischen OHG und KG

Offene Handelsgesellschaft (OHG)	Kommanditgesellschaft (KG)
Wesen	
Die OHG ist eine vertragliche Vereinigung von mindestens zwei Personen zum Betrieb eines Handelsgewerbes. Die Gesellschafter sind gleichberechtigt. Jeder haftet auch mit seinem Privatvermögen.	Die KG ist eine vertragliche Vereinigung von mindestens zwei Personen zum Betrieb eines Handelsgewerbes. Mindestens eine Person haftet auch mit dem Privatvermögen. Sie wird „Komplementär" oder „Vollhafter" genannt. Die andere Person haftet nur mit ihrer Einlage. Sie ist Kommanditist, Teilhafter.
Firma	
Die Firma muss den Zusatz „Offene Handelsgesellschaft" oder „OHG" tragen. Beispiele: • Becker & Kaufmann Offene Handelsgesellschaft • Guntram Karosseriebau OHG	Die Firma muss den Zusatz „Kommanditgesellschaft" oder eine allgemein verständliche Abkürzung dieses Begriffs enthalten. Beispiele: • Wilfried Wieland KG • FLEXI-Transporte und Logistikdienstleistungen KG
Haftung	
Jeder Gesellschafter haftet • unbeschränkt, d. h. mit dem Geschäfts- und Privatvermögen; • unmittelbar, d. h., jeder Gläubiger kann sich direkt an jeden Gesellschafter wenden; • gesamtschuldnerisch, also für die gesamten Schulden des Unternehmens, nicht nur für seinen Anteil.	Die Vollhafter (Komplementäre) haften unbeschränkt, unmittelbar und gesamtschuldnerisch. Die Teilhafter (Kommanditisten) haften nur mit ihrer Einlage, nicht mit ihrem Privatvermögen.
Leitung	
Alle Gesellschafter sind zur Geschäftsführung berechtigt und verpflichtet.	Nur die Komplementäre sind zur Geschäftsführung berechtigt und verpflichtet.

Vergleich zwischen OHG und KG	
Offene Handelsgesellschaft (OHG)	**Kommanditgesellschaft (KG)**
Vertretung	
Alle Gesellschafter dürfen die Gesellschaft vertreten, d. h. wirksame Rechtsgeschäfte für das Unternehmen abschließen. Dies betrifft gewöhnliche Geschäfte wie den Kauf von Waren, aber auch ungewöhnliche Geschäfte wie den Verkauf eines Firmengrundstücks. Im Innenverhältnis müssen die Gesellschafter sich bei außergewöhnlichen Entscheidungen untereinander abstimmen, sonst könnte ein Gesellschafter den anderen gegenüber schadenersatzpflichtig werden.	Nur die Komplementäre dürfen die Gesellschaft nach außen vertreten.
Gesetzliche Gewinnverteilung	
Vom Gewinn erhalten die Gesellschafter zunächst eine Verzinsung ihrer Einlagen in Höhe von 4 %. Der restliche Gewinn wird nach Köpfen verteilt.	Vom Gewinn erhalten alle Gesellschafter zunächst eine Verzinsung ihrer Einlagen in Höhe von 4 %. Der Rest wird in angemessenem Verhältnis verteilt, d. h. unter Berücksichtigung der Kapitaleinlagen und des unterschiedlichen Haftungsrisikos.
Gesetzliche Verlustverteilung	
Ein Verlust wird nach Köpfen verteilt.	Ein Verlust wird in angemessenem Verhältnis verteilt.

Von den gesetzlichen Regelungen kann durch einen Gesellschaftervertrag abgewichen werden.

Gesellschaft mit beschränkter Haftung (GmbH)

Begriff und Bedeutung

Die Gesellschaft mit beschränkter Haftung ist laut § 13 GmbH-Gesetz eine Handelsgesellschaft mit eigener Rechtspersönlichkeit. Sie kann Eigentum erwerben, vor Gericht klagen und verklagt werden. Die Gesellschafter der GmbH sind mit Stammeinlagen am Stammkapital der Gesellschaft beteiligt. Die Haftung ist auf die Höhe des Gesellschaftsvermögens beschränkt.

Die begrenzte Haftung der Gesellschaft bzw. der einzelnen Gesellschafter hat dazu geführt, dass diese Rechtsform gerade in mittelständischen Unternehmen eine große Bedeutung gewonnen hat. Das Risiko der Selbstständigkeit kann somit begrenzt werden. Die Tatsache, dass eine GmbH auch nur von einer Person gegründet und geführt werden kann, unterstützt die Bedeutung für Kleinunternehmen.

Firma

Die Firma, also der Name der Gesellschaft, kann eine Personen-, Sach- oder Fantasiefirma bzw. eine gemischte Firma sein, die zusätzliche Bezeichnung „Gesellschaft mit beschränkter Haftung“ ist vorgeschrieben.

Laut § 3 des GmbH-Gesetzes muss der Gesellschaftsvertrag folgende Teile enthalten:
- Firma und Sitz der Gesellschaft
- Gegenstand des Unternehmens
- Betrag des Stammkapitals
- Betrag der von jedem Gesellschafter auf das Stammkapital zu leistenden Einlage (Stammeinlage)

Kapitalaufbringung

Jeder Gesellschafter der GmbH leistet die sogenannte Stammeinlage als Anteil am Stammkapital der Gesellschaft. Das Stammkapital muss mindestens 25 000,00 €, die Stammeinlage pro Gesellschafter mindestens 100,00 € betragen. Die Summe der Stammeinlagen muss mit dem Stammkapital übereinstimmen. Neben Geldeinlagen sind auch Sacheinlagen möglich.

Gewinn- und Verlustverteilung

Jeder Gesellschafter hat einen Anspruch auf Gewinn im Verhältnis der Stammeinlagen (Geschäftsanteile), soweit der Gesellschaftsvertrag nichts anderes vorsieht. Entsprechendes gilt für die Verteilung von Verlusten.

Organe

Geschäftsführer (leitendes/ausführendes Organ)
Ein oder mehrere Geschäftsführer leiten die GmbH. Die Geschäftsführer können aus dem Kreis der Gesellschafter bestimmt werden, aber auch eine sogenannte dritte Person kann diese Aufgabe ausüben.
↑
Aufsichtsrat (überwachendes Organ/Kontrollorgan)
Durch entsprechende Bestimmungen des Gesellschaftsvertrages kann als überwachendes Organ ein Aufsichtsrat eingerichtet werden. Er ist ab 500 Arbeitnehmern gesetzlich vorgeschrieben (Drittelbeteiligungsgesetz). Der Aufsichtsrat wird von der Gesellschafterversammlung für vier Jahre bestellt.
↑
Gesellschafterversammlung (beschlussfassendes Organ der Gesellschafter)
Die Beschlüsse (z. B. zur Gewinnverwendung) werden mit einfacher Mehrheit gefasst.

Unternehmergesellschaft (UG)

Das am 26. Juni 2008 vom Deutschen Bundestag beschlossene Gesetz zur Modernisierung des GmbH-Rechts und zur Bekämpfung von Missbräuchen (kurz „MoMiG“) sieht als neue GmbH-Variante die haftungsbeschränkte Unternehmergesellschaft (UG) vor, die mit der Einzahlung von einem Euro durch die Gesellschafter entsteht. Diese GmbH darf ihre jährlichen Gewinne allerdings nicht im vollen Umfang ausschütten: Dadurch soll das Mindeststammkapital der normalen GmbH von 25 000,00 € nach und nach angespart werden.

Die Aktiengesellschaft (AG)

Begriff

Die AG ist laut § 1 AktG (Aktiengesetz) eine Gesellschaft mit eigener Rechtspersönlichkeit, bei der nur mit dem Gesellschaftsvermögen gehaftet wird. Diese Rechtsform hat ein in Aktien (Anteile) zerlegtes Grundkapital, das mindestens 50 000,00 € aufweisen muss. Bei den Aktien wird zwischen dem aufgedruckten Nennbetrag (Nennwert) und dem sich aufgrund von Angebot und Nachfrage an der Börse ergebenden Kurswert unterschieden.

Bedeutung

Aktiengesellschaften bieten die Möglichkeit, große Geldsummen über die Ausgabe von Aktien aufzubringen. Damit können Großinvestitionen (z. B. Luft- und Raumfahrttechnik) vorgenommen werden, die bei anderen Rechtsformen häufig am Kapitalmangel scheitern. Ein zusätzlicher Vorteil ist bei börsennotierten Aktiengesellschaften die leichte Übertragbarkeit der Aktien.

Organe

Vorstand (leitendes/ausführendes Organ)

Er vertritt die AG nach außen, stellt den Jahresabschluss und den Lagebericht vor, beruft die Hauptversammlung ein. Er wird auf fünf Jahre bestellt und besteht aus mindestens einer Person. Der Vorstand hat umfassende Berichtspflichten gegenüber dem Aufsichtsrat.

↑ bestellt den Vorstand

Aufsichtsrat (überwachendes Organ/Kontrollorgan)

Er überwacht den Vorstand und hat das Recht auf Einsicht und Prüfung der Bücher. Er wird auf vier Jahre gewählt. Der Aufsichtsrat besteht aus mindestens drei Mitgliedern.

↑ wählt Aktionärsvertreter des Aufsichtsrates

Hauptversammlung (beschlussfassendes Organ der Aktionäre)

Die Aktionäre haben Stimmrecht nach Nennbeträgen; sie entscheiden u. a. über die Verwendung des Bilanzgewinns.

Die eingetragene Genossenschaft (e. G.)

Die Genossenschaftsidee ist über 150 Jahre alt. Ursprünglich ist die Genossenschaft eine Selbsthilfeeinrichtung: Menschen schließen sich zusammen, um gemeinsam ein wirtschaftliches Problem zu lösen. Raiffeisengenossenschaften vermarkten die Erzeugnisse ihrer bäuerlichen Mitglieder. Wohnungsbaugenossenschaften bauen für ihre Mitglieder günstige Wohnungen in guter Qualität.

Wesen

Wichtige Prinzipien von Genossenschaften sind: Selbsthilfe, offene Mitgliedschaft, demokratische Willensbildung (ein Mitglied, eine Stimme), Solidarität, Selbstverwaltung, Weiterbildung der Mitglieder, politische und religiöse Neutralität, Spekulationsentzug durch begrenzte Gewinnausschüttung. Die Gewinnverteilung erfolgt entsprechend der Geschäftsanteile der Mitglieder.

Gründung und Firma

Die eingetragene Genossenschaft (e. G.) ist aufgrund ihrer Rechtsform eine juristische Person. Sie muss bei ihrer Gründung mindestens drei Mitglieder haben. Bei den Amtsgerichten wird ein Genossenschaftsregister geführt, dort muss die Genossenschaft eingetragen werden. Die Rechtsverhältnisse der Genossen untereinander werden in einer Satzung geregelt, auch diese wird veröffentlicht. Die Abkürzung „e. G." (oder „eG") ist in der Firma zu führen.

Organe

Vorstand (leitendes Organ)

Er vertritt die Genossenschaft nach außen und führt die Geschäfte.

Aufsichtsrat (überwachendes Organ)

Er hat Einsichtsrecht in alle Unterlagen und überwacht die Geschäftsführung des Vorstands.

↑ wählt (Vorstand) ↑ wählt (Aufsichtsrat)

Generalversammlung (beschlussfassendes Organ der Genossen)

Jedes Mitglied hat eine Stimme.

6 Maßnahmen zur Stärkung der Verbraucher

Nicht immer halten sich die Anbieter von Waren und Dienstleistungen an die Regeln eines fairen Wettbewerbs. Oft werden die Verbraucher mit übertriebener Werbung und falschen Versprechungen geködert, Produkte zu kaufen, die weder ihren Bedürfnissen noch ihren Qualitätsvorstellungen entsprechen. Die Überredungskünste aggressiver Verkäufer und der leichte Zugang zu Ratenkrediten führen zu einer hohen Verschuldung der privaten Haushalte.

Der Staat schützt die schwächeren Vertragspartner, indem er die Vertragsfreiheit beim Verbrauchsgüterkauf und bei Krediten an Endverbraucher gesetzlich einschränkt. Der Staat hilft aber auch, indem er in den Verbraucherzentralen berät und unterstützt.

6.1 Verbraucherschutz und Verbraucherberatung

Verbraucher müssen wissen, welche Inhaltsstoffe sich in Lebensmitteln verbergen. Auch bei Textilien muss erkennbar sein, aus welchen Fasern sie bestehen. Käufer von Lebens- und Körperpflegemitteln sollen nicht durch Mogelpackungen getäuscht werden. Preisangaben müssen vergleichbar sein. Telefonwerbung, die nicht als solche erkennbar ist, ist unzulässig. Das Kleingedruckte in Verträgen darf Verbraucher nicht unangemessen benachteiligen. Bei einem Kauf im Internet oder aufgrund von Zeitschriftenwerbung gilt in den meisten Fällen ein Widerrufsrecht von 14 Tagen.

Gesetzlicher Verbraucherschutz

Die wichtigsten Regelungen zum Schutz der Verbraucher wurden in das Bürgerliche Gesetzbuch (BGB) eingearbeitet. Weitere wichtige Gesetze zum Schutz der Verbraucher sind die Textilkennzeichnungsverordnung, die Lebensmittelinformationsverordnung, die Preisangabenverordnung, das Gesetz gegen unlauteren Wettbewerb und das Gesetz gegen unlautere Geschäftspraktiken. Das Bundesministerium der Justiz und für Verbraucherschutz und die für den Verbraucherschutz zuständigen Ministerien der Bundesländer stellen auf ihren Internetseiten vielfältige Informationen bereit.

Verbraucherberatung

Der Gesetzgeber ist den Einflüssen vieler Interessenverbände der Industrie und des Handels ausgesetzt. Der gesetzliche Schutz der Verbraucher muss deshalb durch eine unabhängige Beratung und Interessenvertretung ergänzt werden. Die Interessenvertretung beinhaltet zwei Schwerpunkte:

- Lobbyarbeit, d. h. Vertretung der Verbraucherinteressen gegenüber dem Staat und Einflussnahme auf die Gesetzgebung
- Verbraucherberatung und Vertretung der Verbraucher vor Gericht

Diese Aufgaben werden von privaten Verbänden wahrgenommen, die staatliche Zuschüsse erhalten, um ihre Unabhängigkeit sicherzustellen:

Verbraucherzentralen

- Die Verbraucherzentralen werden von den Ländern finanziert. Sie beraten Verbraucher und führen Musterklagen bei Verstößen gegen das Verbraucherschutzrecht.

Stiftung Warentest

- Die Stiftung Warentest wird vom Bundesministerium für Ernährung und Landwirtschaft bezuschusst. Sie testet Produkte und Finanzdienstleistungen und veröffentlicht die Ergebnisse in ihren Zeitschriften „Test“ und „Finanztest“.

Weitere wichtige Organisationen finanzieren sich über Mitgliedsbeiträge und Spenden. Die Verbraucherinitiative e. V. setzt sich für einen ökologisch und sozial orientierten Verbraucherschutz ein. Foodwatch e. V. engagiert sich für qualitativ gute und gesundheitlich unbedenkliche Lebensmittel. Einen ökologischen Anspruch hat auch die Zeitschrift „Ökotest". Allerdings finanziert sie sich zum Teil über Werbeanzeigen.

Weitere bekannte Verbände, die sich für Verbraucherinteressen starkmachen, sind der DHB-Berufsverband der Haushaltsführenden, der Deutsche Mieterbund und der Fahrgastverband Pro Bahn.

6.2 Verbraucherkredite und Verschuldung

In Deutschland sind nach Schätzungen des Statistischen Bundesamtes ca. drei Millionen Haushalte überschuldet. Es ist verlockend, auf Kredit zu kaufen. Kommen aber gravierende Veränderungen wie Krankheit oder Arbeitslosigkeit hinzu, können die Schulden oft nicht mehr zurückgezahlt werden. Betroffene können Hilfe bei den Schuldnerberatungsstellen finden. Manchmal hilft nur noch die Beantragung einer Privatinsolvenz aus der Schuldenfalle.

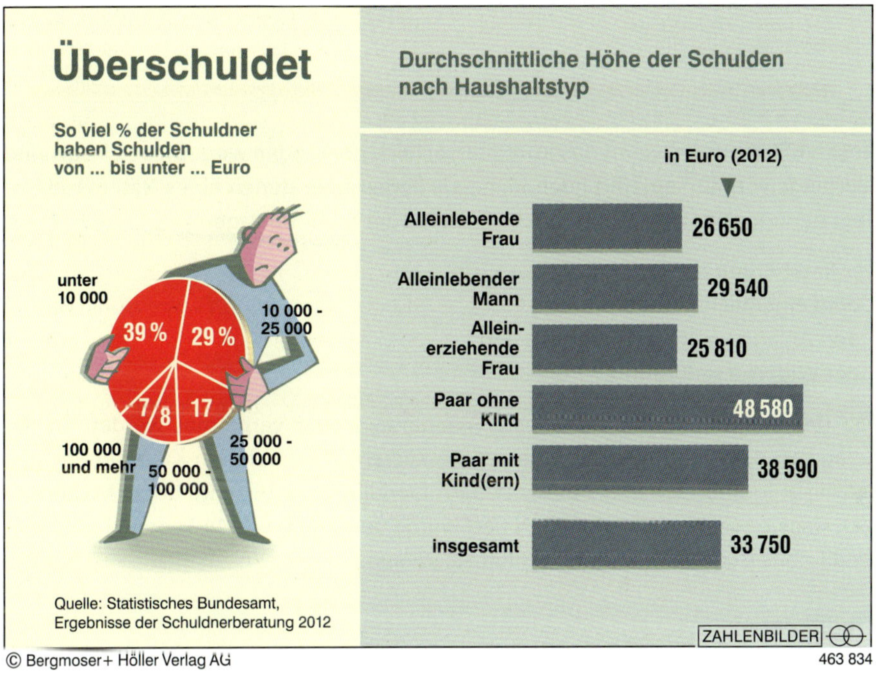

 463 834

Privatinsolvenzen in Deutschland

Es gibt verschiedene Arten von Krediten: kurz-, mittel- und langfristige Kredite, Hypotheken (gesichert durch ein Haus oder Grundstück), Anschaffungsdarlehen, Überziehungskredite usw. Die Kosten eines Kredits hängen vor allem von der Kreditart, der Laufzeit und der Art der Kreditsicherung ab.

Kreditarten

Fast jeder hat schon einmal das Konto überzogen oder etwas auf Raten gekauft. Der Dispositionskredit und der Ratenkredit sind die am häufigsten vorkommenden Kreditarten.

Dispositionskredit (Überziehungskredit)

Beim Dispositionskredit (kurz „Dispokredit“) erlaubt ein Kreditinstitut dem Inhaber eines Girokontos, das Konto bei Bedarf zu überziehen. Bedingung ist, dass der Kontoinhaber zahlungsfähig ist (z. B. ein geregeltes Einkommen hat). Die Höhe des Dispositionskredites ist meist das doppelte bis dreifache Monatseinkommen. Es werden keine besonderen Sicherheiten verlangt. Ein Kreditvertrag ist auch nicht erforderlich.

Konto-Nr. 000 897 654 BLZ 300 501 10 Kontoauszug 15
Sparkasse Düsseldorf UST-ID DE 119 260 423 Blatt 1

Datum	Erläuterungen		Betrag
Kontostand in EUR am 15.03.20.., 16:30 Uhr			2298,21 +
16.03.	BAR GAA/EC-AUTOM PN 091	Wert: 16.03.	300,00 -
Kontostand in EUR am 18.03.20.., 10:15 Uhr			1998,21 +

IHR DISPOSITIONSKREDIT EUR: 3000,00

Frau
Gabriele Steffens
Die Große Freiheit 10
40213 Düsseldorf

IBAN:
DE33 3005 0110 0000 8976 54
BIC: DUSSDEDD

Kreditrahmen auf dem Girokonto

Zinsen fallen nur an, wenn das Konto tatsächlich überzogen wird. Diese Zinsen sind allerdings verhältnismäßig hoch, d. h., sie liegen über denen eines Ratenkredites. Überziehungszinsen können durchaus 15 % oder mehr betragen.

Ratenkredit

Der Ratenkreditvertrag besteht aus
- dem eigentlichen Kreditvertrag,
- den Anlagen zum Kreditvertrag und
- der Widerrufserklärung.

Alle drei Dokumente müssen zusammenhängen oder verplombt werden. In der Anlage zu dem Kreditvertrag müssen alle Kosten, die durch den Kredit entstehen, einzeln aufgeführt werden. Mit der Widerrufserklärung unterschreibt der Kreditnehmer, dass er über sein Recht informiert wurde, innerhalb von 14 Tagen von diesem Kredit ohne Begründung zurücktreten zu können.

Kreditkosten

Ein Kredit ist nicht kostenlos. Es fallen Zinsen und Nebenkosten an. Diese sind von Bank zu Bank – und abhängig von den jeweiligen Kreditverträgen – verschieden. Als Nebenkosten können z. B. Bearbeitungsgebühren, Kreditversicherung (sie zahlt den Kredit bei Tod oder Arbeitsunfähigkeit durch Unfall), Provisionen und Disagio berechnet werden. Das Disagio ist ein Abzug vom Auszahlungsbetrag. Wird z. B. ein Vertrag über 10 000,00 € mit 4 % Disagio vereinbart, dann erhält der Kreditnehmer nur 9 600,00 € ausgezahlt, er muss aber 10 000,00 € zuzüglich Zinsen zurückzahlen. Die Zinsen können für eine bestimmte Zeit fest vereinbart werden. Sie können aber auch variabel sein, dann können sie fallen, aber auch steigen. Zu den Zinsen kommen oftmals noch eine einmalige Bearbeitungsgebühr und Porto hinzu. Die Summe aus Zinsen und der monatlichen Rückzahlung (Tilgung) nennt man „Annuität“.

Effektiver Zinssatz

Der effektive Zinssatz enthält alle Kosten und Zinsen, umgerechnet auf einen Jahreszinssatz. Er gibt also an, wie viel Prozent ein Kreditnehmer für einen Kredit tatsächlich bezahlen muss. Der effektive Zinssatz muss in jedem Kreditvertrag und Kreditangebot genannt sein. Mit ihm kann man die verschiedenen Kreditangebote vergleichen.

Kreditsicherung

Der Kreditgeber prüft vor Abschluss des Kreditvertrages, ob der Kreditnehmer in der Lage ist, den Vertrag zu erfüllen. Auskünfte über die Kreditwürdigkeit erteilt die SCHUFA (Schutzgemeinschaft für allgemeine Kreditsicherung). Bei ihr werden Daten der Personen gespeichert, die in Deutschland einen Kredit aufnehmen. Darüber hinaus verlangt die Bank Sicherheiten für einen Kredit. Wenn kein Haus oder Grundstück als Sicherheit vorhanden ist, kommen folgende Möglichkeiten infrage:

- **Sicherungsübereignung:** Wenn Gabriele den Kredit nicht abbezahlen würde, könnte die Bank ihr Auto versteigern lassen.
- **Bürge:** Für Gabriele bürgt ihr Vater, Heinrich Steffens. Ein Bürge muss im Ernstfall den Kredit, für den er gebürgt hat, selbst abbezahlen.

Die Raten (Rückzahlung plus Zinsen) müssen bezahlt werden, sonst kommt man in einen Teufelskreis:

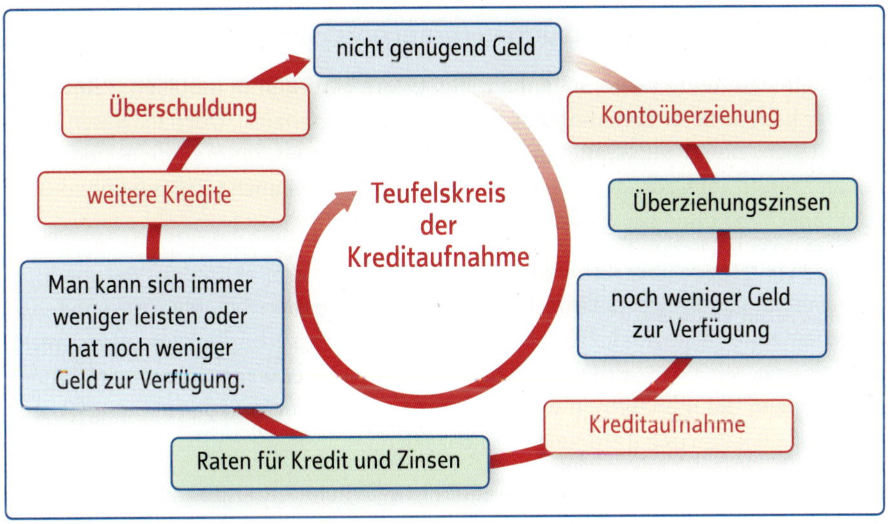

Teufelskreis der Verschuldung

Umgang mit Krediten

Um nicht in diesen Teufelskreis zu geraten, sollte man frühzeitig den richtigen Umgang mit Krediten lernen. Generell gibt es zwei Wege zum Konsum:

- Entweder man spart zuerst und konsumiert dann. Als Belohnung für den anfänglichen Konsumverzicht muss man keine Zinsen zahlen und kann sich dadurch mehr leisten.
- Oder aber man konsumiert sofort und bezahlt mit Geld aus einem Kredit. Der Konsum wird durch die Zinsen dann teurer.

Grundsätzlich sollten Schulden einen Spielraum für Unvorhergesehenes lassen und so gering wie möglich gehalten werden. Hierzu einige Tipps zur Vermeidung von Schulden und zum Schuldenabbau.

Schulden vermeiden

- **Haushaltsbuch führen:** Das Haushaltsbuch verschafft einen Überblick über die eigenen Konsumgewohnheiten und über die Summe, die monatlich unbedingt benötigt wird. Manchmal genügt es, die Ausgaben und Einnahmen nur in kritischen Phasen genau zu prüfen.
- **Auf Probe sparen:** Vor einer Kreditaufnahme kann man die möglichen Raten zunächst auf Probe auf die hohe Kante legen. Nach drei bis vier Monaten ist absehbar, ob die Haushaltskasse dieser Belastung dauerhaft standhält.
- **Nicht mehrfach verschulden:** Wenn der Dispokredit bereits ausgeschöpft ist, gilt: nichts mehr auf Raten kaufen, keine Kreditkarten nutzen und Hände weg vom „Urlaub auf Pump", möglichst nur bar bezahlen.
- **Kreditvermittler meiden:** Niemals Kreditangebote von sogenannten „Kredithaien" in Anspruch nehmen oder bei ihnen umschulden!

Schulden abbauen

- **Überblick verschaffen:** Kreditverträge, Rechnungen, Kontoauszüge und Zahlungsbelege sortieren und abheften. Eine Liste anfertigen, in der die Gläubiger, der Grund der Schulden, das Datum der Fälligkeit und die Höhe der Forderungen aufgeführt sind.
- **Sparmöglichkeiten finden:** Zuerst die wichtigen Dinge wie Miete, Stromrechnung und Grundnahrungsmittel bezahlen. Einschränkungen bei Telefonkosten, Garderobe, Freizeitausgaben und überflüssigen Versicherungen sind dagegen fast immer möglich.

6.3 Schuldnerberatung und Verbraucherinsolvenz

Schulden sind heute keine Seltenheit. Immer öfter werden Immobilien, Fahrzeuge und der Kauf anderer Konsumgüter durch Darlehen finanziert. Doch die Raten summieren sich. Daher muss man immer genau ausrechnen, ob man die Raten eines neuen Kredits auch zurückzahlen kann. Man muss dabei auch noch genügend Geld zum täglichen Leben übrig haben.

Schulden entstehen aber nicht nur durch die Aufnahme großer Kredite. Viel unauffälliger und damit auch viel gefährlicher sind die schleichenden Schulden. Sie entstehen durch laufende kleine Ausgaben für Kino- und Kneipenbesuche, Einkäufe, Handyrechnungen usw. Mit ihnen wird einfach das Girokonto immer weiter überzogen. Schnell reichen dann die monatlichen Einkünfte nicht mehr, um die Lebenshaltungskosten sowie fällige Raten und Rechnungen zu bezahlen.

Schuldnerberatung

Bundesweit unterstützen kostenlos zahlreiche Schuldnerberatungsstellen Einzelpersonen und Familien in finanzieller Not. Sie suchen gemeinsam mit dem Schuldner nach Einsparmöglichkeiten und neuen Einnahmequellen. Sie helfen und beraten den Schuldner auch bei einem Verbraucherinsolvenzverfahren.

Verbraucherinsolvenz

Überschuldete Privatpersonen mussten früher ihre Schulden komplett abtragen. So lebten sie oft dauerhaft an der Pfändungsgrenze. Erst durch die neue Insolvenzordnung wurde für Privatpersonen die Möglichkeit geschaffen, ihre Zahlungsunfähigkeit (Insolvenz) zu erklären. Dadurch können Betroffene ihren Schuldenberg abbauen und eine Zukunftsperspektive entwickeln. Gleichzeitig soll das Verbraucherinsolvenzverfahren die Interessen der Gläubiger berücksichtigen.

Schuldnerberatungsstellen

Die Anschriften der Beratungsstellen kann man beim Sozialamt, per Telefon oder im Internet erfahren, z. B. unter www.meine-schulden.de oder www.infodienst-schuldnerberatung.de. Die kostenpflichtige Telefon-Hotline hat die Nummer: 01801/907050.

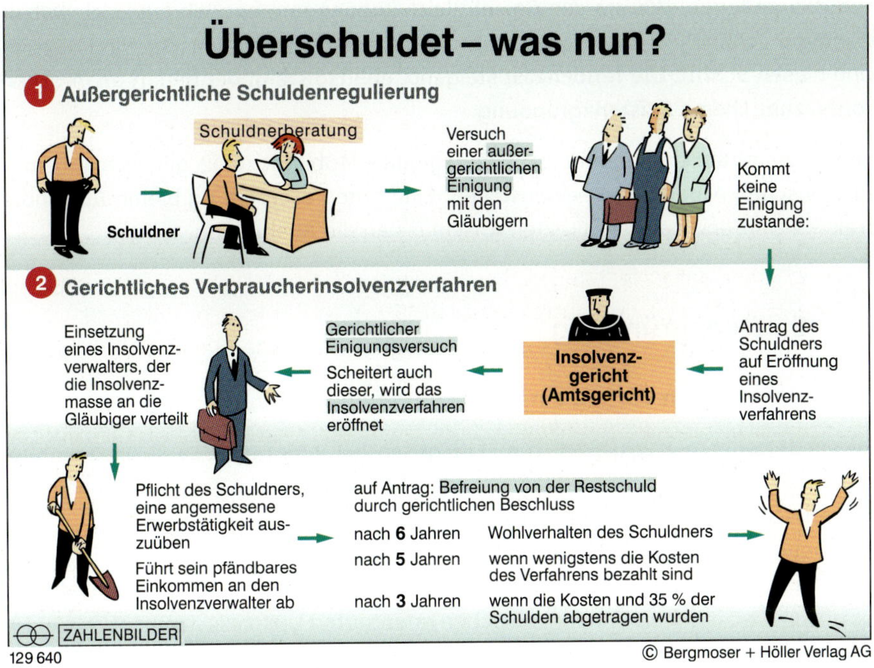

Das Verbraucherinsolvenzverfahren

Das Verbraucherinsolvenzverfahren besteht aus mehreren Schritten:

- Zunächst muss der Schuldner versuchen, sich mit seinen Gläubigern außergerichtlich zu einigen. Dazu wird mithilfe eines Rechtsanwaltes oder einer Schuldnerberatungsstelle ein Schuldenbereinigungsplan aufgestellt. Scheitert dieser Versuch, erhält der Schuldner darüber eine Bescheinigung.
- Er kann jetzt beim zuständigen Amtsgericht einen Antrag auf Eröffnung eines Verbraucherinsolvenzverfahrens stellen. Der Schuldner muss seine Finanzen komplett offenlegen. Das Gericht macht einen neuen Vorschlag zur gütlichen Einigung zwischen dem Schuldner und seinen Gläubigern.
- Scheitert dieses Verfahren, wird das vereinfachte Insolvenzverfahren eröffnet. Das Vermögen und die über der Pfändungsgrenze liegenden Einkünfte des Schuldners werden von einem Treuhänder verwaltet und auf die Gläubiger aufgeteilt. Der Schuldner darf während dieser Wohlverhaltensphase keine neuen Schulden aufnehmen und muss jede zumutbare Arbeit annehmen. Diese Phase dauert drei Jahre, wenn der Schuldner innerhalb dieser Zeit 35 % seiner Schulden zuzüglich der Verfahrenskosten abzahlt. Gelingt dies nicht, dauert die Wohlverhaltensphase sechs Jahre.
- Nach Ablauf der Wohlverhaltensphase kann das Gericht den Schuldner von seinen restlichen Schulden befreien. Der Schuldner trägt die Kosten des Verfahrens und muss für weitere drei Jahre den SCHUFA-Eintrag „Restschuldbefreiung erteilt“ hinnehmen.

7 Perspektiven der Berufs- und Lebenswelt

Wer heute 20 Jahre alt ist und eine Ausbildung absolviert, wird etwa 50 Jahre lang arbeiten. Eine Tätigkeit oder einen Beruf ein Leben lang auszuüben, ist nur noch selten möglich. Die Anforderungen an die Flexibilität und Selbstständigkeit des Einzelnen nehmen weiter zu. Warum dann nicht gleich konsequent handeln und sich selbstständig machen? Pro Jahr wagen mehrere hunderttausend Menschen in Deutschland diesen Schritt. Die Tendenz ist steigend, ebenso steigt der Bedarf an Informationen zum Thema Existenzgründung.

Neben der inhaltlichen nimmt auch die regionale Mobilität zu. Es gilt, sich auf einen europäischen Arbeitsmarkt einzustellen. Eine gute Vorbereitung bieten Auslandspraktika während oder im direkten Anschluss an die Ausbildung.

7.1 Existenzgründung

Erfolgsfaktoren im Vorfeld einer Unternehmensgründung

Um ein Unternehmen zu gründen und erfolgreich zu führen, sollte der Gründer im Vorfeld der Gründung folgende Voraussetzungen mitbringen bzw. Aufgaben erledigen:
- Bereitschaft, länger zu arbeiten als andere
- Selbstvertrauen und Optimismus zeigen
- Aufweisen oder Aneignung notwendiger fachlicher und persönlicher Qualifikationen
- Entwicklung einer an Kundenwünschen orientierten Geschäftsidee
- Erarbeitung eines differenzierten Businessplans

Aufbau und Inhalt des Businessplans

Der Geschäfts- oder Businessplan sollte in strukturierter Form im Wesentlichen folgende Angaben enthalten:
- **Zusammenfassung:** Angaben zur Person des Gründers sowie Kurzfassung der im Folgenden aufgeführten Angaben
- **Erfolg versprechende Geschäftsidee:** Art des Produktes bzw. der Dienstleistung, Nutzen für den Käufer, Zielsetzung des Unternehmens ...
- **Gründerprofil:** Technische, kaufmännische Qualifikationen, Referenzen, Aufgabe im Unternehmen ...
- **Markteinschätzung:** Kundensegment, Marktvolumen, vorhandene Kundenkontakte, Marktstrategie ...
- **Wettbewerbssituation:** Anzahl und Größe der Mitbewerber, Schwächen der Mitbewerber, eigene Stärken, künftige Marktentwicklung ...
- **Standort:** Bedeutung des Standortes für das geplante Unternehmen, für die Realisierung der Geschäftsidee relevante Standortfaktoren wie Verkehrsanbindung, Kundennähe, Mietpreisniveau ...
- **Unternehmensform:** Rechtsform, Begründung für die Wahl der Rechtsform ...
- **Unternehmensorganisation:** Aufgabenverteilung, Organisation des Produktions-, Dienstleistungsprozesses ...
- **Personalmanagement:** Anzahl der Mitarbeiter, Struktur der Mitarbeiter wie Festangestellte, Aushilfen, Zeitarbeitskräfte, freie Mitarbeiter ...
- **Risikoanalyse:** Geeignete Lösungen für mögliche Probleme wie Ausbleiben von Kunden, Auftreten von Mitbewerbern, Forderungsausfälle ...
- **Kapitalbedarfsplan:** Kapitalbedarf für langfristige Investitionen wie Grundstück, Gebäude, Maschinen, Fahrzeuge, für mittel- und kurzfristige Investitionen wie

4850308

Werkstoffe, Waren, Löhne, Gehälter, für Gründungskosten wie Notarkosten, Eintrag in das Handelsregister, Gewerbeanmeldung, Beratungskosten ...
- **Umsatz-, Rentabilitätsvorschau:** Angaben zu den geschätzten Einnahmen und den erwarteten Kosten. Dabei ist für mehrere Jahre zu planen und die verschiedenen Kostenarten wie Material- bzw. Warenkosten, Personalkosten, Betriebsmittelkosten einschließlich Abschreibungen und Kosten für Werbung sind zu berücksichtigen.
- **Liquiditätsplan:** Monatsübersichten für mehrere Jahre über die Entwicklung der verschiedenen Ausgabe- und Einnahmearten sowie der daraus resultierenden monatlichen Überschüsse bzw. Fehlbeträge

Bedeutung des Businessplans

Ein Businessplan ist nützlich für den Existenzgründer selbst. Er unterstützt Verhandlungen mit Geldgebern, mit Kunden und Lieferanten. Die in einen Businessplan investierte Zeit lohnt sich. Das zeigen die folgende Vorteile:
- Zwang zu systematischer Vorgehensweise bei der Gründung
- Gesamtüberblick
- Überzeugung bzw. Gewinnung von Investoren (Eigenkapitalgeber) oder/und Kreditgebern
- eigene Erfolgskontrolle
- bessere Erfolgsaussichten bei der Umsetzung der Geschäftsidee
- besseres Erkennen von Risiken

Formalitäten/Anzeigepflichten

Die gewerbliche Tätigkeit ist beim zuständigen Gewerbeamt anzuzeigen.

Das Gewerbeamt gibt Daten aus der Gewerbeanzeige u. a. an folgende Behörden weiter: Finanzamt, IHK, Handwerkskammer, staatliches Gewerbeaufsichtsamt, Agentur für Arbeit, Berufsgenossenschaft, AOK.

Der Gewerbeanzeige sind u. a. folgende Unterlagen beizufügen: Kopie von Personalausweis oder Reisepass, ggf. Erlaubnisse wie Handwerkskarte, Maklererlaubnis, bei ausländischen Mitbürgern Kopie der Aufenthaltsgenehmigung mit der Erlaubnis, eine selbstständige Gewerbetätigkeit aufzunehmen, bei begründetem Anlass ein Führungszeugnis.

7.2 Leben, Lernen und Arbeiten in Europa

Der europäische Wirtschaftsraum (EWR) mit ca. 520 Millionen Bürger ist einer der größten Arbeitsmärkte der Welt. Ihm gehören die 28 Mitgliedsländer der Europäischen Union und zusätzlich Liechtenstein, Norwegen und Island an.

Freizügigkeit der Arbeitnehmer

In den Mitgliedstaaten des Europäischen Wirtschaftsraums ist die Freizügigkeit der Arbeitnehmer ein Grundrecht. Freizügigkeit bedeutet: Staatsangehörige eines EWR-Landes können in einem anderen EWR-Land zu denselben Bedingungen wie die Bürger des jeweiligen Staates arbeiten. Sie benötigen keine Arbeitsgenehmigung.

Der Auslandsaufenthalt als zusätzliche Qualifikation

Ein Auslandsaufenthalt kann die persönliche und berufliche Entwicklung fördern. Das Praktikum oder die Berufstätigkeit im Ausland kann

- die Fremdsprachenkenntnisse verbessern,
- den persönlichen Horizont erweitern,
- zu mehr Selbstbewusstsein und Selbstsicherheit beitragen,
- die persönliche Flexibilität unter Beweis stellen.

Sehr günstig für einen Job oder ein Praktikum im Ausland ist der Zeitraum nach dem Abschluss der schulischen Ausbildung vor Beginn der Berufsausbildung. Besonders viele Förderprogramme und Unterstützungsmöglichkeiten gibt es für Auslandsaufenthalte, die während oder unmittelbar im Anschluss an die Berufsausbildung stattfinden.

Bedingungen für einen Auslandaufenthalt während der Berufsausbildung

Die Gesamtdauer eines Auslandsaufenthalts soll nach dem Berufsbildungsgesetz ein Viertel der festgelegten Ausbildungsdauer nicht überschreiten.

Bei einer Ausbildungsdauer von drei Jahren können bis zu neun Monate Ausbildung im Ausland absolviert werden. Allerdings gibt es keinen Rechtsanspruch auf einen Auslandsaufenthalt. Auszubildender und Ausbildungsbetrieb können sich auf eine entsprechende Maßnahme einigen und Inhalte, Ziele und Dauer vertraglich festhalten. Dies kann im Ausbildungsvertrag oder durch Zusatzvereinbarung geschehen. Auch mit dem aufnehmenden Betrieb sollte eine vertragliche Regelung geschlossen werden. Musterverträge und zusätzliche Informationen findet man auf den Internetseiten der Handwerkskammern bzw. der Industrie- und Handelskammern.

Für den Auslandsaufenthalt muss der Auszubildende eine Befreiung von der Berufsschulpflicht in Deutschland beantragen. Um einen erfolgreichen Abschluss der Ausbildung zu sichern, sollte nur ins Ausland gehen, wer leistungsfähig genug ist, versäumten Berufsschulstoff nachzuholen. Grundkenntnisse der Zielsprache sind unverzichtbar, eine Orientierung ist hier mindestens das Niveau B1 des Gemeinsamen Europäischen Referenzrahmens für Sprachen. Ein empfehlenswerter Zeitraum ist nach der Zwischenprüfung. Die Unterkunft am Zielort muss in der Regel selbst organisiert werden. In manchen Fällen sind die Praktikumsbetriebe bei der Unterkunftssuche behilflich. Die Nationale Agentur beim Bundesinstitut für Berufliche Bildung unterstützt Auslandsaufenthalte von Auszubildenden über Erasmus+ Mobilitätsprojekte. Weitere Informationen sind auf www.na-bibb.de erhältlich.

Erasmus+

Nachweis erworbener Qualifikationen

Innerhalb der EU erworbene Qualifikationen sollen durch verschiedene Instrumente vergleichbar gemacht werden. Im Hochschulbereich wird das Europäische System zur Anrechnung von Studienleistungen (ECTS) genutzt. Ein vergleichbares System wird für die berufliche Bildung erprobt (ECVET).

Zwei grundlegende Instrumente zur Erhöhung der beruflichen Mobilität in Europa sind der Europäische Qualifikationsrahmen (EQR) und der Europass.

4850310

Der Europäische Qualifikationsrahmen (EQR)

Der Europäische Qualifikationsrahmen beschreibt berufliche Kompetenzen und Kenntnisse. Er soll Arbeitgebern und Verwaltungen helfen, die in den verschiedenen Bildungssystemen erworbenen Schul- und Berufsabschlüsse einzuschätzen und in den Mitgliedstaaten gegenseitig anzuerkennen.

Der Europass

Der Europass ist eine europäische Bewerbungsmappe, die aus fünf Dokumenten besteht:

- **Europass Lebenslauf:** Es handelt sich um ein europäisches Lebenslaufformat, in dem erworbene Kenntnisse und Fähigkeiten sowie soziale Kompetenzen und informell Gelerntes in einer einheitlichen Struktur dargestellt werden können. Der Europass Lebenslauf kann kostenlos online ausgefüllt werden. Die Vorlage steht in allen europäischen Sprachen zur Verfügung.
- **Europass Sprachenpass:** Dieses Dokument ermöglicht es, die eigenen Sprachkenntnisse anhand gemeinsamer, in ganz Europa anerkannter Kriterien selbst zu erfassen und zu bewerten.
- **Europass Mobilität:** Im Europass Mobilität werden Lernergebnisse von Lernaufenthalten im Ausland wie etwa Praktika während der Ausbildung oder Auslandssemester dokumentiert. Das Dokument wird von Entsendeorganisation und aufnehmender Einrichtung unterschrieben.
- **Europass Zeugniserläuterungen:** Sie erläutern knapp und übersichtlich Inhalte und Lernergebnisse der dualen und vollzeitschulischen Berufsabschlüsse und stehen auf Deutsch, Englisch und Französisch zur Vergüfügung. Sie können im Internet heruntergeladen bzw. eingesehen werden.
- **Europass Diploma Supplement:** Das Dokument bietet eine detaillierte Erläuterung des Hochschulabschlusses einer Person, die auch im Ausland nachvollzogen werden kann.

Mit den Europass Dokumenten können Bewerberinnen und Bewerber ihre Qualifikationen und Kompetenzen europaweit klar und verständlich darstellen. Die Dokumente können auch einzeln verwendet werden.

Zusätzlich zum Europass Mobilität sollten Praktikanten sich vom aufnehmenden Unternehmen ein Praktikumszeugnis ausstellen lassen.

Sachwortverzeichnis

E

F

G

H

I

J

K

S

T

U

V

W

X

Z

Bildquellenverzeichnis

Berghahn, Matthias, Bielefeld: 67, 67, 68, 74, 74, 74, 74, 75, 87, 91, 92;

Bergmoser + Höller Verlag AG, Aachen: Zahlenbilder 212, 282, 287, 303, 307;
Bundesverband der Deutschen Volksbanken und Raiffeisenbanken, Berlin: 150, 150, 152;

Deutsche Post AG, Bonn: 144;

Elsner, Anette, Bremen: Titel;
EURO Kartensysteme GmbH, Frankfurt am Main: 151;
Europäische Kommission, Bonn: 310;

FAB Fördertechnik und Anlagenbau GmbH, Waldshut-Tiengen: 87;
fotolia.com, New York: 3, 3, 4, 6, 9, 145, 157; André Reichardt 71; Dmitry Vereshchagin 63; Gerhard Seybert 71; Marc Slingerland 3, 5, 97, 107; Peter Kögler 9, 79; Pixelot 134; Stefan Balk 149; Stefan Rajewski 143, 148, 232, 234, 234, 235, 259; Winne 134;

Hild, Claudia, Angelburg: 9, 9, 9, 9, 11, 16, 18, 19, 20, 21, 24, 25, 26, 29, 30, 31, 32, 32, 35, 38, 40, 41, 44, 48, 49, 51, 52, 55, 55, 56, 57, 57, 58, 61, 62, 64, 65, 66, 66, 69, 71, 71, 75, 76, 78, 83, 97, 97, 97, 97, 97, 97, 99, 99, 99, 100, 100, 101, 102, 103, 104, 105, 107, 111, 112, 113, 113, 114, 116, 119, 120, 122, 123, 123, 125, 128, 128, 128, 131, 131, 131, 138, 142, 157, 163, 208, 208, 209, 209, 210, 213, 215, 217, 219, 220, 221, 225, 226, 231, 233, 246, 247, 247, 248, 250, 250, 251, 253, 258, 258, 259, 260, 260, 261, 261, 261, 262, 262, 263, 269, 269, 269, 269, 270, 270, 270, 270, 271, 275, 276, 277, 278, 280, 281, 283, 284, 286, 287, 288, 289, 290, 304, 305;

Nationales Europass Center (NEC) in der Nationalen Agentur Bildung für Europa beim Bundesinstitut für Berufsbildung (NA beim BIBB), Bonn: 311;

photothek.net GbR, Radevormwald: Thomas Imo 117;
Picture-Alliance GmbH, Frankfurt/M.: dpa-infografik 277;

SAFELOG GmbH, Kirchheim bei München: 72;
Shutterstock.com, New York: Vrola, Guido 3, 7, 271;
STILL GmbH, Hamburg: 88, 89;
stock.adobe.com, Dublin: benjaminnolte 91; bht2000 9; Elnur 95; GaToR-GFX 93; Halfpoint 90, 96; kamasigns 85; magele-picture 85, 97; markobe 93; phonlamaiphoto 91; pressmaster 156; zapp2photo 96;

WEKA MEDIA GmbH & Co. KG WEKA Akademie GmbH & Co. KG, Kissing: 39, 40, 59, 60, 73, 73;
WTT Fördertechnik GmbH, Wermelskirchen: 70.

Wir arbeiten sehr sorgfältig daran, für alle verwendeten Abbildungen die Rechteinhaberinnen und Rechteinhaber zu ermitteln. Sollte uns dies im Einzelfall nicht vollständig gelungen sein, werden berechtigte Ansprüche selbstverständlich im Rahmen der üblichen Vereinbarungen abgegolten.